반성적 교사교육

실제와 이론

Fred A. J. Korthagen 외 공저

조덕주 · 곽덕주 · 이지현 · 장경윤 · 진석언 · 최은식 · 최의창 · 홍진곤 공역

Linking Practice and Theory

The Pedagogy of Realistic Teacher Education

학지사

LINKING PRACTICE AND THEORY:

the pedagogy of realistic teacher education

by Fred A. J. Korthagen in cooperation with Jos Kessels...[et al.].

역 자 서 문

교사는 어떻게 교육시켜야 하는가?
—이론중심 교사교육의 반성과 대안 찾기—

직업을 가지고 일을 해 본 사람이라면 모두 다 느끼는 사실이 하나 있다. 그것은 대학에서 배운 것과 현장에서 하는 일은 그다지 상관관계가 높지 않다는 점이다. 실제로 대학에서 배운 내용과 그것을 배운 방식이 현장에서 직접적 관련이 있거나 효과를 발휘하는 경우는 많지 않다. 대학에서는 이론을 배우고 현장에서는 실제를 다루기 때문이다. 즉, 이론과 실제는 괴리가 있는 것이다. 그래서 직장인은 현장에서 다시 모든 일을 새롭게 배운다. 이것이 대부분의 전문인이 자신의 일을 현장에서 배워 나가는 방식이다.

교사도 예외는 아니다. 교사도 학교에서 가르치게 되면, 자신이 대학에서 배웠던 그 강력하고 휘황찬란한 이론이 여지없이 무기력한 모습으로 사라지는 경험을 하게 된다. 대학 강의실에서 배운 이론이 학교 교실에서는 적용되기도 힘들뿐더러, 수업 실제를 나아지게 만드는 일도 제대로 해내지 못하는 것이다. 역시 마찬가지로, 교사도 학교에 발령받은 후 교사가 되는 일에 관한 모든 것을 경험을 통하여 새롭게 배우게 된다.

이런 이유로 사범대학 교육의 효과성에 대한 의문이나, 아예 사범(이하 교육대학 포함)대학 존재 자체의 필요성에 대한 의혹이 제기되고 있는 실정이다. 대학에서는 자신이 가르치는 교과에 대한 내용지식을 많이 갖춘 후, 가르치는 교수법은 학교 현장에서 직접적으로 체득하는 것이 훨씬 더 좋은 교사를 만들어 낼 수 있다는 것이다. 문과대학이나 자연대학에서 국문학이나 수학을 전공한 사람이 간단한 교직과목을 수강하고 현장의 국어교사나 수학교사가 되면 교과에 관한 더 높은 수준의 전문가가 나온다는 것이다.

매우 그럴듯한 주장이다. 이런 주장은 오래전부터 제기되어 온 것으로 사라지지 않고 있으며, 시간이 지날수록 더욱 강한 목소리를 내고 있다. 이런 주장이 사라지지 않는 이유는, 가장 근본적으로 사범대학이 우수한 교사를 양성해 내는 전문기관으로서의 독특한 존재성을 충분히 증명하지 못하고 있기 때문이다. 학교에서 잘 가르치는 데에 일반 학과 졸업자와 교과교육 전공 졸업자의 차이가 거의 없고 사범대학에서의 교육이 유능한 교사의 양성을 위한 상대적 우수성을 인정받지 못하고 있기 때문이다.

교사교육 전문가들은 오랫동안 이 문제를 두고 고민해 왔지만, 실질적 해결안을 마련하는 데에는 그다지 성공을 거두지 못했다. 교사를 교사답게 길러 내는 일에 남다른 새로운 관점이나 방법을 발견하거나 개발하지 못했다. 하는 일이라고는 다른 학문 분야에서 인정받은 새로운 이론을 찾아내서 그것을 교사교육 영역에 적용한 후 예비교사에게 가르치는 것이 고작이었다. 예비교사를 가르치는 데에 있어서 전체적인 관점과 그 방법은 변화시키지 않은 채로 새로운 이론만을 기존의 방식대로 가르쳤다. 그렇지만 이런 노력으로는 학교현장과의 관련에서 변하게 되는 것이 하나도 없다. 여전히 학교에 들어가게 되면 대학에서 배운 것이 쓸모없이 되어 버린다.

그러나 지난 1990년대 이후, 이론과 실제의 괴리라는 교사교육의 근본적 문제점을 새로운 시각에서 바라보는 몇몇 시도가 생겨나게 되었다. 그 촉발지는 전문인 교육 분야였는데, Donald Schön(1983, 1987)[1]의 아이디어가 개념적 기초를 제공해 주었다. Schön은 이론을 배운 후에 그것을 현장에 적용하는 것이 그동안의 전문인 교육의 기본 과정이었다고 한다. 현장에서 일을 잘하기 위해서는 그에 관한 이론을 먼저 배워서 이해하고, 그다음 그것을 실제에 적용하는 방식, 즉 '이론에서 실제로'의 방식으로 수행해 나가야 한다는 것이다. 이것이 우리가 대학에서 전문인을 준비시키는 올바른 방식으로 생각해 왔다고 한다.

1) Donald Schön(1983). *The reflective practitioner: How practitioners think in action*. NY: Basic Books; Donald Schön (1987). *Educating the reflective practitioner*. San Francisco: Jossey-Bass.

하지만 실제의 개선에 관한 이 같은 '기능적 합리주의(the technical rationality)'의 논리는 잘못된 것이다. 실제의 개선은 먼저 실제에 대한 반성적 탐색을 행하고 나서, 실제적 이론화를 통하여 그것에서 실천적 지식을 얻어 낸 후 실제에 다시 적용시키는 방식, 즉 '실제에서 이론으로'의 방식으로 이루어진다. 실제의 개선에 대한 이러한 생각을 Schön은 '반성적 실천주의(reflection in action)'의 논리라고 하면서, 이것이야말로 전문가가 현장에서 제대로 일을 하는 데에 필요한 능력을 준비시켜 주는 관점이라고 말한다.

이후 전문인 교육의 전 분야에 Schön의 아이디어가 적극적으로 채용되기 시작했다. 교사교육에서는 반성적 실천주의의 논리에 근거하여 교사교육의 전 측면을 다시금 재검토해 보는 과정이 활발히 이루어졌다. 새로운 개념적 토대를 마련하는 과정에서 다양한 철학자의 아이디어가 재조명되었다. 그중 특히 아리스토텔레스가 제시한 '실천적 지혜(phronesis, practical wisdom)'라는 개념이 예비교사가 갖추어야 하는 중요한 교육능력으로 인정받기 시작했다. 실천적 지혜란 다양한 요인이 복잡하게 얽혀 있는 수업상황이나 교육맥락에서 가장 훌륭하고 적절한 판단을 내리고 그것을 실행에 옮기는 교사의 능력을 말한다. 머릿속에서 잘 정리되어 깔끔하게 기계적으로 적용되기를 기다리고 있는 이론적 지식과는 다른 종류의 지식이다.

학교현장에서 교사로서의 다양한 일을 제대로 해내기 위해서는, 예비교사가 갖추어야 하는 최종적 지식도 이런 종류의 실천적 지혜여야 한다는 점에 많은 교사교육 전문가가 동의하였다. 그러면서 사범대학에서도 예비교사의 실천적 지혜를 길러 주는 내용과 방식으로 교육을 진행시켜 나가야 한다는 움직임이 일기 시작했다. 교사의 실천적 지혜는 실천 활동에 대한 끊임없는 내적 대화와 그것을 다시 실천 활동에 실험적으로 적용해 보는, 실천적 반성과 반성적 실천의 과정을 지속적으로 실행함으로써 생겨난다. 이럴 경우, 예비교사의 교육은 기존처럼 이론적 지식의 학습 위주에서 실천적 활동의 반성중심으로 변화해야 한다. 그리하여 사범대학의 교육방향은 탐구중심의 '반성적 교사교육(the inquiry-oriented, reflective teacher education)'이 된다.

1990년대 이후 전 세계 교사교육의 방향은 실천적 지혜의 습득을 위한 탐구중심 교사교육을 지향하고 있다. 미국, 영국, 캐나다, 호주, 네덜란드, 싱가포르 등 교사교육의 선진국에서는 많은 대학에서 전체적인 프로그램을 이러한 방향으로 개선하려고 시도하고 있으며, 이미 몇몇 대학에서는 오랫동안 시행해 오고 있는 중이다. 프로그램 개선의 주된 초점은 예비교사에게 실천경험을 먼저 제공하며, 특히 실천경험과 함께 반성과 탐구의 기회를 반드시 덧붙인다. 그리고 기존에는 교생실습이나 현장참관을 통해서만 현장에 대한 체험이 이루어졌으나, 이제는 이론과목이나 기타 관련과목 자체 내에서도 현장체험을 포함시키며, 아예 현장체험을 중심으로 이론적 내용을 이해하고 검토하도록 구성한다.

이 책의 저자인 Fred Korthagen의 노력은 이런 선구적인 시도 가운데에서도 가장 두드러진다. 그는 이미 1990년대 초반부터 아리스토텔레스의 철학적 개념을 기반으로 반성과 탐구중심의 교사교육 프로그램을 구성하고, 실제로 실천해 보며 그를 바탕으로 경험적 연구를 통한 검증까지 이루어 내었다. 이론과 실천 그리고 연구의 삼박자를 완벽하게 일치시켜 실행해 낸 교사교육 분야에서의 독보적인 전문가다. 그리고 이것이 바로 우리 역자들이 그의 책을 번역하기로 한 주된 이유이기도 하다. 이 책은 교사교육의 새로운 관점, 그것을 바탕으로 개발한 실천모형 그리고 그 실천과정을 경험적으로 검증하려고 한 연구결과를 통합적으로 제시한 보기 드문 연구저작이다.

저자는 예비교사의 전반적 교육능력을 개발하는 데에 필요한 개념적 근거를 아리스토텔레스의 아이디어에서 빌려 온다. 예비교사에게 필요한 지식을 이론적 지식(episteme)과 실천적 지혜(phronesis)로 구분하며, 이론적 지식 위주로 제공되는 현재의 교사교육 방식을 비판한다. 교육하는 것, 가르치는 일은 이론적 행위가 아니라 실천적 행위로서 이론적 지식의 이해와 그 적용에 의해서보다는, 현실 속에서의 체험과 그 반성을 통해서 얻은 지혜의 활용을 통해서 더욱 올바로 실행될 수 있다고 주장한다. 프로그램의 모든 측면이 실제 학교현장에서의 교육과 수업을 진행하는 방식에 근거하여 이루어진다는 점을 강조하여 자신의 주장을 '현실적 접근(the realistic approach)'이라고 부르고 있다.

그리고 이를 바탕으로, 실천적 지혜의 개발을 목표로 하는 예비교사교육 프로그램을 여러 단계로 나누어서 개발하며, 다양한 내용의 수업으로 구성한다. 이런 수업에서 채택하는 구체적인 수업방식은, 본문에 소개되어 있듯이 ALACT(실행 반성 파악 대안 재실행) 모형이라고 부른다. 우선 초기 실행을 한다. 반성을 통해 그것을 되돌아본다. 무엇이 잘되었고 잘못되었는지의 문제와 관련된 요인을 파악한다. 그런 요인에 영향을 미칠 수 있는 개선대안을 마련하고 그것을 활용하여 다시 재실행한다. 이렇듯 실제체험, 반성 그리고 다시 실제체험이라는 반성적 실천과 실천적 반성의 순환 사이클을 지속적으로 이어 나가도록 하는 방식이다.

예비교사는 이런 과정 속에서 실천적 지혜를 쌓아 나가게 된다. 문제를 파악하고 그것을 해결하기 위한 대안을 마련하고 다시 그것을 적용해 보면서 문제의 해결을 시도하는, 실제체험과 성찰을 통하여 자신이 수행해 나가야 하는 일에 좀 더 익숙하게 만든다. 이런 과정 속에서 필요에 따라 이론적 지식과 개념을 습득하고 활용하는 기회도 갖게 된다. 실천과 반성을 통하여 이론적 지식과 실천적 지식의 통합을 이룰 수 있게 되고, 이론적 지식의 적용에 대한 더욱 효과적 방법도 습득하게 된다.

저자는 자신이 재직하는 학교에서 10여 년간 이 모형을 실천해 오면서 경험적 연구를 병행함으로써, 이 접근과 모형이 어떤 점에서 효과가 있으며 타당한지를 꾸준히 검증해 왔고 그 결과를 각 관련내용을 다루는 이 책의 적절한 부분에서 잘 소개하고 있다. 연구의 결과가 함께 소개됨으로써 본 모형의 현장에서의 실천 타당성에 대한 신뢰도가 높아지는 효과를 갖는다.

특히 마지막 부분에 예비교사를 교육시키는 교사교육자들이 이 책에서 주장된 '실제적 교사교육'을 어떤 식으로 이해하고 받아들이며, 기존 교사교육기관에서 어떻게 펼쳐 나가야만 하는가를 설명함으로써, 사범대학에서 교육학이나 교과교육학을 담당하는 교수만이 아니라 교과내용학 전공교수와의 협동적 실천을 위한 커다란 디딤돌을 제공해 주고 있다.

지난 10년간 두 번의 사범대학 평가를 거치면서 우리 역자들만이 아니라, 우리나라 교사교육기관에 재직 중인 모든 교수는 제대로 된 교사교육 프로그램의 중요성을 그 어느 때보다도 절실히 느끼고 있다. 이제는 사범대학이 예전처럼 예비교사의 자질을 효과적으로 향상시키는 독특한 교육프로그램을 가진 유일한 교육기관으로서의 차별성을 인정받지 못하고 있는 지경이다. 특히 암기위주의 교사임용시험과 입시학원중심의 시험 준비로 인하여 사범대학 교육의 효과성과 필요성에 대한 의문이 더욱 높아지면서 교사교육 전문가들은 새로운 관점으로 새로운 방법을 찾아내야만 하는 단계에 와 있다. 더 이상 뒤로 물러날 수 없는 낭떠러지에 처해 있다고까지 말할 수 있는 상황이다.

이런 절박한 심정에서 역자들은 예비교사를 가르치는 교사교육을 완전히 새로운 관점에서 이해하고 그것을 사범대학 프로그램에서 구체적으로 실현시키는 방법을 동시에 보여 주는, 이론과 실제가 통합된 저술을 찾게 되었다. 그리고 Fred Korthagen의 책을 선정하였고 함께 공부하게 되었다. 이 책을 전체적으로 읽고 난 후에 우리는, 새로운 교사교육의 패러다임이 절실히 필요한 이때에 이 책에 담긴 아이디어가 현재 우리나라에서도 널리 알려져야 한다는 데에 한마음이 되었다. 그리고 공부하는 과정에서 초역한 내용을 지난 1년간 다시 전체적으로 정밀하게 번역하였고 내용체계와 용어를 수미일관하게 정리하였다.

그동안 우리나라 교육학 분야는 학생을 어떻게 가르쳐야 하는가에 관해서는 엄청난 관심과 연구노력을 기울여 왔다. 하지만 교사를 어떻게 가르쳐야 하는가에 대해서는 개론적이고 대략적인 수준의 논의만이 여기저기서 산발적으로 행해졌을 뿐이다. 구체적인 능력과 지식과 자질 등이 무엇이며, 특히 그것을 대학시기에 어떻게 교육시키고 개발시킬 것인가에 대한 세부적인 논의와 실천적 방안제시에 대해서는 연구자들의 관심이 미치지 못하였다. 교육의 질은 교사의 질을 넘을 수 없다는 진리를 상기한다면, 교육을 개선하기 위해서는 교사교육에 대한 관심도 학생교육에 대한 관심만큼 커야만 한다는 것이 우리 역자들의 확고한 믿음이다.

선진외국에서는 이미 교육개선에 있어서 교사교육의 핵심적 중요성을 인지하고 있다. 선진외국에서는 이런 점을 자각하고 지난 10여 년 동안 이 부분의 연구와 탐구를 좀 더 활발히 전개시켜 오고 있는 중이다. 새롭게 발견된 연구결과와 개념을 요약 정리한 『교사교육연구핸드북』을 정기적으로 발간하고 있으며, 이런 연구를 바탕으로 실제적으로 예비교사와 현직교사가 필요한 자질이 무엇인가를 종합하여 소개하는 『교사자질핸드북』[2] 등이 빈번히 출판되고 있다. 한국의 교육학 분야에서도 이러한 연구노력과 실천사례가 빠른 시간 내에 종합적으로 가시화되기를 기대한다.

지금 한국에서 지배적인 교사교육접근으로 자리하고 있는 기능적 합리주의에 근거한 이론중심의 교사교육은 재검토되어야 한다. 그리고 그 대안을 찾는 노력이 적극적이고 열정적으로 이루어져야 한다. 반성적 실천주의에 근거한 실천중심의 접근이 그 한 가지 대안이 될 수 있을 것이다. 우리 역자들은 Fred Korthagen이 제시한 '현실적 접근'이 바로 그 한 가지에 포함된다고 생각한다. 국내 교사교육 전문가들에게 이 책에서 제시한 근본적 주장이 널리 받아들여져, 21세기 한국의 교사교육이 새롭게 깨어나는 데에 우리의 수고가 조금이라도 보탬이 된다면 역자들로서는 그보다 더한 기쁨이 없겠다.

역자 일동

2007년 3월

2) 가장 최근에 출판된 것으로는 다음과 같은 책이 있다. Marilyn Cochran-Smith & Kenneth Zeichner (Eds.) (2005). *Studying teacher education: The report of the AERA panel on research and teacher education*. NY: LEA. 그리고 Linda Darling-Hammond, John Bransford, Pamela LePage, Karen Hammernes & Helen Duffy (Eds.) (2005). *Preparing teachers for a changing world: What teachers should learn and be able to do*. San Francisco: Jossey-Bass.

저자서문

교사양성을 책임지고 있는 많은 고등교육기관이 교사교육과 관련된 이해관계에만 관심을 가질 뿐 교사교육을 위해 진지하게 고민하지 않고 있다고 인식되기 시작한 지는 꽤 오래되었다. 어쨌거나 어떻게 훌륭한 교사를 양성할 것인가에 대한 우리의 지식이 오랫동안 정체되어 있다는 것은 분명한 것 같다(Loughran, 1997: 4).

문제에서 이론으로 가는 길

이 책은 우리 아이들을 위해 무언가 좋은 것을 주기 위해 치열하게 노력하고 있는 학교 현장의 교사들, 그리고 그들이 가르치고 있는 우리의 아이들에 대한 진지한 염려로 태어나게 되었다.

또한 교육과 관련한 나 자신의 이력과도 관련이 있다. 1970년대 초반에 나는 네덜란드의 중등학교 수학교사가 되었는데, 나는 곧 무언가 몹시 잘못되어 있다는 것을 느꼈다. 나는 인생에서 매우 중요한 시기에 있는 아이들을 가르쳐야 했다. 즉, 그들은 한창 벅찬 첫사랑을 경험하고 있기도 했고, 자신이 누구인지, 그리고 또래들과의 관계에서 어떤 자리를 차지해야 하는지 등을 알기 위해 치열한 고민을 하고 있었으며, 주변의 어른들 속에서 자신의 고유성을 발견해 가고 있었다. 다시 말해서 한편으로는 너무나 흥미진진하면서도, 다른 한편으로는 정신 차리기 힘들 정도로 감당키 어려운 시기를 보내고 있었다. 난 이런 학생에게 학교는 수학을 배우는 곳이라기보다는 삶을 배우는 만남의 장소라는 것을 깨달았다. 대체 어떻게 하면 내가 수학교사로서 그들의 인생을 위해 가치 있는 것을 전해 줄 수 있을까? 내가 이들에게 전해 주어야 할 것이 방정식을 푸는 원리나 피타고라스의 정리가 가진 아름다움일까? 좀 우스꽝스럽게 들릴지 모르겠지만, 나는 처음 교사가 되었던 해에 Paul Simon의 'Kodachrome' 이라는 노래를 듣고 더욱 혼란스러워했던 것 같다. 그는 "고등학교에서 배웠던 그 쓸

데없는 것을 돌이켜볼 때, 내가 여전히 생각할 수 있는 인간이라는 것이 참으로 놀랍네."라고 노래를 불렀다. 이런 가사에 공감을 하면서도 나는 여전히 한 명의 수학교사로서 고등학교 학생들에게 무언가 중요한 것을 전할 수 있을 거라고 굳게 믿고 있었다.

매우 진보적인 성향의 도시인 암스테르담의 한 학교에서 교사직을 시작하는 호사를 누리고 있었음에도 불구하고, 난 동료교사들이 내가 하고 있는 염려에 대해서는 전혀 관심이 없다는 것을 보고 꽤 충격을 받았다. 운 좋게 교사로서의 사명이 무엇인가에 대한 토론을 이끌어 내더라도 그들은 곧 수학적 지식과 기능이 물리학이나 다른 학문에 얼마나 중요한지를 내게 설명하려 들었다. 그 말은 맞는 것 같기는 했지만, 그럼에도 나는 여전히 이방 세계의 존재인 것처럼 느껴졌다. 나는 요즘 문제해결학습이라고 불리는 프로그램이라든지 메타인지능력을 신장하기 위한 수업 등을 실험적으로 도입하기 시작했다. 나는 수학이 방정식이나 피타고라스의 수준을 넘어서서 수학 이외의 상황에서도 유용하게 쓰일 수 있는 능력을 개발시키기 위한 재료로서 커다란 잠재력을 가지고 있다고 굳게 믿었다. 그러나 이런 노력을 기울이면서 나는 매우 외로웠고 쉽게 흔들리곤 하였다. 내가 얻을 수 있었던 유일한 도움은 교사가 되기 위해 교육받을 때 읽었던 수학교육에 대한 한 권의 책뿐이었다. 나의 생각과 교육방법을 실천에 옮길 때 많은 문제를 겪어야 했는데, 그중 하나는 바로 내가 좋은 것을 주고자 했던 학생들로부터의 저항이었다. 20여 년이 지난 지금 그때를 돌이켜보면 내가 그때 경험 많은 교사교육자의 지원이 얼마나 많이 필요했었는지를 깨닫게 된다.

SOL(교사교육재단이라는 의미의 네덜란드어 약자)이라는 네덜란드의 교사교육대학에서 교사교육자로서 일하게 되었을 때, 나와 같은 이상을 가진 동료교수들이 많이 있다는 것을 보고 깜짝 놀랐다. 이때는 바로 네덜란드의 수학교육이 폭발적으로 발전해 가던 시기였다. 언제부터인가 다른 사람들이 내가 현장에서 가지고 있던 막연한 꿈이 실현될 수 있게 해 주는 수업자료와 교수방법을 쏟아 내고 있었던 것이다. 최근 미국에 전해진 이른바 현실적 접근법은 바로 이때 수학교육 분야에서 태어났다. 이런 접근방법의 중요한 출발점은 아이들은 실제 경험과 문제를 통해 수학적 개념을 발달시킬 수 있고 또 그렇게 해야 한다는 믿음이다. 문제는 인식 가능한 맥락 안에서 주어지며, 때로는 일상적인 상황으로부터 이끌어 내어지기도 한다. 현실적 접근방법에서는 수학의 실제적 활용, 학생들의 의문과 반성, 집단 활동 그리고 직접 해 보기 등이 강조된다.

SOL의 수학교과 교사교육자는 이런 아이디어가 수학을 포함한 여러 교과 영역에서 예비교사의 학습과 수업의 상황에 활용될 수 있도록 개발하기 시작하였다. 먼저 교사교육이 실제적인 문제나 예비교사의 수업 경험, 다시 말해 인식 가능한 맥락에서 출발하도록 하는 접근방법이 개발되었다. 교사교육자는 예비교사의 반성적 사고에 기초하여 학습과 수업에 관한 이론적 개념을 개발하고자 하였고, 그렇게 함으로써 예비교사가 현장에서 이런 개념을 즉각적으로 적용할 수 있도록 하였다.

현실적 수학교육에서 중핵적인 바로 그런 원리가 교사교육에 대한 이런 접근방법의 핵심을 이룬다. 현실적 문제와 학생들에 대한 염려에 근거한 이론적 개념의 개발, 이런 개념의 새로운 상황에서의 즉각적인 적용의 중요성, 예비교사의 의문과 반성에 대한 강조, 집단 활동의 역할 그리고 학습자 간의 아이디어 교환 등이 바로 그 원리다.

교사교육은 현실적인가?

네덜란드와 다른 여러 나라의 교사교육자와 교사교육에 대한 현실적 접근방법에 대해 논의하기 시작했을 때, 나는 내가 처음 교사가 되었을 때 느꼈던 것과 비슷한 충격을 다시 경험해야 했다는 것을 이야기하지 않을 수 없다. 많은 교사교육자가 초임 혹은 경력교사의 문제를 자각하고 있었으나 대체로 문제해결 방법을 전통적 수학 교육 방법에서 찾으려고 하고 있었다. 즉, 교사는 이론에 대해 가르치고 학생들은 이 이론을 문제에 적용하려고 애쓰나 문제를 잘 풀지 못했다. 그러면 교사는 어떻게 풀어야 하는지 다시 반복해서 보여 주고 시험을 치르지만 학생들은 시험에 통과하지 못한다. 세계 도처에서 마찬가지의 상황이 되풀이되고 있다. 특정 영역의 전문가인 교사교육자는 교단에 서서 학습 심리학이나 일반 교육학 분야의 최신 이론에 대하여 강의한다. 예비교사는 실제에 적용해 보라는 과제를 받는다. 그러나 이 숙제는 강의 후 꽤 오랜 시간이 지나서 주어지거나(심지어 한 달 후일 수도 있다) 실습 동안 지도를 담당하는 교수는 이런 과제 및 과제와 관련된 이론에 대하여 어떤 아이디어도 가지지 않는 경우가 대부분이다. 그리고 마지막 시험이 치러지는 때는 이런 예비교사가 학교에서 자격을 가진 교사로 일할 때인데, 교사교육 프로그램 졸업자들은 자신이 이 시험을 통과하지 못할 거라고 종종 느낀다. 많은 초임교사가 심각한 문제에 직면했다고 보고하고 있으며(Veenman, 1984), 실제 매우 어려운 시기를 겪고 있다. 많은 연구에서도 교사교육은 교사에게 근본적인 영향을 주거나 그들의 교육을 향상시키는 데 실패하고 있음을 밝히고 있다.

안내서

우리가 교사교육자를 비난할 수 있는가? 그렇게 생각하지 않는다. 나를 포함하여 그들은 그 상황에서 벗어나려고 최선을 다해 왔다. 그러나 좀 더 효과적이고 영감을 불러일으키는 교육적 접근으로 나아가는 길을 찾을 수가 없었던 것이다. 교사교육자는 동료와 환경의 지원을 필요로 하며 이 환경은 구조적으로 변화할 수 있어야 한다. 그러나 유감스럽게도 이런 구조가 갖고 있는 한계는 명백하여 아무도 어디서부터 시작해야 하는지 모른다. 하지만 길은 있다. 이 책은 그 길을 보여 주고자 한다. 즉, 이 책은 여행자가 새로운 교사교육의 나라로 들어갈 수 있도록 하는 안내서다.

이 책을 기술하게 된 동인은 학생과 교사에 대한 나의 관심이었으며, 최선의 교육을 위해 노력하고 있는 세계의 모든 이들에 대한 나의 깊은 존경심이다.

또한 이 책은 실제를 위해 실제로부터 이론으로 가는 여행으로 구성되어 있다. 장을 넘기면서 독자는 끊임없이 교사교육 실제와 교사교육 연구 사이를 왕래하게 될 것이다. 홀수로 된 장은 교사교육의 실제와 교사교육의 토대를 이루는 기본 원리를 제시할 것이다. 짝수로 된 장은 연구 또는 이론적 구조에 초점을 둠으로써 홀수 장에서 제시한 내용을 더욱 심화시킬 것이다. 이는 실제 지향적인 독자는 홀수 장만 읽을 수 있고, 이론에 관심이 있는 독자는 짝수 장만 읽을 수 있다는 것을 의미한다. 그러나 그럴 경우 이론과 실제가 연결되어야만 이루어질 수 있는 중요한 포인트를 간과하게 된다. 이론과 실제가 별개로 되면 불완전하다. 나는 실제에 대하여 알아야만 이론을 진실로 이해할 수 있고 또한 그 반대도 마찬가지라고 믿는다.

이것은 또한 교사교육과도 관계가 있는 말이다. 나는 이론을 교사교육 밖으로 내던져 버리는 것은 옳다고 믿지 않는다. 사실 어떤 곳에서는 교사교육의 실패에 대하여 이렇게 반응하는 것 같다. 그러나 이론을 먼저 배우고, 나중에 실제와의 간극을 메우려 하는 것 또한 옳다고 믿지 않는다. 나는 이 간극이 애초에 일어나지 않도록 해서 이것을 없애려 노력할 필요가 없게 된 것이 더 낫다고 본다.

첫 번째 장인 도입부는 교사교육에서 문제가 되는 상황을 좀 더 상세히 기술할 것이다. 이 상황은 이론과 실제 간의 간극으로 특징지을 수 있다. 그리고 교사교육의 실제를 더욱 자세히 살펴봄으로써 이 문제를 분석할 것이다. 또한 이 책이 여기서 제안했던 대안적 접근 밑에 깔려 있는 기본적 아이디어를 제시하면서 이 책의 나머지 부분을 여행할 독자들을 준비시킬 것이다. 제1장의 마지막 부분에는 이 책 전체에 대한 보다 상세한 개요를 제시할 것이다.

더욱 멀리 여행하기

물론 이 책은 내 사고의 전개 과정과 우리가 성취한, 몇몇의 구체적인 교사교육 프로그램에서의 발전에 대한 일시적인 그림을 제시할 수 있을 뿐이다. 하나의 직업으로서 교사교육을 살필 때, 이 여형은 이제 단지 시작되었을 뿐이다. 이 책은 교사교육을 위한 교육학의 첫 번째 건축용 벽돌을 제공하려 한다. 나는 교사교육이 하나의 전문적 사업으로 진정으로 고려되기 전에 훨씬 더 많은 작업, 특히 교사교육자들의 연구와 실제적 작업이 필요하다고 생각한다. 미래의 예비교사와 그들의 학생들이 그 혜택을 누릴 수 있게 하기 위하여 중요한 작업이 수행되어야 한다. 이 책이 독자로 하여금 미래를 향한 이 즐거운 여행에 동참하려는 마음이 들도록 자극할 수 있기를 희망한다.

감사의 말

이 여행을 홀로 했다면 내가 이 책을 쓰는 일은 불가능했을 것이다. 나는 다른 사람들, 즉 동료, 연구자, 교사, 친구 그리고 마지막으로 학생에게서 무엇에 대해 써야 하는지에 대해 많은 것을 배웠다. 배움의 과정에서 도움이 되었던 것은 교수활동과 교사교육을 통해 나 자신의 경험에 대해 반성한 것이었으며, 이 반성을 이 사람들이 표현한 개념과 관련시킨 것이었다. 다시 말하면 나 자신의 발전 과정에서 나는 끊임없이 '실제' 와 '이론' 사이를 왕래한 것이다. 이 길을 따라오도록 도움을 준 나의 모든 동료 여행자에게 감사를 드린다.

여기에 묘사된 아이디어와 원칙의 많은 부분은 현재 위트레흐트 대학의 IVLOS 교사교육 기관에 있는 나의 동료들이 개발하였다. 대부분의 사례는 IVLOS 교사교육 프로그램 및 교사교육자를 자문하고 훈련시키는 일을 통해 내가 잘 알게 된 다른 프로그램에서 나온 것이다. 광범위하고 방대한 연구가 IVLOS 교사교육 프로그램에서 수행되었을 뿐 아니라 예비교사로부터 이끌어 낸 과정과 그 결과로 이루어졌다. 이런 연구물은 종종 새로운 개발과 관련되거나 이것을 이끄는 교사교육자에게 매우 유용한 정보를 주었고, 이 새로운 개발들은 다시 연구의 대상이 되기도 했다. 이런 점에서 이 책은 학생, 교사교육자, 연구자, 그 외 수많은 사람의 아주 독창적이고 집중적인 협력적 반성의 과정으로 탄생한 것이라고 할 수 있다. 암스테르담 대학교의 교육학과에서는 이 책을 완성할 수 있도록 지원해 주었는데, 이것은 네덜란드의 교육학협회 VBSP가 지원하는 Kohnstamm 의장직과 관련된 나의 임무의 일부분이기도 하다. 나는 특히 이전 의장인 Jaap Dronkers에게 감사를 드린다.

모든 학생과 예비교사, 경력교사, 연구자 그리고 내가 학교에 있는 동안 함께 일했던 옛 동료, 그들이 나에게 가르쳐 준 것에 대해 감사한다. Mieke Brekelmans, Hans Creton, Chris Day, Maarten Dolk, Truus van den Heuvel, Rob Houwen, Jos Kessels, Cor Koetsier, Bob Koster, Ko Melief, Tom Russell, Anke Tigchelaar, Ton van der Valk, Hildelien Verkuyl, Theo Wubbels가 베풀어 준 중요한 공헌에 대해 특별히 고마움을 표한다. 정서적 지원을 아끼지 않고, 이 책의 모든 글을 꼼꼼히 읽어 주며, 새로운 아이디어를 제안한 Bram Lagerwerf와 Heleen Wientjes은 아주 중요한 역할을 하였다. 나의 작업에서 근본적인 개선을 가능하게 한 그들의 비평에 대해 감사한다. Leen Don은 나의 애매한 네덜란드어를 이해할 수 있는 영어로 옮기는 작업을 하는 데 아주 큰 도움이 되었다. 나의 문자파일을 읽을 수 있는 책으로 바꾸는 일에 자신을 아끼지 않은 Marika Prak에게 또한 고마움을 전한다. 특히 Lawrence Erbaum 협회의 Naomi Silverman과 Sarah Wahlert에게 감사한다. Sarah의 뛰어난 편집 작업은 이 책이 최종적으로 출판되는 데 결정적인 역할을 했다. 그리고 이 작업에 대한 나의 헌신을 받아들이고 지원해 준 아내 Ellen에게 감사한다.

2001년

Fred Korthagen

현 재: 네덜란드 Utrecht 대학교 IVLOS 교사교육기관 교육학 교수
주 소: P. O. Box 80127, 3508 TC Utrecht, the Netherlands
이메일: F. Korthagen@ivlos.uu.nl

자료출처

1장의 일부 내용은 다음 논문에 포함되어 있다.

Korthagen, F. A. J., & Kessels, J. P. A. M. (1999). Linking theory and practice: Changing the pedagogy of teacher education. *Educational Researcher, 28*(4), 4-17.

2장은 다음 논문의 개정판이다.

Kessels, J. P. A. M., & Korthagen, F. A. J. (1996). The relationship between theory and practice: Back to the classics. *Educational Researcher, 25*(3).

3장의 일부 내용은 다음 논문에 포함되어 있다.

Wubbels, T., Korthagen, F. A. J., & Brekelmans, M. (1997). Developing theory from practice in teacher education. *Teacher Education Quarterly, 24*(3), 75-90.

4장의 일부 내용은 다음 논문에 포함되어 있다.

Korthagen, F. A. J. (1993). The role of reflection in teachers' professional development. In L. Kremer-Hayon, H. C. Vonk, & R. Fessler (Eds.). *Teacher professional development: A multiple perspective approach*(pp.133-145). Amsterdam: Swets & Zeitlinger.

6장의 일부 내용은 다음 논문에 포함되어 있다.

Wubbels, T., & Korthagen, F. A. J. (1990). The effects of a pre-service teacher education program for the preparation of reflective teachers. *Journal of Education for Teaching, 16*(1), 29-43.

8장은 다음 논문의 개정판이다.

Korthagen, F. A. J., & Wubbels, T. (1995). Characteristics of reflective practitioners: Towards an operationalization of the concept of reflection. *Teachers and Teaching: Theory and Practice*, *1*(1), 51-72.

9장은 Elsevier Science의 허가를 받아 다음 논문을 다시 실은 것이다.

Korthagen, F. A. J. (1992). Techniques for stimulating reflection in teacher education seminars. *Teaching and Teacher Education*, *8*(3), 265-274.

10장은 다음 논문의 개정판이다.

Korthagen, F. A. J., & Lagerwerf, B. (1996). Reframing the relationship between teacher thinking and teacher behaviour: Levels in learning about teaching. Teachers and Teaching: *Theory and Practice*, *2*(2), 161-190.

이 장의 일부 내용은 다음 논문에 포함되어 있다.

Korthagen, F. A. J., & Kessels, J. P. A. M. (1999). Linking theory and practice: Changing the pedagogy of teacher education. *Educational Researcher*, *28*(4), 4-17.

11장의 일부 내용은 Association for Teacher Education in Europe의 허가에 의한 다음 논문의 개정판이다.

Korthagen, F. A. J. (1999). Linking reflection and technical competence in teaching: The logbook as an instrument in teacher education. *European Journal of Teacher Education*, *22*(2/3), 191-207.

이 장의 다른 부분은 Elsevier Science의 허가를 받아 다음 논문을 다시 실은 것이다.

Korthagen, F. A. J. (1993). Two models of reflection. *Teaching and Teacher Education*, *9*(3), 317-326.

12장의 일부 내용은 Elsevier Science의 허가를 받아 다음 논문을 다시 실은 것이다.

Korthagen, F. A. J. (1993). Two models of reflection. *Teaching and Teacher Education*, *9*(3), 317-326.

차 례

♦ 역자 서문 3
♦ 저자 서문 11
♦ 자료 출처 19

제1장 교사교육의 문제점 — 27

1. 도 입 / 29
2. 교사교육의 역사 / 29
3. 전통적 접근의 문제점 / 32
4. 교육변화의 문제점 / 36
5. 교사교육자가 되는 일의 어려움 / 40
6. 새로운 패러다임을 향하여 / 44
7. 수학교육 분야의 사례 / 49
8. 현실적 교사교육 / 51
9. 이 책의 구성 / 52

제2장 이론과 실제 사이의 관계: 고전으로 돌아가기 — 57

1. 도 입 / 59
2. 지식의 유형 / 61
3. 에피스테메로서의 지식 / 62
4. 프로네시스로서의 지식 / 65
5. 실제적인 것의 질료 / 67
6. 결 론 / 70
7. 마지막 단평 / 74

제3장 실제로부터의 학습 77

1. 도 입 / 79
2. 현실적 교사교육 프로그램의 실례 / 81
3. 교수에 대한 학습과정에 사용되는 교수방법 / 86
4. 선입견 / 88
5. 덜 합리적인 정보처리과정과 게슈탈트의 역할 / 90
6. 학습의 출발점으로서의 경험 / 95
7. 반 성 / 96
8. 경험에 대한 반성의 촉진 / 98
9. 교사교육에서 반성을 촉진해야 하는 이유 / 100
10. 결론: 교사교육교수법을 향하여 / 103

제4장 반성에 대한 반성 107

1. 도 입 / 109
2. 반성과 교사교육에 대한 견해 / 111
3. 반성의 개념화 / 112
4. 반성의 조작화 방법 / 115
5. 혼란 안에서 취할 수 있는 한 입장 / 118
6. 두 가지 수준의 관리 체제 / 119
7. 행동과 학습, 반성 간의 관계 / 122
8. 나선형 순환에 대한 고찰 / 123
9. 현장실천연구 / 127
10. 맺음말 / 131

제5장 현실적 교사교육 프로그램의 구축 135

1. 도 입 / 137
2. 변화의 역설 / 138
3. 전문성 학습에 관한 세 가지 기본원리 / 139
4. 교사교육 방법론에서의 세 가지 기본 원리 활용 / 141
5. 사례: 일대일 수업 실습 경험 / 143
6. 프로그램의 조직 / 146
7. 질 관리와 평가 / 155
8. 세 가지 수준의 일치 / 157

9. 옥스퍼드 인턴십 프로그램과의 유사성 / 158
10. 이 장 이후의 내용 / 160

제6장 현실적 접근과 반성의 촉진에 대한 평가 연구 — 165

1. 도 입 / 167
2. 현실적 접근에 대한 평가 연구 / 168
3. 반성의 조작화 문제 / 170
4. 반성 촉진을 위한 프로그램과 전략의 효과에 관한 실증적 자료 / 171
5. 반성 촉진을 위한 네덜란드 교사교육 프로그램 연구 / 173
6. 결론 및 후행 연구를 위한 제언 / 187

제7장 예비교사에 대한 개별적 지도 과정 — 193

1. 도 입 / 195
2. 점진성의 전략 / 196
3. 도움의 과정: 나선형 전문성 개발의 지도 / 197
4. 기본적인 지도 기술 / 200
5. 1단계에서의 도움주기(행동) / 205
6. 2단계에서의 도움주기(되돌아보기) / 206
7. 3단계에서의 도움주기(본질적 양상의 인식) / 214
8. 4단계에서의 도움주기(대안적 행동방법 구상) / 218
9. 5단계에서의 도움주기(시도) / 220
10. 그 밖의 기술 / 221
11. 맺음말 / 224

제8장 반성적 교사의 특징 — 229

1. 도 입 / 231
2. SOL 프로그램에서 추구하는 좋은 수업 개념에서의 반성의 역할과 성격 / 233
3. 반성적 교사의 핵심적 특성 / 234
4. 반성능력의 부차적 특징 / 241
5. 기타 관련 사항 / 250
6. 결 론 / 253

제9장 예비교사에 대한 집단적 지도 —— 257

1. 도 입 / 259
2. 다섯 단계의 절차 / 261
3. 다섯 단계의 절차 설명 / 264
4. 구체적이고 방법적인 네 가지 기술 / 277
5. 방법적인 네 가지 기술의 효과 연구 / 283
6. 스스로 반성하는 집단 / 290
7. 맺음말 / 293

제10장 교사의 전문성을 위한 학습: 어떻게 일어나는가? —— 297

1. 도 입 / 299
2. 학습의 세 가지 수준 / 301
3. 게슈탈트의 형성 / 304
4. 도식화 / 307
5. 이론 수립 / 311
6. 경험적 증거에 기초한 세 가지 수준의 예증 / 314
7. 세 가지 수준 간의 관계에 대한 자세한 탐구 / 321
8. 세 가지 수준 모형의 이론적 기초 / 328
9. 시사점 / 334
10. 앞선 장들의 재구성 / 342

제11장 반성의 촉진을 위한 도구 및 기법 —— 347

1. 도 입 / 349
2. 자기성장 능력 신장과 관련한 어려움 / 350
3. 실습록의 구성 / 352
4. 교사교육자의 역할 / 355
5. 대인적 교사행동의 견지에서 '반성의 학습' 이라는 목표의 조작적 정의 / 359
6. '존' 의 사례 / 362
7. 실습록 기록에 관한 개별 지도 / 366
8. 반성의 두 가지 방식 / 368
9. 총체적인 반성을 위한 기법과 도구 / 369
10. 학습 성향 / 378

제12장 반성에 관한 포괄적 관점 —— 383

1. 도 입 / 385
2. 정보처리의 두 가지 방식 / 386
3. 전문성 개발 수단인 반성의 일면성 / 390
4. 결 과 / 392

제13장 현실적 접근을 위한 교사교육자 훈련 —— 397

1. 도 입 / 399
2. 교사교육자의 전문성 개발 / 399
3. 현실적 교사교육 프로그램의 교사교육자에 대한 요구 / 401
4. 교사교육자를 위한 훈련과정 / 402
5. 훈련 활동 및 연습 / 409
6. 훈련과정에 나타난 교육학의 원리 / 416
7. 훈련과정에 대한 반성과 제언 / 417

제14장 현실적 접근: 원칙과 철학적 배경 그리고 그 미래 —— 421

1. 도 입 / 423
2. 현실적 교사교육: 요약 / 424
3. 무엇이 새로운가? / 427
4. 현실적 접근의 도덕적 토대 / 430
5. 전 망 / 444

♦ 참고문헌 / 453
♦ 찾아보기 / 487

제 1 장

교사교육의 문제점

◆ Fred Korthagen

한 사범대학 교수가 말한다. "교생실습을 나간 우리 학생이 왜 내가 가르친 이론을 사용하지 않는지 도대체 이해가 안 됩니다. 수업시간에 끙끙대는 많은 문제가 내 수업에서 배운 것을 그대로 적용하기만 하면 아주 쉽게 해결되는 것인데도 말입니다."

이 장은 교사교육의 현재 문제점을 살펴본다. 이 문제점은 '이론과 실제의 괴리'로 대표된다. 현재 교사교육의 실천방식과 그 안에 담겨진 기본가정을 더욱 자세히 살펴본다. 그리고 교사교육에 대한 한 가지 대안적 관점과 그 기본가정을 소개한다. 마지막으로 나머지 장에 대한 간략한 요약이 제시된다.

1. 도 입

'교사가 될 사람을 어떻게 준비시켜야 하는가?' 지난 몇 십 년 동안 이 문제에 대한 기본적인 생각이 어떻게 발전해 왔는가를 알아보려면, 교사교육의 역사를 잠깐 살펴보는 것이 도움이 된다. 이 가운데 어떤 사고방식은 매우 상식화되어 의심의 여지가 전혀 없는 것으로 여겨지고 있다.

이 장에서는 첫째, 교사교육의 방법과 교사지식의 성격에 관한 세 가지 가정을 검토한다. 그동안의 연구를 통하여서 이 가정들이 이론과 실천 간에 커다란 간극을 만들고 있음이 밝혀졌다. 둘째, 이 간극에 관해서 집중적으로 다루고, 교사교육의 실천을 개선하려고 할 때 교사교육자가 당면하는 어려움에 대해서 살펴본다. 셋째, 교사교육에 관한 한 가지 새로운 접근이 소개된다. 이 접근은 교사의 사고와 행동 간의 관련성에 대하여 최근에 새로이 밝혀진 지식을 근간으로 개발된 것이다. 이 접근을 '현실적 접근(realistic approach)' 이라고 부르며, 이 접근의 기초가 되는 원리를 간략하게 소개할 것이다. 마지막 부분에는 이 책의 나머지 내용이 전체적으로 소개된다.

2. 교사교육의 역사

형식화된 교사교육이 시작되기 전부터 살펴보자. 19세기 후반까지 '가르치는 기술' 은 어떤 특별한 훈련 없이 거의 전적으로 현장경험을 통해서 습득되었다. 대부분의 경우 교사가 되면 자기가 담당한 교과에 관해서 공부한 다음, 경험이 풍부한 숙련교사의 도제로 있으면서 가르치는 요령을 터득했다.

19세기 후반 이후부터 20세기 초반까지 심리학적 지식과 교수법적 지식이 발전하면서 학자들은 이 새로운 지식을 교사에게 가르쳐 교육을 변화시키려 했고, 교육의 실천을 과학적 지식에 맞도록 '변용' 하려고 하였다. 이것이 바로 교사의

'전문성(professionalism)' 이라는 개념이 시작된 계기다. Hoyle과 John(1995)도 지적했듯이, 어떤 직업집단이 '전문인' 으로 분류될 수 있는지를 평가하는 가장 중요한 기준 중 하나는 바로 명확하게 인정할 만한 전문지식체계가 있느냐 하는 점이다(McCullough, 1987 참조).

20세기 중반 이후에는 교사에게 기초적 전문지식을 갖추도록 하려는 이 같은 희망이, 가장 뛰어난 아이만이 아니라 모든 아이를 교육시키고자 하는 전 세계적인 열풍에 따라서 더욱 고조되었다. 이 같은 교육의 민주화 현상은 교육을 개혁하고자 하는 사람들의 의욕을 부채질하였고, 특히 더 많은 예비교사를 훈련시키고 필수적인 전문지식을 제공하려는 데 영향을 미쳤다.

그리하여 일반적으로 취해진 접근 방법은 교사들에게 학문적 지식(예를 들어, 교육심리학)을 가르치는 것이었다. 그러나 시간이 지남에 따라 교사들은 이런 전문지식을 교육현장에서 거의 활용하지 않는다는 점이 드러났다. 대학에서 배운 전문지식은 교사가 수업시간에 실제로 사용하는 수업기술에서 그다지 포함되지 않았던 것이다. 이 때문에 '기능중심 교사교육(competency-based teacher education; CBTE)' 이 생겨나게 되었다. CBTE의 핵심 아이디어는 좋은 수업인지 아닌지 판별하는 구체적이고도 눈으로 확인할 수 있는 기준을 만드는 것이었다. 그리하여 이 기준을 교사를 교육시키는 데 기초 토대로 활용할 수 있도록 하는 것이다. 그리하여 한동안 기능중심 교사교육을 강화하기 위하여 '과정-결과연구' 가 많이 이루어졌다. 이 방향의 연구는 구체적인 교사 행동(과정)과 학생의 학업성취(결과) 간의 관계를 분석하는 것을 초점으로 하였다. 많은 연구를 통해서 교사를 훈련시킬 수 있는 수업기능(competencies)이 매우 많이 파악되었고 교사교육 프로그램에서 가르치는 기본 내용이 되었다.

이러한 사고방식의 배경에는 '이론에서 실제로의 논리(the sacred theory-practice story)' 라는 Clandinin(1995)의 말이 있다. 이 사고방식에서는 교사교육을 '좋은 수업에 관한 이론을 실천에 번안해 놓는 것' 으로 간주한다. 활용할 수 있는 모든 지식을 최대한으로 활용하려는 욕심이 전문가가 예비교사에게 (가능하다면 대학 내부에서) 이런 지식을 가르치는 시스템으로 교사교육을 만들어 낸 것이다. 수업기술을 훈련시키거나 현장실습 기간에 과제로 내줌으로써 이런 지식을 수업현장에서 실지로 활용하는 것을 촉진시키려고 한다([그림 1-1] 참조).

Carlson(1999)은 이것을 '이론에서 실제로' 접근이라고 부른다. Wideen, Mayer-Smith 그리고 Moon(1998, p. 167)은 이 점을 다음과 같이 말한다.

> 전통적 교사교육의 기저를 이루고 있는 논리는 훈련 모형을 기초로 하고 있다. 이 훈련 모형의 내용은 이렇다. 대학은 이론과 방법과 기술을 제공하고, 학교는 이런 지식이 실천되는 장소를 제공한다. 교사는 이런 지식을 현장에 적용하기 위하여 개인적으로 최선을 다한다. 이 모형에서는 명제적 지식이 대학에서 제공하는 내용의 대부분이다.

또한 Barone, Berliner, Blanchard, Casanova 그리고 McGowan(1996)은 많은 교사교육 프로그램이 현장과 그다지 연관성이 없는 채, 이론을 내용으로 한 여러 과목을 체계성 없이 한곳에 모아 놓은 형태로 구성되어 있다고 말한다. BenPeretz(1995, p. 546)의 말을 한번 들어 보자.

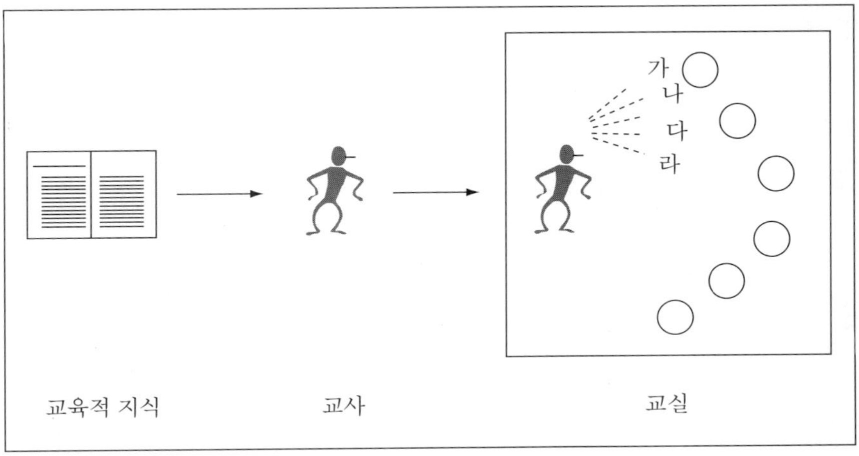

[그림 1-1] 교사교육의 기능적 합리주의 패러다임

교사교육의 잠재적 교육과정을 통하여 지식을 상호 연관되지 않은 방식으로 생각하도록 만드는 지식관이 가르쳐진다. 이론과목에서도 그렇고, 현장실습에서도 그렇다. 게다가 지식은 '주어진 것'이요, 의문시해 볼 여지가 없는 것으로 생각하도록 만든다.

Schön(1983, p. 21)은 '기술적 합리주의 모형(the technical-rationality model)'에 관해서 이야기한다. 이 모형은 "전문가의 활동을 도구주의적 문제해결 과정으로 간주하고 과학적 이론과 기술을 적용함으로써 더욱 효과적으로 만들 수 있다."라고 가정한다. 이 모형에는 다음과 같은 세 가지 기본 가정이 숨겨져 있다(Hoyle, 1980 참조).

1. 이론은 교사가 일을 더 잘할 수 있도록 도와준다.
2. 이 이론은 과학적 연구를 기반으로 하고 있다.
3. 교사교육자는 교사교육 프로그램에서 어떤 이론을 가르쳐야 할 것인지를 결정해야 한다.

지난 몇 십 년간 이 기술적 합리주의 모형이 지배적이었다. 한편에서는 이 모형이 예비교사가 현장에서 실천하는 데 그다지 많은 영향을 미치지 못하고 있다는 사실을 지적하기도 하지만, 이런 경향은 더욱더 심화되고 있다(Imig & Switzler, 1996, p. 223; Sprinthall, Reiman, & Thies-Sprinthall, 1996). 다음 절에서 이 점을 좀 더 자세히 알아보도록 하겠다.

3. 전통적 접근의 문제점

최근 많은 연구자가 기술적 합리주의 패러다임이 효과를 발휘하지 못하고 있음을 보여 주고 있다. 그 예로 Zeichner와 Tabachnick(1981)은, 직전교사교육에서 교육받은 많은 좋은 아이디어가 교육실습 등 현장 체험과정에서 그대로 '쓸모없이 되어 버리는 현상(washed-out)' 을 밝혀냈다. Cole과 Knowles(1993) 그리고 Veenman(1984)도 이것과 유사한 연구결과를 보고했다. Veenman(1984)은 특히 학생들이 졸업하면 상당히 심각한 문제에 맞닥뜨리게 된다는 사실을 지적했다. Lortie(1975)는 교사의 사회화에 관한 초기 연구로 유명한데, 교사의 전문능력 발달에서 현장이 얼마나 지배적인 역할을 차지하는지 보여 주었다.

Zeichner와 Gore(1990)는 교사사회화 연구를 전체적으로 검토한 유명한 논문에서, 학자들은 교사사회화의 과정이 소극적 과정인지 적극적 과정인지에 대해 매우 다른 견해를 견지하고 있다고 말한다. 첫째, 기능적 패러다임(the functionalist paradigm)에서는 기존의 관행을 소극적으로 재생산해 내는 것, 그리하여 연속성을 유지하는 것이 강조된다(Hoy & Rees, 1977). 둘째, Zeichner와 Gore는 영국에서 교사사회화에 관해 조사한 Lacey(1977)의 연구를 해석적 패러다임(the interpretative paradigm)의 한 예로 든다. "교사 개인의 자율적 행동의 가능성을 열어 주고, 그리하여 그 개인들이 취한 선택과 전략으로 사회적 개혁이 이루어질 가능성을 열어 주는 교사사회화 모형을 개발함을 목적으로 하기 때문" 이다(Zeichner & Gore, 1990, p. 330). 세 번째 패러다임에서는 개인의 선택의지와 교육관행을 개선하는 가능성에 대하여 강조한다. 이들은 이 패러다임을 비판적 접근(the critical approach)(Ginsberg, 1988)이라고 부른다. 비판적 접근의 핵심 목적은 "우리의 일상적 삶에 관해서 당연한 것으로 여기고 있던 것을 비판적으로 생각할 수 있는 능력을 일깨우는 것" 이다(p. 331). 둘째와 셋째 패러다임 관점에서 행해진 연구들은, 이제 막 발령을 받아 학교에 온 초보교사의 새로운 교육적 아이디어에서 나타나는 혁신성에 좀 더 초점을 맞추는 경향이 있다. 그러나 교사의 직업적 발달을 다루는 모든 연구에서는 이미 세워져 있는 학교의 조직과 구조에 한 개인이 영향을 미치기가 매우 어렵다는 점을 지적하고 있다. 교육 개혁이란 교사교육자, 즉 사범대학 교수에게는 아주 아름다운 이상으로 여겨지겠지만, 통상적으로 그저 이상에 그치고 마는 것이다. 이런 관점에서 Bullough(1989)는 우리가 교사교육의 한 가지 심각한 문제점을 맞대면하고 있음을 강조하고 있다.

Zeichner와 Gore(1990, p. 343)는 이렇게 말한다.

> 제도적 차원이나 문화적 차원에서 분석한 연구 결과를 살펴보면 이 점이 분명하게 드러난다. 예를 들어, 사범대학, 학교 그리고 우리 사회에 퍼져 있는 다양한 이념적 견해와 물질적 여건에 따라 사범대 학생이나 교수는 모두가 선택할 수 있는 옵션의 범위를 제한받는다.

매우 흥미로운 점은 다른 나라에서도 이와 동일한 문제가 발견된다는 사실이다. 예를 들어, 규모가 크고 연구가 중심인 독일 콘스탄츠 대학에서는 '이행(移行) 충격' 이란 경험을 했다(Dann, Cloetta, Muller-Fohrbordt, & Helmreich, 1978; Dann, Muller-Fohrbrodt, & Cloeta, 1981; Hinsch, 1979; Muller-Fohrbrodt, Cloetta, & Dann, 1978). 그런데 아쉽게도 이 연구는 영어사용권 국가에 거의 소개가 되지 않았다. 교사는 발령 첫해 동안 눈에 띌 정도로 태도가 변화하게 된다. 이들은 현재 학교의 관례에 적응하려고 하지, 가르치고 배우는 자신의 일에 최근의 연구결과를 적극적으로 적용하려고 하지 않는다는 점을 보여 주고 있다. 콘스탄츠 연구팀의 연구를 바탕으로 해서 Brouwer(1989)는 357명의 예비교사, 128명의 현장협력교사, 31명의 사범대학 교수를 대상으로 대규모의 질적, 양적 연구를 실행했다. 그는 교사의 전문성 개발에서 (대학이 아니고) 학교가 훨씬 더 핵심적으로 중요한 역할을 하고 있음을 발견했다. 또 교사교육 기간에 배운 것을 현장에 실천하도록 만드는 한 가지 중요한 요인이 '교사교육 프로그램이 얼마나 통합적으로 체계화되어 있는가.' 임을 밝혀냈다. 사범대학 교육과정 내에서 이론과 실제의 통합과 연결이 얼마나 잘되어 있는가가 중요하다는 말이다. 이 중요한 문제는 제3장에서 기술적 합리주의 접근의 실패 원인과 함께 좀 더 자세하게 다루도록 한다.

이렇듯 교사의 전문적 발달과 사회화 과정을 조사한 연구들은 교사교육에 대한 기술적 합리주의 접근이 이론에서 실제로의 이행을 거의 실현시키지 못하고 있음을 밝혀내고 있다. 게다가 이 접근은 또 다른 근본적 문제점을 안고 있다.

Elliot(1991)은 전문가들이 제공한 이론을 활용할 능력을 가지고 있지 못하다는 사실을 안 교사들은, 많은 경우 이 전문가가 자기에게 기대하고 있는 만큼의 일을 해내지 못하고 있음을 느낀다고 말한다. Elliot(1991, p. 45)은 "교사는 이론의 위협을 받는다고 느끼는 경우가 많다."라고 말한다. 그리고 이런 느낌은 전문가들이 지식을 구성해 내는 통상적인 방식, 그리고 그런 방식에 내포되어 있는 이상적인 사회나 개인에 대한 통상적 사고방식에 따라서 더욱 증폭된다. 따라서 기술적 합리주의 접근은 교사의 전문적 지위를 위협하는 원인이 될 소지를 안고 있다 .

교사교육의 현장에서는 실제로 어떤 일이 벌어지고 있는가? 예비교사가 실천을 보완해 주는 수단으로 이론이 중요하다는 것을 머리로는 이해한다고 하더라도, 일상의 실제 수업장면에서 고군분투하는 사람이 자기들만이 아니라는 것을 곧바로 체험하게 된다. 그래서 이론을 현장에 적용한다는 생각은 불가능한 임무가 되어 버리고 만다. 예비교사는 실습을 나간 모든 학교에서 동일한 현상이 벌어지고 있음을 직접 눈으로 보게 된다. 자신의 능력이 항상 부족하다는 느낌을 벗어나는 유일한 출구는 일선 교사의 일상화되고 습관이 되어 버린 생각(즉, 교사교육이 지나치게 이론적이고 쓸모가 없다는 생각)을 받아들이는 것이다. 그러고 나면 자신이 이론에 따라 실천하지 못하고 있다는 점에 대한 비판을 더 이상 받지 않을 수 있다. 그 비난은 교사교육 프로그램이 받아야 되는 것이다. 다른 사람에게 책임을 전가시키는 이런 책략은 아주 많은 교사와 교수가 써먹고 있는데, 긍정적 결과라고는 거의 만들어 내는 것이 없는 무모한 파워게임에 불과하다. 이것은 이론과 실제의 괴리를 더욱 넓혀 놓기만 할 뿐이다. Elliot(1991, p. 47)은 이렇게 결론짓고 있다.

> 이론과 실제에 괴리가 있다는 생각은 이상과 현실이 눈에 드러날 정도로 불일치하는 것에 기인한다기보다는, 그 불일치의 책임이 내게 있다고 지적받는 경험에서 생겨난다.

4. 교육변화의 문제점

그동안의 많은 연구로 한 가지는 매우 분명해졌다. 바로 교육을 변화시키는 일은 다양한 문제를 내포한다는 사실이다. 교직에 나간 교사의 행동에 영향을 미치는 데 직전교사교육자들이 실패한 내용을 다룬 연구도 많고 이와 동일한 결과를 낳은 현직교사교육 프로그램과 교육과정 개발에 관한 연구도 많다. 이런 점에서, 지금 우리의 주제와 관련하여 좀 더 폭넓은 관점에서 교육의 개선을 이해하는 것이 도움이 될 것이다. 다른 곳에서는 직전교사교육만을 다루므로, 이 문제를 살펴보기 위해서는 이 절이 가장 적합하다.

Holmes(1998, p. 254)는 우리가 지금 다루려는 주제와 관련하여 다음의 말을 했는데, 이는 매우 적절해 보인다.

> 개선을 가장 적극적으로 주장하는 사람들조차도 개선노력의 대부분이 실패로 끝났음에 동의하고 있다.

계획에 따라서 교육을 개선하는 것과 관련하여 우리에게 잘 알려진 모형은 '연구-개발-확산' (RD & D) 모형이다. 이 모형에 담긴 논리는 앞서 말한 기술적 합리주의의 논리와 매우 흡사하다. "우리는 '훌륭한 교육' 에 관한 많은 지식을 가지고 있다. 그러므로 이 지식을 교사에게 가르치는 것은 당연하다. 그리고 이것이 성공적인 결과를 가져온다면 그 성공한 결과를 확산시키는 것도 당연하다." 과거에는 정책 개발자들이 의식적으로든 무의식적으로든 이 모형을 자주 활용하였고 교육을 개선하려는 많은 노력을 이끌어 나갔다.

앞에서 이미 말한 대로 RD & D 모형은 매우 중대한 한계점을 지니고 있다. 『교육개선 국제핸드북(*International Handbook of Educational Change*)』의 서문에서 Lieberman(1998, p. 19)은 발표되지 않은 Michael Huberman의 한 논문을 인용하면서, 그가 "RD & D 모형은 '정도 이상으로 합리주의적이고 기능주의적' 이며, 학교의 문화가 갖는 독특한 특성들에 무감각하다고 비판" 했음을 지적하고 있다. Day(1999, p. 15)는 "여러 나라에서 행해진 수많은 연구가 보여 주듯이, 외부에서 강요된 개혁은 교사가 의도한 변화를 실지로 적용하는 것을 보장하지 못한다." 라고 지적한다. Fullan(1998, p. 227)은 "만약 우리가 한 가지라도 아는 것이 있다면, 그것은 변화는 의도적으로 통제할 수 없다는 사실이다." 라고 말한다. McLaughlin(1998, p. 83)은 "정책이 현장을 변화시키기란 극도로 어렵다." 라고 결론짓고 있다. 나는 그것이 교사교육자에게도 마찬가지로 지극히 어렵다는 점을 덧붙인다.

나는 이 점이 그동안 변화와 개선에 관해 연구한 연구자들이 주목을 그다지 받지 못한 변화의 한 측면과 연관성이 있다고 생각한다. 실제로 1998년에 발행된 두 권짜리 『교육개선 국제핸드북』에서도 찾기가 어렵다. 그것은 바로 우리가 '변화' 를 동사로 사용하는 데는 각기 다른 두 가지 방법이 있다는 점이다. 첫 번째는 예를 들어, '난 이 교사를 변화시키고 싶다.' 와 같이 타동사로 사용하는 경우다. 두 번째는 '최 교사는 변하고 있다.' 와 같이 자동사로 사용하는 경우다. 아무리 미묘한 정도라도 타동사로 사용하는 경우는 교사에게 외부적 압력이 있음을 가정하고 있다. 자동사로 사용하는 경우는, 그 교사 자신이 변화를 이끌고 있음을 의미한다. 나는 McIntyre & Hagger(1992, p. 271)가 "교사는 스스로 성장해야 한다. 다른 사람이 교사를 성장시키는 것이 아니다." 라고 한 말에 동의한다. 이들은 또 다음과 같이 말했다.

> '개발' 이란 현재 있는 것을 중요한 출발점으로 삼는다. 현재의 것을 버려야 하는 것으로 생각하지 않고 더 나아지기 시작하는 발판으로 생각한다. 그것은 교사들이 이미 매우 가치 있는 능력을 지니고 있다는 사실은 물론, 만약 선택을 강요받을 경우 원래 해 오던 방식으로 다시 되돌아가려는 성향을 가지고 있음을 인정하는 것이다. 그렇기는 해도 '이미 있는 것 위에 짓는 것' 이라는 비유는 그다지 만족스러운 것은 아니다. 왜냐하면 원래 있던 것과는 별개의 것을 덧붙이는 것, 위에 다른 것을 올려놓는 것을 의미하기 때문이다. 그러나 이와는 달리 '개발' 이라는

개념은, 덧붙여지는 것이나 새로운 것이 무엇이건 간에, 기존의 것과 하나가 되어 통합된다는 것, 그래서 그것으로부터 자라난다는 것을 함의하고 있다(p. 271).

이 이슈는 제5장에서 더욱 심층적으로 다룰 것이다. 새로운 교육적 아이디어를 현장에서 외부자가 적용시키려고 할 때 생기는 한 가지 중대한 실수는, 그가 사태를 변화시키려고만 하고 교사의 필요와 그들이 일하는 상황에 대해 고려하지 못한다는 것이다. McLaughlin(1998, p. 72)과 같이, 어떤 연구자가 "개혁사업을 성공적으로 이끌기 위해서 필요한 노력과 에너지를 만들어 내는 데는 정책목표나 정책전략을 받아들이려는 의지 또는 동기유발이 반드시 있어야 한다."라는 사실을 잘 알고 있다고 하더라도, 결국 교사를 변화시키고자 하는 외부자의 관점에서 변화의 문제를 바라보고 있기 때문이다. Holmes(1998, p. 250)는 이 점을 아주 명확하게 말해 주고 있다.

화려한 수사학에도 불구하고, 학교를 개선하려는 계획은 어쩔 수 없이 하향식이다. 민주적 의사결정, 협동, 교사의 중요성 등과 같은 말이 나돌아 다님에도 불구하고, 변화의 작업은 위에서부터 실행되고 또 실행되어야만 한다. 간혹 교사가 거부권을 행사할 수도 있지만, 대부분의 경우 어떤 저항행동도 변화를 두려워하며, (Fullan이 제시한 변화의 도덕률 중에서 가장 심한 죄악인) 기득권의 옹호자가 된다는 비난을 받을 것이다.

문제는 우리가 너무도 오랫동안 교육현장에서 개발을 추진할 수 있는 그 밖의 다른 가능성에 대해서 거의 모르고 있었다는 데 있을지도 모른다. 다음과 같은 Holmes(1998)의 지적이 그것을 분명히 해 준다.

인정하건대 그동안 교사를 물개처럼 훈련시키려고 한 것이 문제였다. [또한 반대로] 교사를 혼자 두면 변화를 실천해 볼 가망성은 거의 없는 것이다(p. 254).

'물개처럼 훈련시키는 것' (만들어 놓은 절차만을 그대로 따르게 하는 방식)과 '교사를 혼자 두는 것' (원하는 대로 하도록 그냥 내버려 두는 방식)으로 나누는 것은 (Watzlawick, Weakland, & Fisch, 1974, p. 90)이 '대안의 환상' 이라고 부른 현상을 보여 주는 한 예다. 대안의 환상이란, 우리가 이 양분법을 받아들이면 우리에게는 오로지 이 두 가지 가능성만이 남게 된다는 생각에 사로잡히게 된다는 말이다. 그동안 교육개혁을 주도한 사람들의 사고방식을 지배한 것이 바로 이런 생각이다. Hargreaves(1994, p. 6)에 다르면, 이런 개혁주도자는 교사를 존중하지 않았다. 우리는 이 책에서 세 번째 가능성을 보여 주려 한다. 이 대안에서는 교사를 중요하게 생각하고, 그들의 입장에서 함께 개선의 과정을 이루어 나가며, 어떤 경우는 단순기술도 훈련시킨다. 하지만 이런 훈련은 교사가 원하는 경우에만 시행한다. 이런 방식은 교사를 물개처럼 훈련시키는 것도 아니고, 그들을 혼자 두는 것도 아니다. 이런 방식은 교사의 도덕적 목적을 중요하게 생각하는 것을 말한다(Day, 1999, p. 15).

이 대안에서는 개선의 과정이 어떤 성격을 띠는가를 매우 중요하게 생각한다. 기술적 합리주의 접근과는 다르게, 여기서 주장하는 '현실적 접근' 은 전문성 개발과 변화 그 자체의 과정을 매우 중요하게 간주한다. 그동안 이 측면은 너무도 오랫동안 간과되어 왔다. "변화가 어떻게 일어나는가에 대한 연구는 거의 없다. 이 결핍은 교사교육에 관심이 있는 사람에게는 매우 안타까운 일이다. 교사가 바뀌어 가는 과정이 어떻게 전개되는가를 제대로 이해한 내용에 근거해서 교사교육이 이루어져야 하기 때문이다." (Desforges, 1995, p. 388; Fullan & Hargreaves, 1992, p. 1 참조) Burden(1990, p. 325)은 "교사변화(teacher changes)의 본질과 이 변화가 발생하는 과정을 분명하게 규명하려는 노력이 필요하다."라고 말한다. 우리가 이 책을 통해 실행하려는 한 가지가 바로 그 같은 규명작업이다. 우리가 교사의 변화를 단순하게 인지적 관점에서만 바라본다면 제대로 이해할 수 없다는 것이 그중 하나다. 가르치는 일은 감성과 정서가 필수적 역할을 차지하는 직업이기 때문이다(Hargreaves, 1998a; Nias, 1996).

> 교육개선의 다양한 차원 가운데 가장 간과되었던 것 중 하나가 바로 정서적 차원이다. 대부분의 경우, 교육의 개선과 조직의 개선은 합리적이고 인지적인 목적을 달성하기 위한 합리적이고 인지적인 과정으로 취급된다. … 하지만 배우고, 가르치고, 지도하는 일에서 예측하기가 다소 곤란하고 열정이 관여되는 측면에 대해서는 개선의 장면에서 삭제되어 버리는 것이 상례다(Hargreaves, 1998b, p. 558).

교육개선의 문제는 원래부터가 확실성, 예측성 혹은 안정성을 잃게 될지 모른다는 위협에 대한 인간의 자연스러운 정서적 반응을 다루는 문제다. 기술적 합리주의 접근에서는 이 같은 정의적 차원이 간과되었다.

5. 교사교육자가 되는 일의 어려움

교사교육에 대한 기술적 합리주의 접근의 문제점이 많은 연구에서 밝혀졌음에도 불구하고, 교사교육자가 그다지 관심을 기울이지 않는다는 사실은 놀라운 일이다(Korthagen & Russell, 1995). 이러한 현상의 중요한 한 가지 이유는 교사교육 기관에서 실제로 어떤 활동이 벌어지고 있는지에 대하여 연구자가 그다지 관심을 두지 않기 때문이다(Zeichner, 1999). 이 문제를 지적하는 연구자들은 기술적 합리주의 모형이 아직까지도 사람들의 지배적 사고방식 중 하나라고 주장한다(Oldfatherm, Bonds, & Bray, 1994; Bullough & Gitlin, 1994). Korthagen과 Kessels(1999)는 유럽의 교사교육자에게 교육 프로그램을 실행하고 나서, 이들의 관점과 매일의 활동에 관해서 새롭게 알게 된 내용을 보고하였다. 이들에 따르면, 전통적인 교사교육관은 아직도 변하지 않았으며, 대부분의 새로운 모형도 사범대 (이하 교육대학도 포함) 학생이 이론을 사용하도록 동기를 유발하거나, 실천으로 이행하는 과정을 도와주거나, 제시된 이론과 수업실천 간의 간격을 줄이는 데 도움이 되도록 하기 위하여 복잡한 절차의 형태인 경우가 많았다. 이 점은

2절에서 언급한 세 가지 기본가정의 영향력뿐만 아니라, 이 가정들이 이론과 실제 간의 괴리를 만들어 내는 첫 번째 원인이라는 사실을 사람들이 잊고 지낸다는 것을 증명해 준다.

교사교육의 실패를 지적하기 위해서는 먼저 교사교육자가 되는 일이 매우 힘든 일임을 인정하면서 시작해야 할 것이다. 첫째, 교사교육자는 교사를 교육시키는 새로운 방법을 알려 주는 교육모형을 활용하지 않는다. 비록 많은 학교교과 영역에 교과지도모형이 있기는 하지만, 교사교육 영역 자체에는 그러한 교수법이 전혀 없다. 둘째, 교사교육자가 일하는 근무 여건은 오래된 습관을 바꾸도록 자극하는 환경이 아니다. 수강학생 수가 많고 교생실습 기간 동안 교생을 만나볼 시간이 부족한 점 등이 변화를 방해한다(Barone et al., 1996, p. 1117). 셋째, 사범대학의 모든 교수진이 교사교육 방법에 관해서 협력하며 문제를 향상시키려는 문화가 조성되어 있지 않다.

Kremer-Hayon과 Zuzovsky(1995)는 사범대 교수들의 전문능력 개발과 관련하여 이스라엘 교사교육자를 인터뷰하는 연구를 했다. 인터뷰 내용 가운데 신임 사범대 교수의 입장이 잘 드러나 있다.

> 합격 소식을 들었을 때, 정말 기분이 좋았고 우쭐했다. 하지만 그와 동시에 교사교육 분야에는 아무런 구체적 준비가 없었기 때문에 걱정이 태산 같았다. 교사교육자로서 학생들의 실제 경험을 이론적 틀 속에다 잘 위치시켜 놓는 일, 이론과 실천의 연계를 만드는 일, 지도법에 관한 지식을 채우는 일, 합리적 근거에 기초해서 의미를 제공하는 일 등을 해야 했지만 당시 나는 이런 일에 관해 아는 것이 전혀 없었다.

다시 말하면, 이론과 실천을 통합하려는 교사교육자의 노력, 좀 더 포괄적으로는 교사교육자로서 전문능력을 쌓으려는 노력에 대한 지원이 전혀 없다는 것이다. 이것은 전 세계적인 현상이다. 1990년 유럽국가의 교육부에 제출하는 보고서의 한 부분에서 Wilson(1990)은, 거의 모든 유럽 연합의 국가들이 마찬가지

인데 사범대학 교수는 교사교육에 관한 아무런 형식적인 준비과정 없이 사범대학 교수가 된다고 밝혔다. 그 이후에도 상황은 변하지 않았다.

미국의 교사교육자도 마찬가지다. 4인의 신임교수가 사범대학 교수가 되는 과정에서의 체험에 대하여 설명하는 한 연구에서도 이와 동일한 문제가 제기되고 있다. 『교사를 가르치는 교사(*Teachers Who Teach Teachers*)』(Russell & Korthagen, 1995)라는 책을 보면, 이 초임 사대교수들이 쓴 「교사의 교사가 된다는 것: 4인의 사례」라는 글이 있다(Guilfoyle, Hamliton, Pinnegar, & Placier, 1995).

> 내가 어떻게 교사교육자가 되었는가를 자문할 때면, 그것을 처음으로 생각한 때에 대해 얼떨떨해지거나, 아니면 정말로 교사교육자가 되기 위해 제대로 된 과정을 거쳤는지 고개를 갸우뚱하게 된다. 그렇기는 해도 내가 그것을 의식하기 훨씬 이전부터 이 과정을 시작했다고 생각한다. 내가 의식하지 못하는 많은 순간 속에서 난 교사로 하여금 다문화적 관점이나 성차별적 관심을 교육과정 속에 통합시키도록 만들려고 많은 노력을 기울였다. 난 교사가 수업시간에 쓸 수 있는 관련 자료를 보여 주기 위하여 자료를 만드는 일에 많은 시간을 투자하였다. 내게 이런 것을 가르쳐 준 사람이 누구인가? 솔직히 말해 아무도 없었다. 난 주변의 사람을 보고서, 내가 재직했던 고등학교의 학생들을 기억해 내면서, 발달단계를 생각해 냈다. 그리고 내가 해내야만 하는 것이 그 단계에 적합한지를 생각하면서 배웠다. 또한 강의실에서 학생들 앞에서 한 실수를 통해서 나는 배웠다. 대학의 어떤 과목에서도 교사교육자가 되는 과정을 논의한 적은 한 번도 없었다(Mary Lynn Hamilton, p. 40).

> 교사교육자의 임무를 시작하면서, 나는 침묵해야 한다고 느꼈다. 나는 훌륭한 자격을 갖추고 사범대학에 채용되었다. 하지만 얼마 가지 않아 내가 가진 전문능력은 전혀 소용이 없다는 점이 분명해졌다. 공립학교와 대학교 두 곳 모두에서 잘 가르친 나이 찬 성인이었지만, 난 마치 백지장 같은 취급을 받았다. 정말 아무것도

아는 것이 없는 사람 말이다. 선배교수들은 공립학교에서 채택하고 있던 EEL(수업핵심요소법)을 적극적으로 가르치고 있었다. 학생들을 교사로 만드는 일을 돕는다는 것에 대한 내 생각을 분명히 정립하는 것도 어려웠지만, 내가 가진 교육관에는 이런 교수모형을 무조건적으로 강요하고 가르치는 것이 들어 있지 않았다. 나는 Reynold(1992)가 제시한 초임교사에게 필요한 지식 목록을 골똘히 생각했다. 그리고 Schön(1983)의 연구와 전문적 지식에 대한 그의 견해가 교사로서의 성장과 어떤 관련을 맺고 있는지에 대하여 면밀히 살펴보았다. 난 교사 전문능력의 개발에서 '기술적 합리주의'와 '반성적 실천주의(reflection on practice)'에 관해서 고민했다. '수업과 교사교육에서의 기초적 지식'에 관해서 많은 사람의 관심이 집중되고 있을 때였다. 하지만 난 이 관점이 교사가 되는 과정에 관한 나의 믿음과 일치하도록 고군분투하고 있었다…….

내가 장래의 교사들을 가르치기 시작했을 때, 나 자신에 대해 내가 가진 이미지는 초보 탭댄서였다. 우선 리듬을 타고, 그 다음엔 현란한 스텝을 덧붙이며, 그리고는 손동작을 더하고, 다음에는 지팡이를 잡는 것이다. 하지만 난 자꾸만 지팡이를 놓치거나 리듬을 놓치거나 하면서 엉덩이는 꼬이고 손은 허공을 저었다. 난 절대로 리듬을 타지 못할 것 같다는 생각이 들었다. 내가 무용수의 이미지로 나 자신을 생각했다는 것은 참 역설적이다. 난 무용에 관한 감각은 전혀 없기 때문이다. 이 초기 이미지는 내 자신의 목소리와 재능에 대한 불인정, 믿을 수 없을 정도의 자기 집중, 그리고 균형을 찾기 위한 나의 노력 등이 반영되어 있었다(Pinnegar, 1995, pp. 41, 46).

Zeichner(1995, p. 17)도 교사교육자로서 체험한 초기의 경험을 이야기하면서 또 다른 재미있는 사례를 들려준다.

우리 학과의 프로그램을 조사하고, 수백 명의 학생이 작성한 강의평가를 읽음으로써 분명해졌다. 수업내용에 비판적 내용을 포함시키는 우리의 방법은 내가 원했던 그런 효과를 얻지 못하고 있다. 이 비판적 내용은 현장실습을 나간 학생들이 직접 선정하고 상호 절충하여 직접 만든 것이고, 대부분의 수업과제가 실습학교와 강의실에서 현장실습 학생들이 하고 있는 일과 언제나 연관을 맺고 있었음에도 불구하고(즉, 특정 학생에 대한 사례연구를 하는 것과 같이), 여전히 많은 학생이 교사가 되기 위한 과정과는 다른 수업활동으로 간주하고 있었다. 교원자격증을 따기 위해 뛰어넘어야 하는 또 다른 학문적 언덕이라고만 생각하고 있었던 것이다.

Zeichner는 이런 상황에 대해 만족하지 않았고, 교사교육의 방법론에 관해서 새롭게 생각하는 기회로 삼았다. 그리하여 더욱 통합된 교사교육 프로그램을 가장 먼저 개발한 사람 중 하나가 되었다.

6. 새로운 패러다임을 향하여

많은 사범대학 학생, 졸업생 그리고 교사교육자가 현재의 교사교육에 불만스러워하고 있다. Barone과 동료들(1996)은 학부모와 정치가도 점차적으로 교사교육의 효과성에 대하여 의문을 제기하고 있다고 지적했다. 이런 현상은 교사교육자에게 커다란 중압감으로 작용하고 있다. 정치가들의 의문 제기는 영국을 비롯한 여러 나라에서 일어나고 있다. 그리고 실제로 교사교육의 상당 부분이 일선학교로 옮겨지도록 만들었다. 이론이 실천을 준비하는 것에 어떤 적합성이 있는가를 묻는 비판에 대응하는 조처로, 대안적인 자격부여 프로그램이 만들어진 것이다. 이런 프로그램에서는 이론적 내용을 거의 교육받지 않고, 가르치는 요령만을 체계적으로 가르치는 과정으로 교사교육을 변질되도록 한다. 그리고 교사부족 문제를 해결하기 위한 방편으로 이런 프로그램을 제공하기도 한다. 그런데 이런 식의 조처는 교사와 정치가와 학부모를 만족시킬 수는 있어도, 아주 중요한 위험 요소를 안고 있다. 그 균형이 이론중심에서 실천중심으로 완전히 옮겨간 것

같은 양상을 띠는 것이다. 하지만 이런 식의 교사교육은 성공을 보장받지 못한다. 실지로 연구에 따르면, 실제수업의 경험은 전문적 능력을 개발할 수 있는 기회로 작용하기보다는 기존 문화풍토 속으로의 사회화를 촉진하는 요인이 될 수 있기 때문이다(Wideen, Mayer-Smith, & Moon, 1993). 학교문화에 사회화되는 과정은 반성과 이론적 탐구를 회피하도록 만드는 경향이 있다(Cole, 1997). 이론과 실제를 어떻게 통합할 것인가의 질문에는 아직도 최종 해답이 없다. G. L. Anderson과 Herr(1999, p. 19)은 이렇게 말한다.

> 대개의 경우 현장 사람들에게 좀 더 가까이 가고 싶은 충동은 이루 말로 할 수 없다. 하지만 현장실천가의 지식을 가장 중요하게 취급하는 강력한 프로그램을 만든다는 것이 무엇을 의미하는가에 대해서는 누구도 제대로 알고 있는 사람이 없다.

이런 상황에도 불구하고 최근에 새로운 접근들이 나타나고 있다. 교사교육에 대한 전통적 접근의 약점과 실제 경험만 위주로 한 접근 방법의 한계를 극복하는 새로운 교사교육 방법이 제안되고 있는 것이다. 예를 들어, 미국에서는 전문성 개발학교(professional development school; PDS)가 점차 늘어나고 있다(Bullough & Kauchak, 1997; Darling-Hammnon, 1994; Levine & Trachman, 1997; Ross, 1995). 이 접근은 대학교 교수와 학교 교사가 예비교사를 교육시키는 책임을 공유하는, 상호 협력적인 관계를 맺는 것을 목적으로 한다. 이 같은 맥락에서 학교의 역할, 새로운 교수방법 그리고 참여하는 모든 사람의 전문능력 개발 등에 대한 관심이 높아지고 있다(Abdal-Haqq, 1997). PDS에서 활용하는 많은 방식들은 탐구중심적인 성격을 띠고 있고, 반성적인 방식의 학습을 진작시키는 것을 목적으로 하고 있다. 하지만 PDS와 관련되는 아이디어가 이론과 실천을 통합하는 데 상당한 가능성을 보인다 하더라도, 사례연구를 살펴보면 이 역시 문제점이 많다(Darling-Hammond, 1994 참조). Castle(1997, p. 221)은 "현실에서 발생하는 많은 문제가 개개인과 그들의 상호관계와 관련을 맺고 있다."라고 결론짓고 있다.

1990년대 영국에서는 교사교육의 상당 부분이 학교로 이양되었다. 1992년과 1993년의 정치적인 결정에 따라 강제로 되었기 때문에 교사교육계의 전문가들은 매우 당황했다(Gilroy, Price, Stones, & Thornton, 1994). Furlong과 동료들(1996, p. 44)은 이 정책대로 영국과 웨일스 지역에서 개발된 사범대학과 학교 간의 상호 협력적 파트너십의 다양한 형태를 살펴보았다. 이들은 대부분의 경우 이런 상황에서는 교수가 이전에 비하여 학생에게 영향을 미칠 수 있는 기회가 상대적으로 감소되었다고 결론지었다. 하지만 이와 함께 이들은 교사교육기관의 교수와 학교 교사가 서로 협조하며 일하는 방식이 개발됨으로써 실습 나간 학생의 전문성 개발에 영향을 미칠 수 있는 기회가 늘어났음도 알게 되었다. 이런 협력적 접근의 장점을 지지하는 연구물을 살펴보면서 Furlong 등은 처음으로 이론과 실제가 제대로 통합되었다고 말하고 있다.

1992~1993년에 호주 정부는 영국의 정책을 적용하여 교사교육의 많은 역할을 학교로 옮길 것을 고려해 보기도 했다(Chadbourne, 1997). 아직까지 실행에 옮기지는 않았지만, 학교와 사범대 교수 간의 협력적 관계는 이미 1990년대에 확립된 상태다.

PDS 운동과 교사교육의 중심이 학교로 옮겨 가는 경향 속에는 두 가지 중요한 차원이 담겨져 있다. 한편으로 이런 경향은 교사교육을 더욱 강력하게 실천현장 속으로 자리 잡게 하려는 열망이 담겨져 있다. 하지만 다른 한편으로는 여기에 관여된 교수들은 학생들이 일찍부터 전통적 방식에 사회화되지 않도록 조심해야 한다. 교사교육의 현장 적합성을 높이려는 노력이 현재 하고 있는 방식에 대하여 비판적으로 반성하는 기회를 강조하는 이유가 바로 여기에 있다. 이 말은 교사의 전문능력 개발이라는 것이 실제적인 교수 및 학습 체험을 하며, 선배의 지도하에 그것에 대하여 반성하고, 자신이 반성한 내용과 교사가 제공하는 이론적 개념을 잘 통합함으로써 자신만의 새로운 아이디어를 개발하는 지속적인 과정으로 인식되고 있음을 의미한다.

교사교육에서 '반성' 이란 아이디어가 매우 중요하게 된 것은 이론과 실제 간의 괴리를 보여 주는 연구에 대응하기 시작한 1980년대부터다. 많은 교사교육 프로그램에서 1985년부터 2000년까지 이 아이디어가 적용되었고, 반성적 능력을 향상시키는 방법과 그 효과에 관한 연구가 많이 발표되었다(Gore & Zeichner, 1991; Zeichner & Liston, 1987). 반성적 접근을 옹호하는 이론적 토대를 만드는 작업들도 있었다. 예를 들면, 주로 구성주의를 중심으로 인지심리학적 이론들(Bell & Gilbert, 1996; Oldfather et al., 1994)이 활용되거나 목적적 측면에서는 사회학적 논의들(Zeicner, 1983)이 활용되었다.

이 책에서는 '반성'이 핵심적 개념 중의 하나로 보고, 이론과 실제를 통합하는 중요한 수단으로 고려하겠지만 이론과 실제를 통합시켜야 한다는 주장을 뒷받침하는 논리적 토대가 두 가지 측면에서 취약하다는 점을 지적하려고 한다(Korthagen & Kessels, 1999).

첫 번째, 이 접근에서는 이론이 차지하는 역할이 명료하게 분석되어 있지 않다. 학술교재에 적혀 있는 전통적 이론과는 달리, 이론과 실제를 통합하려는 목적을 가진 프로그램에서의 이론은 완전히 다른 형태다. 통상적인 대학교재에서 말하는 고전적인 형태의 이론은 "실제 상황으로부터 경험적으로 추출해 내어 일반화시킨 추상"(명제적 진술)이다. 이런 이론은 교사에게는 하등의 도움을 주지 못한다. 왜냐하면 실제란 것이 통상적으로 모호하고 많은 가치가 관여되기 때문이다(Schon, 1983). 다시 말하면, 고전적 형태의 이론('큰 이론'이라고도 함)이 제시하는 '목적-수단 모형(the ends-means models)'보다 훨씬 어지럽고 복잡하기 때문이다. Doyle(1990)은 이런 이유로 교사에게는 다른 이론이 필요하다고 한다. 교사에게는 '상황에 적합하고 아주 구체적인' 지식이 필요하다. 이런 이론은 '작은 이론'이라고 부를 수 있을 것이다. 이 작은 이론은 형태가 완전히 다르다. 훨씬 더 강력하게 '실천'할 수 있는 것을 목표로 하기 때문이다. 이런 결과로 교사교육자는 다음과 같은 내용을 염두에 두어야 한다. 이 문제는 제2장에서 자세히 논의할 것이다.

교사에게 연구자가 만들어 놓은 연구결과를 가르쳐야만 한다는 주장을 타파시

> 켜야만 한다. 나는 이런 주장 때문에 사범대학에서 가르치는 과목이 별로 쓸모가 없다는 통상적 인식이 만연하게 된 것이라고 본다(Russell, 1999, p. 234).

두 번째, 교사의 내면에서 벌어지는 과정과 외형적 행동 간의 관계와 관련하여 또 다른 이론적 토대가 필요하다. 이 관계를 알아본 최근의 연구결과는, 교사라는 존재가 합리적이고 이론을 반영한 의사결정을 내리는 존재라는 전통적 견해와 상충되는 내용을 보고하고 있다. 하지만 아직까지 교사의 인지과정과 행동 간에 관계에 대한 이런 새롭고도 포괄적인 견해는 전통적 견해를 대체하지 못하고 있는 실정이다. '명제적 지식과 과정적 지식' 과 같은 개념이나 '교사의 오해' 와 같은 용어 등 학계에서는 이미 한물간 내용이, 교사의 인지과정에 관한 사람들의 생각 속에 아직도 뿌리박혀 있는 것이다. 새로운 교사교육론을 뒷받침해주는 이론적 가정과 개념은 매우 다양한데, 아직까지 좀 더 통합된 논리로 발전되지 못하고 있다. 우리는 이 책에서 그러한 통합된 논리를 제공하려고 한다. 제2장에서 제9장까지 교사의 사고과정과 함께, 의지적이고 감성적인 측면까지도 통합하는 교수관을 발전시킬 것이다. 그리고 제10장에서는 교사의 사고과정과 행동 간의 관계를 이보다 총체적인 모형을 통하여 명료하게 요약할 것이다.

따라서 이 책의 목표 중 하나는 새로운 교사교육론을 밑받침하는 두 가지 이론적 토대를 소개하는 것이다. 한 가지는 교사에게 적합한 이론의 성격에 관한 것이고, 다른 한 가지는 교사의 머릿속에서 벌어지는 과정과 교사의 행동 간의 관계에 관한 것이다. 이와 함께 이 두 가지 이론적 틀을 서로 연결시키려는 시도를 할 것이다. 이 두 가지 틀 모두에서 '반성' 이란 개념이 중요하게 취급될 것이며, 이 두 틀을 하나로 묶는 데 도움을 줄 것이다.

이 책에서 개발된 아이디어의 많은 부분은 수학교육이론에서 얻은 것이다. 실제로 수학교육은 교사교육 분야에서 당면하는 많은 문제가 처음으로 발견된 (그리고 부분적으로 해결된) 영역이기도 하다. 그러나 그동안 이 두 분야를 연결시키려는 노력은 거의 없었다. 수학교육 분야를 너무 깊게 다루지 않는 범위 내에서, 수학교육 분야에서 최근에 밝혀낸 새로운 지식을 간략하게 살펴보면, 교사교육 분야에서 혜안을 얻는 데 도움이 될 수 있을 것이다.

7. 수학교육 분야의 사례

교사교육에 대해 새롭게 생각하 보려고 하면 수학교육 분야가 많은 도움을 줄 수 있다. 두 가지 이유에서다. 첫째, 수학은 많은 학생에게 골칫거리이고, 그래서 교사에게도 문제점을 던져 준다. 학생들이 배운 것을 응용할 수 있는 방식으로 필수적인 지식과 기능을 습득시키는 효과적인 방법을 찾아야 하는 필요성이 매우 큰 과목이다. 이런 필요성 때문에 수업 실제에 직접적으로 써먹을 수 있는 수학교수학습 이론이 개발되었다. 둘째, 학문 분야로서 수학이라는 분야는 다른 지식 분야와는 쉽게 독립시킬 수 있는 특성을 지니고 있어서, 심리학자들은 그동안 학습이 진행되는 메커니즘을 발견하는 일에 비교적 성공해 왔다.

수학교육 분야에서 최근 개발된 아이디어 가운데 가장 주목할 만한 것에 '현실적 수학교육(realistic mathematics education)' 이 있다(Freudenthal, 1991; Treffers, 1987). 현실적 수학교육의 특징은 '이론(원리, 규칙, 공리 등)에서 실제' 로 옮겨 가는 전통적 접근을 완전히 거부하는 것이다. 학생은 수학시간에 수백 년 동안 수학자가 발견한 수학적 구조를 실제적 문제에 적용하는 방법을 배워 왔다. 학생이 교과서 속의 문제를 다행스럽게 잘 해결하는 경우가 많기는 해도, 실제 생활에는 아주 간단한 일상 속의 문제도 풀지 못한다. 이런 문제가 수학시간에 푸는 문제와 매우 흡사한 것인데도 풀지 못한다(Schoenfeld, 1987). '적용(전이)' 의 문제가 분명하게 나타나는 것이다.

저명한 수학자이자 수학교육자인 Hans Freudenthal은 이 전이의 문제를 면밀히 분석한 후, 전통적인 지시형 접근이 수학의 본질적 특성과 어떤 점에서 모순을 띠는지를 밝혀냈다. 그의 견해에 따르면, 수학이란 (학자가 만들어서) 학생에게 전달되는 '이미 만들어진 교과(a created subject)' 가 아니라, (교사와 학생의 노력으로) '만들어져야 할 교과(a subject to be created)' 다(Freudenthal, 1978, p. 72).

이런 식으로 생각하면, 수학은 우리 주위의 현실(reality) 속에 깔려 있는 '인간 활동(human activity)' 이 되는 것이다(그래서 '현실적' 이라고 부름). (개념이 아니라) 활동은 현재 당면한 문제의 기저에 깔려 있는 구조를 인식하도록 만들어 준다. 이 구조는 학생이 구성하는 것이며, 학생으로 하여금 그 문제 상황에 담겨진 의미를 각자의 방식으로 건져 낼 수 있는 방법이 된다. 이 말은 이런 인지적 구조가 당사자 학생이 장래에 당면하게 될 유사한 문제를 다루는 방식과 긴밀하게 연관된다는 것을 의미한다.

Freudenthal(1991)에 따르면, 수학교육에의 현실적 접근은 1970년 네덜란드에서 시작되었다(Freudenthal, 1978). 현재 이 접근은 Utrecht 대학 Freudenthal 연구소의 작업을 통하여 다른 국가로 전파되고 있다. 미국에서는 1980년대 수학교육개혁운동과 맞물리면서 많이 알려졌다. 현실적 접근의 한 가지 중요한 가정은 학생들은 자신의 현실에서 겪는 실제적 체험과 문제해결을 바탕으로 수학적 개념을 개발할 수 있으며, 개발해야 한다는 것이다. 물론 문제는 아이들이 이해할 수 있는 상황으로 제시되어야 하며, 일상생활의 상황에서 추출되어야 한다. 수학의 '실제적 활용, 탐구와 반성, 협동작업, 쉬운 활동' 등과 같은 사항이 강조된다. Freudenthal(1978, 1991)은 이런 결과로 진행되는 교수-학습 과정의 특징을 '안내된 재창조(guided reinvention)' 라고 말한다(Fisher & Bullock, 1984). 현실적 접근은 아주 간단히 말해서, '실제에서 이론' 으로의 접근이다. 이론과 실제의 괴리가 사라진다는 것이 흥미롭다. 좀 더 정확히 말하면 이 괴리라는 것이 교육의 과정 자체에서 아예 생겨나지 않는 것이다. 전통적 접근과는 정반대인 것이다. 심리학적 용어로 말하면, 학습의 과정이 '상황 속의 지식(situated knowledge)' 에서 시작하여(Brown, Collins, & Duguid, 1989), 학생이 문제 상황과 씨름하는 과정 속에서 발전되며, 배우는 과정 내내 당장의 구체적 상황이 참조기준으로 남게 되는 것이다. 이런 이유로 전통적 접근의 적용상황에서 발생하는 '전이의 문제' 가 대폭적으로 감소하는 것이다.

다음 절에서는 수학교육에서의 이런 새로운 아이디어에서 교사교육 분야에서 배울 점이 무엇인가를 살펴보도록 하겠다.

8. 현실적 교사교육

앞에서 말한 수학교육의 예를 전통적 교사교육론에 비교해 보면 놀랄 정도로 비슷한 점이 많다. Freudenthal이 사용한 용어를 빌어 말하면, 전통적 접근에서는 가르치는 것에 관한 지식은 학성(즉, 교육실습을 나간 학생)이 만드는 교과가 아니라 이미 만들어진 교과라고 할 수 있다. 학습과정에 대한 Freudenthal의 견해에 좀 더 합치하는 접근은 [그림 1-2]에 나타나 있다.

이렇게 구성주의적 특징이 좀 더 강한 견해에 따르면, 교육실습생은 현재 당면한 실제상황의 문제를 반성하는 과정에서 스스로의 지식을 만들어 나간다. 이 과정은 다시 학습의 필요성을 학생 스스로 느끼도록 만들어 준다. 현실적 수학교육에서와 마찬가지로, 탐구 중심적 활동, 학생 간의 협동 그리고 반성적 기술의 개발 등으로 강조점이 옮겨 간다.

교사교육 전문가와 프로그램 담당자들을 대상으로 연구하는 과정에서 종종 들리는 우려의 소리가 있다. 교사교육 프로그램에서 이론이 사라지고 학생들은 예전에 하던 것을 계속하게 될 것이며, 교수는 오로지 '그래서, 자네의 생각은 뭐지?' 라고 질문하는 일만 할 것이라는 점이다. 이것은 현실적 접근의 과정을 완

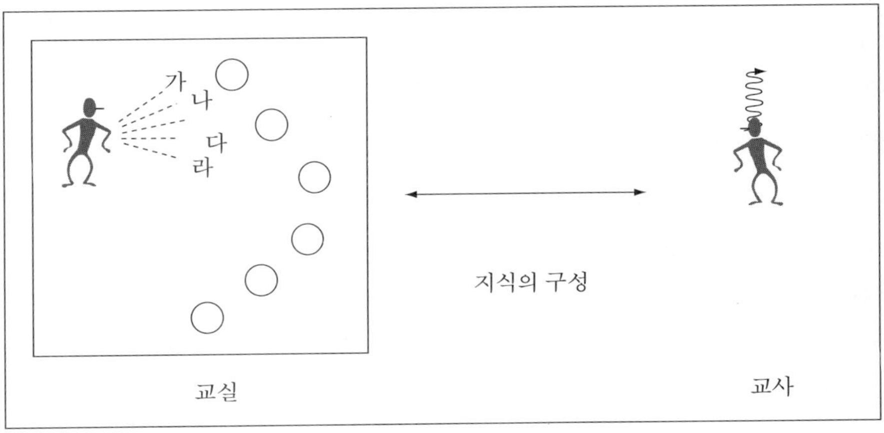

[그림 1-2] 교사교육의 현실적 패러다임

전혀 잘못 이해한 것이다. 현실적 접근으로 가르치는 과정에서 교수는 매우 중요한 역할을 한다. 교수는 이론을 소개하기도 한다. 하지만 전통적 접근에서의 역할과는 완전히 다른 일을 한다. 교수가 학생들에게 제공해야 하는 도움은 교육실습생이 당면하는 구체적 문제점을 해결하는 것에 직접적으로 도움이 되는 종류의 것이다. 이를 위해서는 매우 구체적인 전문지식과 기술이 요청된다.

다른 무엇보다도 먼저, '현실적 교사교육론' 이 기술적 합리주의 패러다임([그림 1-1] 참조)이 근거하고 있는 이론과는 다른 종류의 이론관에 서 있다는 점이 중요하다. 지금까지와는 완전히 다른 종류의 교사교육론을 말하는 것이다. 이 책은 교사교육자가 가지고 있어야 하는 지식과 기술에 관한 내용과 함께 이 새로운 교사교육론의 전체적 틀을 제시한다.

9. 이 책의 구성

이 책의 전체적 구성을 간략히 기술하겠다. 서문에서 설명했듯이, 실천중심적인 부분과 연구중심적인 부분이 번갈아 나올 것이다. 홀수 장은 주로 교육실습생에게 가르치는 것과 그들이 현장에서 당면하는 상황 간의 괴리를 좁힐 수 있는 방법을 찾는 교사교육자를 위한 내용이 적혀 있다. 짝수 장은 홀수 장에 적힌 내용들을 뒷받침하는 연구 자료를 주로 소개한다. 이 짝수 장에 실린 내용은 IVLOS 교육연구소에서 실행된 다수의 연구를 바탕으로 하고 있다. 각 장의 말미에는 내용요약과 장별로 소개된 기본개념이 정리되어 있다.

제1장은 이 책의 기본적 주장(즉, 실제에 적합한 이론은 그 성격이 전통적 성격의 이론과는 완전히 다르다는 것)을 소개한다. 이 주장은 다음 장에서 좀 더 자세히 검토한다. 제2장은 매우 개념적인 내용을 다루는데, 이론과 실제의 괴리 문제를 분석한다. 그리고 이 괴리를 피할 수 있는 가능성을 찾아본다. 철학 전공인 Jos Kessels 교수와 나는 플라톤과 아리스토텔레스와 같은 고전철학자에게로 고개를 돌려 현재의 교사교육에서 실천하고 있는 교수방식의 뿌리를 찾아본다. 가르

치는 일에 관련된 지식의 성격과 예비교사의 지식습득과정의 성격을 이해하는 데 그리스인이 사용했던 에피스테메(*episteme*)와 프로네시스(*phronesis*)라는 개념이 도움이 될 수 있다고 생각한다. 이 두 개념은 교사교육의 목적과 방법을 다른 방식으로 생각할 수 있도록 도와준다.

제3장은 제2장에서 구안된 이론에 관한 대안적 견해를 더 발전시켜 한 가지 새로운 '현실적 교사교육론'을 소개하는 토대로 삼는다. 이 접근은 직전교사교육에서 벌어지는 일과 학교 현장에서 벌어지는 일 사이에 생기는 거리를 감소시키거나 아예 없앨 수 있는 방안을 제공한다. 현실적 교사교육 프로그램의 한 가지 구체적 실례를 보여 주고 그 기본적 가정을 자세하게 논의한다.

현실적 접근에서는 '경험 학습(experiential learning)'과 '경험에 대한 반성(reflection on experiences, 반성의 향상)'이 중요한 기본 개념이다. 제4장에서는 이 두 가지 개념에 관해 심도 깊게 이론적 분석을 한다. 단계적 반성 모형을 소개하는데, 이 모형은 여러 나라와 다양한 기관에서 교사교육자와 예비교사에게 도움을 준 것으로 이미 밝혀졌다. '현장개선연구(action research, 실행연구)'와 맺고 있는 관련성에 대해서도 살펴본다.

제5장은 현실적 교사교육 프로그램을 구성하는 방법을 알아본다. 제3장에서 소개되고 제4장에서 좀 더 다듬어진 원리를 활용하여 현실적 프로그램을 만드는 데 어떤 방식으로 프로그램의 각 요소가 구성되고 기타 체계가 잡혀져야 하는가를 다룬다. 제5장은 현실적 교사교육에서 채택하는 구체적 교수방법론에 관한 기초토대를 마련한다. 프로그램의 구성요소 가운데 몇 가지 보기가 소개되고 어떤 결과(예, 학교와 담당교사와의 관계라는 측면에서의 결과)가 나왔는지 살펴본다.

제6장은 현실적 교사교육 프로그램의 한 예와 교육실습생에게 반성능력을 향상시키려는 목적을 가진 프로그램의 한 예를 실제로 살펴본 일련의 연구를 전체적으로 소개한다. 그리고 다음과 같은 질문에 대한 해답을 알아본다. 정말로 효과가 있는가? 현실적 교사교육 프로그램의 효과는 무엇인가? 문제점은 무엇인가? 그리고 이런 문제점을 극복하는 방법은 무엇인가?

제7장은 현실적 접근에서 매우 중요하게 여기는 한 요인에 관해 다룬다. 그 요

인은 교생장학지도 과정(the supervisory process)이다. 예비교사가 반성적 전문인이 될 수 있도록, 그리고 이론과 실제를 통합시킬 수 있도록 도와줄 수 있는 방법은 무엇인가? 교생지도협의회를 하면서 반성적 능력을 향상시켜 줄 수 있으려면 교사교육자는 어떠한 능력을 소지하고 있어야 하는가?

교생장학지도를 담당하는 교수가 아주 잘 지도한다고 가정해 보자. 교생실습을 나간 학생의 내면에 어떤 변화가 일어나는가? 다시 말해서 반성적 예비교사인지 아닌지를 어떻게 판단할 수 있겠는가?[1] 제8장에서는 제6장에서 다룬 연구들의 결론을 잘 분석하여 반성적 교사의 특징을 파악해 낸다.

반성적 능력의 향상은 교생실습 장학지도협의회를 통해서만 이루어질 수도 없으며 그렇게 해서도 안 된다. 제9장은 교사교육 프로그램 내에서 제공되는 그룹세미나를 통하여 반성적 능력을 향상시키는 방안과 기법을 소개한다. 이 기법 가운데 몇몇은 교사교육자가 많은 시간을 들이지 않고도 곧바로 활용할 수 있는 것이다.

제9장까지는 현실적 교사교육론에 관한 가장 중요한 기초내용이 소개된다. 제10장은 매우 중요한 부분으로, 지금까지의 내용이 하나로 합쳐진다. 왜 현실적 교사교육론이 전통적 접근보다 더 효과를 발휘하는지를 설명한다. 이론적 내용을 다룬 앞의 장들에서, 특히 제6장에서는 현실적 접근이 효과를 발휘한다는 점을 확인했다. 이제 여기에서는 왜 그런지를 알아보고 싶은 것이다. 이것은 수업장면에서 교사의 지식과 교사의 행동 사이에서 일어나는 복잡한 관계를 자세하게 분석해야만 알 수 있다. 이 관계를 해석하는 새로운 모형이 소개된다. 이 모형에서는 교육에 관해 알게 되는 수준별 단계를 구분한다.

이후의 장에서는 현실적 교사교육 모형을 적용하는 과정에서 매우 중요한 이슈를 다룬다. 제11장은 저널과 같이 반성적 능력을 향상시키는 구체적인 기법과 도구의 역할을 다룬다. 그리고 제7장에서 언급한 교생실습 장학지도협의회의 과정에서 저널과 같은 도구가 어떻게 활용되는가를 소개한다. 저널이 학생으로 하여금 실천에서 배우는 과정을 촉진시키는 매우 중요한 도구임을 분명하게 알도록 만들어 준다. 특히 저널에 들어갈 내용에 관한 지침이 제시되면 더욱 큰 효과를 얻게 됨을 보여 준다. 이런 내용과 함께, 제11장에서는 반성을 도와주는 다른 종류의 방법, 예를 들어 그림 그리기, 색칠하기 혹은 상상하기 등과 같은 덜 분석적 형태의 방법이 소개된다. 이런 기법은 교사행동과 사고의 덜 합리적인 측면을 충분히 반영하는 반성의 개념을 기초로 활용된다. 제12장에서는 이처럼 반성을 다소 포괄적으로 이해하는 관점을 더욱 자세하게 다룬다. 그래서 앞의 장들에서 만들어진 반성에 관한 개념적 틀을 확장시킨다.

제13장은 교사교육 담당자의 전문능력 개발을 다룬다. 특히 이 책에 제시된 아이디어를 사용하여 교사교육자를 재교육시키는 방안에 관련된 문제를 다룬다. 교사와 마찬가지로 교사교육자도 자기가 하는 일을 바꾸기 위해서는 머리가 변하는 것만으로는 불충분하다. 현실적 접근은 매우 구체적인 기능이 요청되며, 이 기능은 책만으로는 배울 수 없다. 그래서 당연히 우리는 교사교육자를 재교육시키는 프로그램을 구성하는 방식에 대해서도 현실적 접근 방법을 적용한다.

제14장은 교사교육, 교사행동, 교사지식에 관해 이 책에서 주장한 관점 속에 담겨 있는 패러다임 전환적 성격을 마지막으로 정리해 본다. 현실적 접근의 핵심원리를 되돌아 살펴보고 교사교육의 미래를 전망해 보며 교육의 실현에 미치는 영향에 대해서 고민해 보도록 한다. 이런 과정에서 현실적 교사교육론에 깔려 있는 교육철학을 대략적으로 그려 본다. 현실적 교사교육론이 더 발전하기 위해서 행해져야 하는 연구의 방향에 관해서도 제안한다. 교사교육 프로그램에 근본적 수준의 변화가 일어나기 위해서는 프로그램의 구성방식과 그 결과에 관한 세밀한 연구가 반드시 보완되어야 한다. 연구가 필요하다는 정도를 넘어서서, 이전과는 완전히 다른 종류의 연구가 필요하다. 우리는 그것을 '현실적 연구(realistic research)' 라고 부를 수도 있을 것이다.

우 주

1) 캘리포니아 대학 산타바버라 캠퍼스에 재직 중인 Willis Copeland 교수가 1990년 저자에게 던진 질문이다. '반성' 이라는 것에 대한 나의 생각을 더욱 깊게 하는 데 아주 유용한 자극제가 되었다.

요약

이 장에서는 이론과 실제의 관계가 검토되었다. 교사교육의 역사를 살펴보고, 그것을 바탕으로 전통적 교사교육 프로그램이 토대로 하고 있는 세 가지 기본가정이 파악되었다.

1 이론은 교사가 일을 더 잘할 수 있도록 도와준다.
2 이 이론은 과학적 연구를 기반으로 하고 있다.
3 교사교육자는 교사교육 프로그램에서 어떤 이론을 가르쳐야 할 것인지를 결정해야 한다.

이런 가정이 바로 기술적 합리주의 모형의 핵심을 이룬다. 이 모형은 매우 심각한 결함을 안고 있으며, 이론과 실제의 사이에 간극이 생기도록 만든다. 교육개선이라는 관점에서 이 문제를 분석해 보았고, 이를 통해서 교육의 제삼자가 교육과 교사를 변화시키려는 노력에서 성공해 본 적이 없음을 분명히 보여 주었다. 효과적인 교사교육이 되려면 교사의 변화과정에 대한 우리의 통념이 바뀌어야 하고 교사교육자의 전문능력 향상에 깊은 관심을 가져야 한다. 이렇게 된다면 예비교사의 요구, 관심 및 실제적 체험, 이들의 반성적 능력의 향상, 그리고 작은 이론에 대한 강조 등이 현재보다 훨씬 더 중요하게 취급되어야 함을 알려 준다. 그리고 이런 점이 바로 현실적 교사교육 모형의 중요 특징이다.

기본 개념

기술적 합리주의 모형 / 이론과 실제의 괴리 / 교육개선/반성과 반성적 능력 / 교사의 요구와 관심 / 큰 이론 / 작은 이론 / 현실적 교사교육

제 2 장

이론과 실제 사이의 관계: 고전으로 돌아가기

◆Jos Kessels & Fred Korthagen

그리고 그가 말하였다.

"그 누구라도, 당신의 지식의 바탕에 반쯤 몽롱한 상태로 이미 자리 잡고 있는 것 외에는 아무것도 당신에게 드러내어 보여 줄 수 없다. 자신을 뒤따르는 이들 사이에서 사원의 그늘 속을 걷고 있는 교사는, 자신의 지혜를 주는 것이 아니라 믿음과 사랑을 주는 것이다. 그가 진정으로 현명하다면, 그는 당신을 자신의 지혜의 집으로 들어가게 하지 않고 당신 자신의 마음의 문 앞으로 당신을 이끌 것이다."

– 칼릴 지브란: 예언자

이 장에서는 교사교육에 대한 두 가지의 접근 방식을 구분하였다. 하나는 기술적-합리성(technical-rationality) 접근 방식으로, '큰 이론(Theory)'에서 출발하여 교사가 이 '이론'과 함께 관련된 기능을 갖추게 하려는 것이며, 다른 하나는 현실적(realistic) 접근 방식으로, 학생을 가르치는 교사가 만나게 되는 실제적인 문제에서 출발하려는 것이었다. 이 두 가지 접근 방식에서 사용되는 '이론'의 기능과 본질은 완전히 다르다. 이번 장에서는 좀 더 이론적으로 접근하여 아주 고전적인 자료, 특히 플라톤과 아리스토텔레스의 저작에서 그 차이점을 분석한다. 또한 이 차이점이 교사교육을 위한 실제적인 연구에서 중요하다는 것도 분명히 할 것이다.[1]

1. 도 입

20세기에는 이론과 실제 사이의 강한 불일치가 학문적 사고를 지배해 왔다. 좋은 수행을 위한 구체적인 기능이나 암묵적 형태의 지식보다 추상적인 지식이 더 수준이 높고 더 가치 있는 것으로 여겨져 왔던 것이다. 교육 연구의 대부분은 (설명을 위한) 기술적인 이론과 (행동의 지도를 위한) 규범적인 이론 양쪽 모두를 조직하기 위해 전력을 기울였다. 결과적으로 여러 교과와 직업의 교육자들은 이론과 실제 사이의 간극에 다리를 놓는 문제에 직면하게 되었고, 이는 결코 성공할 수 없는 과제로 보였다. 지난 수십 년간, 이 문제는 교육(Schön, Fenstermacher), 인류학(Greertz), 인식론(Rorty, Toulmin, Lyotard), 윤리학(Nussbaum) 등과 같은 분야에서 분석되어 왔다. 학자들은 여러 가지 방법으로 지식의 대안적인 모델을 개발하였다. 그러한 대안적인 모델의 정당화를 위하여, 특히 철학 분야의 여러 저자는 합리성의 개념에 대한 플라톤과 아리스토텔레스 사이의 고전적인 논쟁(에피스테메 대 프로네시스)을 언급하였다.

이 장에서는 이런 다른 유형의 합리성이 갖는 특징과 함께, 에피스테메(episteme)가 강조되다가 프로네시스(phronesis)로 더 많은 관심을 기울이게 된 전환의 중요성을 논의할 것이다. 이론과 실제 사이의 관계에 대한 대안적인 관점과 함께, 실제적인 지식에 대한 재평가가 제안될 것이다. 2절에서는 에피스테메와 프로네시스 사이의 차이점을 기술할 것인데, 이는 제1장에서 큰 이론(Theory)과 작은 이론(theory) 사이의 구별에 대한 상세한 설명이 될 것이다. 3절과 4절에서는 이 두 가지 유형의 지식을 더욱 자세하게 설명할 것이다. 5절에서는 이 두 가지 유형의 지식과 실제 사이의 관계를 더욱 자세하게 살펴볼 것이며, 6절에서는 교사교육자의 중요성에 대해 논의할 것이다.

다음의 예에서 출발해 보자.

대학의 교사교육 프로그램을 수강하는 한 예비교사에게 그가 학교에서 어떻게 하고 있는지 질문했다. 그는 꽤 잘하고 있다고 답한다. 그는 규율을 잘 유지하고 있고, 여러 가지 교수법을 사용하며, 다양한 유형의 교실 조직을 시도하고 있고, 많은 평가를 실시하고 있으며, 자신의 협력 교사와 좋은 관계를 유지하고 있다고 한다. 문제점을 이야기하라고 하자, 그는 개개의 학생과 관계를 형성하는 데 어려움을 겪고 있다고 답한다. 하나의 집단인 학급을 다루는 것은 문제가 되지 않지만, 좀 더 개인적인 접촉을 시작하는 것이 힘든 것이다. 그것은 또한 담당 협력교사가 그에게 말한 것이기도 하다. 이 점은 그가 이전에 가르치는 것을 보고 그의 어려움을 목격한 몇몇 동료 예비교사가 인식한 것이다. 담당 교수는 수강생에게 이와 같은 문제에 대해 무엇을 할 수 있을지 묻는다. 동료 예비교사들은 조언하기 시작한다. 교실 안으로 걸어 들어가 볼 수도 있고, 개개의 학생과 가벼운 대화를 시작해 보는 방식으로 강의를 계획할 수도 있으며, 개인적인 과제를 더 많이 내 볼 수도 있고, 수업이 끝난 뒤 학생들과 만날 수도 있으며, 방향을 제시하는 최근의 연구문헌[2]을 살펴볼 수도 있다는 것이다. 문제의 예비교사는 회의나 거부를 나타내는 어떠한 표현도 하지 않은 채 예의 바르게 경청한다. 그는 인정한다는 표현도 하지 않는다. 마침내 그는, 이 모든 것을 이전에 다 들은 바 있으나 "어찌 되었든 내 경우는 이런 것이 통하지 않을 것 같기 때문에" 이런 정보를 가지고 무엇을 해야 하는지 정말 모르겠다고 말한다.

대부분의 교사교육자는 이런 예를 인정할 것이다. 예비교사는 실제적인 경험에서 문제점을 형식화하는데, 이는 다른 동료 예비교사나 교사교육자의 경험이나 다른 사람에게서 들었던 것, 또는 그것에 관해 읽었던 것에서 가능한 해결책을 찾아내게 한다. 때로 이런 생각의 공유가 도움이 되는 것으로 보이며, 일단 한 번 생각하기 시작하면 명백한 새로운 제안과 아이디어를 만들어 낼 수 있다. 그것은 또한 자신의 행동과 이 행동이 그 문제에 어떻게 관련되는지에 관한 반성의 과정을 시작하게 할 수도 있다. 교사로 하여금 핸드북이나 심지어 연구 문헌에서 지도에 관한 아이디어를 찾아보게 자극할 수도 있다. 그러나 때로는 (우리가 기대하는 것보다 훨씬 많은 경우) 그것이 별로 도움이 되지 않는 듯하다. 교사교육자에게는 명백해 보이는 것이 예비교사에게는 그렇지 않다. 우리에게는 실제에 직접적으로 응용 가능해 보이는 것이 다른 누군가에게는 너무 추상적이고 너무 이론적이며 너무 동떨어져 있는 것으로 생각된다. 우리에게는 명확하고 이해하기 쉬운 것이 예비교사에게는 통하지 않는 것이다. 우리가 아무리 주의 깊게 그 문제에 대해 숙고한다 하더라도 우리는 그 문제의 안으로 들어가는 길을 찾지 못한다. 또는 우리가 그 길을 찾아 학생 속으로 들어간 것처럼 보이지만, 나중에 보면 학생이 우리의 해결책을 실행하려는 시도조차 하지 않는다는 것이 분명해진다. 분명 우리의 말과 예비교사의 경험 사이에는 연결될 수 없는 간극이 존재한다.

2. 지식의 유형

이 장에서는 이 문제에 대한 두 가지의 해석을 제시할 것인데, 이는 두 가지의 서로 다른 활동을 계획하도록 한다. 이런 해석은 예비교사가 요구하는 것과 교사교육자가 제공하려는 것이 무엇인가에 대한 서로 다른 관점뿐만 아니라, 지식이란 무엇이며 합리성의 다른 유형이 존재하는가에 대해 널리 퍼져 있는 암묵적인 관념에서 파생된다. 이는 본질적으로 철학적인 주제며 오랫동안 지속되어 온 논쟁이기도 하다. 그 논의는 서구 철학이 출발하는 지점, 특히 플라톤과 아리스토텔레스까지 거슬러 올라간다. 우리의 문제와 관련하여 지식에 대한 그들의 서로 다른 관념을 대략 스케치해 보는 것으로 우리의 분석을 시작할 것이다. 여기에서는 Jonsen과 Toulmin(1988), Nussbaum(1986) 등과 같이 에피스테메로서의 지식과 프로네시스로서의 지식을 구분하는 것에 논의를 제한할 것이다. 사실 아리스토텔레스나 플라톤 모두 다른 유형의 지식, 예를 들어 기술적 지식(techne), 철학적 지혜(sophia), 직관적 이성(nous) 등을 구분하였지만, 이들은 논의 밖에 둘 것이다. 과거의 노력에도 불구하고 많은 사람들은 (연구자나 실천가 모두) 그런 구분이 모호하며 교사교육에 별 효과가 없는 접근 방식을 존속시킨다는 것을 알게 되었고, 따라서 우리는 명료한 논의를 위해 에피스테메와 프로네시스의 구분에 주로 집중할 것이다.

혹자는 고전적인 관점을 다루는 것에 다음과 같은 의문을 제기할 수도 있다. 현재 우리는 그런 관점들보다는 훨씬 발전하지 않았는가 하는 의문이, 예컨대 Fenstermacher(1994)나 Ginsburg & Clift(1990)의 연구를 살펴본다면 우리는 무척 많은 진보를 이루었다는 것을 발견할 수 있지 않은가 하는 것이다. 오늘날 우리는 지식에 대한 서로 다른 개념을 분명하게 하는 많은 분류를 문헌에서 발견할 수 있다. 예를 들면 공적인 지식 대 사적인 지식, 분자적인 지식 대 전체적인 지식, 주어진 지식 대 불확실한 지식, 직접지(acquaintance)에 의한 지식 대 기술(description)에 의한 지식, 선언적 지식 대 절차적 지식, 방법적 지식(knowing how) 대 명제적 지식(knowing that) 등이 그러하다. 이 논쟁의 맨 처음으로 돌아가기에는 2,500년 동안 아주 많은 진보를 이루었다고 하겠지만 사실은 그렇지 않아 보인다. 수백 년 전에 철학자가 현재의 교사교육자가 직면해 있는 것과 같은 유형의 문제를 철저하게 연구하였으며, 그 결과 현대의 대부분 연구자가 잘 알지 못하는 효과적인 이론적 틀을 얻었다. 그런데 최근에 와서 몇몇 학자가 이 뿌리를 파헤치기 시작하였다(교육학에서 Fenstermacher, 1994; 지식론에서 Toulmin, 1990; 윤리학에서 Nussbaum, 1986; Jonsen & Toulmin, 1988 등 참조). 이런 기획이 우리의 문제에 무엇을 제공해 주는지 살펴보자.

3. 에피스테메로서의 지식

우리의 문제에 대한 첫 번째 해석은 대략 다음과 같다. 이 문제를 해결하고 예비교사의 어려움을 극복하도록 도와주기 위해 우리가 필요로 하는 것은 그 특정한 문제에 대한 전문적인 지식(사회적인 기능, 관계를 형성하는 방법, 의사소통의 모델 등에 관한 지식)이다. 이런 지식은 이론적으로 그 문제의 과학적인 이해와 연결되어 있으며 다음과 같은 특징을 보인다. 바로 명제적이라는 것이다. 즉, 그것은 설명할 수 있고 탐구할 수 있으며 전달할 수 있는 언설의 집합으로 이루어진다. 이런 언설은 일반적인 성격을 가지며, 이 특정한 문제뿐만 아니라 많은 다른 상황과 문제에 적용된다. 결과적으로 이런 언설은 추상적인 용어로 형식화된다. 물론 이런 명제는 진리임을 주장하며, 되도록이면 그 진리성을 증명할 수 있거나 최소한 그것들이 무모순한 이론의 한 부분으로 여겨져서 진리임이 암시된다. 그것들은 진리이기 때문에 또한 고정적이며, 영원하고 객관적인 것이다. 그리고 그 언설들은 이론과의 연결을 통해 사회과학의 좀 더 확장된 영역에서 한 부분을 이룬다. 그 밖에도 그 언설들은 본질적으로 인지적이며, 순수하게 지적인 통찰로서 감정이나 욕망의 영향을 받지 않는다. 가장 중요한 것은 바로 이런 지식이며, 특정한 상황과 맥락은 이 지식이 적용되는 하나의 예일 뿐이다. 이런 특성을 플라톤의 순수하게 지적인 형상이나 이데아, 그리고 그가 에피스테메라고 부른 수학적 지식의 양상으로 받아들이는 것은 어렵지 않을 것이다.[3)]

이런 해석에 따르면, 교사교육자는 예비교사의 문제를 해결하기 위하여 이 지식을 자신의 마음대로 다룰 수 있어야 하고, 예비교사가 그것에 의해 도움을 받을 수 있는 방식으로 그 지식을 사용할 수 있어야 한다. 실제로는 이 두 가지 요구 모두가 충족되기는 매우 어렵다. 그 지식은 아마 교사교육과 사회과학에 관한 연구 문헌을 통해 제공되어야 할 것이다. 그러나 이 경우는 어떤 지식이 적절한가? 이것이 교사교육자의 첫 번째 문제다. Wubbels와 Levy(1993)가 기술하는 개인 상호적 행동의 이론적 모델이 적절한가? Watzlawick, Beavin 그리고 Jackson(1967)의 시스템 이론이 적절한가? Maslow(1968)와 같은 사회 심리학 분야의 동기화 이론이 적절한가? 교사 교육자가 Watzlawick의 이론에서 몇몇 요소, 예컨대 메시지의 내용과 그 관계적 측면에 대한 구분, 그리고 메시지의 언어적인 측면과 비언어적인 측면 사이에서 생길 수 있는 모순 등을 적절한 지식으로 받아들인다고 가정하자. 이런 구분은 고정된 진리로 여겨질 수 있는 꽤 강력한 이론적 기반을 가지며 일반적이고 추상적이며 널리 받아들여지는 것이다.

교사교육자의 두 번째 문제를 알아보자. 이런 진리가 앞서 기술한 문제에 적절하게 예비교사를 위한 어떤 학습 과정으로 어떻게 변환될 수 있는가? 교사교육자는 단순히 그 구분을 소개하고 예비교사의 행동에 적용하도록 요구해야 하는가? 또는 예비교사의 행동에 관한 질문을 통하여 그 구분에 귀납적으로 접근할 수 있도록 시도해야 하는가? 그 문제에 대한 교사교육자 자신의 진단이 Watzlawick의 시스템 관점과 일치한다고 하자. 예비교사가 갖는 통제에 대한 지속적인 필요와 무질서에 대한 두려움은 이것에 대항해 스스로를 무장하려고 하는 바로 그 상황을 낳는 원인의 한 부분이며, 이런 상황을 다루는 것은 통제가 필수적이라고 믿는 예비교사의 신념을 강화하여 우리가 잘 알고 있는 악순환을 낳게 된다. 당연히 그 문제에 접근하고 다루는 다른 방법도 있을 수 있다. 그러나 교사교육자가 어떤 방법을 택하건 간에, 그 밑에 깔려 있는 지식의 개념(말하자면, 이 예를 교사의 효과적인 행동에 대한 과학적 이론으로 설명함으로써 찾는 고정된 해답이 존재한다는 것)은 같은 상태 그대로 있을 것이다. 그 문제가 예비교사에게 이것을 보게 하고 있는 것이다.

여기에서 우리는 교사교육자와 예비교사 모두를 괴롭히는 이론과 실제 사이의 간극을 만난다. 교사교육자에게 주어지는 과제는 그 간극에 다리를 놓는 것이지만, 예비교사처럼 교사교육자도 대개 실패하게 된다. 그러나 현재 해석의 맥락에서는, 이 실패가 '이론(이용 가능한 지식 자체)' 의 실패라고는 여겨지지 않으며, '실제(지식을 다루는 방법)' 의 실패 또는 사회과학에서 이용할 수 있는 지식의 불완전성이라고 여겨진다. 달리 말하면, 플라톤의 지식 개념에서 지배적인, 수학적 학습과 같은 것이 결코 포기되지 않는 것이다. 지식 자체에는 아무것도 잘못된 것이 없다. 이 지식이 객관적이고 입증 가능한 진리라면 어떻게 잘못될 수 있겠는가? 문제는 그 지식의 사용자에게 있다. 이 경우의 교사교육자가 좀 더 이상적이고, Watzlawick의 이론을 더욱 유능하게 다룰 수 있었다면, 그는 예비교사가 지금까지 보지 못하고 있는 진리를 보게 할 수 있었을 것이다.

4. 프로네시스로서의 지식

우리의 예에 대한 두 번째 해석은 앞의 설명이 여러 가지 이유로, 특히 지식의 개념에 근본적으로 잘못된 부분이 있기 때문에 옳지 않다는 전제에서 출발한다. 두 번째 해석이 주장하는 것은, 여기에서 우리에게 필요한 것이 과학적인 이해(에피스테메)가 아니라 실천적인 지혜(프로네시스)라는 것이다. 이런 지식은 과학적인 이론과 관련되는 것이 아니라 특정한 구체적 사례와 복잡하고 모호한 상황과 관련되는 것으로, 본질적으로 다른 유형의 지식이다. 이 두 가지 지식의 유형은 몇몇 결정적인 측면에서 서로 다르다.[4)]

첫째, 과학적 지식은 보편적이다. 과학적인 방법을 통해 우리가 알고 있는 것은 모두 일반적인 효력을 갖는다. 그러나 실제적인 분별과 관련된 것은 본질적으로 가변적인 것이다. 예를 들면, Watzlawick의 이론이 일반적으로 성립하는 것이라 하더라도 우리의 예에서 예비교사가 취해야 할 올바른 행동은 아리스토텔레스(니코마코스 윤리학, 1141a)가 말한 것처럼, 모든 훌륭하고 올바른 행동과 마찬가지로 "의견의 다양성과 변동을 허용한다." 이는 실제적인 분별이나 지혜가 어떠한 일반적인 규칙도 포함하지 않는다는 것을 의미하지는 않는다. 확실히 그러하다. 그러나 실천적인 지혜는 개별적인 사실도 마찬가지로 고려해야만 하며, 이는 항상 개별적인 사물을 다루는 실제적인 활동과 관련되어 있기 때문이다(아리스토텔레스, 니코마코스 윤리학, 1141a). 따라서 일반적이고 이론적인 지식을 자유자재로 다룰 수 있는 것으로는 충분하지 않다. 그것이 바로 예비교사와 교사교육자 모두가 경험하는 문제다. 그들에게는 당면한 문제를 극복하기 위한 다른 무엇인가가 필요하다.

이 다른 무엇은 다른 종류의 지식, 즉 추상적이지도 이론적이지도 않으며 오히려 그 정반대인, 구체적인 개별자에 대한 지식이다. 과학적 지식과 실제적 지식 사이의 두 번째 차이는 확실성이 차지하는 위치에 대한 것이다. 과학적 지식의 경우, 확실성은 이론적인 개념이나 원리 안에 자리하고 있다. 실제적인 분별의 경우, 확실성은 개별자에 대한 지식에서 생겨난다. 모든 실제적인 지식은 맥락과 관련되어 있으며, 당면한 그 상황의 우연적인 특징이 궁극적으로는 이론을 초월하는 권위를 가지는 것을 인정한다(Nussbaum, 1986, p. 300). 이는 아리스토텔레스에 따르면, 일반적인 아이디어가 부족한 사람이 때로는 실제 상황에서 더욱 유능할 수 있는 이유다. 아리스토텔레스는 프로네시스가 특수한 사실에 대한 지식과 일반성의 확보, 둘 다에 대한 이해를 요구한다고 덧붙인다. 그러나 에피스테메와는 반대로, 프로네시스에서는 전자가 후자보다 더 중요하다(Jonsen & Toulmin, 1988, p. 66; 아리스토텔레스, 니코마코스 윤리학, 1141a-b). 따라서 우리의 예에 포함된 문제의 해답을 찾기 위해서는, 어떤 이론적인 영역에서보다 오히려 그 상황의 구체적인 세부 요소 안에서 도움을 구할 필요가 있을 것이다.

셋째, 이 두 종류의 지식은 궁극적으로 판결되는 방식, 즉 그 확실성이 최종적으로 정당화되는 방식에서 서로 다르다. 과학에서의 지식은 본질적으로 개념적이다. 즉, 모든 논의는 기본적인 원리, 규칙, 정리 등으로 관리되며, 설명의 방식으로 추적될 수 있는 그 원리, 규칙, 정리로부터 모든 논의가 형식적으로 연역된다. 실제적인 지식의 영역에서는 상황이 전혀 다르다. 프로네시스는 궁극적으로 개별자들을 다루며, 이것은 에피스테메의 대상과 달리 지각의 대상이다(Jonsen & Toulmin, 1988, p. 66; 아리스토텔레스, 니코마코스 윤리학, 1142a). 달리 말하면, 그러한 지식은 본질적으로 개념적인 것이 아니라 지각적인 것이다. 이것은 결정적인 차이점이다.

우리의 예를 가지고 설명해 보자. 예비교사나 그 교사를 관리하는 교사교육자를 위한 특정한 일련의 활동을 선택하고 정당화하기 위해, 프로네시스가 최종적으로 호소하는 것은 원리, 규칙, 정리, 그 외 어떤 개념적 지식이 아니다. 궁극적으로 프로네시스는 지각에 호소한다. 상황에 적절한 행동의 형식을 선택할 수 있으려면 무엇보다도 적절한 세부 사항들을 지각하고 판별할 수 있어야 한다. 이런 세부 사항은 일반적이고 추상적인 형태로 변형될 수 없다. 그것은 "그 상황을 복합적인 전체로 파악할 수 있는 능력에 따라 상황 자체를 마주 대하는 가운데에서 파악되어야만 한다."(Nussbaum, 1986, p. 301) 이런 판단과 판별의 능력은, 원리나 보편적인 것보다는 구체적이고 개별적인 것들에 대한 지각이나 통찰과 관련된다. 원리나 보편자는 "구체적인 개별자들의 미묘한 세부 사항을 획득하는 데는 실패하며, 이는 선택의 문제"라고 Nussbaum(1986, pp. 300-301)은 말한다. 보편적인 원리에는, 당면한 상황에 대한 구체성뿐만 아니라 유연성, 세밀함, 정합성 또한 결핍되어 있다.

아리스토텔레스는 강력한 비유를 들어 이 점을 설명하고 있다. 상황에 대해 부동적이며 경직되어 있고, 선행하는 일반적 원리에 의거해서 모든 결정을 내리려 하는 사람은 둥근 홈이 있는 기둥의 복잡한 곡선 부분에 곧은 자를 사용하려는 건축가와 같다는 것이다. 레스보스의 건축가처럼 훌륭한 건축가라면, 고정되지 않은 유연한 금속 띠를 사용하여 "돌의 모양에 맞게 둥글게 구부려서"(아리스토텔레스, 니코마코스 윤리학, 1137b; Nussbaum, 1986, p. 301) 측정해야 할 것이다. 이 자와 같이 훌륭한 숙고는 발견한 것의 복합성을 고려하여 자신을 조절한다. 규칙의 형식이 현상을 통제하는 것으로 가정하지 않는다. 오히려 현상이 스스로를 통제하고 규칙을 올바르게 하는 것에 규범이 되도록 허용한다.

5. 실제적인 것의 질료

이런 논의에서 과학과 에피스테메의 가치에 반대되는 그 무엇, 즉 개념적 지식의 형식인 규칙, 원리, 정리 등에 반대되는 그 무엇에 관한 설명이 전혀 없다는 것에 이의를 제기할 사람도 있을 것이다. 만약 그러한 것이 충분히 정밀하고 복잡하게 만들어질 수 있다면, 그것은 구체적이고 경험적인 상황의 복잡성을 그에 맞는 방식으로 잡아내기에 충분할 것이기 때문이다. 그러나 이런 문제제기는 보편적이고 개념적인 지식에 대한 아리스토텔레스의 비판이 가지고 있는 의의를 충분히 깨닫지 못하고 있는 것이다. 아리스토텔레스의 관점에서 보면, 실제적 선택은 보편적인 규칙의 체계 내에서 완전하게 포착될 수 있는 것이 아니다. '실제적인 것의 질료'는 그 본성이 가변적이고 개별적이며 지각적이기 때문에 본질적으로 불확정적이고 불명확하다. "처음에 우리가 진술은 해당 질료에 적합한 방식이어야 한다고 하였듯이, 우선 실제의 질료와 관련된 모든 진술(logos)은 정밀하지 않게 개략적으로 언급되어야 한다는 것에 동의하고 시작하자."(아리스토텔레스, 니코마코스 윤리학, 1103b-1104a) 이런 실제적인 것의 질료는 본성적으로 불명확하다. Nussbaum(1986, p. 304)에 따르면, 그것은 "반응성과 유연성, 어떠한 일반적인 기술로도 잡아낼 수 없는 톤의 정확성과 터치의 확실성"을 요구한다.

이런 반응성과 유연성의 필요는 다른 영역인 법의 실제에서도 분명하게 설명되고 있음을 볼 수 있다. 아리스토텔레스는 "모든 법은 보편적인 것이지만, 어떤 일에 관해서는 정확하게 보편적인 진술을 만드는 것이 불가능하다."라고 말했다(니코마코스 윤리학, 1137b). 따라서 정의(justice)에 대한 요구는 법의 규정을 넘어서는 것이다. 정의가 실제로 구현될 수 있다면, 그것은 노모스(nomos) [역주: 규정에 따라 운영되는 법, 人定法]가 에피에이케이아(epieikeia)[역주: equity, 공평함], 즉 일반적인 법률적 규정의 합리적이고 실제적인 적용으로 보충될 때만 가능한 것이다(Jonsen & Toulmin, 1988, p. 68). 에피에이케이아는 일반적인 진술을 잘못된 법률로 만들지 않는다.

> 잘못은 법률이나 입법자에게 있는 것이 아니라 사물의 본성 속에 있는데, 이는 실제적인 것의 질료가 본질적으로 가변적이기 때문이다. 법률이 일반적인 규정을 세운 후 그런 일반적 규정으로써 다스릴 수 없는 예외가 생기는 경우, 만일 입법자가 그런 경우를 당했더라면 그 자신도 그것을 규정에 포함시켰을 것과 같은 방식으로 미처 생각하지 못한 그 부족한 점을 바로잡는 것은 옳은 일이다……. 에피에이케이아의 본질은, 법이 그 일반성으로 말미암아 부족한 부분을 바로잡는 것이다(아리스토텔레스, 니코마코스 윤리학, 1137b).

이런 비유를 앞에서 언급한 우리의 예에 적용한다면, Watzlawick의 이론과 같은 일반적인 규칙들을 아는 것은 확실히 도움이 될 것이라고 말할 수 있을 것이다. 그러나 이 상황의 구체적이고 세부적인 사항들을 충분하게 아는 것은 훨씬 더 중요하다. 무엇보다도 Watzlawick의 규칙이 결과적으로 그 상황에 적절한 것인지, 아니면 다른 어떤 규칙이 그 상황에 더욱 적합한 것인지를 결정하여야 한다. 그의 규칙이 적절한 경우라고 해도, 그것들이 그 상황에 적절한 합리적이고 실제적인 방식으로 어떻게 정확히 다루어져야 하는가의 문제는 여전히 남는다. 그 밖에도 규칙 중에서 어떤 것이 여기에 적합한지, 모든 경우에 유용한 일반적인 규칙이 있는지 등을 결정하는 것도 어려운 문제일 것이다. 그러나 이 모든 경우들에서, 지각적 지식은 그 상황에 대한 바른 판단을 하고 적절한 행동을 선택하는 기초가 된다. 아리스토텔레스가 말하는 지각은 단순히 통상적으로 말하는 감각 지각이 아님에 주의해야 한다. 그가 말하는 지각은 범례적인 경우를 위해 발달시키는 '눈' 이다. 모호하지 않고 전형적인 경우에 우리는 어떤 도형이 삼각형인지 사각형인지 곧바로 인지할 수 있는 것처럼, 어떤 행동이 효과적인 교사의 행동인지를 곧바로 지각할 수 있다. 우리는 그것을 보면 아는 것이다. 그러한 지각이 주어지면 더 이상의 증명이나 이론적 정당화는 필요하지 않다. Eisner(1970, 1985a, 1985b)는 이와 유사한 견해를 '교육적 감식안의 발달' 이라는 용어로 기술하기도 했다.

따라서 프로네시스, 실천적 지혜, 지각적 지식은 규칙을 개요와 안내의 용도로만 사용한다. "그것은 그 자체로 유연하여야 하고, 알아채거나 볼 준비가 되어 있어야 하며, 즉흥적인 기지가 있어야 한다." (Nussbaum, 1986, p. 305) 이런 유형의 지식을 위해 필요한 선행 조건으로 적절한 경험을 충분히 갖고 있어야 한다는 것이 중요하다. 왜냐하면 개별자들은 오직 경험을 통해서, 상황을 지각하고 평가하며 일련의 행동을 판단, 선택하고 그 결과에 직면하는 긴 과정을 통해서 익숙해지는 것이기 때문이다. 이는 과학적 지식과는 전혀 다른 종류의 통찰을 이루어 낸다. 물론 경험은 우리의 예에서 예비교사에게 부족했던 바로 그 점이다. 따라서 그는 경험에 대응되는 그러한 종류의 통찰을 아마도 가질 수 없었을 것이다. 그러나 여기에서 중요한 것은, 그런 통찰이 순수하게 개념적인 지식을 통해서는 그에게 전달될 수 (또는 이끌어 낼 수) 없을 것이라는 점이다. 여기엔 여러 이유가 있을 수 있으나 그중 우리와 관련되는 것은, 개념적인 지식이 우리의 경우에 가장 필요한 지식의 형태가 아니기 때문이다. 그것은 지나치게 추상적이며, 구체적인 경험에서 중요한 위치를 차지하고 있는 모든 종류의 개별자들, 감정, 이미지, 필요, 가치, 의지, 개인적 괘념, 기질, 성격적 특성 등을 너무 많이 제거한다. 우리의 예에서 올바른 선택에 대한 적절한 판단 기준은 추상적인 규칙이나 원리(예, "문제를 야기하는 악순환을 끊어라." 등과 같은)에의 합치 또는 일관성이 아니라, 구체적이고 실천적인 지혜를 가진 사람이 무엇을 할 수 있는가 하는 것이다. 실천적 지혜의 관점은 바로 올바른 선택의 판단 기준이며, 추상적인 규칙이 아니다. 전적으로 인간의 관점인 이런 지식은, "이 사람과 그의 선택 없이도 가치 있을 수 있는 그러한 가치를 발견하게 하는 것이 아니라, 한정적인 가치를 갖는 지식이며 그 가치는 지금 이 사람과의 관련 없이는 가치 있을 수 없는 그러한 것이다." (Nussbaum, 1986, pp. 290, 311)

사실상 에피스테메와 프로네시스 사이의 차이, 이론과 실제 사이의 차이는 하나의 이미지 또는 격률로 요약될 수 있을 것이다. 실천적인 지혜의 사람은 인간의 세계에 살고 있으며 그 위로 오르려는 시도를 하지 않는다(Nussbaum, 1986, p. 314). 이 이미지는 Nussbaum이 지적하듯이, 라파엘로의 유명한 프레스코화 '아테네 학당(The School of Athens)' 에 아름답게 표현되어 있다. 그림의 중앙에 있는 두 명의 주 논쟁자를 보면, 플라톤의 손가락은 하늘을 가리키고 있으며 아리스토텔레스는 땅을 가리키고 있다.

6. 결 론

이제 우리의 예로 돌아가서 이런 논의가 무엇을 함의하는지 살펴보자. 우선 이론과 실제 사이의 간극은 교수 상황에서 본래 기인하는 문제가 아니라는 결론을 내릴 수 있을 것이다. 그것은 단지 에피스테메로서의 지식이라는 우리의 개념에 기인한 것이다. 프로네시스로서의 지식이라는 관점에서는 그러한 간극에 어떻게 다리를 놓아야 하는지, 구체적이고 경험적인 상황의 복잡성을 어떤 주어진 추상적인 규칙과 어떻게 관련지어야 하는지 등의 문제가 존재하지 않는다. 핵심적인 문제는 이와 다른 것이다. 이는 말하자면, 거기에서 지각되는 것은 무엇인가, 학생이 지각하는 것은 무엇인가, 자신의 경험에서 그가 알고 있는 특징은 무엇인가, 그 상황에서 그는 어떤 개별자를 의미 있는 것이라고 판단하는가 하는 등의 문제다. 프로네시스로서의 지식이라는 개념에서는 이런 개별적인 문제에 적용할 수 있는 추상적인 규칙이 주어지지 않는데, 이는 그렇게 하기에는 그 문제가 너무 개별적이기 때문이다. 거기에는 너무나 많은 세부적인 사항이 있으며, 너무나 많은 특이성이 있고, 일반적인 규칙에 대한 너무나 많은 예외적인 측면이 있다. 따라서 우리의 예에서는 학생이 자신의 문제를 지적한 직후에 바로 무엇을 해야 하는지 묻기보다는 (이는 추상적인 규칙에 호소하고 피상적인 조언을 제공하게 함) 그 학생이 실제로 무엇을 알고 있는지, 그가 문제 상황에서 보고 있는 세부적인 사항들은 무엇인지, 그의 반응은 어떠하였는지, 그가 무엇을 느꼈으며 무엇을 생각했는지 등과 같은 문제들을 교사교육자가 면밀하게 조사해야 할 것이다. 이는 또한 예비교사의 경험이 갖는 복잡성을 스스로 관찰함으로써 자신의 프로네시스를 진척시킬 수도 있을 것이다.

물론 이것이 언제나 가능한 것은 아니며, 학생 개개인을 위한 시간이 부족한 대집단인 경우나 안전을 위협받는다거나 하는 경우가 그러하다. 따라서 이런 질문에 대한 답은 개인적인 반성, 지도 과정, 소집단 토론 등을 통하여 찾아야만 할 것이다. 그러나 교사교육자에게 이런 대집단 상황에서의 프로네시스적인 접근은 많은 차이를 가져온다. 에피스테메적인 접근에서 그랬던 것처럼 이론과 실제 사이의 간극에 다리를 놓는 것은 프로네시스적인 접근에서는 교사교육자의 과제가 아니다. 그의 과제는 예비교사가 경험의 두드러진 특징을 잘 알 수 있도록 도와주는 것이다. 그는 예비교사에게 수많은 개념을 가르쳐 주기 위해서 거기 있는 것이 아니라 이들로 하여금 보도록 도와주기 위해 거기 있는 것이며, 예비교사에게 일반적인 일련의 규칙들을 제공하기 위해서 거기 있는 것이 아니라 이들이 자신의 지각을 정련시킬 수 있도록 도와주기 위해 거기 있는 것이다.[5] 또한 교사교육자가 거기에 있는 것은 예비교사가 가지고 있는 암묵적인 지식을 명시적으로 만들 수 있도록 도와주고(Loska, 1995; Nelson, 1973(1911, 1929); Polanyi, 1967, 1978; Schön, 1987 참조), 이들이 경험의 특이성을 잡아내는 것을 도와주며, 오직 특정한 상황에만 성립하는 톤의 정확성과 터치의 확실성을 찾아내기 위한 것이다. 교사교육자는 교육 이론에 관한 강의를 하고 일반적인 규칙을 가르치거나 지도 원리에 관한 해박한 토론을 하기 위해 거기에 있는 것이 아니다. '실제적인 것의 질료'는 그런 개념적 지식에 의해 그렇게 많은 도움을 받는 것이 아니기 때문이다. 필요한 것은 지각적 지식의 발달이다.

여기에서 이런 논의는 Watzlawick의 이론과 규칙이 쓸모없어서 버려야 한다는 것을 의미하는 것이 아니다. 비록 제한적이기는 하지만, 예비교사의 지각을 개발하는 데 개요, 안내, 발견술로서의 용도를 갖는다. 그러나 프로네시스라는 모델링의 수단(그 문제 상황에서 실천적 지혜를 가진 구체적인 사람이 할 수 있는 반성)과 비교해 볼 때, 그러한 추상적인 규칙들은 사실 다소 빈약한 도구다. 거기에는 말 그대로 살과 피가 없으며, 얼굴이나 행동의 레퍼토리가 없다. 거기에는 감수성이나 개인의 특성, 역사가 없으며 덕도 부덕도 없다. 그것은 행동 속에서 보이거나 이야기되거나 비평되거나 찬탄되지 않는다. 간단히 말하면, 거기에는 어떤 지각적인 현실이 없으며, 단지 개념과 추상이 있을 뿐이다. 그러므로 그것은 확인될 수 없다. 이것이 바로 그런 추상적인 규칙이 예비교사에게 아무 내용도 주지 못하고 회의와 저항만을 갖게 만드는 이유다. 그것들은 어떠한 정서적이거나 동기를 부여하는 속성도 갖지 않는다. 앞서 살펴보았듯이, 에피스테메적인 지식의 개념에서는 의지나 감정이 지식의 중심적인 요소가 아니라 오히려 지식의 방해 요인으로 간주되었다는 점에서 보면

이는 쉽게 이해될 수 있다(실제로 플라톤은 학습 과정에서 이 점이 중요하다는 것을 인정한 정도가 아니라 강조하고 있다. 파이드로스[275, VII 341-344] 참조. 그러나 플라톤의 관점에서 보면, 이런 유형의 지식은 순수하게 지적인, 좀 더 상위의 지식을 위한 선행 조건일 뿐이다. Irwin[1995, 16장]과 플라톤의 국가[VI 507-511, VII 514-535] 비교 참조).

프로네시스로의 전환에 따르는 또 다른 중요한 결과는 다음과 같다. 교사교육 프로그램에서 이런 폭넓고 지각에 기반한 유형의 지식을 개발하기 위해서 우리에게 필요한 것은 수많은 이론, 논문, 저서 등과 같은 개념적인 자료가 아니라, 무엇보다도 먼저 지각되는 구체적 상황, 갖게 되는 경험, 만나게 되는 사람, 진행되는 계획, 반성되는 결과 등인 것이다. 바로 이런 것이 프로네시스를 위한 필수적인 조건이다. 그러한 지각이 없이는 교사가 아무리 훌륭한 논문을 쓸 수 있다 하더라도 결국 어떠한 지식도 형성될 수 없다(우리 같은 연구자의 경우도 마찬가지임). 이는 분명해 보인다. 대부분의 교사교육 프로그램은 교사에게 개인적인 경험을 제공하고 그들로 하여금 전문적인 '실제 생활'과 직접 대면하게 하는 실습 시간으로 채워져 있다. 그러나 이것은 우리가 말하는 프로네시스로의 전환이 아니다. 교사교육 프로그램에서 실습 시간이 갖는 중요성을 인정하는 경우도 프로네시스가 의미하는 핵심은 완전히 놓치고 있을 수 있다. 그럼에도 불구하고 사실 실제적인 경험의 가치를 강조하는 많은 교사교육자가 에피스테메적인 지식의 개념에 근거하여 작업하고 있다. 그들은 이론과 실제의 간극과 싸우고, 문제를 옮기는 것에 대해 걱정하고 당혹해 하며, 어떻게 하면 이를 예비교사가 갖고 있는 현재 지식에 가장 잘 연결시킬 수 있을지 곰곰이 생각한다. 이는 실제로 그들의 작업이 에피스테메의 개념에서 출발하며, 예비교사가 요구하는 지식은 개념적인 것이며 이들의 외부에 있는 객관적인 것으로 어떻게든 전달되어야 할 필요가 있고 그러한 전달이 자신들의 일이라고 보는, 즉 기술적-합리성 모델을 암묵적으로 가정하고 있는 것에서 출발하고 있음을 보여 준다. 프로네시스의 핵심은 예비교사가 요구하는 지식이 개념적이라기보다는 지각적인 것이라는 점이다. 그러므로 그 지식은 필연적으로 예비교사에게 내재되어 있다. 즉, 그것은 어떤 외적이고 개념적인 형태로 예비교사의 경험 밖에 존재하는 것이 아니라 이들의 경험 안에 존재한다. 그것은 전적으로 주관적이다. 우리의 예에서 보았던 Watzlawick의 규칙과 같이 거기에는 어떤 객관적인 측면이 있을 수도 있으나, 앞에서 살펴본 것처럼 그것이 예비교사를 돕는 가장 효과적인 것은 아니다. 거기에는 전달해야 할 것은 거의 없고 탐구해야 할 것만 잔뜩 있을 뿐이다. 그리고 교사교육자의 과제는 예비교사가 자신의 지각을 탐구하고 정련시키도록 돕는 것이다. 이는 예비교사가 교사교육자의 안내로 그들의 실제적인 경험의 세부적인 사항을 체계적으로 반성할 수 있는 기회를 가질 수 있도록 하는, 개인적인 지도나 집단적인 세미나 모두에서 잘 조직된 배열을 요구한다. 이런 아이디어는 다음 장에서 더욱 자세하게 설명할 것이다.

7. 마지막 단평

주요 문제 중 하나는 대부분의 교사교육자가 그들 스스로 에피스테메적인 지식의 개념에 빠져 있었다는 것이다. 그래서 그들은 이론과 실제 사이의 관계에 대한 전통적이고 에피스테메적인 관점을 항상 당연한 것으로 여겨 왔다. 이는 프로네시스로의 전환이 갖는 영향을 완전히 이해하기 어렵게 만든다. 예를 들면, 프로네시스의 관점에서 볼 때 교사교육자의 전문적인 지식은 어떤 역할을 하는 것인가와 같은 질문이 있을 수 있다. 교사교육자는 자신의 지식을 활용해야 하는가? 그 대답은 간단하다. 물론 그러하다. 그러나 어떻게 활용해야 하는가가 새로운 문제가 되며, 이 문제는 다시 지식에 대한 우리의 관념에 의존하게 된다. 교사교육자가 단순한 이론가가 아니라 어떤 실천적 지혜를 가진 사람이라고 가정해 보자. 달리 말하자면, 그 교사교육자를 전문가로 만드는 지식 자체가 주로 지각적이고 내적이며 주관적인 것이라고 하자. 그 교사교육자는 Watzlawick의 규칙과 같은 개념적이고 외적이며 다소 객관적인 많은 지식까지 자유롭게 구사할 수도 있을 것이다. 이런 지식은 분명 예비교사의 지각을 탐구하기 위한 도구로 사용될 수 있으며, 질문, 관점, 논의 등을 생산할 수 있다. 그러나 그 지식을 탐구를 위한 도구 이상으로, 우리보다 앞서 실재하는 사물 자체로 간주하는 것은 함정이다. 실재하는 것은 개념적인 지식이나 에피스테메 또는 큰 이론(Theory)이 아니다. 실재하는 것은 지각적 지식, 프로네시스, 작은 이론(theory)이다. 현실적 교사교육의 목표는 예비교사를 교수에 관한 지식의 수집가로 만들려는 것이 아니다. 우리는 그들이 좋은 교사가 되기를 바란다. 이는 또한 두 번째의 함정이 있음을 의미한다. 그것은 전문가의 지식이 그 사람에게서 분리될 수 있고, 추상화되는 것이며, 학생들 앞에서 칠판 위에 글로 쓸 수 있거나 순수하게 개념적인 형태로 종이 위에 쓸 수 있는 것이라는 생각인데, 이는 통찰이 읽을 수 있는 문장과 같은 것이라는 느낌을 가지게 한다. 이는 그렇지 않다고 확신할 수 있다. 좋은 교사를 만들기 위해, 우리는 예비교사가 실천적 지혜를 가지는 사람이 되기를 바랄 때 중요한 것이 무엇인지에 관한 이제와는 다른 관점에서 출발하는 다른 교육학을 필요로 한다. 다음 장에서는 그러한 교육학에 대하여 자세히 설명할 것이다.

후주

1) 이 장은 *Educational Researcher, 25*(3), 17-22에 실렸던 논문을 수정한 것이다.
2) 예를 들어, Wubbels & Levy(1993)는 교실 내에서의 상호적인 행동 모델을 기술하여, 교사를 위한 구체적인 지침을 제공하고 있다.
3) 플라톤에 대한 훌륭한 소개는 Irwin(1995)을 참고하라.
4) 여기에서 우리는 Jonsen & Toulmin(1988, pp. 65ff)과 같이, 지식의 개념에 대한 아리스토텔레스의 관점을 강조한다. 플라톤의 관점에 대해서는 Irwin(1995, 16장)을 참고하라. 에피스테메와 프로네시스 사이의 구별은 기술(記述, description)에 의한 지식과 직접지(直接知, acquaintance)에 의한 지식을 구별한 Russell(1912, 5장, 13장)의 관점과 유사하다고 할 수 있다.
5) Marton & Booth(1997)도 유사한 관점에 도달하였다. 그들은 또한 학습에서의 지각과

의식의 역할을 매우 강조하며, 의도된 학습 과정 이후에 "학습자가 이전에는 깨달을 수 없었던 현상의 다른 측면을 깨달을 수 있게 되었다."(p. 142)라고 진술한다. 이전의 연구에서 Marton, Dahlgren, Svensson, & Salj(1977, p. 23)는 이런 종류의 학습을 "우리가 세상을 보는 안목의 변화"로 언급하였다. 또한 Marton & Booth(1997, p. 142)는 현상에 대한 변화된 인식을 통하여 사람과 현상 사이의 관계가 변화하였다고 덧붙이고 있다.

요약

플라톤과 아리스토텔레스의 저작에 근거해서, 우리는 지식의 두 가지 유형, 에피스테메와 프로네시스를 구분하였다. 이는 제1장에서 이루어졌던 큰 이론(Theory)과 작은 이론(theory) 사이의 구분을 좀 더 자세히 설명한다. 에피스테메는 추상적, 객관적, 명제적 지식이며, 많은 상황에 대한 일반화의 결과라고 특징지을 수 있다. 프로네시스는 지각적 지식이며, 한 상황의 지각에 기반한 실천적 지혜다. 그것은 개별자에 대한 지각을 기반으로 하여 전형적인 경우를 위해 발달시켜야 하는 안목이다. 프로네시스의 가치는 행동을 위해 이런 지식을 사용하는 개별적인 사람과 관련되어 있다.

교사교육을 위해서는 프로네시스, 지각적 지식의 개발이 가장 중요하다. 결론적으로, 교사의 전문성 학습은 구체적인 경험과 실제적 상황에 대한 주관적인 지각에서 출발한다. 교사교육의 목표는 암묵적인 지식을 명시적으로 만드는 것이어야 하며, 개념적 지식의 전달이 되어서는 안 된다.

기본 개념

지식의 유형 / 에피스테메(개념적 지식) / 프로네시스(지각적 지식, 실천적 지혜) / 암묵적 지식

제 3 장

실제로부터의 학습

◆ Fred Korthagen and Theo Wubbels

말로 하면 잊을 것이다
보여 주면 기억할 것이다
열중하게 하면 이해할 것이다
뒤로 물러서면 행할 것이다

– 덴마크 알코르그 대학교에서 실시한 교육실험 묘사 시 인용된 중국 속담

(Kjersdam & Enemak, 1994)

이 장에서는 현실적 접근에 기초한 위트레흐트 대학교 교사교육 프로그램을 기술할 것이다. 우리는 이 접근에 전제된 원리들을 탐색하는데, 사람들이 정보를 처리할 때 합리성에 기초하지 않는 방식을 취한다는 생각에 기반한 원리가 그중의 하나다. 교수의 학습을 경험적 학습의 과정으로 기술할 것이며, 현실적 교사교육 접근이 교수와 전문성 개발에서 합리성에 기초하지 않는 측면을 진지하게 받아들이는 방식을 또한 설명할 것이다. 그리고 예비교사의 경험과 관심을 학습을 위한 출발점으로 삼는 교사교육 프로그램에서 반성이 하는 역할에 대한 논의를 시작할 것이다.

1. 도 입

앞에서 우리는 기술적 합리성 모델이 심각한 결함을 가지고 있으며 이론과 실제 간의 간극을 낳는다는 것을 살펴보았다. 교사교육에 대한 대안적 접근은 실제적 경험과 이런 경험에 대한 예비교사의 지각에서 출발한다.

그러나 많은 문헌을 통해 우리는 예비교사의 실천적 상황에서, 특히 교생 실습 기간과 학교에서 가르치기 시작한 1년의 과정 동안 이들이 받는 학습의 질은 의심받을 수 있다는 것을 알고 있다. 제1장에서 본 것처럼 많은 연구에서 예비교사는 직전교육 과정에서 배운 이론을 많이 활용하지 않는다. 더욱이 초임교사는 일단 학교 현장에 들어가면 충분히 준비하지 못한 많은 문제 상황에 부딪히게 된다고 자주 불평한다. 많은 예비교사가 교사교육기관에서 교생실습 경험 혹은 초임교사로의 이행 과정을 감정적이고 혼란스러운 기간으로 지각한다. 그들은 그때까지 인식하지 못했던 교실 상황에서 나타나는 현실과 책임감, 그리고 복잡성에 직면하는 것이다. 이 기간은 심한 스트레스와 어려운 문제로 힘든 기간이 되며(Veenman, 1984), 학자들은 이를 현실 충격(Mueller-Fohrbrodt et al., 1978) 혹은 이행(移行) 충격(Corcoran, 1981)이라고 표현한다. 예비교사가 일단 교사교육 프로그램을 떠나면 그 기관에서 습득한 좀 더 진보적인 태도는 학교에서의 현장 경험 때문에 빠른 속도로 소멸된다(Mueller-Fohrbrodt et al., 1978; Zeichner & Tabachnik, 1981).

예를 들면, 교사교육 기간 동안 키워진 반성적 태도는 자주 초임교사 수습기간 중에 '사라진다.' 다음의 사례를 보자.

> 갈등의 절정에 이르렀을 때 우리는 반성적 능력을 제쳐 두곤 한다. 허망함을 느낀다. 더 이상 어떤 준거점도 갖지 못한다. 교사 준비기간 동안, 그리고 교생 실습기간 동안 모든 것이 순조롭게 잘 진행되었더라도 이것을 피할 수 없다(네덜란드 출신의 한 초임교사의 말, Korthagen의 인용. 1985, p. 14).

> 나는 스스로 반성하는 아주 훌륭한 교사가 될 것이라고 항상 생각했다. 무엇이 효과적이었고 무엇이 그렇지 못했는지 등을 알기 위해 매일 밤 내가 한 수업을 머릿속에 재생하며 시간을 보낼 생각을 하였다. 그러나 정직하게 말하자면, 매일 그냥 좇아가는 것에 지쳐서 한 시간 전에 무엇이 일어났는지조차 거의 기억할 수 없다! 그리고 대부분의 시간 동안 내일을 걱정하느라 어제나 오늘을 생각하고 싶지 않다……. 요즈음은 마음을 좀 쉬게 하려고 매일 저녁 나 자신을 위한 시간을 가지려 애쓴다(캐나다의 초임교사, Cole의 인용. 1997, p. 9).

1970년대 위트레흐트 대학교 교사교육 담당자는 초임교사가 직면하는 문제와 예비교사 교육 이후에 따라오는 '현실 충격'의 문제를 더욱 잘 인식하게 되었다. 이것은 현실 충격을 줄이고 예비교사로 하여금 교사교육 프로그램 기간 중에 초임교사 첫해에 겪게 되는 문제를 미리 직면하게 한다는 의미에서 교사교육을 더욱 '현실적'으로 만들고자 하는 노력을 자극하였다. 이 시점에서 교사교육자는 여전히 예비교사에게 도움을 주고 그들의 학습 과정에 영향을 미칠 수 있었다. 이것이 바로 우리가 이론과 실제를 더 잘 통합하기 위한 방법을 모색하기 시작한 시점이다.

첫 번째 단계는 더 실제적인 경험을 소개하고 실천을 더욱 '현실적으로' 만드는 것이다. 1970년대까지 예비교사의 실제적 경험은 교사의 수업을 참관하고 수업을 서너 번 직접 진행하는 것이 전부였다. 점차 예비교사에게 더욱 많은 책임이 주어졌다. 예를 들어, 예비교사는 일련의 수업을 맡아 가르치는 것이 필요하였고 그들 자신이 가르쳐야만 하는 총 시간 수에 대한 요구가 형식화되었다. 얼마 후 이런 요구는 국가적 수준에서 결정되었고 대학교에 기반한 네덜란드의 교사교육은 더욱 강한 기초를 마련하게 되었다.

몇 년 후 이른바 최종독립 교생실습(Independent Final Teaching Practice: IFTP)(Koetsier & Wubbels 참조, 1995)이 교사교육 프로그램의 마지막 부분에 도입되었다. 이 IFTP 과정에서 예비교사는 수업시수에 대하여 완전히 책임을 지고 현장 협력교사의 참석 없이 가르치도록 되어 있다.

1980년대 후반과 1990년대에 걸쳐 마침내 이론과 실제가 동등하고 상호 관련된 지위를 가지는 프로그램이 완성된다. 2절에서는 이 프로그램을 기술할 것이다. 3절에서는 이 프로그램의 배경이 되는 아이디어를 논의할 것이다. 그리고 예비교사의 선입관을 고려해야 한다는 견해(4절)와 상대적으로 덜 합리적인 정보 처리과정 방식에 기초해야 한다는 생각(5절)을 논의할 것이다. 이것은 두 가지 기본적인 개념, 즉 경험적 학습(6절)과 반성(7절)의 정교화로 이어진다. 마지막 두 절은 반성을 촉진시키는 일(8절)과 우리 프로그램에서 이 원리를 중심적 위치를 두어야 하는 이유(9절)에 초점을 둘 것이다. 10절에서는 이 장을 마무리하고 다음 장을 소개할 것이다. 여기에서는 뒤에 이어질 장에서 이런 아이디어가 어떻게 더 정교화될 것인지에 대한 대략적인 그림을 간단히 제시할 것이다.

2. 현실적 교사교육 프로그램의 실례[1)]

이 절에서는 위트레흐트 대학교의 교사교육 프로그램을 기술할 것이다.[2)] 이것은 독자들에게 이 프로그램의 기반이 되는 원리에 대한 논의의 기초로서 현실적 프로그램의 구체적인 예를 제공할 것이다.

1년 과정인 이 프로그램에 입학하기 전에 예비교사는 오리엔테이션 프로그램인 2개월 과정의 학부 과정을 마쳐야 한다. 이 오리엔테이션 프로그램은 예비교사와 교사교육자로 하여금 교직을 선택하는 것이 현명한 것인지 아닌지를 발견하게 하는 기회가 된다. 1년 과정 프로그램에서의 수학 시간은 총 1,680시간이며 최소한 840시간의 학교현장과 관련된 활동과 약 840시간의 캠퍼스 내 활동을 포함한다. 학교현장 관련 활동은 250시간의 교실활동을 포함해야 하는데, 이 중 최소한 120시간은 예비교사가 직접 가르치는 수업시간으로 할당되어야 한다. 예비교사는 1,680시간 중 300시간을 연구 지향적 활동에 써야 하는데, 이것은 캠퍼스 내 시간과 학교현장 관련 시간으로 나누어진다. 이 프로그램을 구성하는 실제적 요소에는 두 단계가 있는데, 3인조 교생실습기간과 최종독립 교생실습이

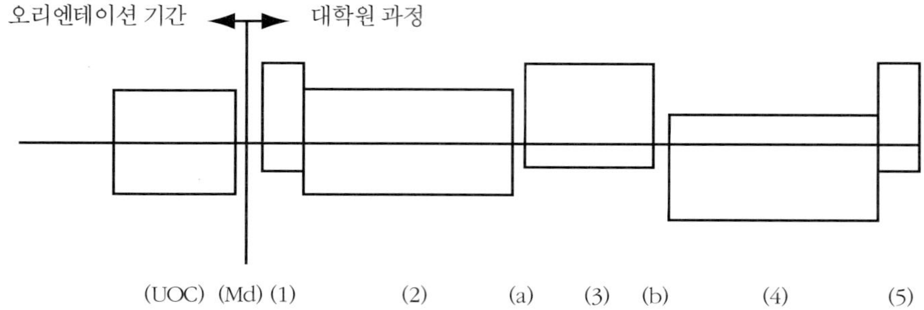

[그림 3-1] **위트레흐트 대학교 IVLOS 교육기관의 교사교육 프로그램 도표.** 수평선 위는 캠퍼스 내 활동, 수평선 아래는 현장학교에서의 활동. 프로그램은 1년에 두 번으로 1월과 8월에 시작함. 위 도표는 1월에 시작하는 과정임. Uoc: 학부생 오리엔테이션 과정, 8주. Md: 석사과정. 1: 입문과정, 2주. 2: 3인조 교생실습 기간, 14주. 3: 2차 오리엔테이션 기간, 10주. 4: 최종독립 교생실습, 14주. 5: 프로그램의 마지막 단계, 3주. a: 중간휴식 기간, 1주. b: 방학, 6주.

다([그림 3-1] 참조).

이 프로그램은 일차적으로 한 주 혹은 그 이상의 주를 한 단위로 하여 캠퍼스와 학교현장을 교대로 오가는 방식으로 구조화되어 있다. 그러나 이론과 실제 간의 통합이 가장 잘 일어나도록 하기 위하여 학교현장 활동 기간 중에도 대학교 내에서 하는 활동이 있다.

학부 오리엔테이션 과정

이 준비 기간 동안의 프로그램은 관찰 및 토론 기술의 훈련과 여타 사회적 기술 및 의사소통 기술의 훈련 등을 포함하는데, 이것은 성공적으로 대학원 교육과정을 마치는 데 중요하다. 이 외에도 각자에게 주어지는 짤막한 수업과 같은 축소판 교수 상황에서의 실습과 역할 놀이, 이런 경험을 통해 표면화되는 중요한 교수법적 원리와 교과 관련 원리에 대한 반성, 그리고 학교 방문과 교생실습에 대한 오리엔테이션 등을 포함한다. 4주간의 교생실습 기간도 이 오리엔테이션 과정의 일부다.

1. **입문기간:** 2주 　이 준비 단계는 상당히 짧다. 왜냐하면 학생은 학부과정을 통해 벌써 2개월간의 오리엔테이션 과정에 참여했기 때문이다.

입문기간 동안 대학교 내 활동은 교생실습을 준비시키도록 되어 있다. 그래서 학생들이 서로에게 짤막한(5~10분간의) 수업을 하거나 소집단으로 각급학교 교재의 내용에 대한 발표를 준비하고 집단토론을 지도하는 것 등을 하도록 구조화되어 있다. 구조화된 활동은 자신의 경험에 대하여 반성하는 과제와 교수법적 원리를 공식화하는 것으로 진행된다. 기초적인 이런 이론적 개념은 예비교사가 학교 현장에서 부딪히게 될 경험을 사전에 구조화한다. 입문기간 동안의 반성을 동반한 경험에 대한 토론과, (7절에서 논의할) 반성을 위한 단계 모델의 공식화 작업은 학생들이 그들의 학교현장 경험에 대하여 구조화된 반성을 할 수 있도록 준비시킨다.

2. **3인조 교생실습 기간:** 14주 　3인조 교생실습 기간은 상대적으로 보호된 환경 속에서의 교생실습 기간으로, 이 기간 동안 세 명의 학생은 한 조가 되어 한 명의 현장협력교사와 한 명의 대학교수의 긴밀한 지도하에 함께 일한다. 3인조 교생실습은 두 번의 학교현장 기간을 거친다. 첫 번째 기간에(2 1/2 주) 예비교사는 수업의 일부를 가르치고 대학교에서의 작업에 기초한 과제를 수행한다. 그들은 점차 일련의 수업을 맡을 수 있는 능력을 닦아 간다. 두 번째 기간에(5주) 예비교사는 개별수업과 일련의 수업을 하거나, 3~4주 동안 특정 과목의 주별 수업을 모두 맡을 수도 있다.

두 번의 학교현장 기간 사이에 하도록 되어 있는 대학 캠퍼스에서의 활동은 현장의 경험을 상호 교환하고 분석하기 위한 것이다. 보통 논의되는 주제는 교수방법, 학습심리, 발달심리, 교육의 기초, 동기, 상담과 같은 측면을 포함한다. 또한 학교 부서와 조직에서의 교사의 전문적 역할, 법률적 문제에 대한 반성이 시작된다.

3인조 교생실습에서 지도협의회는 보통 앞에서 언급된(7절 참조) 특정한 반성의 모델을 따른다. 지도를 위한 담화는 이론서에 나와 있는 학습과 교수에 대한 이론보다는 예비교사의 경험과 이 경험에 대한 그들의 지각에서 출발한다. 이 실습기간 동안 대학의 지도교수는 수업을 참관하고 지도협의회에 참석하기 위하여 모든 3인조 집단을 서너 번 방문한다. 대학의 담당자와 현장협력교사 간의 빈번하고 집중적인 의사소통은 예비교사를 적절히 지도하는 데 가장 중요하다. 또한 학생을 지도하는 가장 좋은 방법으로서, 동료지원집단 속에서 예비교사는 자신의 진척 과정과 문제점을 논의할 뿐 아니라, 대학교에서 캠퍼스 활동의 내용에 대해 논의하기 위하여 현장협력교사와 대학교원이 모임을 갖는다. 대부분의 현장협력교사는 IVOLS 교육기관에서 구성한 훈련 과정을 거치는데, 이것은 현장협력교사로 하여금 지도협의회 시간에 반성을 촉진하는 데 필요한 기술을 개발하도록 돕는다.

예비교사는 이 기간의 마지막에 최종독립 교생실습 과정에 들어가기 위한 평가를 받는다.

3. 2차 오리엔테이션 과정: 10주 3인조 교생실습 기간 후 반성과 통찰의 심화를 위한 2차 오리엔테이션 과정이 있다. 이 과정의 핵심은 첫 번째 학교현장 경험에 대한 반성이다. 지금까지 어떤 경로로 전문성 개발이 있어 왔는가? 이것이 이 프로그램의 나머지 과정에 함의하는 것은 무엇인가? 예를 들어, 이 단계에서 예비교사는 지금까지 자신의 경험에 대한 논문을 쓰면서 자신이 현재 어떤 학습 과정의 상태에 있는지 통찰하려고 노력할 수 있다. 지도교수는 예비교사의 통찰을 심화시키기 위하여 특별 개인지도를 한다.

실습경험에 이어 예비교사는 다시 대학지도교수의 지도하에 자신이 관심을 가진 특정 쟁점을 공부한다. 이들은 이런 쟁점 뒤에 놓인 이론을 공부하고 연구 관련 활동과 워크숍을 수행한다. 이 프로그램의 표준적 활동 중의 하나는 주요한 하나의 실천 지향적인 연구 과제를 기획하고 수행하는 것이다. 이것은 보고서를 쓰고 동료 예비교사와 지도교수 앞에서 이를 발표하는 것으로 마무리된다. 어떤 학생은 이 과제를 위하여 해외로 나가는데, 가령 네덜란드의 교육과 다른 나라의 교육을 비교하기도 한다.

이 기간 동안 상당한 주목을 받는 또 하나의 이슈는 학교 조직에 관한 것이다. 이것은 학교의 조직이 수업과정이나 국가적 수준과 국제적 수준에서의 교육 정책, 규제, 발전과 맺는 관계를 포함한다. 여기서 다시 실습학교에서의 예비교사의 경험에 기초하여 하나의 '확장된' 형태의 전문성을 개발하는 데 중요한 이슈들이 논의된다(Hoyle, 1980). 이것은 예비교사로 하여금 교실 내 수업과 연관된 관심보다는 보다 넓은 시야로 자신의 직업을 보도록 장려한다는 것을 의미한다. 지난 2년에 걸쳐 예비교사는 소집단으로 학교조직이나 교육정책에 관련된 특정 이슈들에 대해 공부해 왔으며 그들의 연구 결과를 동료들에게 발표해 왔다.[3)]

4. **최종독립교생실습: 14주** IFTP는 3개월간 지속되는 교생실습 기간으로, 3인조 교생실습을 수행한 학교가 아닌 다른 학교에서 1년 과정의 마지막 단계로 시행된다. 예비교사는 정규교사로서 제 역할을 하며 평소의 제한과 중압감 하에 많은 학급에서 특정 과목의 모든 수업을 맡아 가르친다. 맡아야 할 수업의 수는 일주일에 10～12시간으로 선택되는데, 이것은 주당 수업 양의 40%에 해당한다. 최종 책임은 여전히 현장협력교사에게 있다. 수업을 준비하고 실제로 하는 것 이외에도 예비교사는 부서활동과 그 학교 내 다른 활동에도 참여한다. 이 기간 동안 예비교사는 점차적으로 교직을 위한 '출발 능력'을 완전히 습득해야만 한다. 그러나 처음부터 자신이 가르치는 수업에 대해서는 완전히 책임지도록 되어 있다.

IFTP 과정 동안 예비교사는 '원격지도'라는 방법으로 지도를 받는다. 이것은 현장협력교사와 대학의 지도교수가 예비교사의 수업에 직접 참석하지 않는다는 것을 의미한다. 현장협력교사는 실제 수행되는 업무의 질을 지도(진척 과정에 대한 세션에서 구체화되는 이른바 업무지도)하는 데 책임이 있는 한편, 대학의 지도교수는 전문성 개발의 과정(즉, 학습지도. 더 상세한 내용은 Koetsier, Wubbels, & Van Driel, 1992 참조)을 살피는 데 책임이 있다. 대학에서의 지도협의회는 보통 소집단으로 이루어지며, 예비교사 자신의 교수 스타일과 교수에 대한 그들의 개인적 견해의 성장에 초점을 둔다. 이것은 또한 반성적인 전문적 태도의 개발에 중점을 둔다. 여기에 덧붙여 예비교사는 매주 보통 아주 늦은 오후나 저녁에 동료집단과 만나 각자의 경험과 문제점, 의견 그리고 자원을 공유한다.

5. 프로그램의 최종 단계: 3주 마지막 단계는 프로그램의 결과에 대한 보고와 최종 평가를 끌어내고 논의하는 단계다. 이것은 예비교사가 작성하는 최종 보고서(요즈음은 포트폴리오의 양식), 평가, 최종 토론 그리고 IFTP 현장협력교사와 대학의 지도교수에 의한 예비교사의 능력에 대한 평가 등으로 종결된다.

3. 교수에 대한 학습과정에 사용되는 교수방법

2절에 소개한 교사교육 프로그램에 대한 기술은 IVLOS에서 교사교육자가 사용하는 교수 방법에 대하여 먼저 암시해 주는 것이 있다. 1년에 걸친 프로그램 기간 동안 실제와 이론 혹은 보다 나은 실제적 경험과 교사교육 기관 내에서의 활동은 동등한 지위를 가지며 번갈아 가며 일어난다. 경험에서 출발하여 이 경험에 대한 반성으로의 빈번한 '왕래'가 있으며, 이것은 '작은 이론(theory with a small t)'(1장 참조) 혹은 '프로네시스(phronesis)'(2장 참조)의 개발을 목표로 한다. 즉, 이런 것은 우리가 실제를 지각하거나 가까이 있는 구체적 상황에서 행동해야 하는 방법을 안내하는, 단순하지만 실천적인 원리다. 큰 이론(Theory with a capital T)은 약 3개월 후 2차 오리엔테이션 기간에 더욱 중요한 역할을 하며, 이 프로그램의 처음 몇 주 동안은 사소한 역할을 할 뿐이다.

학교에서의 실제적 경험이 아직 반성을 위한 기초가 되지 않을 때, 즉 입문 주간 동안 경험은 그 자리와 그 시간에 만들어진다. 다시 말하면, 학생들은 서로에게 수업을 하고 집단모임을 지도하고 작은 과제를 수행한다(예, '자신의 집단을 위한 하나의 실습을 구성해 보아라. 그리고 그것을 5분 안에 소개해 보아라.'). 더구나 집단 세미나를 통한 학습 과정은 개인의 관점과 집단의 관점 모두를 취하며 반성하게 되어 교수활동에 대한 학생 자신의 학습은 학습에 대한 학습을 위해서도 활용된다(Loughran, 1997, p. 5 비교).[4)]

프로그램에 대한 지금까지의 기술은 교사교육자가 실제적 경험을 자신이 미리 선택한 이론을 소개하는 수단으로 활용하지 않는다는 것을 드러내지는 않는다. 하지만 이 프로그램이 학생들이 경험하는 문제와 그들이 실제적 경험을 통해 발전시킨 관심을 기초로 한다는 것은 분명하다. 이런 점에서 이 프로그램은 예비교사의 관심을 기초로 한다. 그러나 현실적 접근은 이른바 관심 중심의 교사교육 접근과 동일한 것으로 간주될 수 없다(Fuller, 1969). 후자의 접근에서 교육과정은 예비교사 내면에서 발달하는 관심의 일반적 단계에 대한 연구에 기초하고 그렇게 사전에 구조화된다. 현실적 접근은 예비교사의 관심이 발전하는 과정에 그러한 일반적 경향이 있다는 것을 인정하지만 더욱 구체적 수준, 즉 예비교사가 어제 학교에서 한 경험을 기초로 오늘 교사교육기관에 가지고 오는 특정 관심과 질문과 문제점에 초점을 둔다. 이것은 교사교육 프로그램을 사전에 구조화할 때 훨씬 많은 유연성이 있다는 것을 의미하는 동시에, 더욱 제한된 가능성을 가진다는 것을 의미한다. 한편, 이 프로그램의 교수들은 현실적 접근을 여러 해 경험하면서 학생들이 겪는 특정 종류의 실제적 경험 때문에 어떤 특정 유형의 문제와 관심이 어떻게 발생하게 되는지, 그리고 특정 종류의 이론이 이런 문제와 관심에 어떻게 효과적으로 연관될 수 있는지를 더욱 정확하게 예측할 수 있었다. 의도적으로 경험을 창조하는 것은(예, 입문 주간 동안의 5분 발표 과제) 대개 첫 번째 교생실습 기간 동안에야 비로소 표면화될 만한 기본적 관심, 예를 들면 남을 이끌어가고 잘 알아듣게 설명하는 것에 대한 관심으로 학생들을 안내하기 때문에 채택된다.

예비교사는 첫날부터 계속해서 자신의 흥미와 관심에 기초하여 스스로의 경험에 대해 반성하도록 요구받는다. 먼저 아주 간단한 반성을 위한 질문이 주어지는데, 예를 들어 '그 연습문제를 소개할 때 가장 중요하다고 생각한 원리가 무엇이었는가?' 혹은 '우리가 방금 함께 공식화한, 교사가 갖추고 있어야 할 중요한 기능 목록에서 네가 이미 갖추었다고 생각되는 것과 연습을 통해 갖추고 싶은 것을 한 가지만 골라라.' 등이 그것이다.

집단 상호작용이나 협력적인 반성은 작은 이론의 발전 과정에 아주 중요한 것으로 간주된다. 이 상호작용을 통해 개별적 반성이 촉진되고 집단 내 개인의 다양한 반성이 함께 진행될 때 전체는 부분의 합 이상이 된다. 집단의 구성원은 다른 사람들과 함께 자신의 '실천 언어'를 개발한다. 예를 들어 보자. 5분 연습과제를 수행하는 집단은 교사가 즐거우면서 동시에 '통제된' 교실 분위기를 만들어야 한다는 것을 공식화할 수 있다. 이것은 그 집단이 사용하는 공식일 뿐 책에서 나온 '큰 이론'이 아니기 때문에 학생들의 반성을 한 단계 더 나아가도록 할 수 있다. 구체적 행위의 관점에서 이 공식이 의미하는 것은 무엇인가? 교사교육자는 구체적 기능의 관점에서 특정 원리를 더욱 구체화하도록 항상 노력한다. 즉, 즐거우면서 동시에 통제된 분위기를 만들고자 할 때 각각의 예비교사는 스스로가 무엇을 해야 하는지 알아야만 한다. 그리고 할 수 있어야만 한다. 이 기능을 습득하기 위하여 교사교육기관에서의 훈련이 필요한 것이다.

예를 들면, '통제된다'는 것의 의미를 집단 내에서 심도 깊게 논의함으로써 '무언가를 지시할 때 눈을 맞춘다.'와 같은 구체적 기능을 발견할 수 있다. 이때만 새롭게 알게 된 지식은 비로소 실천에 유용하다. 그 다음에 예비교사는 이 기능을 먼저 집단 내에서나 소집단 내에서 연습한다. 그러고 나서 곧이어 이 기능을 실제 수업 상황에서 실습해 보는 것이 중요하다. 학생들은 교생실습 학교로 돌아가기 전에 이 기능을 구체적 행위라는 관점에서 의도할 수 있게 된다. 나중에 자신의 의도가 실제에 실현되었던 방식을 비판적으로 평가할 때 이런 의도는 자기반성의 기초가 된다.

4. 선입견

이런 교수법적 접근은 중요한 전제를 가정한다. 그것은 바로 예비교사가 가진 교육에 대한 선입견(Wubbels, 1992b)을 기초로 할 필요가 있다는 것이다. 우리는 교수에 대한 학습을 구성주의적 관점에서 본다(예, Duffy & Jonassen, 1992; Magoon, 1977; Resnick, 1983). 즉, 우리는 인간을 이미 존재하는 자신의 개념 틀을 사용하며 세상에 대한 이해를 경험으로부터 능동적으로 구성해 가는 주체로 본다(Posner, Strike, P. W. Hewson, & Gertzog, 1982). 사람들은 끊임없이 그들 자신의 개념을 구축한다(Groeben, 1981; Groeben & Scheele, 1977). 그리하여 예비교사는 학교체제 내에서 학생으로서 겪은 여러 해의 경험을 통해 깊이 뿌리내린 지식과 태도와 신념을 가진 채 교사교육 프로그램에 들어온다(Lortie〈1975〉는 '관찰의 견습기간' 에 대하여 말함). Feiman-Nemser(1983, p. 152)는 다음과 같이 말한다.

> 인간은 서로에게 무엇을 알아야 하는지 말하고, 도덕적인 것이 무엇인지 지적하며, 그 답을 제공하는 것 등 서로를 오랜 습관 덕분에 생존해 왔다. 이런 습성은 수세기에 걸쳐 습득되어 왔으며 가족과 교실을 통해 이어져 왔다. 그리하여 아동은 부모나 교사가 말하는 것을 학습할 뿐 아니라 교사가 되는 것 또한 학습한다.

또한 영화나 TV 프로그램에 나타나는 교수의 정형화된 예도 예비교사의 학습과 교수에 대한 선입견을 형성하는 데 기여한다(Lasley, 1980). 이런 선입견은 교사교육 프로그램에서 우리가 가르치고자 하는 큰 이론과 종종 부합되지 않는다(Corporaal, 1988; Wubbels, 1992b). 학생들의 선입견은 그것을 변화시키려는 전통적인 시도에 대하여 대단히 저항적이다(Wahl, Weinert, & Huber, 1984). 예를 들어 Stofflett와 Stoddart(1994)는 교과를 가르치는 일에 대한 교사의 관념은 그들 자신이 그 교과 내용을 어떻게 배웠는가에 따라 강한 영향을 받는다고 주장한다. 그들에 따르면, 스스로 능동적 학습경험을 했던 예비교사가 학생들로 하여금 능동적으로 지식을 구성할 수 있도록 하는 수업계획에 더 많은 열정을 보인다. Huibregtser과 Korthagen, Wubbels(1994)에 따르면, 경험이 많은 교사의 경우도 선호하는 교수방식과 자신에게 익숙한 학습방식 사이에 강한 상관관계가 있다. 즉, 교사들은 자신이 가르치는 학생들의 학습방식에 매우 제한된 견해를 가지고 있고, 자신의 학습방식을 학생들의 학습방식으로 이해하는 경향이 있다.

예비교사가 교사양성대학을 떠나자마자 '급격히 소멸되는 진보적 태도'(Zeichner & Tabachnick, 1981)를 보이는 부분적인 이유는, 이 프로그램에 들어올 때 그들의 선입견에 대하여 교사교육자가 거의 인식하지 않았기 때문이라고 볼 수 있다.

5. 덜 합리적인 정보처리과정과 게슈탈트의 역할

교사교육에서 선입견의 역할에 대한 연구들은 편향성을 보이는 것 같다. 이것이 아마도 교사교육 프로그램이 예비교사의 선입견에 별로 영향을 미치지 못한 두 번째 이유일 것이다(Korthagen, 1993c; Wubbels, 1992b). 이제 이 편향성에 대하여 논의해 보자.

교사교육 연구에서 예비교사의 행동을 지배하는 선입견의 역할을 기술할 때 인간이 수행하는 한 가지 유형의 정보처리과정에만 초점을 두는 경향이 있다(예, Hollingsworth, 1989; Weinstein, 1989). 이 유형은 교사교육자의 집중적 관심의 대상이 되었는데, 이것은 합리적 혹은 논리적 정보처리과정으로 기술될 수 있다. 가령 예비교사는 자신이 한 수업의 목적과 결과를 위하여 그들이 노력한 방식을 분석하도록 요구받는다. 그러한 접근이 예비교사의 선입견에 미칠 수 있는 영향은 상대적으로 적다. 왜냐하면 예비교사가 교생실습 과정 동안 직면하는 많은 상황은 감정(예, 두려움)과 관심, 가치 갈등 등을 유발시키기 때문이며, 이런 것은 분명히 합리적, 논리적, 인지적, 의식적인 것이 아닐 뿐 아니라 우리의 분석 범위 밖에 놓이기 쉽기 때문이다.

한 예비교사는 몇 가지 통제 문제 때문에 특정 학급을 가르치는 것에 대해 두려워 했다. 만약 교사교육자가 그 학생으로 하여금 교수목적과 교수활동, 교수결과의 관점에서 수업을 분석하도록 한다면 이것은 그 통제 문제의 원인을 명확하게 하는 역량을 키우는 '논리적' 접근으로 보일 수 있다. 그러나 문제는 이런 방식으로 이 문제를 보는 것이 그 예비교사의 관심에 부합하느냐 하는 것이다. 만약 그 예비교사의 감정이나 관심과 실제 시도된 합리적 분석 간의 괴리가 너무 크면 어떤 학습도 일어나지 않을 것이다. 더욱이 예비교사와의 대화를 통해 그가 교실에서 취할 구체적 행동 과정에 대해 논리적 결론에 도달했다고 하더라도 이것이 실제로 그 학생의 교수태도의 변화로 이어질 것인가는 문제로 남아 있다.

우리는 논리적이고 합리적인 분석만을 근거로 행동하지 않는다. 두려움의 감정은 매우 영향력이 커서 수업 전에 형성된 어떤 합리적 의도도 '소멸시킨다.' 우리는 아주 빈번히 예비교사가 자신의 옛날 태도로 돌아가는 것을 본다. 이 옛날 태도는 예비교사의 개인적 삶 속에서 형성된 생존을 위한 행동에 따라 부분적으로 영향을 받거나, 어려운 교실문제를 다루는 다른 교사에 대한 축적된 이미지의 영향을 받는다. Koster과 Korthagen, Schrijnemakers(1995)는 옛날 교사가 예비교사의 교수방식에 미치는 영향에 대하여 연구하였다. 그들은 옛날 교사가 예비교사에게 긍정적이면서 동시에 부정적인 역할 모델이었다고 밝힌다. 아이타라 불리는 한 예비교사는 다음과 같이 말한다.

> 중학교 1학년 때 학급을 잘 통제하면서도 부드럽고 다정하신 선생님이 계셨다. 나는 그분에 대해 항상 생각한다. 학생들이 나를 속이지 않도록 경계해야 할 때도 그 선생님에 대해 계속 생각하게 된다. 그 선생님은 헤이프 선생님이시다(p. 161).

아이타가 본받고 싶은 옛날 선생님의 구체적 특징을 인식하고 있는지 모르지만 이 같은 상황에서 아이타는 그 선생님의 게슈탈트를 갖고 있다고 말하는 것이 더 적절하다. 게슈탈트는 시각적 이미지일 뿐 아니라 이 이미지와 연결된 느낌과 가치, 그리고 행동적 측면으로 구성된다.

Koster과 그의 동료연구자들(1995, p. 162)은 교사교육 프로그램을 막 시작한 학생 제이슨도 인용하는데, 그는 자신의 옛날 영어 선생님에 대해 다음과 같이 말한다.

> 우리는 그를 코끼리 선생님이라고 불렀다. 왜냐하면 그는 거대한 물건을 모으는 대단한 수집가였기 때문이다. 내가 속한 럭비 팀도 코끼리들이라고 불렸는데 이것은 우리가 그를 어떻게 생각했었는지를 잘 보여 준다. 그 선생님도 우리 럭비 팀에 있었다. 우리는 그를 존경했다. 선생님은 우리에게 어떻게 영감을 주어야 하는지 알고 있었고, 그분 때문에 나는 영문학 작품을 읽기 시작했다. 선생님은 내가 그렇게 할 수 있도록 도움을 주었고 그것을 어떻게 해야 하는지 보여 주었다. 교사로서 우리는 다른 사람에게 무엇을 어떻게 해야 하는지 보여 줄 수 있어야 한다. 나 또한 그런 유형의 교사가 되기를 원한다. 그는 우리의 주목을 끄는 그런 수업을 했는데, 그 수업에는 주제가 있었고 많은 일화가 등장했다. 나도 그렇게 할 수 있도록 노력할 것이다. 그 선생님은 스스로가 영감으로 가득 차 있었고, 스스로 특별한 사람이 되었으며, 성숙한 인격을 갖추고 있었다. 우리는 그를 수업 밖에서도 만날 수 있었다. 한때 나는 선생님의 댁을 방문했다. 그의 거실이 어떠했는지 지금도 정확하게 기억한다. 매우 자유롭고 개인적인 분위기였다. 나도 나의 거실을 그렇게 꾸몄다. 나의 거실은 보통의 거실과는 다르다.
>
> 나는 매력적인 그 영어 선생님의 특징을 많이 발견했으며 나 스스로 그것을 개발하려고 했다. 이것은 우리가 일반적으로 느낄 수 있는 일종의 친족 감정과 같은 것이다. 그가 가르친 방식은 우리로 하여금 교사로서 내가 여기 서 있기를 잘했다는 생각이 들게 만들었다. 즉, 그가 말하는 방식은 유머가 넘치고 매우 다채로웠다. 그것은 내가 이제까지 경험한 수업 중 가장 멋진 수업이었다.

그의 이야기는 교생실습 기간이 끝나갈 무렵 눈에 띄는 하나의 '행복한 결말'을 맞는다.

> 교생실습 학교에서의 마지막 날, 한 학생이 다가와 나를 자기 친구에게 소개하며 "이분이 제이슨 선생님이야. 그리고 그는 내 인생에서 가장 멋진 수업을 선사하셨어."라고 말했을 때, 나는 너무 기뻤다.

Crow(1987, p. 10)도 이와 비슷한 사례를 제시한다. 중등학교의 예비교사인 콜린은 자신의 과거 영어 선생님에 대해서 다음과 같이 말한다.

> 그 선생님은 문학과 문법에 매우 박식했다. 그녀는 내가 더 많이 알고 싶어 하도록 자극했다. 나는 읽고 또 읽고 싶었고 이해하기를 원했다…. 그녀는 항상 영어 선생님이셨고 우리 모두는 그 사실이 좋았다…. 그 선생님은 나에게 상당한 영향을 미쳤다…. 내가 그 선생님처럼 다양한 것을 많이 활용할 것이라는 것은 확실하다.

Ross(1987)는 과거에 경험한 교사들이 부정적 역할 모델이 될 수도 있다는 것을 지적한다. Koster과 다른 몇몇 연구자(1995)는 이런 부정적 역할 모델의 사례를 발견한다. 생물학 전공 예비교사인 지니는 다음과 같이 말한다.

> 학생들과 나 사이에 좋은 분위기가 유지되었으면 좋겠다. 학창시절 때 많이 목격한 것과 같은 싸움을 원치 않는다…. 예를 들어, 더 이상 견딜 수 없어 수업 중간에 교실을 나가 버린 영어 선생님이 계셨다. 그 선생님은 다음 시간에 사탕을 사가지고 오셨다. 우리는 그때 머리를 뒤로 젖히며 웃었지만 돌이켜 생각해 보니 그녀가 불쌍했다는 생각이 든다(pp. 163-163).

이런 경험은 학생과의 관계를 중요하게 느끼게 했고 어떻게 하면 학생과 함께 하는 것을 좋아할 수 있는지에 대해 생각하도록 했다.

이런 것이 예비교사에게 의식적으로 영향을 미친 역할 모델의 사례다. Ross(1987)에 따르면, 예비교사가 자신의 교사상을 형성하는 데 과거에 자신이 학생이었을 때 만났던 교사의 특징을 활용하는 것은, 그들이 어떤 유형의 교사가 되기를 원하는지 의식적으로 결정하는 의도적 과정에 기초한다. 그러나 Zeichner과 Tabachnick, Densmore(1987)에 따르면, 이런 과거 교사의 영향은 다소 의식적이지 않은 수준에서도 일어날 수 있다.

McEvoy(1986)가 「그 선생님은 아직도 나와 함께 있다」는 아주 매혹적인 제목의 글에서 역할 모델에 관한 주제를 다루었다. McEvoy는 아홉 명의 교사와 인터뷰를 했는데, 이 중 일곱 명은 자신에게 인상적이었던 과거 교사들의 두드러진 특징을 쉽게 기술할 수 있었다. 교사들은 자신이 그 특징을 본으로 삼는 과정을 의식적으로 인식하지 않았기 때문에, 자신이 기술한 그러한 특징이 현재 자신의 교수활동에서 두드러진다는 사실을 깨달으며 충격을 받았다.

이 연구결과와 궤를 같이 하며, Britzman(1986)은 과거 교사가 예비교사의 교수행위에 무의식적으로 미칠 수 있는 영향을 피하기 위하여 예비교사로 하여금 그러한 역할 모델에 깊이 새겨져 있는 가치를 검토하도록 하는 것이 중요하다고 주장한다.

요약하자면, 감정과 역할 모델과 가치 등은 모두 교실 경험을 하는 바로 그때 그 자리에서의 교수행위를 형성하는 데 특정 역할을 하지만, 이것은 무의식적이거나 단지 부분적으로만 의식적일 수 있다. 우리는 상대적으로 덜 합리적이고 덜 인지적인 정보처리과정의 역할을 중요하게 생각하기 때문에, 인간 행위를 무의식적으로 안내하는 내면적 실체를 지시하는 것으로 게슈탈트라는 용어를 사용하고자 한다. 이 용어는 개인의 필요, 관심, 가치, 의미, 선호, 감정, 그리고 행동 경향성 등이 합쳐진 것으로서 서로 분리될 수 없는 전체를 지시한다. 앞에서 우리가 보았듯이, 이것은 한 개인의 이전 경험이 발전하여 만들어진 결과다. 어린 시절 동안이나 학교생활에서 만난 중요한 타인과의 경험의 결과인 것이다.

때때로 프로그램의 효과가 그 범위에서 제한되는 이유 중의 하나는 게슈탈트와 상대적으로 덜 합리적인 정보처리과정의 역할이 무시되기 때문이라고 본다. 현실적 교사교육에 관한 우리의 개념 틀을 좀 더 발전시킨 후 제10장에서 이 이슈를 보다 깊이 논의할 것이다.

6. 학습의 출발점으로서의 경험

교사교육 프로그램에서 실제적 경험을 할 수 있는 기회가 충분히 주어질 때만 예비교사의 실제에 대한 지각과 실천적 행동에 영향을 미치는 게슈탈트가 분명해질 수 있다. 그리하여 교사교육의 이론적 요소와 실제적 요소 간의 미심쩍은 관계의 해결을 위해 학생들의 교생실습 기간을 길게 하는 것이나, 일찍부터 현장에 들어가게 하는 것을 제안할 수 있다(예, Sandline, Young, & Karge, 1992 비교). 이론적 개념을 교사의 행동과 통합되게 하고 인간이 가지는 두 가지 유형의 정보처리과정을 고려하도록 하기 위하여 실제적 경험으로부터 출발하는 것은 교사교육에서 실행 가능한 방법이라고 생각한다. 그러나 이런 접근의 교사교육은 그 자체로 성공을 보장하지는 않는다. 오랜 교생실습 기간은 전문성 개발의 기회를 제공하기보다는 사회화의 요인이 될 수도 있다. 가령 Wideen과 그의 동료들(1993)은 교사교육 프로그램의 효과에 관한 연구를 검토한 후, 이제까지의 교생실습 경험은 아주 형편없어서 학습이 거의 일어나지 않았다고 결론 내린다. 이어지는 절과 장에서는 교생실습을 학습의 경험으로 만들기 위한 꼼꼼한 계획과 구조화, 그리고 지도에 도움이 되는 생각을 제안할 것이다. 우선 그 전에 예비교사가 겪게 될 의도된 학습 과정을 자세히 설명하려 한다.

교생실습에서의 학습은 일종의 경험적 학습이라고 볼 수 있다(Jamieson, 1994). 상황을 관찰하고 여기에 참여함으로써, 그리고 이것을 지도하에서 체계적으로 생각함으로써, 자기 자신의 관점이나 자신을 둘러싼 환경의 관점에서 지식과 태도, 기능을 습득하는 것을 경험적 학습으로 정의하고자 한다(Erkamp, 1981 비교).[5)]

Kolb와 Fry(1975)이 개발한 모형에 따르면, 경험적 학습의 과정은 구체적 경험과 반성적 관찰, 추상적 개념, 능동적 실험이 순환적으로 반복되는 과정으로 묘사된다. 그러나 이 모형은 학습의 중요한 부분인 무반성적 학습(Bandura, 1978; De Jong, Korthagen, & Wubbels, 1998)을 설명하지 못한다. 이 모형은 한편으로 경험으로부터의 학습이 지도를 통한 학습의 여지를 거의 남기지 않는 자연적이며 반사적 과정이라는 것을 암시한다. 하지만 다른 한편으로는 구체적이고 보다 개별적 개념과 이미지, 감정 혹은 필요를 희생하며 추상적 개념의 역할을 지나치게 강조한다. 더욱이 이것은 "교수의 전문성을 향한 여정에서 인지적이고 감성적이며 사회적이고 개인적인 성장 간의 발전적 연결을 위한 필요를 고려하지 않는다." (Day, 1999, p. 16) 교사교육 프로그램을 개발하기 위하여 경험에서 학습하는 과정을 이와 다르게 기술할 필요가 있다.

7. 반 성

우리는 경험적 학습의 이상적 과정을 행동과 반성의 주기적 왕래로 기술한다. Korthagen(1985)은 이 과정을 다섯 가지 단계로 구분한다. 즉, 행동, 그 행동에 대한 반성, 본질적 양상의 인식, 대안적 행동 방법의 창조, 시도(그 자체로서 하나의 새로운 행동이자 다음 순환 과정의 출발점인 시도)가 그것이다([그림 3-2] 참조). 이 다섯 단계 모형은 이 책 전체에 걸쳐 ALACT 모형(다섯 단계의 첫 번째 영어 철자를 본뜸)으로 언급될 것이다.

다음은 교사교육자의 지도하에서 ALACT 모형의 단계를 거치고 있는 주디스라는 한 예비교사의 사례다.

주디스는 짐이라는 학생이 신경 쓰인다. 그녀는 짐이 항상 해야 할 어떤 일도 하지 않으려 한다고 느낀다. 오늘도 그녀는 그것을 눈치 챈다. 지난 수업시간에 아이들은 짝을 지어 함께 공부한 후, 세 번째 수업이 끝날 때 보고서를 써서 제출하는 과제를 부여받았다. 두 번째 수업시간인 오늘 주디스는 모든 학생이 주어진 과제를 열심히 하며 자신에게 도움을 받도록 하는 데 시간을 모두 쓰려고 계획했다. 그러나 짐은 무언가 다른 것을 하느라 아주 분주했다. 주디스는 다음과 같이 말하며 이에 대응했다. "너는 또 네가 해야 할 일을 하고 있지 않구나…. 이번에도 너희 둘

다 좋지 않은 결과를 얻겠는 걸!" (1단계: 행동)

지도교수의 지도하에 있을 때, 주디스는 자신이 짜증스러워한다는 사실과 이것이 자신의 행동에 어떤 영향을 미쳤는지 더 잘 인식하게 된다. 자신의 행동이 짐에게 어떤 영향을 미칠 수 있는지 지도교수가 물었을 때 주디스는 자신의 짜증스러운 대응이 이번에는 짐을 짜증스럽게 했을 수도 있다는 것을 깨달았다. 이것은 아마도 짐으로 하여금 과제를 더욱더 하기 싫게 만들었을 것이다. (2단계: 되돌아봄)

이런 분석을 통하여 주디스는 자신과 짐 사이에 발전되고 있는 부정적 관계의 상승작용을 인식하고, 이것이 어떻게 막다른 골목으로 관계를 이끌 수 있는지 깨닫는다(3단계: 본질적 양상의 인식). 그러나 주디스는 이 상승작용을 벗어날 방도를 알지 못한다. 지도교수는 자기가 주디스의 고민을 잘 이해하고 있다는 것을 보인다. 지도교수는 또한 교사와 학생 간의 상승작용 과정에 관한 어떤 이론적 개념,

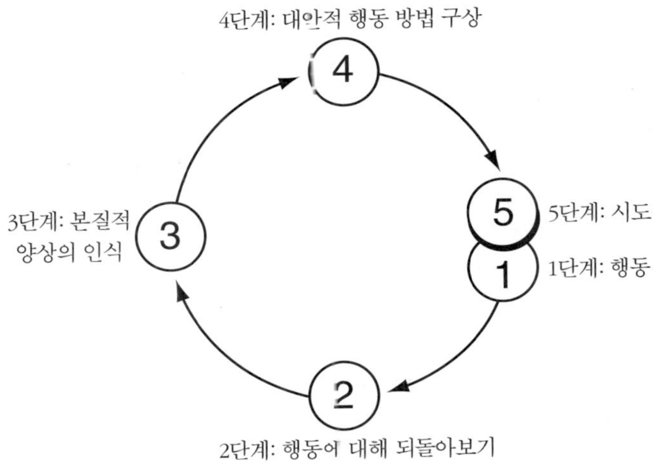

[그림 3-2] **반성의 이상적 과정을 기술하는 ALACT 모형.** 3단계에서 좀 더 이론적 요소에 대한 요구가 생길 수 있으며, 이때 지도교수는 이것을 소개할 수 있다. 그러나 예비교사와 반성의 대상인 상황의 필요와 관심에 맞추어 이를 소개해야 한다.

예를 들면 자주 일어나는 유형인 '같은 것을 반복하는 원리' (이것에 전제된 큰 이론을 알기 위해 Watzlawick, Weakland, & Fisch, 1974 참조)를 소개하고, 이런 유형을 바꾸고 좀 더 감정이입적으로 되거나 의도적으로 긍정적 대응을 함으로써 부정적 관계의 상승작용을 감소시킬 일반적 방법을 제공한다. 이것이 대안적 행동 방법의 발견이라는 4단계의 시작이다. 주디스는 짐에게 보다 엄격하고 많은 구속을 주려는 자신의 충동을 이런 방법과 비교한다. 마지막으로 그녀는 좀 더 긍정적이고 감정 이입적 방식을 시도해(5단계) 보려고 결심하는데, 이것은 짐에게 그의 계획을 물음으로써 시작할 수 있다. 먼저 이것을 지도교수의 지도 시간에 시도한다. 즉, 지도교수는 주디스에게 그러한 대응을 연습해 보도록 요구하고 '감성 언어' 를 사용하는 작은 훈련을 여기에 포함시킨다. 짐과의 실제 상황에서 이것을 시도한 후 이 새로운 시도의 결과를 다시 반성한다면, 5단계는 ALACT 모형을 도는 다음 순환 과정의 첫 번째 단계가 되고, 그리하여 나선형 전문성 개발 과정이 이루어진다.

8. 경험에 대한 반성의 촉진

현실적 교사교육에서 반성은 ALACT 모형을 기초로 구조화된다. 능동적으로 참여한 구체적 교수 상황에 대한 예비교사의 지각, 사고, 느낌뿐 아니라 그들의 필요와 관심에 기초한 귀납적 접근이 이어진다. 현실적 교사교육은 교재에 실린 학습과 교수에 대한 객관적 이론이 아니라 예비교사 자신의 경험과 게슈탈트로부터 출발한다.[6] 예비교사는 관찰과 교수경험, 이 외 다른 과제를 위하여 아주 일찍부터 학교현장으로 간다. 예비교사가 이전에 일어난 삶의 경험 속에서 가지게 된 게슈탈트를 분석할 수 있도록 하는 방식으로 반성의 과정에서 활용될 수 있는 경험이 창조된다. 그다음에, 가령 소규모 수업 경험으로 자극된 이미지, 감정, 필요, 행동 경향 등이 뚜렷한 인식의 대상이 되고, 교사의 역할을 받아들임으로써 생긴 게슈탈트 간의 관계는 예비교사가 가진 어린 시절의 학교경험과 관련될 수 있다. 이런 과정을 통하여 어떻게 가르칠 것인가에 대한 내적 갈등과 관심은 예비교사의 의식 표면에 떠오른다. 이 관심은 예비교사의 외부에서 파생된 이론보다도 교수에 대한 우리의 학습에 더욱 생산적인 출발점이 된다.

이것은 현실적 교사교육 접근에서 이론이 중요한 역할을 하지 않는다는 것을 의미하지 않는다. 특히 예비교사가 반성을 통해 상황의 본질을 인식하기 시작하는 ALACT 모형의 3단계에서 교사교육자는 이론적 요소를 소개할 수 있다. 하지만 이때 이들은 항상 예비교사와 그들이 당면한 상황의 특정 필요에 맞추어야 한다. 앞에서 설명한 것처럼 이것은 관련 이론의 성격을 바꾼다. 즉, 이것은 좀처럼 학문적 교재에서 발견되는 형태를 취하지 않는다(이 문제의 좀 더 완전한 논의를 위해서는 두 가지 유형의 지식, 즉 **에피스테메**와 **프로네시스**가 구분되어 있는 제2장 참조).

예비교사의 학습을 반성에 따른 학습으로 해석하는 것을 대학에서의 집단 세미나 같은 교사교육의 다른 구성요소에도 적용시켜 한 단계 더 나아갈 수 있다. 현실적 접근은 전체 집단을 위한 학습의 기초가 되는 학급 내 경험을 창조함으로써 캠퍼스 내 수업에서도 활용될 수 있다. 예를 들어, 예비교사가 다른 동료 예비교사를 대상으로 실시하는 10분 수업을 구성하는 것이다(이와 다른 예에 대해 알고 싶거나, 교사교육자가 큰 집단을 대상으로 할 때 이론을 개별 예비교사의 특정 필요와 관심에 조율시키는 방법에 대한 논의가 궁금하다면 제9장 참조).

경험으로부터의 학습에 중요한 선행 조건은 예비교사가 안전하다고 느끼는 것이다. 학습이나 전문성 개발은 개인적 성장 과정인 동시에 직업을 위한 성장 과정으로 볼 수 있다. 사람들이 안전의 필요가 충족되지 않을 때 성장에 저항한다는 것은 잘 알려져 있다(Fullan, 1991; Maslow, 1968). 예비교사는 생존에 대한 염려로 가득 차 있으며(Fuller & Bown, 1975), 이것이 다른 주제에 대한 그들의 학습을 방해할 수 있다. 교사교육자의 감정이입은 학생들이 안전함을 느낄 수 있는 환경을 조성하는 데 도움이 된다. 경험상 긍정적인 학습 분위기를 만들 수 있는 또 하나의 효과적인 방법은 예비교사의 수행에 긍정적 측면이 있을 때 일관되게 이것을 보상하는 것이다. 예비교사의 강점을 강조함으로써 그들은 좀 더 적극적으로 자신의 약점에 직면할 수 있고, 자신의 에너지를 약점의 개선을 위해 반드시 필요한 위험을 감수하는 행동에 투자할 수 있다. 보상은 그들에게 긍정적인 기반을 제공하여 이 기반으로부터 작업해 나갈 수 있다는 느낌을 준다.

그리고 예비교사는 자신의 학습과정에 대한 소유의식이 있어야 한다. 그리하여 스스로가 적절한 학습의 상황을 선택하는 과정에 적극적으로 참여해야 한다. 이런 방식은 학생들이 졸업 후 자신의 전문성을 개발할 때 의도적으로 안전과 도전 사이의 적절한 균형을 찾을 수 있도록 준비시킨다. 이것은 교사교육자가 갖추고 있어야 할 또 하나의 기본적 기능을 암시한다. 그것은 바로 비계설정의 능력이다. 비계설정이라는 것은 반드시 필요한 정도만의 지원과 도전을 학생들에게 제공하는 동시에, 학습의 기회를 스스로 선택할 때 학생들이 안전과 도전 사이의 적절한 균형을 찾을 수 있는 기능을 가지도록 돕는 것을 의미한다.

9. 교사교육에서 반성을 촉진해야 하는 이유

앞서 설명한 것처럼, 반성을 통한 경험에서의 학습을 목적으로 하는 교사교육 접근을 우리가 택하는 이유는 우선 전통적 접근이 실패했다는 연구 결과에 기초한 것이며, 둘째로는 예비교사의 학습과정을 구성하는 결정적 요인의 분석에 기초한다. 그리고 여기서 강조되어야만 하는 이유가 최소한 두 가지 더 있다.

첫째, 미래의 교사를 장래 그들이 직면할 수 있는 모든 유형의 상황을 예상해 준비시킬 수는 없다(Harrington, Quin-Leering, & Hodson, 1996). 이것은 빠른 속도로 일어나는 사회 변화나 기술과 과학의 발전을 목격하는 오늘날 더더욱 그러하다. Rogers(1969, p. 104)는 이 문제를 다음과 같이 단정하여 진술한다.

> 가르침과 지식의 전수라는 과업은 변화가 없는 환경에서는 의미를 가진다. 이것이 바로 수세기 동안 별로 의심받지 않은 채 제기능을 해 온 이유다. 그러나 근대인을 묘사하는 한 가지 진리가 있다면 바로 끊임없이 변화하는 환경 속에 산다는 것이다…. 내 생각에 우리는 교육에서 전적으로 새로운 상황에 직면해 있는데,

여기서 우리가 생존하려고 한다면 교육의 목적은 변화와 학습을 촉진하는 것이어야 한다. 교육을 받은 사람만이 학습하는 방법을 아는 사람이다. 즉, 적응하고 변화하는 방법을 학습한 자다. 어떤 지식도 안전하게 확보된 것이 아니며 오직 지식을 추구하는 과정만이 안전을 위한 기초를 제공한다는 것을 깨달은 자다. 변화하는 것, 고정된 지식이 아니라 오히려 과정에 의존하는 것이 근대 세계의 교육 목적으로 의미를 가질 수 있는 유일한 것이다.

이것은 예비교사가 변화하는 환경에서 자신의 경험으로부터 배우려는 적극적인 태도를 발전시켜야 한다는 것을 의미한다. Hann(1975, p. 257)은 **문제해결적 태도**에 대하여 다음과 같이 말한다. "우리는 무엇을 해야 하는지 알 필요가 없다. 오히려 매번 완전히 다시 무엇을 해야 하는지 스스로 발견할 필요가 있다는 사실을 받아들이도록 배워야만 한다." 만약 이 태도와 더불어 반성을 통해 자신의 경험에서 배우는 능력을 습득한다면, 예비교사는 이른바 **성장능력**, 즉 준비 프로그램이 끝났을 때 스스로 계속 발전할 수 있는 능력을 가지게 된다. 이 능력은 또한 그들로 하여금 교육적 변화를 일으키는 데 능동적인 역할을 하도록 하고, 그리하여 그들의 혁신적 능력을 촉진한다(Wubbels & Korthagen, 1990). Knowles(1975, p. 18)는 **자기주도적 학습**에 대하여 다음과 같이 말한다.

자기주도적 학습에서 개인은 다른 사람의 도움이 있든 없든 자신의 학습 필요를 진단하고 학습목적을 세우며, 학습을 위한 인간적, 물질적 자원을 확인할 뿐 아니라, 적절한 학습 전략을 선택하고 실행하며, 학습의 결과를 평가하는 데 먼저 주도권을 잡는다.

물론 예비교사의 출발능력 습득은 이와 마찬가지로 중요하다. 교수활동에서 기본적인 기술적 능력의 습득은 교사교육 프로그램의 필수불가결한 부분을 구성한다.[7] 그러나 반성적 능력과 기술적 능력은 상호 배타적이 아니라는 점(Tom, 1985; Van Manen, 1977)이 강조되어야 한다. 기술적 능력을 기본적으로 갖추고 있을 때 교사는 더 안전함을 느끼고 반성에 더욱 집중할 수 있기 때문에 기술적 능력은 반성을 위한 전제조건으로도 간주될 수 있다. 기술적 능력의 습득은 교사로 하여금 이런 반성이 문제해결에 비실제적이라거나 도움이 되지 않는다고 결론 내리는 것을 막을 수 있다(Hoy & Woolfolk, 1989). 그리하여 교사교육 프로그램이 **출발능력과 성장능력을 모두 개발시키는 것에 목적을 두어야 한다**는 것은 현장전문가에게 점점 분명해지고 있다(Hoy & Woolfolk, 1989). 그리고 이것은 현실적 교사교육 개념이 전제하는 기본적 가정이다. 물론 이런 능력은 각각 더욱 작은 다양한 기능으로 구성되어 있다. 이런 용어는 Eraut(1994, p. 179)가 설명하는 관점과 궤를 같이하여 이 책 전반에 걸쳐 사용될 것이다.

> 미국 문헌에 나타나는 것으로서, 일반적이거나 전체적 의미이며 한 사람의 전반적 역량을 지시하는 '능력(competence)' 이라는 용어와, 특정 능력을 지시하는 '기능(competency)' 이라는 용어를 구분하는 일의 유용성에 주목해야 한다.

예비교사의 반성적 능력을 키워야 하는 마지막 이유는 일반적인 교육의 목적과 관계가 있다. 앞에서 세계의 발 빠른 변화에 대해 언급한 것은 교사교육뿐 아니라 모든 종류의 교육과 관련이 있다. 이것은 예비교사가 가르칠 어린 아이 또한 평생 학습을 위한 준비가 필요하다는 것을 의미한다. 초 · 중등 교육의 학생들은 문제해결적 태도와 자신의 경험에서부터 학습하는 일, 자신의 발전을 스스로 주도하는 것 등을 배울 필요가 있다. 이 학생들의 반성적 능력을 개발시키는 것은 마찬가지로 중요하다. 예비교사로 하여금 현실적 교사교육의 목적이 아이들의 독립적이고 지속적인 학습능력의 촉진을 강조하는 학교교육의 학습에 대한 견해와 서로 부합한다는 것을 명확하게 볼 수 있도록 해야 한다. 이것은 예비교사로 하여금 자신이 거쳐 가야 갈 교육과정이 자신의 경험을 반성하는 방법을 학습할 때 만나는 어려움을 포함하여, 결국 동일한 종류의 과정을 학교현장의 학생으로 하여금 겪도록 하기 위한 중요한 준비라는 것을 알게 할 것이다. 예비교사가 교사교육자의 도우미 역할 방식에 대하여 반성할 때, 이것은 교수에 대한 학습에 또 다른 차원을 추가할 수 있을 것이다.

이 책에서 제시되는 교사교육에 대한 입장과 학교의 교육철학 간의 관계에 대해서는 제14장 4절에서 더욱 심도 깊게 논의할 것이다.

10. 결론: 교사교육 교수법을 향하여

이 장에서는 이론과 실제 사이의 괴리를 없애는 것을 목적으로 하는 현실적 교사교육 접근의 기본 원리를 소개하였다. 이 접근은 예비교사의 경험을 학습을 위한 출발점으로 삼기 때문에 교사교육의 구조화에 중요한 함의를 준다. 다음 장에서(특히 제5, 7, 9장에서) 우리는 세 가지 다른 수준에서 이런 결과를 더 탐구할 것이다. 즉, 개별 학생을 지도하는 교사교육자의 수준, 세미나를 조직하고 구조화하는 수준, 그리고 교사교육 프로그램 전체의 수준이다.

이런 결과를 탐구하기 전에 이 책의 핵심 개념인 반성을 더욱 이론적으로 분석하는 것은 도움이 될 것이므로 제4장에서는 반성에 대한 반성을 시도할 것이다.

예비교사가 교사교육 프로그램에 들어오기 전에 학교에서 이미 경험한 학습의 방식은 순환적인 반성을 통한 경험으로부터의 학습이 아니었다는 사실을 지적하는 것은 중요하다. 그리하여 그들은 이런 학습의 과정에 참여하는 것에 저항을 나타낼 수 있다. 유감스럽게도 많은 교사교육자에게 이런 저항은 반성의 촉진이라는 생각 자체를 포기하는 이유가 된다. 그러나 예비교사가 자신의 경험에서 능동적이고 의식적으로 학습하는 일에 익숙해지도록 점층 전략을 쓸 수 있다고 생각한다. 그런 전략을 활용하는 교사교수법을 쓸 때, 일부 예비교사의 경우 다른 예비교사에 비해 반성에 더 잘 참여하는 경향이 있다는 것을 고려해야 한다. 또한 이것은 예비교사가 교사교육 프로그램에 들어올 때 가진 학습에 대한 선입견에 차이가 있다는 것을 말해 준다.

Korthagen(1988)에 따르면, 첫 번째 집단은 내향적인 반면, 두 번째 집단은 좀 더 외향적이다(그들은 외부의 자극이 자신을 이끌어 주기를 원함). 이 차이에 대한 흥미로운 연구 결과를 제6장에서 다시 다룰 것이다.

후주

1) 이 절을 위하여 IVLOS 프로그램을 기술한 Cor Koetsier의 문서를 활용했다는 것을 밝히며 고마움을 전한다.
2) 실제로 우리는 그 프로그램 중 하나만을 기술한다. 왜냐하면 지금은 성격이 다소 다른 교사연수 프로그램과 특별 이중언어 국제 프로그램도 있기 때문이다.
3) 나는 여기서 동료인 Louis Galesloot를 언급하고자 한다. 그녀는 고등학교 학생으로 하여금 자신의 학습에 대해 책임을 좀 더 지도록 장려하는 경향이 있는 네덜란드의 중등교육에서, 발달에 대한 안목을 갖고 이 접근을 개발했다.
4) 예를 들어 반성하는 방법을 학습하는 과정은 준비 프로그램의 초반에 실시하는 집단 세미나 동안 일어나는 학습의 과정을 기초로 시작된다.
5) 우리는 지도(supervision)와 조언(mentoring)이라는 용어를 동의어로 사용할 것이다. 이것은 예비교사나 초임교사가 자신의 경험에서 학습할 수 있도록 돕는 협력교사나 임상교수, 스승 혹은 대학교수의 활동을 지시한다. 이것은 자격증과 졸업을 위한 평가나 예비교사가 하는 교수활동의 질을 보장하는 활동을 가리키지 않는다.
6) 교사교육에서 사례를 활용하는 것은 실제적 교수 문제에의 적용에 다른 분야의 통찰을 통합하는 하나의 방법으로 옹호되어 왔다(Shulman, 1992). 이것은 또한 귀납적 접근의 한 예이기도 하다. 즉, 예비교사의 실제적 문제에 대한 사고는 이론적 작업의 출발점으로 여겨진다. 그러나 사례는 예비교사로 하여금 이론적 수업으로부터 배운 지식을 제시된 사례의 실제적 문제에 적용하도록 요구할 때 연역적 접근으로 활용될 수도 있다.
7) 위트레흐트 대학교에서는 Creton & Wubbels(1984)의 저서에 기초하여 적절한 대인관계 행동의 개발에 많이 주목하였다. 광범위하게 기술된 저서로서 Wubbels & Levy (1993)를 참조하기를 바란다.

요약

실제로부터의 학습이 항상 생산적인 것은 아니다. 초임교사에게 이행충격은 직전교육 기간 동안 배운 이론뿐 아니라 제대로 준비되지 않은 교생실습 기간 동안의 경험을 소멸시킨다. 위트레흐트 대학교에서는 초임교사의 이 어려운 시기를 직전교육 프로그램의 일부로 도입했다. 이 프로그램은 경험과 반성을 자주 오가는 작업에 기초하고, 학생들의 관심을 따라가며, 작은 이론의 생산을 낳는 귀납적 접근을 따른다. 이것은 학생들의 선입견에 기초하여 이론을 수립할 뿐 아니라, 상대적으로 덜 합리적이고 덜 인지적인 교사 행동의 형성에 주목하며, 안전함을 느끼는 학습 분위기를 만드는 것을 중요하게 생각한다. 필요, 관심, 가치, 의미, 선호, 감정 그리고 행동을 안내하는 행위적 경향을 지시하는 것으로 게슈탈트라는 용어가 사용된다.

교생실습을 통한 학습은 경험적 학습의 한 유형인데, 이것은 5단계로 구성되는 ALACT 모형으로 기술된다. (1) 행동, (2) 그 행동에 대한 반성, (3) 본질적 양상의 인식, (4) 대안적 행동 방법의 발견, (5) 시도다.

현실적 교사교육은 출발능력을 개발시키는 것 이상을 그 목적으로 한다. 즉, 반성하는 방법의 학습을 통하여 예비교사들의 성장능력 또한 개발시키려 한다. 다시 말하면, 그들을 자기주도적 학습자가 되도록 한다.

기본 개념

이행충격(현실충격) / 관심 / 선입견 / 게슈탈트 / 경험적 학습 / 반성을 위한 ALACT 모형 / 출발능력 / 성장능력 / 자기주도적 학습

제 4 장

반성에 대한 반성

◆ Fred Korthagen

삶은 되돌아봄으로써만 이해가 가능하지만 앞을 보면서 살아가야 한다.

– Sören Kierkegaard

반성은 교사교육자에게 매우 친숙한 용어가 되었고, 많은 교사교육 프로그램의 목적은 반성의 향상에 토대를 두게 되었다. 그러나 반성과 용어의 의미는 자세히 생각해 보면 볼수록 모호하고 혼란스럽다. 따라서 이 장에서는 반성이란 개념의 정의와 그 정의의 이론적 토대 및 여러 문헌에서의 다양한 활용에 대하여 논의할 것이다. 또한 반성에는 구조화와 재구조화의 과정이 포함된다는 것과 이에 대한 상세한 설명이 뒤따를 것이다. 마지막으로는 반성과 현장실천연구와의 관계에 대하여 고찰할 것이다.

1. 도 입

지난 10년간 반성(reflection)은 전 세계적으로 교사교육의 기본적 개념으로 자리 잡았다(Gore, 1987; Hatton & Smith, 1995). 반성은 1970년대 '교사의 사고' 에 대한 일련의 움직임 속에서 생소한 주제로 등장하기 시작하였다. 1975년까지 교사는 통상적으로 '의사결정자' 로 간주되었고, 교수에 대한 연구는 주로 교실 안에서의 교사 행동에 대한 것이었다. 그러다가 1975년경 교사에 대한 인식을 '의미를 구성하는 반성적 전문가' 로 간주하는 움직임이 나타나기 시작하였다 (Clark, 1986; Schön, 1983). 이런 움직임은 교사의 활동 중 인지적 구조가 중요한 역할을 한다는 신념으로 나아가면서 연구 방법상의 개선과 함께 발전되어 갔다 (Shavelson, Webb, & Burstein, 1986, p. 79 참조). 반성의 가장 중요한 기능 중의 하나는 교사로 하여금 그들의 인지적 구조를 지각하는 것을 돕고 비판적 분석으로 나아가게 하며, 필요하다면 재구조화하도록 돕는 것이다.

오늘날 이 분야 대부분의 전문가는 반성을 좋은 교수의 중요한 요소라고 인정하는 것 같다. 그러나 교사교육 실천에 대한 자세한 분석과 반성에 대한 문헌을 보면 이 용어가 매우 다양한 방식으로 개념화되고 있음을 알 수 있다(Day, 1999; Grimmett, 1988; Hatton & Smith, 1995; Tom, 1985). 즉, 반성이 신중한 개념화 없이 느슨하게 사용되면서 자주 '사고하는 것(thinking)' 과 동의어로 사용되고 있는 듯하다.

교사교육자: 사람들은 반성에 대하여 수많은 소동을 만들고 있다. 그 이유를 알고 싶다. 교사교육에서는 언제나 반성을 강조해 오지 않았던가? 수업을 마친 후 예비교사에게 그 수업에 대하여 스스로 생각해 보라고 요청한다. 그리고 요청하지 않더라도 그는 그렇게 한다. 특별히 아이들과의 관계에서 심각한 문제가 있을 경우, 예비교사는 때로는 밤을 새우면서 생각할 것이다! 어떤 사람은 반성에 대한 강조가 그러한 예비교사에게는 역효과를 낼 수 있다고도 생각할 수 있다. 나는 가

> 끔 이렇게 이야기한다. "자, 귀찮게 하지 말고 이런 문제를 극복할 수 있는 구체적인 지침을 줄 수 있는지 좀 더 생각해 봐야 해. 예비교사를 도와주는 것, 바로 이것이 우리의 과업이야."

이런 진술 내용은, 반성이 일상사에 적용하기에는 너무나 모호하고 일반적이어서 쉽게 혼돈을 일으키는 개념이 될 수 있다는 것을 경고한다.

그러면 반성이란 과연 무엇인가? 이 장에서 나는 반성에 대해 기술된 모든 글을 제시할 수 없음을 자각하면서 반성의 개념을 어느 정도 제한하여 심도 있게 논의하고자 한다.

대체로 연구자들은 반성이란 사고의 특수한 형태이고(Grimmett, 1988; Hatton & Smith, 1995), 그 기원은 Dewey의 저술(1933)에서 찾을 수 있다는 사실에 동의한다. Dewey는 직전교육에서 교수방법의 기술적인 측면에 과도한 초점을 두는 것을 경고하였다(Gore, 1987 참조). 이런 Dewey의 의견에 동의한다고 하더라도 현대의 반성에 대한 견해는 본질적으로 매우 다르다. 반성(reflection) 또는 반성적 교수(reflective teaching)라는 용어는 매우 광범위한 개념과 전략을 포함하는 것처럼 보이며(Hatton & Smith, 1995), 수많은 이슈에서도 다르게 다루어지고, 토대가 되는 교육철학적(Korthagen & Wubbels, 1995) 측면도 다양하다. 또한 반성의 실제 작동 및 이에 대한 측정은 매우 드물게 시도되었다(Korthagen, 1993b).

이런 시도에 대해서는 이 장의 초반에서 주로 다룰 것이다. 5절에서는 현실적 교사교육의 토대를 이루는 반성의 정의를 제시할 것이다. 그 다음 절에서는 반성의 과정이 매우 상세하게 분석될 것이다. 9절에서는 체계적인 반성에 토대를 두는 전문성 학습이라는 아이디어가 교수 및 교사교육 분야의 또 다른 연구업적인 현장실천연구와 비교될 것이다. 10절에서는 모든 교사가 반성적 실천가가 되어야만 하는지, 그리고 될 수 있는지에 대해 논의할 것이다.

2. 반성과 교사교육에 대한 견해

첫째, 각종 문헌에서 왜 교사의 반성이 향상되어야만 하는가라는 질문을 어떻게 다루고 있는지 살펴보도록 하자. Calderhead와 Gates(1993, p. 2)는 다양한 교사교육 프로그램을 살펴보면 다음에 제시되는 목표 중의 하나 또는 그 이상을 반성적 실천을 함으로써 달성할 수 있다고 진술되어 있다고 말한다.

- 교사로 하여금 교수에 대하여 분석적으로 접근하면서 자신의 실천을 분석, 논의, 평가하고 변화할 수 있도록 하는 것
- 교수행위란 사회적, 정치적 맥락 속에 있고 교사의 과업은 맥락의 분석과 비평을 포함한다는 것을 교사로 하여금 인식하도록 하고, 그들이 일하고 있는 사회적, 정치적 맥락에 대한 비평 능력을 배양시키는 것
- 교사로 하여금 좋은 교수행위에 대한 자신들의 믿음을 비판적으로 평가함과 동시에 교실 안의 실천에 내포되어 있는 도덕적, 윤리적 이슈를 평가할 수 있도록 하는 것
- 교사가 자신의 전문성 향상에 더 큰 책임감을 갖도록 하고 전문적인 자율성을 갖도록 하는 것
- 교사가 자신의 교실에 대한 원리적 토대의 이해 및 향상과 함께 교육실천에 대한 자신만의 이론을 개발시키도록 촉진하는 것
- 미래의 교육 방향에 더 나은 영향을 미칠 수 있도록, 그리고 교육적 의사 결정에 더 적극적인 역할을 할 수 있도록 교사의 힘을 배양하는 것

Zeichner(1983)는 반성의 개념과 교사교육 목적에 대한 다양한 견해 간의 관계를 명료히 하고자 노력해 왔다. 그는 교사교육에 대한 패러다임을 네 가지로 구분하고 있다. 첫째는 행동주의적(behavioristic) 교사교육이다. 이는 일반적으로 효과적인 학습과 관계된, 구체적이고 관찰 가능한 기능의 개발을 강조한다.

둘째는 인성주의적(personalistic) 교사교육이다. 이는 미래 교사의 심리적 성숙을 강조하고, 특별한 행동, 기술 그리고 내용 지식의 완전한 습득보다는 인식과 믿음의 재조직을 강조한다(p. 4). 셋째, Zeichner는 전통적-기예(traditional-craft) 패러다임을 언급하였는데, 여기서는 교사교육을 기본적으로 도제의 과정으로 간주한다. 넷째는 탐구지향적인(inquiry-oriented) 교사교육인데, 이는 교수행위와 교수행위가 실행되는 맥락에 대한 탐구에 초점을 둔다(p. 5).

행동주의적 그리고 전통적-기예 패러다임에서 반성은 아무런 중요한 역할을 하지 않는다. 이 두 접근에서는 교사교육의 내용이 미리 구체화되고 제한된다. 교수에 대한 일정한 지식체가 전제되고 교육적 맥락이 미리 가정된다. 또한 미래의 교사가 습득해야 할 특별한 자질이 정의된다. 그러나 인성주의적 그리고 탐구지향적 패러다임에서 교사는 교사교육 프로그램의 내용을 구성하는 데 적극적인 참여자로 간주된다. 반성은 경험을 역동적인 지식으로 해석하는 도구다. 즉, 두 패러다임 모두 경험에 대하여 되돌아보고 분석하고 재조직하면서 경험이 지속적으로 진행되는 과정을 목표로 한다. 그러나 두 패러다임은 내적, 외적 요소 및 이런 과정과의 관련성 정도에 차이가 있다. 인성주의적 패러다임은 개인에게 인식의 역할(Combs, Blume, Newman, & Wass, 1974)과 자기-역동화(self-actualization, Joyce, 1975, p. 134)를 강조하는 반면, 탐구지향적 패러다임은 교수-학습 상황에 대한 맥락적 영향에 초점을 둔다.

다음 절에서는 여러 학자가 반성을 개념화하는 방법에 초점을 두면서 반성의 역할에 대한 견해를 고찰할 것이다.

3. 반성의 개념화

반성에 대한 문헌으로는 Calderhead(1989)와 Hatton과 Smith(1995)의 문헌이 유명하다. 그들은 반성의 정확한 의미에 대한 혼동을 지적하고, 이 주제에 대한 중요한 저술을 언급하고 있다.

Dewey(1933)의 저술을 보면 우리는 다음과 같은 사항을 발견할 수 있다.

> 반성은 단순히 아이디어의 연속(sequence)이 아니라 그것의 결과(consequence), 즉 지속적인 순서를 의미한다. 다시 말하면, 각 아이디어는 적절한 결과로서 다음에 오는 것을 결정하고 각 결과는 역으로 그 전에 오는 것에 의존하거나 그것을 참조한다(p. 4).

Dewey에 따르면, 반성은 사고의 연속적 고리(chains of thoughts)를 포함하는데, "이는 공통의 목적을 향해 일관된 움직임이 될 수 있도록 서로 연결되어 있다." (p. 5) 그는 다음과 같은 정의에 도달하고 있다.

> 어떤 신념이나 가정된 형태의 지식과 그것이 이끄는 더 나은 결론을 지지하는 토대의 관점에서 그 신념 또는 가정된 지식의 형식을 적극적이고 지속적이며 신중하게 고려하는 것이 반성적 사고를 구성한다(p. 9).

Schön(1983, 1987)은 '행위 중 반성(reflection-in-action)'과 '행위 후 반성(reflection-on-action)'을 구분하였다. 그는 '행위 중 반성'은 실험을 동반한다고 기술하였다.

> 어떤 사람이 행동하면서 반성할 때, 그는 실천 맥락 안에서 연구자가 되는 것이다. 그는 이미 수립된 이론과 기술의 영역에 의존하는 것이 아니라 독특한 사례에 대한 새로운 이론을 구성하는 것이다. 탐구는 목적에 의존한 수단으로 제한되지 않는다. 그는 수단과 목적을 분리하지 않고, 문제 상황으로 구조화함에 따라 수단과 목적을 상호작용적으로 정의한다(Schön, 1983, p. 68).

'행위 중 반성'은 Schön이 부르는 실시간 행동(the action present)에 제한된다. 이것은 상황을 다르게 변화시킬 수 있는 시간대에 있는 행동이다(Schön,

1983, p. 62). 이것은 행동 후에 일어나는 '행위 후 반성'의 경우에는 해당되지 않는다. '행위 후 반성'은 일상적 행동 중 우리가 기대하지 않은 결과를 만났을 때 일어난다(Schön, 1987, p. 26). 행위 후 반성은 우리의 미래 행동을 변화시킬 수 있다. Schön은 월요일 아침에 했던 자신의 쿼터백 플레이에 대하여 반성하면서 다음 토요일 게임에서는 이와 다르게 수행하는 사람의 예를 들고 있다(1987, p. 31). Schön에 따르면, 행위 후 반성은 인간 행동의 기초에 놓여 있는 개인적 이론에 대한 탐구를 함의한다.

여러 학자에게 반성은 해방적이거나 윤리적인 의미를 갖는다. D. D. Ross(1987, p. 1)는 반성을 합리성 및 책임성과 관련시키고 있다.

> 반성은 합리적 선택을 하고 그러한 선택에 대한 책임을 가정하는 능력과 관계되는 교육적 문제에 대해 사고하는 하나의 방법이다.

반성에 대한 Zeichner(1983)의 견해는 Habermas(1973)와 Van Manen(1977)의 연구에 토대를 두고 있으며 이를 더 정교화하고 있다. 이 견해는 특정 가정과 인식론뿐 아니라 특정 이데올로기를 함의한다(Gore, 1987; Hatton & Smith, 1995; Wildman & Niles, 1987). 이 이데올로기 내에서 일상적인 사고와 실천에 내재된 도덕적, 윤리적, 정치적 그리고 도구적 가치에 대한 교사의 비판적 반성의 정도를 강조한다(Liston & Zeichner, 1989; Valli, 1990; Zeichner, 1983, 1987).

Van Manen은 세 가지 수준으로 반성을 분류한다. 첫 번째 수준(기술적 합리성)에서 우선적 관심은 주어진 목표를 달성하기 위한 효율적인 수단에 둔다. '최선의 선택'에 대한 합리성은 기술적 진보의 원리, 즉 경제성, 효율성, 효과성에 기초한다. 두 번째 수준에서는 모든 교육적 선택이 해석적 구조에 대한 가치 부여에 기초한다고 가정된다. 이 수준에서의 반성은 실천적 행동을 불러일으키기 위한 개인적이고 문화적인 경험, 의미, 지각, 가정, 선판단 그리고 가정을 분석하고 명료히 하는 것에 관심이 있다. 세 번째 가장 높은 수준에서의 기본적인 질문은 지식의 가치에 대한 것이고, 반성은 애당초 무엇이 가치가 있는 것이었는지에 대한 질문을 제기하는 데 필요한 사회적 조건의 성격에 초점을 둔다. 이 수준에서 반성은 지배, 제도, 권위의 억압적인 형태에 대한 지속적인 비판과 관련된다(Noffke & Brennan, 1991 참조). 이는 사회적 정치적 맥락을 고려하는, 도덕적 윤리적 영역에 대한 고찰을 요청한다(Hatton & Smith, 1995).

Van Manen과 Zeichner가 교사의 행동에 대한 맥락적 영향의 중요성을 강조한 반면, Dirkx(1989)는 자기반성의 중요성을 강조한다. 그는 학교에서의 실천이 가진 사회적, 정치적, 경제적, 도덕적 차원의 관련성을 거부한 것이 아니라, 이런 영역은 교사가 학생과의 상호작용의 관계적 측면을 깨닫는 데는 불충분하다는 것을 지적하는 것이었다. Dirkx의 방법은 사회심리학에서 나온 원리를 활용하면서, 다른 사람과의 관계 안에서의 인간의 감정, 사고, 행동 등을 문제 삼는 것에 목표를 두고 있다.

Cruickshank와 그의 동료들(1981)의 접근에서는, 반성의 대상은 주어진 목표를 달성하기 위한 교수적 전략의 효과성이다. 이런 좀 더 기능적인 접근은, 그 목표가 예비교사로 하여금 '현명한 교사가 되도록 하기 위하여' 교수에 대하여 사고하는 좋은 습관을 개발하는 데 있다고 주장하지만, 기본적으로 교사를 능력 있고 매우 기능적인 사람으로 보는 견해에 기초한다(Gore, 1987 참조).

Pollard와 Tann(1995)은 교사로서 목표와 자신의 행동에 대한 결과에 대하여 반성한다는 목적과 기능적 효과를 향상시킨다는 목적을 결합한다. 반성에 대한 그들의 견해에 따르면, 두 가지 목적 모두 반성을 촉진해야 할 중요한 이유다.

4. 반성의 조작화 방법

반성의 조작화 및 측정은 그다지 많이 시도되지 않았다. 예를 들어 몇몇 연구자가 Van Manen의 저술을 토대로 교사의 반성 수준을 평가하는 체제를 개발하였다. Zeichner와 Liston(1987)은 Van Manen의 수준에 기초하여 '반성적 교수 지표' 를 개발하였다. 이들은 교사교육에서 지도협의회 중에 나타나는 네 가지 수준의 담론을 구분하였으며 이는 다음과 같다.

1 교수 상황에서 무엇이 실제로 일어났고, 미래에 무엇이 일어날 것인가에 관심이 있는 사실적 담론
2 무엇을 해야 할 것인가에 대한 제안과 이미 수립된 것에 대한 평가를 둘러싸고 발전되는 자문적 담론
3 이것이 저것보다 왜 더 나은가 등의 질문에 답할 때 활용되는 추론에 초점을 둔 정당화 담론
4 교육과정 내용과 교수 실천에 깊이 뿌리박혀 있는 가정과 가치('잠재적 교육과정')를 평가하거나 교육적 실천의 정당화를 위해 제공되는 이유의 적합성에 대한 조사와 평가에 초점을 둔 비판적 담론

Hatton과 Smith(1995)는 Van Manen과 Zeichner의 접근과 일치하고, 텍스트의 분석에 유용한 조작화 방법에 대하여 기술하였다. 그들은 예비교사가 기술한 반성적 글을 분석하여 다음 네 가지를 구분해 냈다.

1 기술적 작문(descriptive writing): 사건이나 행동에 대하여 이유나 정당화를 제공하려는 시도가 포함되지 않은, 반성적인 내용이 없는 것
2 기술적 반성(descriptive reflection): 그러한 이유나 정당화를 제공하려는 시도는 있으나 아직도 이야기식이거나 기술적인 방식인 것
3 대화적 반성(dialogic reflection): 사건이나 행동으로부터 '한걸음 물러나서' 경험, 사건, 행동의 탐구에 대한 다른 수준의 사고를 하면서, 경험, 사건, 행동에 대한 탐색, 자기 자신과의 대화 및, 설명과 가설을 위한 가능한 대안과 판단을 사용하는 것
4 비판적 반성(critical reflection): 다수의 관점을 참조하여 행동과 사건을 규정하고 설명할 뿐만 아니라 다수의 역사적, 사회정치적 맥락 속에 놓고 이것 의 영향을 받는다는 것은 인식하는 것

Zeichner와 위스콘신 대학교의 그의 동료들의 작업과 Hatton과 Smith의 접근 간에는 중요한 차이가 있다. 전자는 반성의 어떤 수준은 다른 수준보다 '높거나' 더 '우수하다고' 생각하며, 후자는 발달적 견해를 제안한다.

> 초보자는 상대적으로 단순하고 부분적인 기능 유형에서 시작하여, 여러 형태의 행위에 대한 반성을 하고, 이어서 행위 중 반성을 할 수 있는 전문가에게 기대되는 목적에까지 이르도록 한다(Hatton & Smith, 1995, p. 45).

Bain, Ballantyne, Packer 그리고 Mills(1999)는 다섯 개의 수준을 구별한다. 보고(reporting, 최소한의 변형 또는 통찰력의 부가), 반응(responding, 원자료로 무엇을 하지만 표면적인 수준에서 그렇게 함), 관련시킴(relating, 관계를 분별해 내기 위한 표면적 시도), 추론(reasoning, 더욱 높은 수준의 변형과 개념화), 재구조화(reconstructing, 추상적 사고와 일반화)가 그것이다. 그들은 이것을 '반성의 수준'이라고 부르지만, 상대적으로 낮은 수준의 범주가 반성을 나타내는지에 대하여 의문을 제기할 수 있다.

여기서 중요하게 지적해야 할 것은 반성이나 반성적 행동을 조작화하려는 많은 시도가 실패했다는 것이다. 나는 세계 각지에서 반성을 측정하는 도구를 개발하려고 노력하는 사람들의 이메일을 받고 있다. 나는 요청된 정보를 준 후 그 시도가 성공하면 알려 달라고 언제나 부탁한다. 그러나 그 후 어떤 것에 대해서도 더 이상 얘기를 듣지 못했다.

> 그 용어들은(반성, 반성적 행동) 설문지나 다른 연구 도구로 조작화되기가 매우 어렵다. 반성이 일어난다는 증거가 명백하게 나타나는 데이터를 얻고 그것을 분석하는 수단을 개발하는 것은 상당한 도전으로 지속되어 온 것같이 보인다(Hatton & Smith, 1995, pp. 38-39).

주된 어려움 중의 하나는 행위 중 반성 또는 행위 후 반성이 일어났는지 아닌

지에 대해 경험을 기술한 에세이를 토대로 결정하는 것은 불가능하다는 것이다. 왜냐하면 이런 에세이들은:

> 오직 반성의 간접적인 증거만을 제시하고 그때와 비교하여 지금 무엇을 생각하고 있는 중인지 파악할 방법이 없기 때문이다(Hatton & Smith, 1995, p. 42).

5. 혼란 안에서 취할 수 있는 한 입장

반성의 개념화와 조작화에 대한 모든 내용을 철저하게 소개하지는 않았지만, 반성에 대한 정의가 완전한 합의에 이르지 않았다는 것은 명백하다. 흥미로운 것은 정의에 대한 이런 혼란은 인지심리학적 문제라기보다는 사회교육학적인 문제라는 것이다. 반성에 대한 상이한 정의는 교육과 교사교육에서 무엇을 중요하게 여기는가에 대한 신념과 관련되어 있다(Calderhead, 1989; Hatton & Smith, 1995; Zeichner, 1983). 반성은 규범적인 개념이고, 관련된 규범적인 기준은 우리가 중요하다고 생각하는 관계로 특징지어진다. Dewey에게 반성을 위한 가장 중요한 기준은 처해 있는 상황과 도달하기 원하는 목적 간의 관계를 보느냐 하는 것이다. Schön의 행위 후 반성 개념에서 반성적 사람이 보아야만 하는 근본적 관계는 그의 행동과 그의 상황구성 틀과의 관계였다. Ross는 사람의 행동과 이런 행동 안에 함의된 선택을 옹호하는 주장 간의 관계에 초점을 둔다. Zeichner는 행동과 윤리적, 도덕적, 정치적 원리 간에 관계가 수립되어야 한다고 주장하고, Cruickshank는 수단과 목적 간의 관계에 초점을 둔다.

이런 차이가 '좋은 교수'를 구성하는 것이 무엇인가에 대한 기본 가정의 차이에서 나온다는 사실은, 반성에 대한 모든 처방적 진술은 교육 목적에 대한 개인적 견해가 문제가 될 수 있다는 단순한 이유 때문에 문제가 될 수 있다는 것을 드러낸다. 처방적 진술은 그러한 견해를 공유하는 사람에게는 중요할 수 있지만, 그러한 진술은 타당한 이론적 기초가 결여되어 있는 경우가 많기 때문에 언제나 옳은 것은 아니다. 교사의 반성적 기술과 교수의 질 간의 관계는 거의 심도 있게 탐구되지 않았다(Kennedy, 1990, p. 850 참조; Wubbels & Korthagen, 1990, p. 29). 이 이슈에 대해서는 8장에서 더 자세히 논의할 것이다.

따라서 우리가 반성에 대한 포괄적 정의를 찾는다면 혼란을 겪을 수 있지만, 하나의 방편으로 인지심리학적 견해를 채택할 때 그림은 더욱 선명해질 수 있다. 이때 반성에 대한 상이한 접근을 하는 경우라도 이에 대해서는 많은 학자가 동의한다. 인용된 모든 저자는 인간의 행동이 인지적 구조에 기초하고, 이런 구조는 고정적이지 않으며, 상황의 경험과 직면을 통하여 창조되거나 변형된다는 견해를 최소한 부분적으로 공유한다(Silcock, 1994 비교). 더구나 이들은 행동을 이끄는 정신적 구조는 반성에 따라 영향받을 수 있다는 사실에 동의한다.

따라서 이 책에서는 반성을 다음과 같이 정의하려 한다. 반성은 경험, 문제 또는 현존하는 지식과 통찰을 구조화하거나 재구조화하려고 하는 정신적 과정이다. 재구조화과정을 위해 Schön이 사용하는 용어는 재구성(reframing)이다.

나는 대부분의 반성의 개념이 이런 정의와 공존할 수 있고, 그 차이는 구조화와 재구조화의 의도된 과정이 일어날 때 취하는 사회 교육적 견해에 따라 결정된다고 생각한다. 이 정의는 한 개인의 새로운 정신적 구조 형성이라는 기본적 역할을 강조한다. 이것은 반성에 기초한 행동을 일상적 행동과 근본적으로 다른 것으로 만든다.

6. 두 가지 수준의 관리 체제

이제 반성에 포함된 구조화와 재구조화 과정을 좀 더 자세하게 살펴보기로 하자.

인지심리학적 구조를 더 발전시키기 위하여, 인간 행동 안에서의 반성의 역할에 대하여 기술한 Skemp(1979)의 이론을 고찰할 수 있다. 이 이론은 잘 알려진 Miller, Galanter와 Pribram(1960)의 TOTE 모델의 확장이다. TOTE는 Test-

Operate-Test-Exit의 약자다. Miller와 Galanter, Pribram은 자신의 필요와 현재의 상황이 불일치하는 경험(첫 번째 test)을 한다면, 우리는 행동을 위한 계획(plan)을 세운다고 한다. 계획이란 용어는 유기체 안에서의 행동을 지휘하는 구조화된 모든 과정을 지칭한다. 그런 계획은 외부세계에 대한 내적인 표상에 근거한다. Miller, Galanter 그리고 Pribram은 그러한 세계에 대한 정신적 표상을 나타내기 위하여 이미지(image)라는 용어를 사용하였다. 계획의 도움으로 인간은 움직이고, 불일치의 정도를 다시 검증하고, 필요하다면 검증이 일치를 보일 때까지 다시 움직이고, 그러고 나서 작업이 끝난다(exist).

이는 기본적인 순환 체제(feedback loop)이며 인간이 그들의 행동을 관리할 수 있도록 한다. 이 과정은 [그림 4-1]에 제시되어 있다(Skemp가 소개한 체제 일부 참조).

[그림 4-1]의 사각형은 Skemp가 관리 체체(director system)라고 부른 것을 나타낸다. 환경과의 상호작용을 다루는 이 관리 체제는 델타-1 체제라고 불린다(delta는 director system의 첫 글자에서 따온 것임). 나는 인간이 환경의 정보를 해석하고 반응하는 것을 돕는 현실에 대한 내적 재현을 지칭하기 위해 일반적이고도 다소 모호한 용어인 정신적 구조(mental structure)를 사용한다.[1)]

사람들은 외부세계와 단지 상호 작용하는 것 이상을 할 수 있다. 그들은 세계와 상호 작용하는 자신의 방법을 반성할 수 있고, 이 상호작용을 개선하기 위하

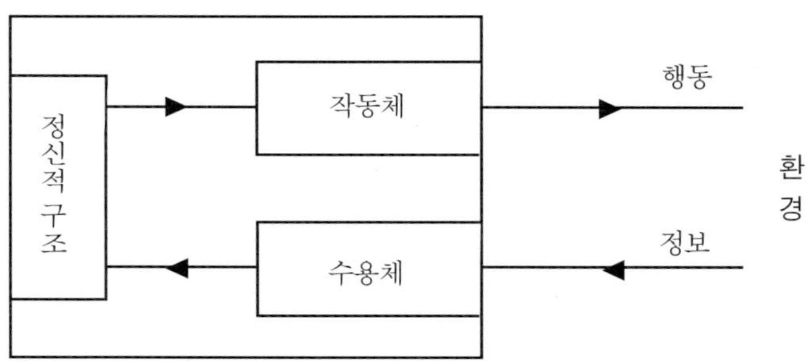

[그림 4-1] 델타-1 수준: 인간과 환경 간의 상호작용 과정

여 노력한다. 이를 이론적인 용어로 표현하면, 실재의 내적 재현을 구조화하거나 재구조화하고, 그들의 계획과 행동을 발전시키기 위하여 이런 재현을 활용하여 자신이 사용하는 방법 또한 구조화하고 재구조화하기 위하여 노력한다. Skemp는 인간에게는 두 번째 차원의 내적 관리 체제(델타-2 체제)가 있고, 이것은 델타-1 체제([그림 4-2] 참조)를 향상시키려 한다고 결론 내린다.

예를 들어, 수업시작에 학생들을 조용히 시켜야 하는 데 어려움이 있다고 느끼는 예비교사를 생각해 보자. 수업이 끝났을 때 학생과의 상호작용에 대해 생각해 보는 것으로 이 과정이 시작될 수 있다. 이런 반성의 목적은 다음 수업에서 좀 더 잘하기 위해서다. 그녀는 공부하기에 좋은 환경을 만드는 방안에 대한 자신의 지식을 반성할 수 있고(선경험으로 만들어진 그리고 교사교육 기간 동안에 학습한 자신의 정신적 구조에 대한 반성), 그녀가 실제로 이 지식을 활용했는지, 그랬다면 어떻게 활용했는지, 학생들이 어떻게 반응했는지에 대하여 반성할 수 있다. 기본적인 가정은, 그러한 반성의 과정은 델타-1 체제가 기능하는 방식에 대한 정보를 사용하면서 그리고 델타-1 체제를 향상시키려고 하는 내적인 델타-2 체제에 따라서 안내된다는 것이다. [그림 4-2]의 좌측에 있는 순환 체제는 학습과정의 반성적 영역을 나타낸다. 예를 들어 그 예비교사는 델타-1 수준에서 학생-교사 상호작용에 관련된 문헌 읽기라는 행동을 결정할 수 있고, 델타-1 수준에서 자신의 정신적 구조를 확장시키려고 노력할 수 있다. (델타-2 체제에 따라 안내되는) 그녀의 학습과정은 학습에 대한 지식과 이에 대한 이전의 경험, 가령 책은 유용하다는 지식을 포함하는 델타-2 수준의 정신적 구조의 영향을 받을 것이다.

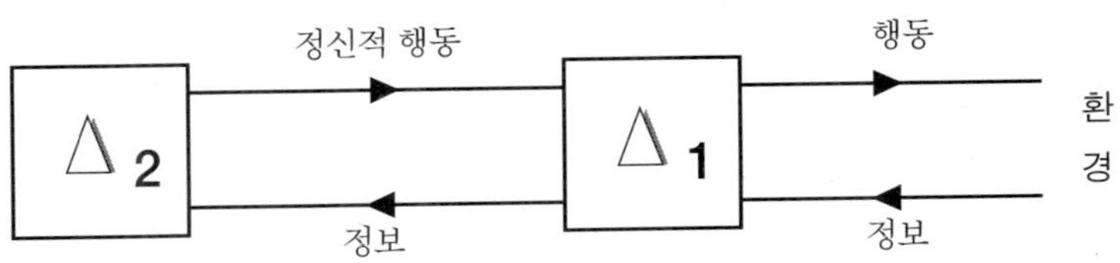

[그림 4-2] 델타-1 / 델타-2 체제

또 다른 예비교사는 델타-2 수준에서, 가령 책은 그러한 상황에서 유용하지 않다는 개념을 포함하는 다른 정신적 구조를 가질 수 있다. 이것은 사람들의 학습 스타일이 다르다는 것을 의미한다.

두 가지 수준에서의 관리 체제를 구분하는 Skemp의 아이디어는 Piaget의 두 가지 수준의 추상 간의 구분과 맥을 같이한다(1977).

7. 행동과 학습, 반성 간의 관계

Skemp의 모형은 행동과 학습 간의 밀접한 관계를 강조한다. 학습은 행동의 질을 향상시키고, 행동은 학습의 필요를 만들어 내며, 관리 체제의 실패를 노출시킨다. 따라서 이것은 나선형으로 가장 잘 표현될 수 있다([그림 4-3]; Bruner, 1960; Dewey, 1910; Kolb & Fry, 1975 참조).

나선은 행동의 과정, 그 행동으로부터의 학습 그리고 그 행동의 개선과 또 다른 학습 등을 표현한다. 그러나 나는 예비교사가 언제나 혼자 힘으로 나선형으로 움직여야 한다고, 즉 언제나 스스로 모든 것을 발견해 나가야 한다고 제안하고 싶지는 않다. 그럼에도 불구하고 다음 세 가지는 중요한 사항이라 할 수 있다.

첫째, 나선형 과정은 예비교사 자신의 경험에서 나온 학습 필요나 관심에 기초해야 한다. 교사교육자는 학생들이 이런 경험을 가질 수 있도록 장려해야 한

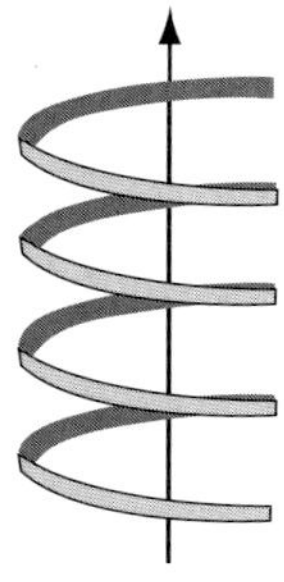

[그림 4-3] **전문성 개발의 나선 구조**. 각 회전마다 하나 혹은 그 이상의 관리 체제의 질이 향상됨

다. 둘째, 교사교육자는 제공되는 학습상황이 Vygotsky(1978)가 '근접발달영역'이라고 부르는 영역 안에 놓인, 그리고 (예비교사의 델타-2 체계 안에) 수립된 학습목적에 맞는 방식으로 학생들의 학습 필요에 기초해야만 한다. 셋째, 지도교수는 예비교사가 자신의 실제 삶의 상황에서 학습한 것을 적용할 수 있도록 적절한 시기에 나선형 순환의 다음 단계에 들어갈 수 있도록 해야 한다.

이는 현실적 접근 안에서 활용되어야 할 교사교육자의 몇 가지 기본적 기능에 대하여 간단히 소개한 것이다. 다음 절에서는 이와 관련되는 교육적 원리를 자세하게 논의할 것이다.

8. 나선형 순환에 대한 고찰

이제부터 나선형 순환에 대하여 더욱 자세히 고찰하고자 한다. 고찰의 범위는 반성을 포함하는 학습의 과정으로 제한할 것이고, 여기서 학습의 과정이란 우리가 의식적으로 자신의 델타-1 수준에서의 수행을 고찰하는 것이다. 제3장 7절에서 보았듯이, 하나의 완전한 나선형 순환은 다섯 단계로 구성된다([그림 4-4] 참조).

1단계와 5단계는 델타-1 수준에서의 활동을 보여 준다(환경과의 상호작용). 델타-2는 반성적 단계 2, 3과 4에 관련된다. 단계별로 각각 논의하면 다음과 같다.

1. 이 순환은 구체적 행동으로 시작된다(경험). 예를 들어 '칠판에 단어를 쓴다.'라는 간단한 행동을 고려하거나, '수학 수업을 한다.'와 같이 복잡한 일련의 행동을 고려할 수도 있다. 이 행동과 관련되어 행동 목표가 있다(한 가지가 아닌 몇 가지가 있을 수 있고, 행동목표가 언제나 매우 명료한 것은 아님). 델타-1은 그러한 사항을 목표로 하는 체제다.
2. 행동 후(또는 가능하다면 행동하는 동안), 행동을 되돌아보는 과정이 시작될 수 있다. 일반적으로 이것은 당황스러운 일이나 기대하지 않았던 일이 발생

한 경우와 행동 목표가 쉽게 달성되지 않을 경우 일어난다(Grimmett, 1988, p. 6). 이때 델타-1의 수행이 검토된다. 이는 델타-2 체제가 작동되었다는 것을 의미한다(예, 예비교사는 교수에 대한 자신의 방식에 대하여 살펴본다. 구체적으로 자신이 수업 동안 설명하는 방식). 이것은 다음 단계로 나아간다.

3 이 단계에서는 어떤 측면이 특별한 의미를 가진다. 이것은 점차 관련성의 발견으로 이어진다. 델타-1 체제가 인식될 수도 있다. 예를 들어 델타-2는 무엇이 델타-1을 실패로 이끌었는지에 대하여 상상할 수 있다(예비교사는 자신이 어떤 내용을 설명하는 데 너무 적은 시간을 할애했다는 사실을 깨달음).

4 이 단계에서 주어진 목적을 달성하는 데 더 적합한 다른 접근이 선택될 수 있다(예비교사는 자세한 내용의 설명이나 이런 자세한 설명의 타이밍에 보다 더 주의를 기울일 것을 결정함). 델타-2도 역시 현재의 상황에서 행동목표에 도달하는 것은 불가능하다고, 즉 델타-1의 질이 불충분하다고 결론지을 수도 있다(예, 예비교사는 학습과정에 대한 자신의 지식이 너무 제한적이었다고 결론내릴 수 있음). 그런 경우, 4단계는 광범위한 학습 과정을 포함할 수도 있다.

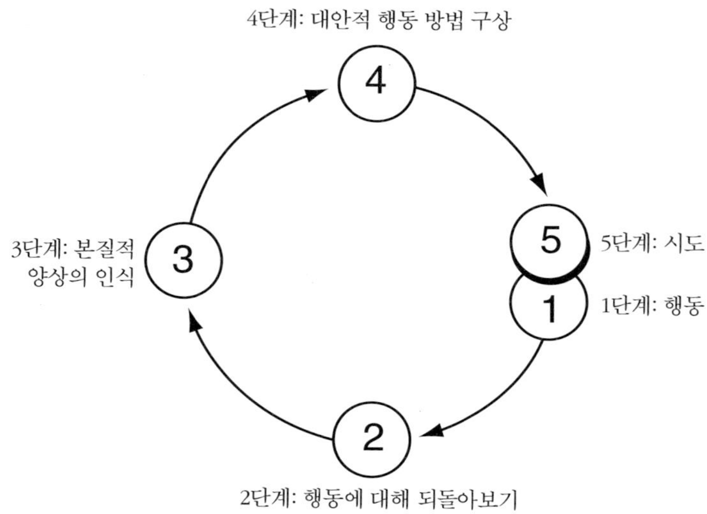

[그림 4-4] ALACT모형의 전문성 개발을 위한 나선형 순환에 있어 하나의 순환에 포함된 5단계 설명

즉, 델타-1 체제는 확장될 필요가 있다. 델타-2는 델타-1의 이런 개선을 통제한다.

5 그러고 나서 새로운 유사한 상황에서 기대된 목적을 성취하기 위한 또 다른 노력을 기울인다. 나선형 사이클은 다시 순환한다.

행동이 능숙해짐에 따라 자신감이 점차 발달된다. 이것은 개인이 일상적인 접근으로 목표 도달이 가능하지 않은 상황에 부딪히면서 사이클의 중요성이 증대된다는 것을 의미한다. 여기서 함의된 중요한 원리는 환경(학습)에의 적응과 인식이 늘 함께 간다는 것이다.

느낌과 태도는 모든 단계에서 중요하다. 2단계(되돌아보기)는 감성적 신호, 예를 들어 델타-1이 미리 세운 목적을 달성할 수 없다는 좌절의 느낌으로 시작될 수도 있다. 예비교사는 자신의 교수행위에 실망하여 자신이 가르치는 방식에 대하여 좀 더 자세히 분석할 수 있다.

또한 다른 사람(동료, 교사교육자, 협력교사 등)로부터의 피드백도 자극원이 될 수 있다. 자신의 관리 체제에서 온 피드백(내적인 피드백)과의 유사점에 주목하라. 다른 사람도 피드백(외적인 피드백)을 제공하기 위하여 자신들의 정신적 구조를 사용한다.

제2장에서의 아이디어를 사용하자면, 3단계(본질적 양상의 인식)의 핵심은 새로운 개념의 학습이라기보다 더 나은, 좀 더 자세하고 향상된 지각의 발전이라는 것이다. 반성된 상황에서 그리고 이와 유사한 상황에서 무엇이 일어나고 있는지에 대한 뛰어난 인식은 그 상황에 대한 다른 관계로 이끈다. 앞에 든 예에서 내용을 설명하기 위한 시간 요인에 대한 인식은 예비교사가 자신의 설명이 지나치게 빨리 지나간 지점을 더욱 분명하고 쉽게 느끼도록 인지하는 데 도움을 줄 수 있다. 그래서 그녀는 이전에 그녀가 잘 깨닫지 못한 것을 깨달을 수 있게 된다(제2장의 용어로 설명하자면, 그녀는 자신의 프로네시스를 더 개발시킨 것임). 물론 '타이밍' 이나 '보조' 는 과목의 내용을 설명하는 데 중요한 일반적 개념일 수 있다. 그러나 여기서 중요한 것은 이 맥락에서 그 예비교사에게 특별한 의미를 갖는다는 것과

이 의미는 개인적인 관심과 관련된다는 것이다.

(본질적 양상을 인식하고 대안을 구상하는) 3단계와 4단계에서는 학습에 대한 저항이 매우 강할 수 있다. 사람들은 세계에 대한 자신의 인식을 근본적으로 변화시키는 것을 좋아하지 않는다. 처음에 이것은 언제나 어느 정도의 혼란과 불안을 불러일으킨다. 변화에 대한 두려움은 언제나 매우 명료한 것은 아니다. 예를 들어 앞서 든 예에서 학습에 대한 저항은 교육심리학을 싫어하는 형식으로 나타날 수도 있다. 개인은 자신의 행동 개선이 불가능하다고 믿을 수도 있다. 예를 들어 교사가 자신의 설명에 주의를 기울이면서 동시에 학생들을 지켜볼 수 없다고 느낀다면(초보교사에게 일반적으로 일어남), 그리고 그러한 문제를 다루기 위한 특별한 방법이 없다고 느낀다면, 그 순간 그 문제는 해결할 수 없는 것으로 받아들일 필요가 있다. 이런 수용의 과정은 고통스럽더라도, 결국 이것은 좀 더 현실적인 자기 이미지로 이어진다고 말할 수 있다(델타-1에 대한 새로운 지식이 델타-2 수준의 정신적 구조에 더해짐).

이것은 또한 이후의 학습에 긍정적으로 영향을 줄 수도 있다. 왜냐하면 학습에 대한 저항은 변화하기 때문이다. 때로 이것은 원래의 문제를 갑작스럽게 해결되도록 한다. 어떤 것을 달성하려고 애쓰면 애쓸수록 더 어려워지는 익숙한 현상을 때로 발견한다(심리학에서 높은 각성은 수행을 향상시키지만, 극단적인 각성은 역효과를 가져온다는 법칙이 있다. Hilgard, R. C. Atkinson, & R. L. Atkinson, 1975 참조). 이런 이슈는 예비교사의 전문성 준비에 매우 중요하기 때문에 제5장에서 다시 논의할 것이다. 우리는 상이한 학습 유형이 있다는 사실도 고려할 것이다. 한 사람은 행동 지향적일 수 있고 다른 사람은 사고 지향일 수 있다. 또 어떤 사람은 무엇을 시도하는 것을 좋아할 수도 있다. 요약하면, 사람들은 ALACT 모형의 서로 다른 단계에 대해 개인적 선호를 가질 수 있다. 현실적 교사교육의 중요한 목적은 각 단계에 보이는 예비교사의 관심의 정도에 대하여 이들의 균형감각을 개발시키는 것이다.

9. 현장실천연구

전문성 학습을 체계적인 반성에 기초한다는 생각은 교수나 교사교육 분야에서의 관련연구, 즉 1950년대에 시작한 교사에 의한 현장실천연구의 중심적인 아이디어다(Corey, 1953). 현장실천연구에 대한 관심은 '연구자로서의 교사' 라는 아이디어와 관련하여 Stenhouse(1975)와 Elliot(1978)가 강하게 제기하였다. 이는 체계적인 반성을 향상시키기 위한 수단으로 직전교사교육에서 강조되어 왔고(Beckman, 1957; Perrodin, 1959) 따라서 이 장에서는 현장실천연구에 대해 언급하지 않을 수 없다.

Elliot(1991, p. 50)는 현장실천연구와 반성 간의 밀접한 관계에 대하여 다음과 같이 진술하였다.

> 좀 더 나은 실천을 하려고 할 때 산출물과 과정을 함께 고려할 필요가 있다. 과정은 학습결과의 질의 관점에서, 학습결과는 과정의 관점에서 고려될 필요가 있다.
>
> 특별한 환경 안에서의 과정과 산출물 간의 관계에 대한 이런 종류의 반성은 Schön이 반성적 실천이라고 부르고 나를 포함하여 다른 사람이 현장실천연구(action research)라고 부르는 연구의 중요한 특징이다.

현장실천연구 관련 연구자(Elliot, 1991, p. 69; McKernan, 1991 등)들은 현장실천연구에 대한 근대적인 접근의 기초 자료로 Lewin(1947a, 1947b)의 저술을 이야기한다. 그의 모형은 '나선형 순환' 을 포함한다. 현장실천연구의 방법론에 대한 최근의 기술에서 이 나선형 순환은 일반적으로 행동, 관찰, 반성 그리고 계획으로 표시된다(Grundy, 1987, p. 147; Kemmis & McTaggart, 1981). 여기서 우리는 이것이 앞서 소개된 반성에 대한 견해, 특히 ALACT 모형과 매우 유사하다는 것을 알 수 있다.

교사교육에서의 현장실천연구를 옹호하는 중요한 논점은 반성의 역할에 대한 나의 견해와 맥을 같이한다.

> 직전교육에 현장실천연구를 도입하려는 교사교육자들은 초기 훈련에서 '자기 모니터링' 습관 익히기의 중요성을 강조한다. 그렇게 함으로써 교사는 지속적으로 자신의 경험으로부터 배우는 것, 그리고 더 나은 수업을 가능하도록 해 주는 기초 기능을 가진 직업인이 될 수 있다(Gore & Zeichner, 1991, p. 119).

현장실천연구의 활용을 옹호하는 두 번째 논점은 제2장에 제시된 견해인 현실적 접근의 기본적 사고와 관련된다. 현장실천연구에 대한 Stenhouse의 영향력 있는 저술은 수업을 시작하기 전 측정 가능한 학습결과의 구체화를 강조하는 운동과, 이런 결과에 도달하기 위해 특수한 기능을 사용하도록 하는 교사 훈련에 대한 반작용으로 나타난 것이다. Stenhouse의 입장은 제1장에서 제시한 우리의 입장과 유사한데, 교육은 미리 처방된 교육과정 내용을 '단순히 전달하는' 기능적 과정이 아니라 교사의 실험과 탐구를 포함하는 것이라는 입장이다. 그는 교사가 학교 밖 개혁자의 계획의 수행자가 되기보다는 그 자신의 작업을 책임지기를 원한다. 이것이 바로 그가 교사의 현장실천연구가 교육을 향상시킬 수 있는 더 나은 도구이고, 이 도구는 교사 자신이 소유하는 것이라고 보는 이유(교사중심 교육과정 개혁)다. 이런 견해에서 보면, 교육 발전은 교사가 시도한 실험을 토대로 일어날 수 있고, 교사는 스스로 체계적인 방법으로 교실의 자료를 모으고, 이런 자료에 대한 반성을 토대로 그들의 행동을 선택한다. 앞선 장에서 강조했듯이, 이와 관련되는 반성은 기능적 수단-목적 추론과는 매우 다르며 교사의 개인적 헌신을 토대로 한다.

> 반성이 특별한 환경 안에서 자신의 가치를 실현하기 위하여 행동의 과정을 선택하는 것인 한, 성격상 윤리적인 것이다(Elliot, 1991, p. 51).

더욱이 현실적 접근은 '의미의 수동적 재생산이기보다는 능동적 생산'이라는 Elliot의 학습에 대한 견해(1991, p. 10)와 맥을 같이한다. 사실, 위트레흐트 대학교의 현실적 교사교육 프로그램의 일부는 교사들의 실제적 실천에 따른 작은 연구로 된 것이며, 그 연구는 현장실천연구(3장 2절 참조)라고 할 수 있다.

그러나 현장실천연구에 사용된 접근을 자세히 보면, 이 책에서 제안하는 전문성 학습의 견해와는 약간의 차이를 발견할 수 있다. 예를 들어, 현장실천연구의 정의로 자주 인용되는 Carr와 Kemmis의 정의를 보자(1986, p. 162).

> 현장실천연구는 ① 자신의 사회적 실천, ② 이런 실천에 대한 이해, ③ 이런 실천이 수행되는 상황에 대한 합리성과 정당성을 개선시키기 위해 사회적 상황 안의 참여자가 수행하는 자기 반성적 탐구의 한 가지 형태다.

이 정의가 교사로서 합리적 이해, 정당성, 그리고 자신의 실천에 대한 향상을 언급하는 한, 현실적 접근의 토대가 되는 사고와 유사하다고 할 수 있다. 그러나 정의의 세 번째 측면은 현장실천연구의 어떤 특정한 측면을 나타내는데, 이것은 자신의 교수행위 맥락의 향상이라는 목적이다. 현장실천연구에 참여하는 교사들은 일반적으로 그 학교와 더 나아가 사회 전체의 변화에 기여하도록 기대된다.

> 교육적인 현장실천연구는 연구자로 하여금 학교가 부과한 제한을 넘어서 교육체제의 재구성을 위하여 행동하도록 장려한다(O' Hanlon, 1996, p. 87).

Zeichner와 Liston(1987, p. 23)이 지적한 것처럼, 교육정책 수립의 완전한 동반자로서 교사를 참여하도록 준비시키는 것이 목적인 '해방'이라는 은유가 있다. 현실적 접근은 이 목적을 교사가 자신의 실천에 대하여 반성함에 따른 중요한 부수효과임을 부정하지는 않지만, '비판적' '해방적' 현장실천연구의 지지자들이 그러하듯이 가장 중심적인 위치에 놓지는 않는다. 현실적 접근은 우선, 교사의 관심에서 시작한다. 특히 프로그램 초기단계에서는 주어진 맥락의 관계적 측면에 초점을 두면서 교사-학생의 상호작용이라는 이슈에 더 주의를 기울인다. 그러나 이것은 교사교육자가 예비교사의 관심을 단지 따라가야만 한다는 것을 의미하지는 않는다. 그들은 '흥미 있는 큰 이론'을 제시하기보다는 적합한 경험을 우선 제시함으로써 그러한 관심을 유발시킬 수도 있다. 예를 들어 예비교사가 학교에서 하루 종일 학습에 초점을 두고 한 집단의 학생들을 지도하도록 요구된다면, 그 학교 문화에 깊이 스며 있는 가치와 규범에 대한 관심과 학교 맥락에 대한 관심이 급속도로 표면에 부상하는 경향이 있다. 또한 예비교사가 학교, 학습 그리고 스스로에 대한 이미지에 대하여 학생들과 인터뷰하도록 요청받을 때 마찬가지의 일이 일어난다. 그러한 관심은 Zeichner(1983, p. 6)가 "교사의 일상적 사고와 실천에 뿌리내리고 있는 (도구적 이슈뿐만 아니라) 도덕적, 윤리적, 정치적인 이슈"라고 지적한 것에 대한 반성의 기초가 되는 풍부한 토대를 제공한다. 그러나 자신의 일상적 교수행위에 대한 맥락적 영향을 변화시키는 데 초임교사가 능동적 역할을 할 수 있게 되기까지는 오랜 세월이 걸린다. 그들은 그러한 역할을 준비해야 하지만, 현실적 접근은 이런 이슈를 중심적 위치에 놓지 않는다는 점에서 현장실천연구 접근과 차이가 있다. Zeichner(1993, p. 201)는 다음과 같이 이런 차이점을 지적하고 있다.

> 대학에서의 비판적 사회과학 및 비판이론과 현장실천연구 집단은 서로 유리되어 있다. '비판적'이란 어쩐지 거시적 세계 안에서 실천자의 세계 바깥에 있거나 넘어서는 것처럼 느껴진다. 매일을 살고 있는 미시적 세계 안에서의 실천자들의 투쟁은 커다란 체제 안에서는 별로 중요하지 않게 느껴진다…. 나는 … 기술적 그리고 비판적, 미시와 거시 등의 분리는 왜곡이라고 보며, 비판은 기술적인 것 안에 포함된 실재이고 실천자의 미시적 세계 안에 포함된 실재라고 본다…. 실재는 … 정치적, 비판적인 것이 여기 우리 교실 안, 우리 앞 그리고 다른 작업장 안에 있고 우리가 매일 작업 환경 안에서 행하는 선택은 우리가 그것을 인식하기를 원하든 원하지 않든 간에 사회적 유지와 변화에 대한 우리의 도덕적 실천이라는 것이다.

Zeichner는 매우 미시적인 상황 안에서도 예비교사의 반성은 우리 행동의 도덕적 함의, 특히 우리의 행동이 사회부정의를 재생산하고 있는지 아닌지에 대한 질문을 포함해야 한다는 것을 알게 한다. 이렇게 현장실천연구와 현실적 접근의 차이는 작을 수 있다. 제14장에서 현실적 접근의 도덕적 기초에 대하여 기술할 것이지만, 현실적 접근의 최종 목적을 Gore와 Zeichner(1991, p. 134)는 다음과 같이 표현하고 있다.

> 우리의 장기 목표는 학생으로 하여금 좀 더 정의롭고 조화로운 사회를 지향하며 동료와 함께 교사교육 프로그램에서 얻은 가정, 기능, 지식 등을 활용할 수 있도록 하는 것이다.

10. 맺음말

마지막 질문은 다음과 같다. 모든 교사가 반성적 실천가가 되어야만 하는가? 이 질문은 중요하다. 왜냐하면 교사교육자는, 반성적이지 못하면서 피드백을 얻기를 바라고, 다른 사람의 안내 지침을 원하는 예비교사를 자주 만나기 때문이다(이 문제는 제6장 5절, 제11장 10절에서 더욱 자세하게 논의할 것임) 반성은 일반적인 전문적 기질이라는 생각이 여러 문헌에서 일반적으로 동의를 얻고 있다(Hatton & Smith, 1995; Schön, 1983, 1987; Tom, 1985). Kubler LaBoskey(1997)은 이에 대하여 다음과 같이 기술하고 있다.

> 나는 반성이 모든 교사가 목적이 되어야 하는가라는 질문을 토론자에게서 받은 적이 있다. 기본 가정은, 많은 사람이 달성하기 어렵기 때문에 합당한 교육 목적이 될 수 없다는 것인 듯하다. 현재의 현직교사 프로젝트를 같이 수행하고 있는 한 동료는 나에게 동일한 질문을 하였다. 나는 그때나 지금이나 '그렇다', '정말 그렇다' 라고 답한다. 모든 학생은 성실하고 원칙에 따르며 공정한 방식으로 자신의 실

천을 구성하고 검토하려고 해야 하고 또 그렇게 할 수 있어야만 진정한 교사가 될 수 있다.

그러나 반성이 교직 전문성에 기초적인 것이라면, 여전히 "문제는 직전교육 프로그램을 통하여 의도된 전문가로 만드는 반성 능력이 배양될 수 있는지에 관한 것이다."(Hatton & Smith, 1995, p. 43) 나의 대답은 다음 장에서 제시되는 것처럼 '진실로 그렇다'다.

후주

1) 앞서 기술한 것처럼, Miller, Galanter 그리고 Pribram은 이미지라는 용어를 정신적 구조를 언급하는 데 사용하였다. 제10장에서 우리는 정신적 구조의 성격을 세밀히 살펴볼 것이고, 이 분야에서 혼란을 일으키는 용어를 재정의하려고 한다. 또한 정신적 구조의 다양한 유형이 제자리를 찾을 수 있도록 일관성 있는 이론을 제시할 것이다.

요약

반성은 교사교육에서 기본적인 개념이 되어 왔으나, 문헌을 통해 보면 그 의미에 대한 합의는 없어 보인다. 반성에 대한 개념이 상이하고 반성에 대한 조작화가 드문 것은 교사교육의 목적에 대한 다양한 견해와 관련이 있다. 그런 만큼 반성에 대한 각각의 개념은 의문이 제기될 수 있다. 그러나 인지심리학적 견해로 본다면, 반성은 언제나 행동을 안내하는 정신적 구조에 영향을 주는 것을 목적으로 한다. 이 책에서 사용한 정의에 따르면 반성은 경험, 문제 또는 현존하는 지식과 통찰을 구조화하려고 노력하는 정신적 과정이다. 이 반성은 행위 후(reflection-on-action) 혹은 행위 중(reflection-in-action)에 일어날 수 있다.

Skemp가 소개한 두 단계 모형은 행동, 학습 그리고 반성 간의 관계에 대하여 설명하고 있다. 내적 델타-1 체제는 환경과의 상호작용을 지시한다. 델타-2 관리체제는 델타-1 체제(내적 피드백)의 개선을 목적으로 한다. 델타-2 수준에 포함된 피드백 순환 체제는 과정의 반성적 부분을 나타낸다. 반성의 결과는 델타-1 수준에서의 행동의 향상을 가져올 수 있다. 이 전문적 반성 능력 개발의 나선형 과정은 다른 사람이 주는 외적 피드백에 따라서도 자극받을 수 있다.

전문성 학습을 체제적 반성에 기초한다는 아이디어는 현실적 교사교육과 유사한 전제 위에 수립된 현장실천연구에서도 중심적 아이디어다. 예비교사들은 교실에서 무엇보다도 학생과 주고받는 상호작용에 관심을 가짐에도 불구하고, 이 접근은 일반적으로 현실적 교사교육보다 상황적 요인을 변화시키는 데 더 강조를 두고 있으며, 현실적 접근에서는 교실에서의 예비교사와 학생과의 상호작용에 더 초점을 둔다.

기본 개념

행위 중 반성(reflection-in-action)과 행위 후 반성(reflection-on-action) / 관리 체제(델타-1 그리고 델타-2) / 나선형 전문성 개발 / 내적 피드백과 외적 피드백 / 현장실천연구

제 5 장

현실적 교사교육 프로그램의 구축

◆ Fred korthagen

프로그램이 학습보다 우선해서는 안 된다.

– Donaldson & Marnik (1995)

이 장에서는 현실적 교사교육 프로그램을 설계하기 위한 기초적인 내용들을 다룬다. 우선 교육적 변화에서의 문제점을 좀 더 자세히 살펴보고, 기본적인 학습 원리 세 가지와 각각의 학습 원리에 대응하는 수업원리를 제시한다.[1] 이런 원리가 개별적으로 이루어지는 일대일 지도 상황과 집단 세미나 상황에서 각각 어떤 의미를 갖는지 살펴본다. 또한 이런 원리가 프로그램 조직 차원에서 어떤 양상으로 나타나게 되는지도 논의한다. 마지막으로, 학교에서 이루어지는 학생들의 학습, 교사교육 프로그램에서 이루어지는 예비교사의 학습, 그리고 교사교육자의 학습 사이에 나타나는 유사점들을 간략히 살펴본다.

1. 도 입

교사교육 프로그램의 문제점으로 알려져 있는 것 가운데 하나가 많은 예비교사가 수업과 학습에 대하여 그들의 학창시절 경험에 근거한 선입견을 가지고 있다는 점이라고 제3장에서 이미 지적하였다. 예를 들면, 많은 교육연구가 학습자로 하여금 자신의 학습과정에 적극적인 참여자가 되도록 하는 것이 얼마나 중요한지를 한결같이 강조하고 있음에도 불구하고, 많은 예비교사가 교사를 여전히 '정보 전달자' 로 여긴다. 교육연구들이 시사하는 것은 교사가 정보 전달자가 아니라 분명히 학습 촉진자여야 한다는 것임에도 말이다.

교사교육자들은 상당히 오랫동안 수업과 학습에 대한 경험적 이론을 예비교사에게 제시함으로써 그들의 선입견을 변화시키려고 노력해 왔다. 그래서 교사교육자들은 정교하게 고안된 수업 방법을 내놓기도 하였다. 가령 제시된 이론과 관련된 구체적 예를 활용하거나, 특정 이론적 원리를 실제에 적용해 볼 수 있는 과제물을 내거나, 아니면 피드백 절차를 사용하는 등의 방법을 동원하였다. 그러나 이미 제1장에서 보았던 것처럼 이런 노력이 실제 교실에서의 수업 행동에 미치는 영향은 미미한 것으로 판명되었다. 이런 교육적 변화와 관련된 문제점은 제1장 4절에서 논의하였다. 이 장의 2절에서는 심리학적 관점에서 이 문제점을 분석할 것이다. 이런 분석에 근거하여 전문성 학습에 관한 세 가지 기본 원리들을 3절에서 제시하고, 4절에는 이런 원리들이 교사교육을 위한 세 가지 기본 수업원리로 변환하여 제시한다. 5절에는 이런 원리가 구체적인 교육과정 안에서 적용되는 예를 제시할 것이다. 6절에서는 교사교육의 프로그램 조직과 관련한 다섯 가지 시사점을 논의한다. 7절은 질 관리와 평가 문제를 다룬다. 8절에서는 예비교사의 학습 수준과 교사교육자의 학습 수준 간의 조화에 대하여 논의할 것이다. 마지막으로 9절에서는 현실적 교사교육의 방법론을 구체화하기 위하여 이 책이 앞으로 다룰 내용을 소개한다.

2. 변화의 역설

현재의 교사교육을 자세히 들여다보면 많은 교사교육자가 어떤 가정을 전제로 하여 일하고 있다는 것을 알게 된다. 그 가정 중 하나가 교사교육자는 좋은 수업이 어떤 것인가에 대해 예비교사보다 더 잘 알고 있다는 것이며, 다른 하나는 이 때문에 그들이 예비교사의 관점을 고쳐 주어야 한다는 것이다. 그러나 심리치료 전문가가 오래전부터 밝혀 온 사실에 근거하면, 어떤 사람에게 변화를 일으키기 위해 시도하는 것은 그 사람의 변화를 가로막는 가장 좋은 방법이 된다. Canton(1972, p. 270)은 다음과 같이 말하였다.

> 기본적으로 유기체는 변화를 거부한다. 일단 우리가 어떤 조직화를 이루어 내면, 그것을 바꾸지 않으려는 경향을 갖는다. 유기체는 평형상태를 유지하고자 노력하는 것이다. 우리는 새로운 경험을 할 때 기존 습성이나 경험과 조화를 이루는 방향으로 이를 동화시키고자 한다. 우리는 현재의 안정성을 혼란시키고자 하는 것에 맞서 싸우는 것이다.

따라서 교사교육자는 거의 불가능에 가까운 임무에 직면하고 있는 것으로 보인다. 예비교사는 그들의 기존 선입견을 바꾸고자 하는 시도에 대해 강력히 저항할 뿐만 아니라, 그들의 선입견은 교사교육에서 제공하는 이론과 경험을 재구성하는 필터의 역할을 한다(Hollingworth, 1989). 대부분의 예비교사는 그들이 교실현장에서 잘 해내고 있다는 느낌을 절실히 필요로 하기 때문에 변화에 대한 저항이 더욱 강력해진다. 그들은 '생존에의 염려'를 갖고 있다(Fuller & Brown, 1975). 따라서 개인적 변화를 불러일으키고자 한다면 반드시 안전감을 느낄 수 있도록 해야 한다(Maslow, 1968, p. 49). 사람들은 스트레스를 느끼는 상황에서 평형상태를 유지하고자 하는 경향이 훨씬 더 강해진다. 예를 들어, 어떤 예비교사가 교실에서 정보의 전달자로서 성공적인 수행을 하지 못하면, 수업에 대한 자신의 개념을 바꾸기보다는 더 나은 정보 전달자가 되기 위해 더욱 열심히 노력하는 경우가 많을 것이다. 이것이 바로 Watzlawick 등(1974)이 '같은 것을 더(more of the same)' 라고 불렀던 현상이다.

교사교육자는 변화의 역설에 빠져 있는 듯하다. 변화를 일으키고자 하는 강박감이 종종 변화를 가로막는 것이다. 우리 교사교육자들은 여러 가지 애매한 방식을 통해 학생들에게 변화를 강요하고 있다. 예를 들어, '왜 지금 했던 것과 같은 방식으로 수업을 시작했는가?' 라고 하는 그다지 문제없어 보이는 질문을 예비교사가 받아들일 때는 자신에게 변화를 요구하는 의도의 질문으로 해석하곤 하는데, 사실 이런 해석은 전혀 틀린 것이 아니다.

3. 전문성 학습에 관한 세 가지 기본원리

나는 우리 학생들을 그냥 내버려 두어야 한다거나 현재 교사교육이 이루어지고 있는 방식대로 그냥 놔두자고 제안하려는 것이 결코 아니다. 교사교육자인 우리가 먼저 교사의 전문성 학습에 대해 가지고 있는 우리 스스로의 선입견을 변화시켜야 할 필요가 있다고 강조하는 것이다.

가장 우선적으로 우리는 예비교사가 자신의 교육에 대하여 생각하고 느끼는 방식에 대하여 충분히 그럴 만한 이유가 있을 수 있다는 것을 깨달아야 한다. 교사들이 교육에 대하여 가지고 있는 신념에 대해, 그리고 교육에 대하여 가지고 있는 개념에 대해 충분히 그럴 만하다는 것을 알아야 한다. 사람들은 개인적 경험과 사회적 경험을 통해 의미를 구성한다(Piaget, 1970). 교사교육자가 예비교사로 하여금 전문성을 개발할 수 있도록 돕고자 할 때 가장 먼저 해야 할 일은 이들이 수업과 학습에 대해 어떤 관점을 가지고 있으며 그들이 어떻게 그러한 관점을 형성하게 되었는지 이해하고자 노력하는 것이다. 이런 노력은 교사교육자가 교사로 하여금 그들의 선입견에 대해 의문을 갖게 할 수 있는 새로운 교사교육 프로그램을 고안하는 데 도움이 될 것이다. 그러나 이 경우도 학생에게 변화를 강요할 수는 없다. 한 사람에게 근본적인 변화가 일어나기 위해서는 당사자가 변화를 원해야만 한다. 이런 인식은 교사의 전문성 학습에 관한 두 가지 기본 원리의 기초가 되는데, 이런 원리는 다양한 학문적 이론에서 도출된다.

1. 교사의 전문성 학습은 학습자의 내적 동기에 따라 주도될 때 더욱 효과적이다(Fullan, 1991; Maslow, 1968).
2. 교사의 전문성 학습은 학습자 자신의 경험에 근거할 때 더욱 효과적이다(Piaget, 1970; Rogers, 1969).

이런 원리를 다음 절에서 자세히 살펴보겠지만, 그 전에 세 번째 원리를 추가하고자 한다.

3. 교사의 전문성 학습은 학습자가 자신의 경험에 대해 반성적으로 검토할 때 더욱 효과적이다.

마지막 세 번째 원리는 수업에 대한 예비교사의 선입견이 때로는 매우 암묵적이라는 인식에 근거하고 있다. 제3장 5절에서 보았던 것처럼, 그들의 선입견은 게슈탈트, 즉 경험에 근거한 현실의 전체적 구조의 양상을 띤다. 예를 들어 느낌, 가치, 행동적 경향 등이 그것이다.

예비교사가 수업과 학습에 대한 자신의 선입견을 분석하고, 그렇게 함으로써 암묵적인 형태로 지니고 있던 선입견을 명확히 드러내게 되는 것이 매우 중요하다. 이런 분석을 통해서만이 교사가 스스로의 선입견이 가진 약점들을 발견해 낼 수 있다. 이는 더 나아가 교사가 좀 더 많은 학습에 대해 필요를 느끼게 하고, 이런 학습 욕구는 제1원리에서 밝힌 것과 같은 방식으로 학습을 촉진시키는 기본 요인이 된다.

세 번째 원리가 중요시되는 또 하나의 이유가 있는데, 이는 이미 제2장에서 논의하였다. 다시 말하면, 교사의 전문성 개발은 더 많이 아는 것보다 가르치는 실제 교실에서 더 많이 지각하는 것이 중요하다는 것이다. 반성은 실제적 상황에 대한 인식능력을 개발하는 도구인 동시에 실제로 그 상황에 참여하는 기본적인 도구다. 전문성 학습의 이 측면에 대한 좀 더 자세한 논의는 제10장에서 할 것이다.

4. 교사교육 방법론에서의 세 가지 기본 원리 활용

전문성 학습의 세 가지 원리는 하나의 기본적 아이디어를 공유하고 있다. 바로 변화는 예비교사들의 내면으로부터 유래되는 것으로 보아야 한다는 것이다. 즉, 예비교사 자신의 필요와 경험으로 유발되는 일종의 '용출(湧出)'로 보아야 한다. 그러나 이런 변화의 과정은 교사교육자가 촉진시킬 수 있다. 교사교육자가 하는 일(가령 이들의 교육방법)을 보면 앞서 살펴본 세 가지 학습 원리에 상응하는 교사교육의 기본 원리를 발견할 수 있다.

1. 교사교육자는 예비교사로 하여금 자신의 학습적 필요를 인식하도록 도와야 한다.
2. 교사교육자는 예비교사로 하여금 유용한 경험을 발견할 수 있도록 도와야 한다.
3. 교사교육자는 예비교사로 하여금 자신의 경험에 대하여 세심하게 반성해 볼 수 있도록 도와야 한다.

이런 원리가 번호 순서대로 적용될 필요는 없다. 때로 학생은 어떠한 학습적 필요도 느끼지 못한다. 이 경우는 학생이 동료 학생에게 행하는 수업과 같은 경험을 제시하는 것으로 시작하는 것이 바람직할 수 있다. 어떤 경우는 학생으로 하여금 학창시절에 가장 좋아했던 교사의 특징과 현재 자신의 특징을 비교해 보도록 함으로써 자신의 경험에 대해 반성적으로 생각해 볼 수 있도록 도울 수 있다.

세 가지 원리는 종종 함께 활용될 수도 있다. 예를 들어, 학생은 자신의 경험에 대해 반성해 봄으로써(원리 3) 자신의 학습적 필요에 대해 깨달을 수도 있고(원리 1), 어떤 학습적 필요를 구체화함으로써(원리 1) 필요한 학습 상황에 대해 인식하기도 한다(원리 2).

세 번째 원리의 경우 한 가지 문제가 드러날 수 있다. 예비교사는 종종 특정 경험에 대해, 가령 자신이 실시한 수업에 대해 상세히 기억해 내지 못하는 경우가 있다. 예를 들면, 수업 중에 느끼는 스트레스 때문에 학생이 어떤 질문을 했었는지, 그리고 자신이 그 질문에 대해 어떻게 대응했는지 등을 잊을 수 있다. 또는 특정 교과내용을 어떻게 설명했었는지 정확히 기억하지 못할 수 있다. 만약 교실에 교사교육자나 지도교사, 아니면 동료 예비교사 등의 참관자가 있었다면, 수업을 하는 예비교사는 그 참관 활동을 '강압적인' 상황으로 받아들이고 부지불식간에 변화에 대한 저항감을 갖게 될 것이다.

이런 문제점에 부딪힐 때 가장 우선적으로 깨달아야 할 것은 해당 예비교사의 전문성 개발을 위해서는 현 시점에서 이 학습상황이 적절하지 않다는 것이다. 이 학습상황은 지나치게 위협적이기 때문에 좀 더 안전감을 주는 학습상황을 선택하여야 한다. 그러나 좀 더 안전한 경험을 다루는 경우도 일부 예비교사는 그러한 경험에 대해 되돌아보고 어떤 일이 있었는지 기억해 내는 데 어려움을 겪기도 한다. 이런 경우에 교사교육은 그런 학생의 회상능력을 개발시켜 주는 것이 된다.

여기서 테크놀로지가 유용하게 활용될 수 있다. 학습 경험을 오디오나 비디오 장치로 기록하는 것은 학생에게 거울과 같은 기능을 할 수 있다. 예를 들어 예비교사가 수업을 한 이후에 그 기록물은 그 경험을 되살리는 데 도움이 된다. 원할 때마다 특정 부분을 재생시킬 수도 있다. 그러면 예비교사는 근본적인 문제를 드러내는 세세한 면까지 발견할 수 있다. 예를 들어 예비교사는 자신이 질문을 충분히 경청하지 않는다거나 교실의 질서를 유지하려는 방법이 원했던 만큼 효과적이지 않았다는 것을 깨달을 수 있다. 이런 활동은 학습 동기의 개발을 촉진시키는 데 매우 유용하다.

가장 중요한 것은 기록된 테이프를 재생해 보면서 예비교사가 스스로 발견해

내는 것이다. 거울이 그렇듯이, 개인적 변화의 내적 과정의 단계에 따라 각자가 보는 것이 다르다. 해당 학생이 어떤 발달 단계에 있는가에 따라 어떤 것은 전경(前景)으로 드러나 보이고, 어떤 것은 단순히 배경으로 존재할 뿐이다(전경과 배경의 개념은 게슈탈트 심리학에서 이론적으로 상세히 설명되어 있다. Korb, Gorrell, & Vand de Riet, 1989, pp. 7, 8, 21 참조).

교사교육에 대한 현실적 접근은 앞서 살펴본 원리에 근거하고 있다. 다음 절에서 이에 대해 설명한다. 원리에 대해 설명하기 전에, 필자는 단순한 인지적 측면 이상을 포괄하는 학습과정에 대해 논하고 있다는 점을 강조하고자 한다. 예비교사들이 자신의 게슈탈트를 변화시키는 과정에 뛰어든다는 것, 즉 새로운 행동양식에 대해 스스로를 실험하는 일에 착수한다는 것은 총체적 인간으로서의 자신을 변화시키기 시작한다는 것을 의미한다. 특정 학생이 교사로서의 자신의 역할에 대해 갖는 관점과 아동과 상호 작용하는 방식은 자신의 삶 속에서 좀 더 일반적인 타인들과 관계하는 방식과 결코 분리될 수 없는 것이다. Cantor의 저서를 인용할 때 강조했던 것처럼 변화에 대한 어느 정도의 저항은 피할 수 없는 것이다. 따라서 교사교육자는 예비교사의 감정적인 측면에 대해 특별한 주의를 기울여야 한다. 교사교육자가 학습 동기를 서서히 갖추어 가는 학생을 재촉하는 것은 위험한 일이다. 교사교육자가 너무 서두르면 학생들이 변화할 수 있도록 도울 수 없다. 우리가 명심해야 할 것은 '서두르지 말라'는 것이다. 교사교육자는 변화의 촉진자이지만, 실제로 변화를 일으키는 사람은 바로 예비교사 자신인 것이다. 교사교육자가 학생의 감정과 학생의 생각을 계속 파악하고 있다면 많은 도움이 될 것이다. 신뢰와 안전감은 개인적 변화에 필수적인 요소다.

5. 사례: 일대일 수업 실습 경험

현실적 접근법의 세 가지 기본 원리의 활용에 대하여 설명하기 위해서 일대일 프로그램(one-to-one)이라고 알려진 위트레흐트 교사교육 프로그램(Vedder,

1984)의 한 요소를 살펴보도록 하겠다. 이것은 학부생을 위한 오리엔테이션 프로그램의 일부다. 정기적으로 한 학급을 가르치는 것은 초기의 예비교사에게는 부담스러운 경험이다. 따라서 '생존에 대한 염려'를 키우기 쉽고, 조화로운 학습과정에 필수적인 안전한 분위기를 조성해 주지 못한다. 이런 이유로 첫 수업경험은 보다 단순한 형태로 이루어진다.

다음과 같이 요약될 수 있다. 예비교사는 한 명의 고등학생에게 일주일에 한 번씩 1시간 분량의 수업을 7~8주간 한다. 대학의 실습담당 교수와 학교의 협력교사는 실제 수업 중에 참여하지는 않지만, 일대일 수업이 이루어지는 기간 동안 지도 세션과 세미나를 갖는다.

수업은 녹음되어 예비교사의 세세한 회상을 돕는 데 활용된다. 수업에 대한 반성적 과정은 표준화된 질문으로 구조화되는데, 예비교사는 그런 질문과 관련한 내용을 일지에 기록한다. 질문의 예는 다음과 같다.

1. 수업 전에 예상한 것은 무엇인가? 또 어떻게 대비하였는가?
2. 실제로 어떻게 되었는가?
3. 녹음 테이프에서 몇 가지 사례를 선택하여 자신이 어떻게 했는지, 학생이 어떻게 했는지, 무슨 생각을 하고 어떻게 느꼈는지, 자신이 생각하기에 학생은 무슨 생각을 하고 어떻게 느꼈을지, 그리고 이런 것이 서로 어떤 영향을 주었는지를 기록하라.
4. 위의 내용에서 결론을 도출하라.
5. 다음 수업에 대해 어떤 것을 계획하고 있는지 밝혀라.

세 번째 질문은 종종 가장 결정적인 역할을 하는데, 수업의 세세한 내용에 초점을 맞추고 있기 때문이다. 예를 들어 이 질문은 예비교사로 하여금 학생이 이야기하는 것을 경청하지 못했다든지, 학생들에게 학습문제가 분명히 드러나기도 전에 설명을 시작하였다든지 하는 것을 깨닫게 해 준다. 내가 지도한 예비교사는 "일대일 프로그램은 수업에 대한 나의 생각을 바꾸어 놓았어요. 예전엔 교사 위주로 생각했는데, 이젠 학생 위주로 생각하게 되었죠."라고 이야기하였다.

앞 절에서 제시한 원리와 관련해서 설명한다면, '일대일 프로그램'은 예비교사가 자신의 수업의 핵심 요소와 개인적인 학습 필요에 대하여 스스로 반성해 볼 수 있도록 돕기 위해 고안되었다고 할 수 있다. 예비교사가 이런 반성적 과정을 거치고 나면, 대학의 지도교수는 예비교사가 경험하는 과정에 잘 들어맞는 작은 이론적 개념을 제공할 수 있다. 예비교사는 이론적 개념을 알기 쉽고, 실제적이고, 결과를 알 수 있는 형태로 경험할 수 있어야 하는데, 이와 같은 점을 이미 지적했던 P. W. Hewson과 M. G. Hewson(1989)에게 필자는 공감을 표시하고자 한다. 이런 요건이 갖추어지지 않으면 이론적 개념은 예비교사의 정신구조의 일부가 되어 수업을 통해 나타날 수 없을 것이다. 제2장에서의 표현을 빌려 설명한다면, 에피스테메보다 프로네시스가 강조되어야 하는 것이다.

Vedder(1984)는 '일대일 프로그램'의 효과에 대해 연구한 결과, 두 가지 주요 효과를 찾아냈다. 첫 번째 효과는 실제적 기술의 개발과 관련된 것인데, 이는 이론과 실제를 연결지을 수 있게 됨으로써 촉진되는 것으로 보인다(Vedder & Bannink, 1987, p. 2). 두 번째 효과는 반성과 관련된 것이다. 일대일 프로그램의 주요한 장점 가운데 하나는 한 학급의 질서를 유지하는 문제보다는 한 학생의 학습과정에 예비교사의 주의가 집중되도록 한다는 사실이다(Vedder & Bannink, 1987, p. 10). 이와 동시에 일지에 기록을 남기는 작업을 통해 예비교사가 자신의 학습과정에 대해서도 인식하게 된다. 이미 밝혔던 것과 같이 인식, 특히 학생의 학습과정에 대한 인식과 자신의 학습과정에 대한 인식은 교사가 되는 과정에서 필수불가결한 요소다.

물론 예비교사가 일대일 프로그램을 통해 학습하는 것은 각각에 따라 상당한 차이가 있을 수 있다. 예를 들어, 한 예비교사는 자신이 가르치는 학생의 자신감 부족에 초점을 맞추어 아동의 자아개념을 향상시키는 방법을 찾는 데 애쓸 수 있고, 반면 다른 예비교사는 매우 추상적인 수준에서 교과내용을 설명하려는 자신의 습성을 발견하고 보다 구체적인 예를 들어 설명하는 방법을 익히기 위해 노력할 수 있다. 이는 수업 경험을 계획할 때 장기적인 개발 과정의 한 부분으로 삼아야 할 필요성을 보여 준다. 즉, 수업 경험을 하나하나의 우연한 경험으로 구성해서는 안 되며, 서로 연관성을 갖도록 정교하게 선택하고, 개별 예비교사의 필요에 맞추어 구성해야 한다. 다시 말해, 예비교사에게는 자신만의 개인적 스타일을 개발하고 자신의 개인적 학습사를 추구할 수 있는 충분한 기회가 주어져야 한다. 이것은 현실적 접근을 선택할 때 필수적으로 나타나는 결과다. 다음 장에서 이 문제를 다시 한 번 다룰 것이다.

6. 프로그램의 조직

앞 절들을 통해 우리는 프로그램 조직 차원에서의 결과에 주의를 집중하게 되었다.[2)] 예를 들어 예비교사에게 어떠한 경험을 제공해야 할 것인가에 관하여 두 가지 중요한 시사점이 있다. 즉, 이런 경험이 제공될 때는 **안전감과 도전 사이의 균형**이 이루어져야 하며, 각 **개인의 장기적인 학습과정**의 일부로서 계획되어야 한다는 것이다. 이 절에서는 프로그램 조직과 관련한 이 두 가지 측면에 대하여 논할 것이다. 그 후에는 **일선학교와 교사교육 기관의 관계**, 현실적 교사교육 프로그램의 통합적 특성의 필수성, 그리고 교수진의 전문성 개발에 대하여 살펴보겠다. 7절에서는 예비교사의 질 관리와 평가에 관련된 문제점에 대하여 논의할 것이다.

안전감과 도전의 균형

제3장 8절에서는 학습이 일어나기 위해서 안전한 분위기가 필수적이라는 것을 강조하였다. 한편, 예비교사가 경험하는 것이 학습을 위한 시발점이 되기 위해서는 어느 정도의 도전적인 내용이 있어야 한다는 것도 강조하고자 한다. 예비교사가 이미 해낼 수 있는 것과 새로이 터득해야 하는 것의 차이가 드러나게 하는 적절한 과제를 던져 줌으로써 그러한 도전감이 나타날 수 있다. 그러나 이런

차이가 너무 크면 그 도전감은 곧 위협으로 느껴지고, 학습이 일어나기 힘들어진다. 적절한 균형을 찾기 위해서는 예비교사의 학습과정을 주도면밀하게 계획할 필요가 있는데, 그렇게 하기 위해서는 교사교육자에게 상당한 대인관계 기술이 필요하다(7장에서 상세히 논의할 것임).

교사교육자는 학습경험의 특성을 선택함으로써 학습자에게 위협을 주지 않고 도전을 줄 수 있다. 가령 점진적 몰입 전략을 활용하면, 수업실습에서 업무의 복잡성과 책임을 점차적으로 증가시키고 업무부담을 늘려 가도록 예비교사의 학습경험을 계획할 수 있다. 실례를 들면, 교사교육 초기의 경험은 5절에서 설명한 것과 같은 일대일 수업경험의 형태로 주어질 수 있다. 만약 도전적 성격이 부족하게 계획되면, 예비교사는 자기 혼자의 힘으로 수업을 할 수 있을 만큼 충분한 훈련을 받지 못했다고 느끼게 되고, 결국 현장에 나가서는 현실 충격에 부딪힐 것이다. 따라서 수업실습 프로그램은 현장 교사와 똑같이 단독으로 모든 책임을 떠안지 않는 한도 내에서 가능한 한 현실적인 상황 아래서 이루어질 필요가 있다. 다시 말해, 실제 상황에 최대한 가까우면서 여전히 상급자의 지도를 받는 상황이 필요하다.

Utrecht 대학 IVLOS 교육연구소의 교사교육 프로그램에서는, 프로그램의 마지막에 이른바 IFTP(Independent Final Teaching Practice)라는 3개월간의 수업실습 기간이 있다(제3장 2절에서 소개하였음). 예비교사는 학교현장의 교사와 거의 같은 수준의 역할을 하게 되는데, 실제 교사가 느끼는 것과 같은 수준의 부담과 압박을 느끼며 특정 교과에 대하여 중등 수준의 여러 학급을 가르친다. 예비교사는 시험도 실시하고 성적을 부여하며, 교사회의 및 학부모와의 회합 등 학교의 일상적인 활동에도 참여한다. 정규 교사와 다른 점은 1시간 분량의 수업을 10~12회 가량 실시하는 것으로 제한된다는 것과, 학교 업무와 관련한 최종 책임이 예비교사를 담당하여 지도하는 정규교사에게 있다는 점뿐이다. 이런 프로그램은 개별 예비교사의 필요에 대해 조력과 도전의 균형을 이루게 하는 안정망과 기회를 제공해 준다. 예비교사에 대한 지도는 지도교사가 예비교사의 수업에 참관하지 않는다는 점에서 원거리 지도가 이루어진다고 볼 수 있다(IFTP식 훈련 방법은 다음에서 자세히 살펴볼 수 있음Koetsier, Wubbels, & Van Driel, 1992; Koetsier와 Wubbel, 1995).

개인의 장기적 학습과정과 일반 프로그램 순서의 균형

교사교육 프로그램이 진행되는 동안 예비교사는 매우 다양한 경험을 한다. 이런 경험이 단편적이고 우연적인 경험이 되지 않도록 하는 것이 중요하다. 모든 개별 예비교사를 위해 다양한 경험이 서로 연계되도록 계획하여야 한다. 예비교사의 이상적인 학습과정은 행위에 대한 반성이 새로운 행위를 이끌고, 이런 행위가 새로운 반성을 이끄는 것이 계속 반복되는 나선적 과정이다. 나선의 각 사이클은 그 앞의 사이클과 관련되어야 한다. 그럴 때만이 지속적인 전문성 개발의 과정이 이루어진다.

예를 들어, IFTP에서는 예비교사는 IVLOS 연구소에서도 지도를 받는데, 주로 소그룹 단위로 교사교육자의 지도를 받는다. 이런 기관 중심의 교수-학습 협의회에서는 예비교사의 수업 스타일과 수업에 대한 관점의 장기적 개발에 초점을 두고 있다. 또 이런 협의회는 수업실습 경험과 반성 과정의 맥락 속에서 예비교사들의 통찰력을 키워 준다.

물론 많은 교사교육자, 특히 미국의 교사교육자는 친밀한 개인적 지도가 늘 가능하다고 할 수 없는 대집단의 학생을 대상으로 일하고 있다는 것을 깨달아야 한다. 이런 문제를 IVLOS 프로그램에서도 발견할 수 있었기 때문에, 우리는 예비교사가 가능한 한 많은 지도를 받을 수 있는 구조적 방법을 개발했다. 이 방법은 이른바 '동료지원 학습'(Tigchelar & Melief, 2000)이라는 것인데, 이는 구체적인 수업 경험(일대일 수업 또는 IFTP의 경험)에 대해 3～4명의 예비교사 그룹에게 일련의 표준화된 반성적 질문(제11장에서 더 자세히 논의함)을 던짐으로써 의도된 반성을 할 수 있도록 설계하는 것을 목적으로 한다. 제9장 6절에서 이런 동료지원 학습 방식에 대해 보다 자세히 논의할 것이다.

지난 몇 년간 우리의 시간을 절약할 수 있도록 해 준 또 하나의 발전은 IVLOS

프로그램에서 예비교사 지도를 위해 통신수단을 이용할 수 있었던 것이다. IFTP가 진행되는 동안 각 예비교사는 연구소의 List-serv와 연계된 이메일을 갖는다. 각자의 경험과 문제점, 아이디어와 자료 등의 교환이 새로운 통신방법을 통해 촉진되었는데, 이는 예비교사 간의 반성적 교류를 목적으로 한다(동료지원 학습을 활용하는 한 예). 또한 교사교육자는 그룹 또는 개인 차원에서 이메일 교류에 쉽게 참여하여 반성적 과정을 도와줄 수 있다(제9장 6절을 참고).

장기적 학습과정에 대해 관심을 갖도록 자극하는 방법으로서, 예비교사가 일지를 사용하여 각자의 경험과 스스로 느끼는 장단점에 대해 문서화하고 나아가 자신의 학습 목표에 대해 생각할 수 있도록 한다(일지의 활용에 대해서는 제11장에서 다시 논의함). 이미 지적하였던 것처럼 각 예비교사는 지극히 개별화된 학습 경로를 따라야 한다. 이는 두 가지 명백한 이유로 설명할 수 있다. 첫째, 예비교사가 프로그램에 참여할 때 이미 가지고 있는 선입견과 능력의 고유에 따른 필연적 결과다. 둘째, 교사교육 프로그램의 목표는 항상 개별적 해석을 필요로 한다. 좋은 수업을 위한 단 한 가지 방법은 없으며, 각각의 예비교사는 자신의 성품, 능력, 배경과 어울리는 고유한 스타일을 개발해야 한다.

예비교사의 개별적 학습과정이 어떠한 것인가를 미리 논하는 것은 매우 어렵고 비생산적일 수 있다는 점에 대해 어떤 사람은 이것이 바로 현실적 접근이 원천적으로 내포하고 있는 문제점이라고 여길 수 있다. 어쩌면 이것은 현장에서 정말 활용되고 있는 지식, 기술, 태도 등의 개발을 목표로 하는 교사교육 방법으로 전환하기 위해 반드시 치러야 할 대가인지도 모른다. 다른 한편으로 현실적 접근에 근거한 수년간의 경험은 IVLOS 연구소의 프로그램 운영자로 하여금 예비교사가 어떤 실제적 경험을 함에 따라 어떤 유형의 문제가 나타나게 되는지, 또 이런 문제점이 어떤 이론과 효과적으로 연결될 수 있는지를 비교적 정확히 예측할 수 있도록 도와준다. 이는 프로그램의 목표를 사전에 더욱 정확히 설정할 수 있도록 해 주며, 예비교사의 염려를 해결하는 것은 물론 그러한 염려를 의도적으로 불러일으킬 수 있게도 한다(Van der Valk, Somers, Wubbels, & Korthagen, 1996). 예를 들면, 프로그램 초기의 일대일 수업 경험은 거의 항상 학습에 초점을 맞출 수 있도록 해 주며, 예비교사가 자신의 수업에 전적으로 몰두할 수 있도록 해 준다. 처음 경험하는 교실 수업은 항상 학급을 관리하는 문제와 규율의 문제에 대한 염려를 불러일으킨다. 예비교사의 염려와 관련된 이런 일반적인 경향은 이런 주제에 대한 세미나의 유용성을 말해 주는데, 따라서 이 세미나에서 다루는 이슈는 각각의 예비교사의 구체적 경험과 밀접히 관련된 것이어야 한다.

이는 프로그램의 기본 요건 한 가지를 제시해 준다. 즉, 현실적 교사교육 프로그램은 예비교사의 임의의 경험과 염려에 따른 우연한 결과여서는 안 된다는 것이다. 예비교사의 구체적 경험에서 유발되는 염려와 필요에 기반하여 개별적인 학습과정을 계획하고 수업에 대해 학습하는 동시에, 예측 가능한 결과를 이끌어낼 프로그램 순서를 확보할 수 있다. 그러나 교사교육자가 그러한 프로그램을 계획하기 위해서는 중요한 변화가 요구된다. 즉, 프로그램의 구성이 강의에서 제시할 이론에 따라 결정되거나 예비교사가 따라야 할 분절된 모듈로 결정되어서는 안 된다. 또한 현실적 교사교육에서의 교육과정 설계는 예비교사가 필요로 하는 능력이 무엇인지를 먼저 결정한 후, 이에 근거하여 일련의 경험이 정교하게 계획되어야 한다. 그러한 계획의 가장 첫 순서는 예비교사가 교사로서의 역할을 수행하는 것에 관한 필요와 염려를 발전시킬 수 있는 작고 비위협적인 경험을 제공하는 것이어야 한다. 그 후에 스스로의 경험과 염려에 대해 반성할 수 있도록 해야 하며, 그 이후에야 예비교사가 발달시켜야 할 능력에 대해 대략의 감을 잡을 수 있도록 교사교육자가 도와주어야 한다. 점차적으로 더욱 도전적인 경험이 제공되어 좀 더 복잡한 능력을 개발하거나 여러 능력을 동시에 활용하고자 하는 욕구를 갖게 해 준다. 프로그램의 순서란 상당 정도 예견할 수 있고, 참여하는 예비교사 그룹 전체에 공통적으로 적용될 수 있는 염려를 불러일으키고자 조심스럽게 계획된 일련의 경험을 말한다. 그러나 프로그램과 교사교육자는 충분히 융통성을 가지고 예기치 않게 나타나는 염려와 필요를 다루어 주어야 한다. 핵심적인 원칙은, 교사교육자가 어떤 이론이나 기술을 다룰 필요가 있다고 생각할 때 이런 것이 예비교사가 아무런 필요를 느끼지 않는 상황에서 제시되어서는 안

된다는 것이다. 오히려 교사교육자의 임무는 가르치고자 하는 이론과 기술이 예비교사의 경험으로 유발되는 필요와 맞아떨어질 수 있도록 새로운 경험을 계획해 내는 것이다. 그런 경험을 찾아낼 수 없다면, 교사교육자는 가르치고자 하는 이론과 기술이 정말 현장 교사에게 유용한 것인지 여부에 대해 재고할 필요가 있다.

일선 학교와 교사교육 기관의 협력 관계

전문성 개발을 위한 의도적 과정의 기반으로서 일련의 실습 경험은 세심하게 계획해야 한다. 따라서 수업실습 시기를 자주 조정하고 교사교육 기관에서는 반드시 회의를 해야 한다. 따라서 현실적 접근의 중요한 요소 중 하나는 수업실습이 행해지는 학교와 교사교육 기관의 협력 관계다. 교사교육 기관에 소속된 교수진과 협력교사들은 모두 예비교사의 전문성 개발을 지원하는 한 팀을 이루는 것이다. 이에 관하여 Northfield와 Gunstone(1997, p. 49)은 "교사교육자는 학교 및 교사들과 친밀한 관계를 유지해야 한다."라고 지적하였다.

학교와 교사교육 기관 간의 의사소통에 도움이 되는 환경을 조성하기 위해 몇 가지 방법이 활용될 수 있다. 협력교사는 예비교사 지도를 위해 시간을 할애하고 지도 기법에 대해 훈련을 받는다. 수업실습을 위한 학교를 선정할 때 학생들이 실험을 할 수 있는지의 여부와 해당 학교의 내부적 의사소통의 질이 중요한 고려 대상이 된다.

Bullough와 Kauchak(1997)이 지적했듯이 교사교육 기관과 학교의 진정한 협력은 그리 쉽게 이루어지지 않는다. 재정적 제약이 있을 뿐만 아니라 현장 학교와 대학 교수진들이 자신의 역할을 변경시키는 것에 저항하기도 하며, 심각한 의사소통 문제가 일어나기도 한다(Furlong et al., 1996 참조). Bullough와 Kauchak(1997)에 따르면 다음과 같다.

> 학교와 고등교육기관은 모두 무척 바쁘게 돌아가는 곳이다. 충분한 자원을 별

도로 할애하여 공동의 의제를 만들어 나가는 데 필요한 추가적인 의사소통의 기회를 제공하지 않고, 또 협력관계에 참여하고자 하는 상당한 헌신의 자세가 없다면, 참여하되 융합하지 않고자 하는 분위기가 팽배해진다.

교사교육 기관의 교수진과 현장 교사의 성공적인 협력구조의 결정적인 요소는 "상호 중복되지 않는 각자의 능력에 대한 공동의 신뢰와 상호 존중"(Bullough, Hobbs, Kauchak, Crow, & Stokes, 1997, p. 93; Ross, 1995, p. 198)이다. IVLOS 교육대학과 현장 학교 간에 형성된 협력 구조와 과정은 이루어지기까지 오랜 시간이 걸렸으며, 협력의 정도에서 학교에 따라 여전히 큰 차이가 있었다는 것을 강조하는 것이 필요하다. 현장 영역과 IVLOS 프로그램의 교사교육 기관의 영역 간의 통합을 강하게 촉진시켰던 한 요인은 몇몇 협력교사가 IVLOS에서의 겸임교수 지위를 부여받아 교수진에 합류하였던 것이었다(Cornbleth & Elsworth, 1994 참조).

통합 프로그램

현실적 접근을 활용한다는 것은 통합 프로그램에 따라 일한다는 것을 시사한다. 다시 말해, 실제와 이론이 밀접히 관련지어져야 한다는 의미라는 것이 이제는 충분히 명백해졌을 것이다. 그러나 또 다른 종류의 중요한 통합이 있다. 이른바 다양한 학문 분야 간 통합이다. 대체로 교사교육 프로그램은 교육심리학, 교육기초학, 교수법 등과 같은 학문분야와 관련하여 모듈화되어 구성된다. 이런 구조는 학습한 내용을 분절시키고, 예비교사로 하여금 실제적 문제를 해결하는 데 다양한 학문 분야로부터의 고찰을 통합하는 것을 힘들게 할 수 있다. 교사교육에 대한 현실적 접근은 예비교사의 경험을 출발점으로 간주한다. 이런 경험은 학문 분야에 근거하여 구성될 수 없기 때문에 완벽하게 일관된 현실적 접근을 취하면 하나의 완전히 통합된 프로그램으로 귀결된다.

학생들은 여러 가지 강좌를 좇아다니지 않고 단 하나의 강좌, 즉 프로그램 내의 동료그룹과 함께 IVLOS 프로그램을 거치게 된다. 학생 그룹은 한 교과 혹은 유사한 교과에 대하여 중등학교에서 가르칠 준비를 하고 있는 학생으로 이루어진다. 다양한 학문 분야의 이론이 프로그램에서 다루어지기는 하지만, 항상 예비교사의 실제 경험과 관련지어진다. 이것이 바로 프로그램 초기에 어떤 특정 이론을 다루게 될지 논할 수 없는 이유다. 프로그램은 통합이라는 특징을 갖는데, 교수법, 수업의 일반적 측면, 교과 내용의 구체적 요소 등은 프로그램에서 하나로 합쳐진다. 더 중요한 것은 이런 것이 교수진에서도 통합된다는 것이다. 하나의 프로그램에서 다양한 요소가 통합한다는 것은 결국 약 10~20명가량의 학생 그룹의 전체 학습 경로에 대하여 한 명의 지도교수가 책임을 져야 한다는 결론에 이르게 된다(Tom, 1997, 1998 참조). 이는 Northrield와 Gunstone(1997, p. 54)이 진술한 다음의 결론과 일치한다.

> 교사 개발 관점은 교사교육자가 소그룹의 예비교사로 하여금 스스로의 경험을 해석하는 것을 돕는 가운데 장기적인 관계를 형성할 수 있는 교사교육 접근법을 암시하는 것으로 보인다.

사우스 플로리다 대학교의 'High Impact' 프로그램의 특징에 대한 한 연구에서, Garber(1996, pp. 456-457)는 동료 그룹에 바탕을 둔 한 접근법의 다른 특징을 지적하였다.

> 동료 집단의 긍정적 혜택 가운데 하나는 서로 간에 형성되는 우정과 단결심이다. 그 결과 프로그램 오리엔테이션에 대해 저항감을 보이던 학생들이 긍정적인 태도를 가진 학생들에게 흡수되곤 한다. 동료 그룹의 영향력은 가볍게 볼 수 없는데, 특히 학생들이 교사라는 직업 세계의 부분으로 느끼기 시작할 수 있는 환경을 조성해 줄 수 있기 때문에 더욱 그러하다.

하나의 동료그룹을 담당하는 IVLOS 교수는 프로그램의 대부분을 가르치지만,

초빙교사와 같은 특정 영역의 전문가를 불러들이기도 한다. 이렇게 함으로써 더욱 내용적으로 조직화된 세미나를 가능하게 한다.

여러 주제, 즉 학급관리, 학교체제에서 특정 교과의 위치, 학생의 동기화와 같은 주제와 관련하여 프로그램을 구성함으로써 다양한 학문 영역의 지식을 통합하는 데 도움을 줄 수 있다. 이런 종류의 조직화는 우리 프로그램의 몇몇 부문에서도 활용되고 있다. 그러나 내용 중심의 조직화는 학생 경험을 중심으로 한 조직화와 잘 어울리지 않을 수 있다. 사전에 경험이 아무리 잘 계획되어 있더라도 교사교육자는 프로그램의 구성을 변경해서 학생들의 요구와 관심에 맞추기에 충분한 능력을 갖추고 있어야 한다.

대학 교수진과 협력교사들의 전문성 신장

이런 프로그램 구성은 교사교육의 질을 높이는 데 기여할 수 있는 다양한 학문 영역에서 많은 지식을 갖춘 숙련된 교사교육자를 필요로 한다. IVLOS의 교사교육자들 대부분은 원래 예비교사와 같거나 유사한 학문교과적 배경(예, 과학, 인문학) 등을 가지고 있으며 능숙하다. 그러나 그들이 IVLOS에서 처음 일을 시작할 때는 교수법, 심리학 등 여러 학문 분야에 대한 배경적 지식이 부족하다. 따라서 그들이 '다방면에 능통한 전문가(generalist)' 로서의 전문성을 제고하기 위해 대학 안팎의 전문가를 통해 교수진 훈련활동을 행한다. 교수 간의 상호 학습이 강력히 조장되었는데, 가령 하나의 그룹에 대해 두 명의 교수가 함께 담당하는 등의 방법이다.

지난 몇 년 동안 IVLOS의 교사교육자를 위한 훈련과 전문성 개발활동은 네덜란드 등지의 많은 교사교육 기관에서 활용되고 있다. 이런 종류의 활동은 모든 교사교육 프로그램에 필요하다. 왜냐하면 대부분의 나라에는 교사교육을 위한 정규교육이 없기 때문이다. 교사교육자를 위한 IVLOS의 전문성 훈련 프로그램에서의 활동들은 교수의 능력을 향상시키는 기초가 됨은 물론, 때로는 스스로 고통스런 반성의 과정을 경험해 보도록 의도하고 있다. 교사교육의 전문화와 관련된 이 문제에 대해 제11장에서 다시 다룰 것이다.

7. 질 관리와 평가

많은 교사교육자가 교사교육에 대한 현실적 접근이 경험과 그때그때의 근심거리를 중심으로 한 학습을 강조하기 때문에 중요한 프로그램의 목표를 달성하지 못할 수 있다고 우려한다. 우선 이 책의 앞부분은 교사교육에 대한 전통적 접근들이 교사교육자가 중요하다고 생각하는 모든 것을 '다루었다'는 환상을 불러일으킬 수 있다는 것을 보여 주었다. 단순히 다루었다는 것은 그 내용이 실제 전이된다는 것을 의미하지는 않는다. 이런 점에서 현실적 프로그램이 모든 내용을 담지 못한다고 염려하기 시작하는 것은 교사교육이 가진 근본적인 전이 문제를 부분적으로 부인하는 것일 수 있다. 이 전이의 문제는 교사교육자가 그다지 관심을 갖지 않은 채 오랫동안 지속되어 왔다. 그러나 현실적 프로그램이 질적인 저하를 가져오는지의 여부를 문제 삼는다면 그것은 정당한 것이다. 현실적 프로그램을 마친 예비교사의 질에 관하여 분명한 준거를 설정하는 것은 가능할까? 사전에 예견할 수 없는 예비교사의 경험과 걱정거리에 근거하여 프로그램이 만들어질 때 그것이 과연 가능할까? 답은 '그렇다'다.

6절에서 현실적 교사교육은 단순히 우연한 과정이 아니라고 이미 강조하였다. 이 프로그램의 핵심은 작고 위협적이지 않은 경험에서 출발하여 예비교사가 현장교사의 책임을 거의 완벽하게 떠안게 되는 IFTP에 이르기까지 예비교사의 경험을 세심하게 계획하는 것이다. 이런 경험의 계획은 프로그램의 목표에 근거해야 하며, 부분적으로는 반성이나 중요한 이론적 요소의 소개, 그리고 중요한 기술의 습득으로 이어질 수 있는 걱정거리를 의도적으로 유발시키기도 한다. 예를 들어, 5절에서 논의했던 일대일 프로그램은 예비교사에게 중고등학생을 경청하고 생산적인 교사-학생 관계를 형성하는 것에 대한 염려를 일으키고자 의도하고 있다. 예비교사가 이런 주제에 대해 스스로 인식하는 것이 중요한 것으로 보이기는 하지만, 만약 이런 걱정거리가 자연스럽게 나타나지 않는다면 교사교육자는 그러한 걱정거리를 불러일으킬 수 있는 새로운 경험을 의도적으로 제공해야 할 수도 있다. 따라서 교사교육자는 프로그램 목표의 성취 여부에 대해 지속적으로 모니터하고 적절한 경험을 설계하는 데 중요한 역할을 하게 된다. 제6장 2절에서는 IVLOS 프로그램에 대한 외부평가 결과에 대해 논하는데, 이 평가 결과에 따르면 현실적 프로그램 설계에 대한 이런 접근법이 뚜렷한 결과를 가져올 수 있다는 것을 보여 주고 있다.

질 관리의 문제는 현실적 프로그램에서 어떻게 학생들이 평가되는가의 문제와 많은 관련이 있다. IVLOS 프로그램에서는 협력교사가 중요한 외부 인사로서 여기에 간여하고 있다. 이들은 학생들의 실습 기간 평가에서 최종적인 의견을 제시한다.[3] 여기에 더하여, 지난 수년간 IVLOS 교육대학의 교사교육 담당자는 분명하게 진술된 프로그램 목표와 질 관리에 대한 우려에 대해 평가를 위한 도구로서 포트폴리오를 도입하여 보다 적극적으로 대처하기로 결정하였다(Wade & Yarbrough, 1996 참고). 프로그램의 후반부에서는 예비교사가 프로그램에 대해 반성해 보도록 요청받는다. 예비교사는 학습을 통해 얻은 것과 더 학습해야 할 것을 진술하게 된다. 이 내용은 교사교육자가 자신들의 교육과 교육연구에 대한 견해와 국가 수준에서 제시한 교사의 능력에 근거하여 작성한 교수목표 목록과 대조된다. 단, 이 목록은 프로그램을 구속해서는 안 되며(그렇게 하는 것은 오히려 부작용만 낳음) 프로그램을 비추어 보는 거울로 활용되어야 한다. 예비교사는 이미 습득한 것이 무엇이고 학습을 통해 습득해야 할 것이 무엇인지를 확인하는 데 이 목록을 이용한다. 프로그램 말기에는 예비교사 스스로 얻은 능력에 대한 모든 종류의 증거를 수집하여 포트폴리오에 담는데, 여기에는 프로그램 동안 자신의 학습과정에 대한 반성적 내용과 최종적인 자기평가 결과 등도 담는다. 학생들이 만드는 포트폴리오는 자신의 수업에 대한 협력교사의 평가, 수업을 받은 중고등 학생의 평가, 수업계획서, 실습록의 발췌 부분, 수업실습 기간에 만든 교육 자료, 수업을 녹화한 비디오 등을 포함한다. 학생 그룹을 담당하는 교사교육자도 이 포트폴리오를 이용하여 최종적인 평가를 내린다. 이 포트폴리오를 이용하는 것은 세심한 평가 절차와 반성 및 자기 평가의 촉진 간의 행복한 결합을 가져온다는 것이 IVLOS에서 우리가 경험한 것이다.

8. 세 가지 수준의 일치

이 장은 예비교사의 학습과정을 계획하는 방식과 교사교육자에게 필요한 학습과정 간에 존재해야 할 동일성을 강조한다. 예를 들면, 3절에서 진술한 전문성 학습의 세 가지 기본 원리는 이 둘 모두에게 적용되는 것이다. 효과적인 학습이 개인적인 학습 필요와 개인적인 경험에 근거하며, 깊이 있는 반성이 계속적인 발전의 나선적 과정을 통해 나아가는 데 도움이 된다는 것은 예비교사와 교사교육자 모두에게 진리다. 이와 같은 소위 일치의 원리(congruence principle)가 시사하는 점은 현실적 교사교육 프로그램은 단순히 위로부터의 접근으로 수행될 수 없다는 것이다. 교사교육자에게 충분한 시간을 부여하여 그러한 프로그램을 개발할 수 있도록 지원해야 한다. 프로그램 책임자나 대학장 등은 교수진의 관심 아래 현실적 프로그램을 단계적으로 만들어 나가야 한다. 교수진 스스로 현실적 접근에 따라 교사교육을 수행하면서 겪는 초기 경험에 대해 반성할 수 있도록 하는 것이 중요하며, 교수진 사이의 우호적인 협조도 중요하다. 가장 중요한 것은 교수진에게 안전한 학습 분위기를 조성하는 것이다. 즉, 기꺼이 동료 교수에게서 배우고자 하는 분위기가 반드시 전제되어야 한다.

또 하나의 중요한 일치가 있는데, 즉 현장 학교에 있는 초중등학생의 학습과정과의 일치다. 교사교육의 방법을 변화시키는 중요한 이유 가운데 하나는 현실적 접근이 예비교사에게 학교에서 학생을 어떻게 가르칠 수 있는지에 대한 예시를 제공한다는 것이다. 이것이 일치의 원리의 또 하나의 예다.

> 교사교육자는 교사가 학생을 대하는 것과 같은 방식으로 예비교사를 대해야 한다(Putnam & Borko, 1997, p. 1226).

학교에서는 학생이 경험하는 문제에 기초하여 일하는 것, 실제 경험에 근거하여 이론을 습득하는 것, 학습자에게 반성적 태도를 길러 주는 것, 개별적인 장기적 학습 과정에 주의를 기울이는 것 등이 똑같이 중요하다. 사실 제1장 7절에서 보았던 것처럼 현실적 접근은 Freudenthal(1991)과 그의 동료가 개발한 학교 수학 교육에 대한 현실적 접근방법의 큰 영향을 받았다(Treffers, 1987 참조). Freudenthal은 교육을 의미 있고 보람 있는 것이 되게 하는 전제조건으로서 의미 있는 맥락 속에서의 학습이 필요하다고 역설하였다. 학교교육에 대한 이런 관점이 예비교사의 교육을 위해 쓴 이 책의 주요한 주제는 아니지만 제14장 4절에서 보다 자세히 살펴볼 것이다.

예비교사의 학습 수준과 학교에서의 학습 수준 사이의 일치를 추구하는 것으로는 충분하지 않다. 이 일치의 문제는 예비교사에게 분명히 언급하고, 학교 수업에서 그것이 어떤 결과를 낳게 되는지 내놓고 논의하여야 한다. 나아가 학생들이 경험한 학습의 원리를 자신의 수업에 적용할 수 있도록 돕기 위해 많은 지도가 필요하다(Wubbel, Korthagen, & Broekman, 1997 참조).

9. 옥스퍼드 인턴십 프로그램과의 유사성

이 장에 제시된 현실적 교사교육 프로그램의 많은 특징은 교사교육에 관한 연구에 익숙한 사람에게 아마도 그다지 새롭거나 놀랍게 느껴지지 않을 것이다. 현실적 교사교육 프로그램을 이루는 여러 원리의 조합이 전혀 새로운 형태의 프로그램을 만들어 주고 있지만, 일견 그다지 새로워 보이지 않을 수는 있다. 그런데 확실히 현실적 교사교육 프로그램과 거의 같은 교육학적 원리를 갖고 있는 또 하나의 교사교육 모델이 있는데, 그것은 바로 옥스퍼드 인턴십 모델(Oxford Internship Model)이다. 이 모델은 영국에서 중등학교 교사를 위한 1년간의 대학원 수준 과정에서 사용되고 있다. McIntyre와 Hagger(1992)는 이 모델을 여러 가지 원리로 요약해 주었는데, 이들 중 가장 중요한 것의 예는 다음과 같다.

1. 제한된 수의 현장 학교 각각이 교사교육 프로그램에 적극적으로 간여한다.
2. 인턴 교사가 특정 학교에 장기간 배치된다. 현장학교와 대학 간에 긴밀한 협력관계를 맺는다.
3. 안전한 학습 환경을 조성한다(예비교사를 위한 1년 동안의 점진적 전문성 개발).
4. 인턴이 성인으로서 자신의 학습계획을 스스로 수립할 수 있음을 인정한다.
5. 대학과 현장 학교 간의 분업을 통해 각각이 가진 최선의 지식과 노하우를 제공한다.

McIntyre와 Hagger(1992, p. 270)는 그들의 모델이 다른 세 가지 교사교육 모델과 차별적인 형태로 개발되었음을 강조하였다. 이 모델은 우선 이론이든 현장이든 그 어느 하나에서 출발하지 않기 때문에 '이론의 현장 적용 모델'과는 차별적이다. 경험 있는 교사의 지혜가 매우 가치 있는 것으로 보임에도 불구하고 예비교사의 전문성 개발을 촉진하기 위한 유일한 수단으로 보고 있는 '도제 모델'과도 차별적이다. 또한 이 모델은 '전통적인 직무연수 모델'과도 차별적인데, 직무연수 모델이 교사를 무언가 결여된 존재로 보고 있기 때문이다. 옥스퍼드 프로그램의 한 특징에 대해 다음과 같이 설명하고 있다.

> 무엇을 배울 것인지, 어떤 문제를 해결할 것인지를 결정하는 것은 인턴 자신의 사전 경험과 책임감, 스스로 느낀 필요, 영감과 이해 등이다(McIntyre & Hagger, 1992, p. 267).

이 원리는 현실적 접근 방법에서도 기본적인 것이며, 위의 세 가지 모델과의 차별성 또한 현실적 접근 방법의 특성이다.

옥스퍼드 인턴십 프로그램은 예비교사의 학습과정을 두 단계로 구분하고 있다(McIntyre, 1995, p. 376; McIntyre & Hagger, 1992, p. 269). 첫 번째 단계는 인턴으로 하여금 자격증 획득을 위해 필수적이고 기본적인 현장 능력을 습득하도록 하는 것을 목적으로 하고 있으며, 두 번째 단계는 자기평가 능력과 자기개발

능력을 갖춘 교사가 되기 위해 필수적인 능력의 개발을 목적으로 하고 있다. 이런 목적들 또한 현실적 접근의 기본 목적, 즉 출발 능력과 성장 능력의 개발이라는 목적과 매우 유사하다. 차이점이 있다면 현실적 접근은 이런 두 목적을 서로 다른 단계로 연결하지 않는다는 것이다. 예를 들면, IVLOS에서의 현실적 교사교육 프로그램은 시작하자마자 반성적 능력의 개발이 중요한 이슈가 된다.

옥스퍼드 모델의 두 번째 원리는 또 다른 차이점을 보여 준다. 즉, IVLOS 프로그램에서는 예비교사가 반년이 지나면 실습 학교를 바꾼다. 이렇게 하는 이유는 예비교사가 교육에 대해 더욱 폭넓은 시야를 갖게 하려는 것이다. 한 학교에 계속 머문다면 중등교육이 바로 그 학교의 교육과 같은 것으로 생각하게 될 수도 있다. 또 예비교사가 첫 학기에 규율과 관련된 심각한 문제를 겪었을 경우 새로운 환경으로 이동하지 않으면 현장과 관련한 부정적인 패턴을 바꾸는 것이 매우 어려울 것이다. 좀 더 긍정적인 측면에서 이야기한다면, 실습학교를 바꿈으로써 예비교사는 새로운 출발을 할 수 있고, 이는 그와 같은 부정적인 패턴을 깨뜨리는 데 도움을 준다.

10. 이 장 이후의 내용

현실적 교사교육 방법론의 기초는 이제 충분히 설명하였다. 현실적 교사교육에 대해 더욱 깊이 파헤치기 전에 현실적 교사교육의 원리에 기초를 둔 교사교육 프로그램의 성공 사례와 문제점, 특히 예비교사의 학습에서 장애가 될 수 있는 것들에 대해 자세히 살펴보는 것이 매우 중요하다. 예를 들면, 반성을 하지 못하는 것처럼 보이는 예비교사, 즉 교사교육자로부터의 세세한 지침과 구체적인 도움을 요구하는 예비교사라든지, 자신의 경험에 대해 스스로 반성하는 것 자체를 싫어하는 예비교사를 어떻게 다룰 것인가? 이런 주제는 제6장에서 다룰 것이다. 6절에서 설명한 기관 차원의 문제 이외에도 현실적 교사교육 방법론의 설명을 위해서 중요한 두 가지 다른 차원에서의 논의가 필요하다는 것이 명백해졌다.

즉, 예비교사에 대한 개별적 지도과정과 교사교육 기관에서의 집단 협의회는 교사교육자가 예비교사와 일하는 가장 흔하게 나타나는 상황이다.

첫 번째 상황을 살펴보면, 지도과정에서 예비교사가 경험을 통해 학습하는 것을 자극하기를 원하는 교사교육자는 풍부한 대인 관계 능력이 필요하다. 무엇보다 중요한 것은 안전감을 주는 분위기를 조성할 수 있어야 한다는 것이다. 이미 다루었던 내용을 다시 상기시켜 본다면, 반성을 위한 ALACT 모형의 2단계는 수용, 동감, 진실성, 구체성 등을 요구한다. 예비교사가 3단계의 필수적인 영역을 인식할 수 있도록 돕기 위해서는 교사교육자의 추가적인 능력이 요구되는데, 직면 기술과 같은 좀 더 지시적인 기술도 필요하다. 4단계에서는 대안적 행동 방식을 창출할 수 있도록 돕는 기술이 요구된다. 지도과정에서 반성을 촉진하기 위해 도움이 되는 이런 방법은 우리가 특별히 관심을 가질 가치가 있다. 제7장에서 바로 이런 내용을 다룬다.

개별 예비교사의 반성을 증진시키기 위해서는 교사교육자가 반성적인 예비교사의 특성에 대해 좀 더 많이 알고 있는 것이 도움이 될 수 있다. 이런 주제가 제8장의 초점이 될 것이다.

교사교육자는 예비교사와 개별적 만남을 통해서만 일하는 것이 아니다. 더 오랜 시간을 그룹 세미나 상황에서 보낸다. 이런 상황에서 중요한 질문은 예비교사 집단과의 시간을 통해 어떤 방법으로 예비교사로 하여금 스스로의 경험에 대한 반성을 증진시킬 수 있을 것인가 하는 것이다. 많은 교사교육자에게 이것은 개별적 지도과정 상황보다 훨씬 더 어렵다. 종종 그룹 세미나 상황에서는 학생의 반성을 촉진시키기보다 강의 형태로 흐르게 되는 경향이 나타나곤 한다. 다시 한 번 교육적 변화의 문제에 부닥치게 된다. 교사교육자가 학생으로서 교육을 받는 동안 그룹 세미나 상황에서 반성을 촉진시키는 교사의 예를 거의 보지 못했던 것이다. 따라서 그룹 세미나 상황에서 예비교사 집단을 다루는 문제는 이 책에서 매우 중요한 관심사가 된다. 이 주제가 제9장의 초점이다.

이후의 네 개 장은 현실적 교사교육 방법에 대한 자세한 설명을 제공한다. 그러고 나서 제10장과 그 이후의 장들은 더욱 깊이 있는 논의를 다룰 것이다.

후주

1) 이 장은 IVLOS 교육 연구소 동료들의 저작과 IVLOS 교사교육 프로그램의 공식적, 비공식적 문서에 기초하고 있다. Koetsier, Wubbels 그리고 Korthagen(1997)이 이미 출판한 자료에 실린 IVLOS 프로그램에 대한 설명의 여러 부분도 활용되었다.
2) 여기서 제시된 결과의 대부분은 Koetsier, Bubbels 그리고 Korthagen(1997)에서 인용하였다.
3) 그들이 이 책임을 담당할 수 있도록 돕기 위해 우리는 교사교육자의 지도 아래 운영되는 협력교사와 협의회를 조직한다. 이를 통해 예비교사의 평가를 위한 준거를 명확히 하고 협력교사의 임무와 관련한 질문과 염려에 대해 논의한다.

요약

변화에 대한 강요는 종종 변화를 가로막는데, 이는 생존에 대한 염려가 변화의 과정에 중요한 역할을 하기 때문이다('변화의 역설'). 예비교사의 학습이 보다 효과적으로 이루어지기 위해서는 그 학습이 내적인 동기로 주도되고, 예비교사의 개인적 경험에 근거한 것이어야 하며, 또 그러한 경험에 관하여 예비교사가 세심하게 반성하여야 한다. 교사교육자는 이런 조건이 형성될 수 있도록 도와주어야 하는데, 이때 예비교사의 개인적 학습사, 선입견, 안전 욕구, 학습 저항 등을 잘 고려하여야 한다. 일대일 교사실습 경험은 예비교사가 안전하고 너무 복잡하지 않은 환경 속에서 실질적인 수업 기술과 반성적 사고능력을 개발할 수 있는 초기 과정으로서 좋은 기회가 된다.

현실적 교사교육 프로그램의 중요한 특징으로는 ① 안전감과 도전의 균형, ② 학생 개개인의 장기적 학습과정과 프로그램 순서 간의 균형을 확보한 학습 경험의 계획, ③ 학교와 교사교육 기관의 협력 관계, ④ 이론과 실제의 통합 및 다양한 교과 간의 통합, ⑤ 교수진 훈련 등이 있다. 이런 특징은 '옥스퍼드 인턴십 모형'의 특징과 매우 유사하다.

학생들이 자신의 학습과 스스로에 대한 평가에 대해 상당한 책임을 지는 한, 개인적인 경험과 관심에 근거한 학습에 대해 강조하면서도 질 관리를 위한 규준과 표준적인 수업능력을 함께 강조하는 것이 가능하다. 이런 상황에서는 동료의 역할이 매우 중요하다.

교수진의 훈련 또한 현실적 접근 방법을 따라야 한다(일치의 원리). 또 하나의 중요한 '일치'가 존재하는데, 즉 현실적 교사교육만이 학교현장에서 실제적 교육을 수행할 수 있는 교사를 준비시킬 수 있다는 것이다.

기본 개념

생존에 대한 염려 / 변화의 역설 / 학습 동기 / 학습 저항 / 일대일 배치 / 안전과 도전의 균형 / 개인의 장기적 학습과정과 프로그램 순서 간의 균형 / 관심의 유발 / 동료지원 학습 / 학교와 교사교육 기관의 관계 / 통합 프로그램 / 교수진의 전문성 신장 / 포트폴리오

제 6 장

현실적 접근과 반성의 촉진에 대한 평가 연구

◆ Fred korthagen and Theo Wubbels

정밀성의 결여는 사회과학자를 당혹스럽게 만드는 것 중 하나였다. 그러나 사회과학자가 그 때문에 당황할 이유는 없다. 정밀하게 검증할 수 있는 수학적 도구를 사용한다는 면에서 물리학이 '견과학(hard science)'으로 불리는 반면, 정밀한 분석도구의 개발이 어려운 복잡한 현상을 다루는 심리학이 '연과학(soft science)'으로 불린다는 것은 일종의 모순이다. 과학을 이렇게 분류할 때 심기가 불편할 사람은 심리학자가 아니라 물리학자여야 할 것이다.

– Alwin Scott(1995, p. 179)

이 장에서는 현실적 접근의 효과를 평가한 연구, 좀 더 세부적으로는 반성적 교사교육의 효과에 대한 기존의 연구를 살펴보려 한다. 우선, 반성적 교사교육의 효과에 대한 연구가 상대적으로 매우 드물다는 놀라운 사실에 대하여 논의한 후, 그런 현상의 원인을 분석할 것이다. 그다음 저자들이 반성적 교사교육의 효과에 대해 연구한 내용을 살펴볼 것이다. 중요한 결론 가운데 하나는 반성을 촉진하는 원리가 장기적인 관점에서 중요한 효과를 보인다는 것이다. 지금까지의 연구결과는 반성적 태도를 소유한 예비교사와 그렇지 않은 예비교사 간의 차이에 더 많은 주의를 기울일 필요가 있음을 암시한다. 마지막으로는 이 분야에 대한 추가 연구의 필요성을 제안할 것이다.

1. 도 입

지금까지는 현실적 접근의 기초 이론을 다루었다. 이제 이 새로운 교사교육 방법의 효과에 대해 우리가 이미 알고 있는 것이 무엇인지를 물을 때가 되었다. 몇몇 연구가 이 주제에 대해 흥미로운 정보를 제공하고 있다. 이에 대한 더욱 자세한 내용은 2절에서 다룰 것이다.

현실적 접근이 비교적 새로운 분야라는 점 때문에 이에 대한 평가연구가 수적으로 그리 많지는 않다. 우리는 예비교사의 교수경험에서 반성 촉진의 효과에 관한 연구도 찾아보았다. 1980년대 이후 전 세계의 거의 모든 교사교육자가 현실적 접근 방법의 원리를 채택하여 왔음에도 불구하고, 반성의 촉진을 위한 교사교육 프로그램의 효과에 대한 연구가 거의 이루어지지 않았다는 것은 매우 놀라운 사실이다.

또한 반성을 촉진하는 교사교육이 가능하다고 가정하더라도 '이것이 교사교육에 정말 필요한가?' 라는 질문이 여전히 남는다. 이런 질문은 증거나 경험보다는 신념이나 확신의 문제와 관련된 것이다. Zeichner(1987)는 반성의 촉진을 위한 프로그램이나 전략의 효과에 대한 실증적 자료가 아직까지 많이 부족하다는 점을 지적하고 있으며, 이런 사정은 지금까지도 그리 나아지지 않고 있다. 많은 연구가 주로 강의평가 기간 동안 수집된 예비교사의 의견에 의존하고 있으며, 이 밖에 자기보고, 일반적 관찰 및 비객관적 일화(isolated anecdotes)를 사용하였다.

3절에서는 이 분야에 대한 연구가 왜 부족한지 그 원인에 대해 분석할 것이다. 4절에서는 한 단계 더 진전한 몇몇 예외적 연구에 대해 논의할 것이다. 우리는 여기에서 다른 연구자가 수행한 연구를 언급할 것이며, 5절에서는 반성의 촉진에 관한 우리의 연구에 관해서 기술할 것이다. 6절에서는 결론과 함께 후속 연구에 대한 제언을 할 것이다.

2. 현실적 접근에 대한 평가 연구

우리는 우선 현실적 접근의 효과에 대한 몇몇 연구를 분석하였다. 이 연구들은 위트레흐트 대학의 IVLOS 프로그램의 맥락 속에서 이루어졌다. IVLOS 프로그램은 현실적 접근을 적용한 중등교사교육 프로그램으로서 1980년대 후반에서 1990년대에 걸쳐 사용되었다.

외부 연구기관에 의뢰해 수행된 국가수준의 평가연구 결과(Research voor Beleid; Luijten, Marinus, & Bal, 1995; Samson & Luijten, 1996) 네덜란드의 모든 중등교사교육기관 중 IVLOS 프로그램을 거친 졸업생(표본집단 n=81)의 71%가 '전문적 준비(professional preparation)' 항목에서 '우수' 또는 '매우 우수' 한 점수(5점 척도에서 상위 2점)를 획득한 것으로 나타났다. 이런 결과는 매우 놀라운 것이다. 이는 이 연구가 네덜란드의 모든 중등교사교육 프로그램의 졸업자를 대상으로 이루어졌는데(n=5,135), 그들 가운데 이 점수대에 해당하는 졸업생은 41%에 불과하였기 때문이다(p= < .001).

근본적인 질문, 즉 현실적 접근이 이론과 실천의 괴리를 실제로 줄였는가에 대한 몇몇 연구도 이루어졌다. 1991년에 수행된 평가연구는 1987~1991년에 위트레흐트 대학에서 중등교사교육을 받은 모든 졸업생을 대상으로 이루어졌는데, 현실적 접근 프로그램이 현재 교사로서의 자신의 업무에 적합(또는 매우 적합)하였다고 응답한 비율이 86%에 이르고 있다(Koetsier, Wubbels, & Korthagen, 1997). Hermans, Créton 그리고 Korthagen(1993)은 제5장에서 언급한 모든 원리를 좀 더 철저하게 적용한 교사교육을 받은 12명의 학생들을 대상으로 질적 연구를 수행하여 그 결과를 보고하였다. 연구에 참여한 12명의 예비교사 모두가 이론과 실천의 밀접한 연계가 있었음을 언급하였다. 세계 각국의 교사교육 관련 기존 연구가 이론과 실천 사이의 괴리를 지적하고 있다는 점을 고려한다면, 이것은 주목할 만한 결과다. 다음은 예비교사의 응답 가운데 몇몇 사례다.

"이론과 실천의 통합이 내적으로 완전하게 일어났다."
"모든 이론이 현장에서 적용되는 것을 보았다."
"강의 중에 다루었던 내용이 학교현장에서도 명확히 일어나는 것이었다."

Brouwer(1989)는 1980년대 현실적 접근법이 개발되기 시작한 시기에 위트레흐트 대학교에서 사용되었던 24가 교사교육 프로그램(12개의 중등학교 교과목과 관련됨)의 의도와 그 효과에 대해 심도 있는 연구를 수행하였다. 그는 교사교육 기간의 여러 시점과 졸업 후 초기 2년의 현직교사 시기의 양적, 질적 자료를 수집하였다. 이 연구에는 357명의 예비교사와 31명의 교사교육자 그리고 128명의 현직교사가 참여하였다. 졸업 후 최초 1년 동안 졸업생의 업무수행에서 나타난 구체적 효과는(14종류의 범주로 측정되었음), 첫째, 그들이 교사교육을 받는 동안 학습한 이론적인 요소가 교생실습 기간에 얼마나 효과적으로 사용될 수 있다고 여기는지에 달려 있으며, 둘째, 교사교육 기간 중 현장학교와 사범대학 간의 순환교육(cyclic alternation)이 얼마나 효과적으로 일어나는가에 달려 있는 것으로 보고되었다. 또한 예비교사에게 요구되는 활동과 과제의 복잡성을 점진적으로 증가시키는 것이 이론과 실제의 통합에 중요한 요인인 것으로 나타났다.

또 다른 중요한 연구문제는 교육전문가가 IVLOS 프로그램 내용의 타당성을 인정할 수 있는가의 문제다. 이와 관련하여 교육학자, 중등교육 연구자/전문가로 이루어진 두 개의 교육위원회(화란연합대학-VSNU가 설립함)가 1992년과 1997년 2회에 걸쳐 수행한 평가연구가 중요한 암시를 던져 준다. 이들 보고서는 IVLOS 프로그램에 대해 매우 긍정적인 평가를 내리고 있다. 1997년 보고서의 경우 IVLOS 프로그램은 34개의 항목 중 25개의 항목에서 '우수' 또는 '매우 우수'에 해당하는 평가를 받았다. 우수 또는 매우 우수 평가를 받은 항목은 프로그램 목표의 완결성과 명료성, 프로그램 목표의 도달 정도, 프로그램 내용의 가치, 졸업생의 전문성 등이 포함된 것이었다. 그 밖의 9개의 항목에서는 '만족'에 해당하는 평가를 받았다. 네덜란드의 어느 대학도 이와 같이 높은 점수를 획득하지 못했다.

현실적 접근에 대한 평가연구가 아직까지 수적으로 미미하다는 사실에도 불구하고 지금까지의 연구는 현실적 접근이 이론과 실천 사이의 차이를 좁힐 수 있다는 흥미로운 실증적 지표를 제공한다. 또 하나의 질문은 현실적 접근의 가장 핵심적 요소, 즉 실천에 대한 반성의 촉진이 실제적으로 도움이 되는 요소인지에 관한 것이다. 그리고 만일 이 요소가 중요하다면 어떤 면에서 그러한가?

3. 반성의 조작화 문제

반성의 촉진의 효과에 관한 연구에서 중요한 문제 가운데 하나는 어떻게 반성을 조작적으로 정의하는가에 관한 문제다. 우리는 제4장에서 이미 반성의 개념이 매우 다양하다는 것을 논의하였다. 이런 다양성에 관한 문제 가운데 중요한 것은 반성할 만한 가치가 있는 교육적 요인이 무엇인가 하는 점이다. 제4장 5절에서 논의한 것처럼 이런 질문은 '좋은 가르침(good teaching)' 을 구성하는 요인이 무엇인가 하는 문제와 연결되어 있다(Korthagen & Wubbels, 1995). 우리는 제4장 3절에서 논의된 개념과 연관하여 예를 제시하려 한다.

Zeichner(1983), Carr 그리고 Kemmis(1985) 등은 반성을 비판적 탐구로 보았다. 이 견해에 따르면 훌륭한 교사는 비판 및 탐구의 전문가다. 이 관점은 학생을 비판적이고 책임감 있는 시민으로 육성하는 것이 교육의 목적이라고 보는 교육철학과 연결되어 있다. Zeichner와 Liston은 장학적 언사(supervisory discourse)에 관한 연구에 이런 관점을 적용하였다. 이들은 장학적 언사의 비판적 수준을 반성의 수준과 동일시하였다(4절 참조). '좋은 가르침' 의 다른 요인을 강조하는 연구자들은 다른 정의를 사용할 것이다. '학생이 시험에서 좋은 결과를 얻도록 돕는 것' 을 좋은 가르침으로 생각하는 사람은 반성 자체를 전혀 다른 의미로 정의할 것이다. 이 경우 반성은 '교사가 학습자로 하여금 검사에서 높은 점수를 얻도록 하기 위해 필요한 방법을 체계적으로 생각해 낼 수 있는 수준' 으로 규정될 것이다.

이 분야에 대한 평가연구의 가장 큰 문제점은 연구자의 교육철학이 분명하게 드러나지 않는다는 데 있다. 이와 같은 문제는 반성의 촉진에 관한 그 어떤 연구에 대해서도 그 결과를 의심하게 만들거나, 최소한 그 결과를 모호한 것으로 만든다. 이제는 반성 촉진의 효과와 좋은 교수에 관한 관점 간의 관계를 분명하게 보여 줄 수 있는 일관성 있는 이론이 필요하다.

반성에 관한 연구에서 또 하나의 근본적 문제는 우리가 측정하려고 하는 대부분의 내용이 교사의 생각 속에서 이루어진다는 점이다. 유도 회상(교수활동의 녹음기록 등에 근거함), 장학언사분석, 업무일지 등의 자료를 사용할 수 있겠지만, 이런 자료가 교사가 실제로 어떤 생각을 하고 있었는지에 관해 얼만큼 타당성 있는 근거를 제공할 수 있을지는 여전히 의문이다(이 문제에 대한 추가 논의는 제10장 참조).

이제 우리는 반성 촉진에 관한 연구가 얼마나 어려운가를 알게 되었다. 이제부터는 이에 관한 몇몇 평가연구를 다룰 것이다.

4. 반성 촉진을 위한 프로그램과 전략의 효과에 관한 실증적 자료

Zeichner와 Liston(1987)은 위스콘신 대학교에서 이루어졌던 두 개의 연구를 분석하였다. 이 연구들은 반성 촉진 원리에 근거한 프로그램이 교수에 관한 예비교사의 관점에 어떤 영향을 끼쳤는지를 평가하기 위한 것이었다. 이들은 반성 촉진 프로그램이 예비교사의 관점 변화에 끼치는 영향이 미미하다는 결론을 내렸다. 그럼에도 불구하고 입학 초 인간적인 성향을 나타냈던 예비교사가 점점 더 관리자적 관점(custodial one)을 보이는 것이 자주 관찰되었던 기존의 연구에 비해 위스콘신에서의 연구는 탐구중심(반성중심)의 교사교육 프로그램이 예비교사의 관점이 관리자적 관점으로 빠르게 바뀌는 것을 방지하는 데 어느 정도 성공한 것으로 해석될 수 있다(Zeichner & Liston, 1987, p. 36).

위스콘신 교사교육 프로그램에 대한 또 다른 연구는 교생지도의 측면에 초점을 맞추어 이루어졌다. Zeichner와 Tabachnick(1982)은 대학의 지도교수가 예비교사를 평가하는 다양한 방법을 분석하였다. 9명의 지도교수 중에 세 명만 기술적-도구적(technical-instrumental) 접근 방식을 사용하였다. 연구자들은 기술적 측면을 강조해 온 전통적 지도방법에 비추어 이런 현상을 프로그램이 보다 반성적인 방향으로 변화된 증거로 보았다. Zeichner와 Liston(1985)은 수업관찰 후 지도면담 과정에서 지도교수가 어느 정도로 반성적 언사를 사용하는지를 평가하였다. 이들은 어떤 종류의 담화가 어느 정도로 이루어졌는가 하는 점을(제4장 4절 참조) 검사하기 위하여 제작된 반성적 교수지표(reflective teaching index)를 사용하였다. 반성적 교수지표의 내용은 사실(실제 수업장면에서 일어난 일 또는 일어날 일), 자문(제안 또는 평가), 정당화(특정한 교수활동을 선택한 근거), 비판(정당화의 적절성에 대한 평가 및 교사가 선택한 교육과정/교수활동의 전제와 가치에 대한 탐색)으로 이루어졌다. 이들은 수업관찰 후 지도면담 시간의 약 20%가 뒷부분(정당화 및 비판)의 목록과 관계된 내용에 할애되었으며, 예비교사의 사고 수준이 지도면담 동안 나타나는 반성적 담화의 정도에 영향을 끼친다는 사실을 발견하였다. 이들은 이런 결과가 프로그램 목표의 부분적 실현을 보여 주는 것이라고 설명하였다.

Koskela(1985; Zeichner & Liston, 1987 인용)는 위스콘신 프로그램의 두 교생 세미나 그룹에서 일어난 반성적 대화의 내용을 연구하였다. 그녀는 현장학교와 교실에 대한 예비교사의 반성과 관심이 현장교사 사이에 교육과정 정책과 실천에 대한 논의를 촉발할 수 있다는 흥미로운 예에 대하여 기술하고 있다.

이런 연구를 종합하면, 위스콘신 교사교육 프로그램은 적어도 그 목적의 일부를 성공적으로 실현하였다는 증거를 보여 준다. 구체적으로는 이 프로그램이 교생으로 하여금 더욱 비판적인 안목으로 실습상황을 보게 하고, 교사로서의 자신의 역할에 대해 더욱 반성적인 태도를 가지게 하는 데 도움을 주는 것으로 보인다(Zeichner & Liston, 1987, p. 40). 한편 Zeichner와 Liston은 위스콘신 프로그램이 권위와 자율성에 기반을 둔 소그룹 내에서의 협력의 촉진이라는 목적을 달성하지 못했다는 점과, 교사의 도덕성을 강조하는 교직관을 심어 주는 데 실패하였다는 점에 대하여 언급하고 있다.

1980년대 중반 플로리다 대학교에서 Ross의 반성 개념에 근거한 5년 과정의 교사교육 프로그램이 시행되었다(제4장 3절 참조). 이 프로그램에 참여한 예비교사의 발달과정을 조사하기 위한 연구(Weade & Ernst, 1989)와 함께 이 프로그램의 세부 내용이 학생에게 미친 영향에 관한 연구(Krogh & Crews, 1989) 등이 수행되었다. 이런 연구는 예비교사와 교사교육자의 개인사적 경험을 통하여 형성된 교육에 대한 신념과 철학의 역할, 실제 학교상황의 영향, 특히 반성의 촉진을 위하여 실습학교로부터 받는 지원의 효과(Kilgore, Zbikowski, & D. Ross, 1989), 구조화된 실습일지 작성의 필요성(Krogh & Crews, 1989), 그리고 고도의 반성능력이 가져다줄 자기비판이나 효율성 저하의 위험(Ashton, Comas, & D. Ross, 1989) 등의 요인을 강조하였다.

Hatton과 Smith(1995)의 연구는 제4장에서 이미 여러 번 언급하였다. 이들은 시드니 대학교의 예비교사가 4년제 프로그램의 마지막 해에 반성적 사고의 확실한 증거를 나타내고 있는 것으로 보고하였다. 그들의 일지를 통하여 가장 빈번하게 나타나는 반성의 형태는 기술적 반성(descriptive reflection)이었다. 그리고 대화적 반성(dialogic reflection)이나 비판적 반성의 경우도 발견되었다(이들 용어의 의미를 확인하려면 제4장 4절 참조). Hatton과 Smith는 대화적 반성은 '비판적 동료 요인'에 의해 가장 잘 촉진되는 것으로 보고하였다.

5. 반성 촉진을 위한 네덜란드 교사교육 프로그램 연구

이 절에서는 반성적 중등 수학교사를 교육하기 위한 네덜란드의 프로그램에 대해 본인들이 연구한 내용을 기술할 것이다. 이 프로그램은 1970년대부터 1980년대 중반에 이르기까지 위트레흐트 사범대학교(SOL)에서 시행되었다(SOL은 네덜란드어로 '교사교육기관'의 줄임말임). 연구가 시작되었을 때 이 프로그램은 4년 6개월 과정이었으며 예비교사는 이 기간 동안 수학 이외에 제2전공을 선택하여야 하였다. 이 기간 동안 총 1년의 기간이(전체 기간 동안 분산되어 있음) 교직교육에 할애되었다. 교직교육은 전공 내용학(수학) 과목과의 밀접한 연계하에 이루어졌다.

우리는 우선 3절에서 기술된 관점에 근거하여 이 프로그램의 전제가 되는 '좋은 교수'와 반성의 개념을 제시할 것이며, 그 다음에는 우리가 수행한 연구의 방법과 결과를 제시할 것이다.

좋은 교수와 반성에 대한 프로그램의 관점

우리는 수학교육과에 소속된 10~13명의 교수의 관점을 중등수학교육과 교사교육이라는 측면에 초점을 맞추어 재구성하였다. 이를 위하여 우리는 문서자료 분석(교수가 작성한 매우 방대한 양의 공식, 비공식 문서에 접근할 수 있었음)과 면담을 실시하였다. 재구성 작업에 대한 타당성의 검증은 SOL 졸업생에게 교사교육 프로그램의 특징에 대해 질문함으로써 이루어졌다(Korthagen, 1982). 이에 더해 교수의 관점에 대한 재구성은 해당교수에게 보낸 질문지(46문항-5점 척도)를 통해 검증되었다. 이런 검증절차는 연구결과의 타당성을 높여 주었다(Korthagen, 1988). 재구성의 결과는 Korthagen의 보고서(1982, 1985)에 기술되어 있다. 우리는 이제 두 가지 질문, 즉 '좋은 가르침'에 대한 관점과 그런 관점을 가지는 데서의 반성의 역할에 대한 교수의 응답을 요약하여 제시하려 한다.

이런 질문에 대한 개별 교수의 응답은 1970년대 현실적 수학교육(제1장 7절 참조)운동의 강력한 흐름 속에 있던 네덜란드 중등 수학교육의 맥락에 큰 영향을 받았다. 현실적 수학교육운동은 구체적 문제와 실제 생활에서의 맥락을 강조하였다. 학생들에게는 실제 생활에서 겪는 문제를 수학의 원리를 사용하여 수학적 모델로 바꾸고, 그 결과를 다시 실생활에서 겪는 문제의 해결에 적용하는 능력이 강조되었다. 학생에게는 분석능력, 중요한 문제들과 그렇지 않은 문제의 구별하는 능력, 구성능력, 이론과 실제를 결합하는 능력 그리고 창의적 대안과 방법을 고안하여 문제를 해결하는 능력 등이 요구되었다. 협동적 학습과 초인지 전략이 매우 중요하게 여겨질 뿐 아니라 명시적으로 강조된다(현실적 수학교육에 대한 자세한 내용은 Freudenthal, 1991; Treffers, 1987 참조).

이런 '과정중심 수학교육관'은 SOL 수학교육과 교수의 사고에 큰 영향을 주었다. 그들의 교육관은 다음의 진술을 통해 나타난다.

1 좋은 교육은 학습중심(learning-oriented)이다. 이것은 학생의 학습과정에 초점을 맞추는 것이다. 교사는 그런 과정의 조력자다.

2 교사의 가장 중요한 임무 중 하나는 학생이 분석, 구조화, 대안적 해결의 검증을 통해 해결할 수 있는 실제적이며 구체적인 문제를 제시하는 것이다.

3 교육은 문제해결, 협동학습, 초인지 전략, 학습방법의 학습에 주안점을 두어야 한다.

4 좋은 교수의 궁극적 목적은 의식적이며 전략적인 학습과 문제해결 능력의 촉진에 있다.

5 학생을 더욱 독립적인 학습자로 만들기 위해서는 학습과정에서 학생의 책임을 조금씩 증가시키는 점진적 전략(strategy of gradualness)이 필요하다.

6 교사와 학생의 관계는 협력과 협동의 관계다. 교사는 학생이 도전적인 과제를 편한 마음으로 대할 수 있는 환경을 조성하여 주어야 하며, 개별 학습자에게 필요한 정도만큼의 구조를 제시하여야 한다.

7 교사는 학생과의 관계가 협력, 협동적인 관계가 될 수 있도록 그들과의 상호작용을 분석하고 발전시켜야 한다.

8 교사는 교수-학습 상황에서 의도적, 의식적 그리고 방법적으로 최선을 다할 수 있어야 한다.

9 교사는 의식적이고 체계적인 방법으로 수학을 다룰 수 있어야 한다.

10 교사는 학생과의 관계에서 환경의 영향, 특히 학교환경의 영향에 대해 알고 있어야 한다.

11 교사는 자신의 장점과 단점을 알고 있어야 하며 바로 앞의 열 가지 원칙에

따라 전문성을 개발시켜야 한다.

반성적인 태도를 신장시키고 분석, 구조화, 창의적 해결의 고안 능력을 증진시키기 위한 위의 열한 가지의 원리는 중등학교의 수학교육과 대학의 교사교육에 공통적으로 적용되었다. 교사교육과 관련한 이런 원리는 내용(수학)의 교육에서뿐 아니라 교직교육에서도 계속 강조되었다. 궁극적인 목표는 예비교사가 ALACT 모델([그림 3-2] 참조)을 독자적으로 사용할 수 있도록 하는 데 있었다. 이 모델이 반성의 과정에 대한 SOL의 개념을 보여 준다. 이 교육과정의 핵심은 이 모델의 3단계에 놓여 있는데 이 단계에서 정신적 구조가 형성되기도 하고, 기존의 정신적 구조가 변형되기도 하기 때문이다(제4장 5절에서 소개된 반성의 정의 참조).

결론적으로 SOL 교사교육자들의 관점에 따르면, 반성적인 교사는 수학적 상황, 교실에서의 대인관계, 그리고 교사로서의 전문성을 개발시키는 데 집중하면서 동시에 교수-학습과정의 모든 국면에서 ALACT를 적용할 수 있어야 한다. 예비교사들은 교사교육 기간 동안 반성적 태도를 발전시킴으로써 자발적 성장능력을 습득할 수 있다.

프로그램의 내용

이 교사교육 프로그램은 일상적인 교수 상황에서 자신의 생각, 감정, 태도, 행동에 대한 체계적인 반성을 강조한다. 최종목표는 예비교사가 지도교수의 도움 없이 반성을 할 수 있으며, 학생이나 다른 교사로부터의 피드백을 활용할 수 있고, 필요하다면 실제에 대한 자신들의 주관적 관점을 변화시키는 것을 배우는 것이다. 이 프로그램의 중요한 특징은 예비교사가 실습을 시작하기 전에 반성하는 법을 먼저 배운다는 것이다. 교생실습 기간의 초기는 우선적인 관심사가 '생존이나 하자' 인 만큼 스트레스가 큰 시기다. 따라서 이 시기는 반성의 기술을 배우기에 적합하지 않다. 중요한 점은 예비교사가 이와 같은 스트레스가 그들의 실습

과정에 끼치는 영향을 평가할 수 있을 정도의 충분한 반성능력을 실습 전에 이미 갖추고 있어야 한다는 것이다(Goodman, 1985). 이 말은 이 프로그램의 첫 일 년 동안에는 실습 이외의 다른 경험이 반성의 대상으로 사용된다는 것을 의미한다. 우선, 예비교사가 동료학생과 가지는 일상의 관계들 속에서 가지는 생각, 느낌, 태도, 행동에 대해 스스로 반성하는 법을 배우는 특별 실습과목이 있다. 이 실습과목은 다른 사람의 감정을 이해하기, 감정을 표현하기 등의 사회적 기술을 향상시키기 위한 훈련도 포함한다.

프로그램의 수학 관련 내용과 교직 관련 내용은 밀접하게 연계되어 있다. 수학적 내용을 학습하는 과정 역시 반성의 대상으로 사용된다. 예비교사는 수학적 내용뿐 아니라 동료학생과 협력 또는 협동했던 방식에 대해 반성하도록 격려된다. 학생들은 특정한 수학 문제에 대해 어떻게 협력했는지에 관한 보고서를 정기적으로 제출하였다. 이런 방법으로 수학적 결과물뿐 아니라 수학적 탐구의 과정도 강조되었다. 중등학교의 학생들은 하나의 정답을 산출하는 것이 수학에서 제일 중요한 것이라고 생각하기 쉽다. 이런 이유 때문에 교수는 복수의 답이 가능하거나 틀에 박힌 답을 찾을 수 없는 문제를 선호하였다. 다양한 답이나 문제를 풀 수 있는 다양한 방법을 비교하는 것은 학습을 더욱 흥미롭게 만든다. 이 프로그램은 문제의 답이나 문제를 푸는 과정에 대한 예비교사 자신의 반성을 통하여 수학학습이 단순한 지겨운반복훈련이라는 생각을 바꿀 수 있었다. 문제해결의 재미, 특정한 문제에 대한 혐오, 문제를 푸는 과정에 몰두하는 경험, 협동의 즐거움 그리고 무엇인가를 발견해 냈을 때의 흥분 등의 측면에서 느낌이나 태도가 자연스럽게 전면에 등장한다. 예비교사에게 이런 정서적인 측면에 대해 반성하는 시간이 주어진 것이다. 예비교사는 학습과정에서의 정서적인 측면의 중요성에 대해 좀 더 잘 알고 있어야 한다.

이 프로그램을 통하여 예비교사는 스스로 결정할 수 있는 기회를 얻었다. 예를 들어, 이들은 교직과목의 교수법적인 측면에 대한 의견을 제시하였으며, 수학과목에서 사용되는 교재를 스스로 선택하였다. 반성능력의 학습과 선택능력의 학습은 밀접한 관계가 있다. 과거나 미래의 선택에 대한 숙고는 곧 예비교사 자신의 목적이나 태도에 대한 반성이다. 개별적 면담이나 지도교수의 의견이 적힌 일지는 예비교사로 하여금 그들에게 허용된 다양한 선택에 대한 반성뿐 아니라, 자신만의 교수 양식을 발전시키는 데도 도움을 주었다.

예비교사는 두 번째 해에 교생실습에 들어갔다. 첫 번째 단계는 중등학교 학생을 개인별로 도와주는 것이었다(제5장 5절에서 기술된 것과 유사하게 일대일의 관계를 맺어 줌). 이것은 처음부터 학급 전체를 다루어야 하는 문제를 해결해 줌과 동시에, 예비교사가 자신의 진도와 교수법에 충분한 주의를 기울일 수 있도록 안전판 역할을 하였다. 여기에서도 역시 일지의 기록과 교수의 지도가 반성을 자극하는 데 중요하였다.

첫 번째 교실수업경험은 두 번째 해의 마지막 기간에 이루어졌다. 초등학교의 한 학급(11~12세 정도)이 둘 내지 세 그룹으로 나누어졌으며, 6주 동안 각 예비교사는 8명 정도의 학생으로 이루어진 그룹을 협력교사의 도움 없이 주당 1시간~1시간 30분 정도 가르쳤다. 동일한 교수가 같은 학급에 배정된 예비교사(2~3명)를 지도하였다. 지도는 교생일지를 통해 이루어졌으며 담당교수는 교생의 학교를 방문하지 않았다. 이는 교생에게 광범위한 자율권과 책임감을 주기 위해서였다. 이런 방법은 예비교사가 자신만의 고유한 교수양식을 발견할 수 있는 기회를 부여하였을 뿐 아니라, 예비교사의 개인적 교수양식과 발전에 대한 반성을 촉진시켰다. 세 번째에서 네 번째 해 동안 예비교사는 협력교사의 지도하에 중등학교의 한 학급 전체를 가르쳤다. 현장협력교사는 예비교사를 효과적으로 지도하기 위한 특별교육을 받았다. 이 교육의 핵심내용은 가르침에 대한 협력교사 자신의 개인적 신념을 예비교사에게 강요하지 않고 예비교사 스스로 신념을 개발할 수 있도록 돕는 능력을 기르는 것이다.

네 개의 연구

우리는 지금까지 기술한 교사교육 프로그램의 틀 속에서 4개의 연구를 수행하였다.

연구 1: 전반적 평가 첫 번째 연구(1982)는 SOL 프로그램을 전반적으로 평가하기 위한 연구였다. 이 연구는 116명의 SOL 졸업생과 연구 시점에 졸업을 앞둔 13명의 예비교사를 대상으로 한 설문조사를 통해 이루어졌으며 추가적으로 이들 가운데 10명을 면담하였다. 설문지의 내용 중 가중 중요한 것은 다음과 같다. 교사교육 기간 중 배운 것은 무엇입니까? 교사교육 기간 중 부족하다고 느낀 점은 무엇입니까?(이 연구의 자세한 내용은 Korthagen, 1982, 1985 참조).

첫 번째 질문에 대해 응답자의 과반수가 그들이 받은 교육을 통해 반성적 교수능력과 자기개발 능력이 향상되었음을 언급하였다. 그러나 많은 수의 교사, 특히 중등직업학교 교사는 학급운영의 어려움과 동기부여의 문제를 보고하였다.

이 연구에서 중요한 점을 발견하였는데, 그중 하나는 응답자가 반성적 교육방법에 대해 다르게 평가하고 있다는 것이었다. 우리는 반성적인 교사를 내적학습성향(internally oriented) 예비교사라고 불렀다. 이들은 자신들의 가지고 있는 지식과 가치를 사용하여 문제와 경험을 구조화하기 원한다(이것은 우리가 정의한 반성의 개념과 일치한다. 제4장 5절 참조). 이에 비하여 외적학습성향(externally oriented) 예비교사는 문제에 대한 안내와 구조화를 외부에서 구한다(예, 지도교수).

연구 2: 추적연구(Longitudinal Study) 1984년 내적학습성향의 예비교사와 외적학습성향의 예비교사에 대한 심도 있는 연구를 위하여 시차추적방법을 사용한 2차 연구를 하기 시작하였다. 우리는 교사교육과정에 재학하고 있는 18명의 예비교사들을 질문지, 면담 그리고 교수와의 면담 장면이 녹화된 비디오를 사용하여 추적하였다. 추가로 우리는 그들의 교수를 정기적으로 면담하였으며 교수로 하여금 예비교사에 대한 질문지를 작성하도록 요청하였다(이 연구에 대한 자세한 정보는 Korthagen & Verkuyl, 1937; Korthagen, 1988 참조). 이 연구는 다시 한 번 내적학습성향 예비교사와 외적학습성향 예비교사 간의 차이점을 드러내었다. 그 차이를 설명하기 위해 우리는 첫 번째와 두 번째 연구에서 수집된 응답자의 진술 가운데 몇 가지 예를 제시하려 한다.

내적학습성향 예비교사는 교사교육 기간 중 배운 것이 무엇이었는가라는 질문에 대해 다음과 같이 진술하였다.

- 나는 스스로의 교수법에 대해 반성하는 것을 배웠다. 나는 이것이 중요하다고 생각한다. 왜냐하면 이렇게 함으로서 나 혼자서도 가르칠 수 있게 되기 때문이다. 내가 어떻게 나 자신을 교정할 수 있는가? 내가 잘한 것은 무언인가? 잘못한 것은 무엇인가? 그 이유는? 나는 이런(반성적) 능력이 어려운 현장 학교의 상황에서 중요하다고 생각한다.
- 나는 나의 경험에서 학습하는 방법을 배웠다.
- 나는 실수를 자기발전의 기회로 이용하는 것을 배웠다.
- 나는 어떤 일을 할 때 특정한 방법을 사용하는 이유를 자신에게 계속하여 질문하는 것이 도움이 된다는 것을 발견했다.
- 나는 스스로 평가하는 법을 배웠다.
- 나 자신을 돌아보는 것, 스스로 문제를 해결하는 것, 또는 적어도 문제해결을 위한 첫 단계를 생각해 낼 수 있게 되었다는 것 등이 배움의 중요한 내용이라고 생각한다.
- 나는 자기반성적으로 행동하는 것, 교사로서 나 자신의 행동에 대해 정기적으로 반성하는 것, 그리고 이런 행동의 결과를 미래에 대한 계획에 반영하는 법을 배웠다.

외적학습성향의 응답자는 프로그램에 대해 다음과 같이 진술하였다.

- 스스로 하여야만 하는 일이 너무 많다.
- 학습의 내용이 무엇인지, 내가 어느 정도 배웠는지, 뭐가 맞는 것인지 뭐가 틀린 것인지가 분명하지 않다.
- 교수는 항상 질문만 해댄다.
- 나의 의견, 생각, 느낌을 계속 말하도록 강요받는다.

- 어떻게 하라는 구체적 설명도 없는 집단과제가 너무 많다.
- 구조가 없다.
- 차라리 일상적인 것을 다루는 과목을 들었으면 좋겠다.
- 동기가 부족한 학생을 어떻게 다루어야 하나?

이 연구는 어떤 면에서 반성 개념에 근거한 교수의 암시적 교육관과 예비교사의 학습 성향 사이에 '충돌'이 있었음을 보여 주었다. 반성 촉진을 목적으로 하는 교사교육 프로그램의 위험성 중 하나는 이런 프로그램이 이미 꽤 높은 수준의 반성능력(내적학습성향)을 가진 학생에게만 도움이 될 수 있다는 점이다(Calderhead, 1989; Laboskey, 1990).

이 추적연구에서 18명의 연구 집간 중 외적학습성향을 가진 예비교사의 대부분이 1년 6개월이 지난 후 교사교육 프로그램을 떠났다는 것을 알 수 있었다. 수학과목에서 점수를 잘 받지 못한 데도 원인이 있겠지만, 그들이 원하는 구조의 결여가 이들이 교직과정을 떠난 가장 큰 동인이었던 것으로 나타났다(Korthagen, 1988). 또 18명의 연구 대상자 중에서 8명이 2년 안에 교직과정을 포기하였다. 교사교육자가 좀 더 점진적인 방법으로 반성적 접근을 도입하였다면 이들 가운데 몇 명은 프로그램의 혜택을 받을 수 있었을 것으로 여겨진다.

연구 3: 학습성향검사 내적학습성향 예비교사와 외적학습성향 예비교사를 구분한 후, 우리는 교사와 예비교사의 학습성향을 측정하기 위한 설문지를 개발하였다. 이 검사가 학습성향 검사(IEO)다(Korthagen, 1988, 1993a). 이 검사는 두 가지 유형으로 이루어졌다. 첫 번째 유형의 검사는 교사교육 프로그램의 초기과정에 있는 학생들을 위한 것이며, 두 번째 유형은 현장수업 경험이 있는 교사나 예비교사를 측정하기 위한 것이다.

첫 번째 유형의 검사는 6개의 하위척도로 이루어졌는데, 다음 영역(S, F, M)에서의 내적(I)/외적(E) 학습 성향을 다룬다. 각각의 영역은 예비교사 자신(S), 동료학생(F), 프로그램의 교과(M)(〈표 6-1〉 참조)를 나타낸다. 예비검사결과 예비

표 6-1 IEO 검사(1형)의 대표적 문항

번호	문항	영역	유형	M	SD
47	나에게 '내가 누구인가?' 라고 질문한다.	SI	b	3.23	1.26
57	자기발전에 대해 생각한다.	SI	b	3.33	1.15
60	자신에 대해 반성한다.	SI	b	3.60	1.10
18	사람들이 내 행동이 어떻게 하면 나아질지에 대해 말해 주는 것을 고맙게 생각한다.	SE	a	3.81	0.88
31	사람들이 내가 잘못한 일에 대해 말해 주기를 바란다.	SE	a	3.75	0.95
40	사람들이 내 행동에 대해 말해 주는 것이 좋다.	SE	a	3.55	0.89
25	동료학생에게 관심이 있다.	FI	a	3.64	0.89
42	동료학생을 알기 위해 노력한다.	FI	a	3.53	0.90
54	동료학생의 문제에 대해 관심이 있다.	FI	b	2.72	0.98
33	동료학생과 같이 일하기 위한 최선의 방법에 대해 관심이 있다.	FE	a	3.23	0.95
35	내가 동료학생을 대하는 방식에 대해 지도교수에게서 조언을 받는 것이 중요하다고 생각한다.	FE	a	2.92	1.09
43	동료학생과 협동하기 위한 좋은 방법에 대한 제안을 얻는 것이 중요하다고 생각한다.	FE	a	3.17	1.00
30	수학문제를 풀기 위해서 몇 시간이고 보낼 수 있다.	MI	a	3.29	1.42
51	여가시간에 수학퍼즐을 풀기 위해 노력한다.	MI	b	2.53	1.12
53	어떤 수학문제에 대해 계속적으로 생각한다.	MI	b	3.12	0.97
4	수학문제 풀 때 다른 사람의 도움을 받았으면 좋겠다.	ME	a	3.65	1.02
26	문제 푸는 과정이 자세히 설명되어 있는 수학교재를 사용했으면 좋겠다.	ME	a	3.64	1.16
32	특정한 수학문제를 푸는 방법을 누군가가 가르쳐 주면 좋겠다.	ME	a	3.56	1.00

주: 이 내용은 네덜란드어를 번역한 것임.

교사의 학습성향에 따라 이들 영역에서 차이를 보이는 것으로 나타났다(더 상세한 내용은 Korthagen & Verkuyl, 1987 참조).

두 번째 유형의 검사는(교수 경험이 있는 교사 또는 예비교사를 위한 검사) 8개의 하위척도로 이루어지는데, 다음 각각의 영역(S, P, M, C)에 대하여 두 범주(내적, 외적 성향의 정도를 측정하기 위함)를 사용한다. 각 영역은 교사 자신(S), 학교의 학생(P), 학교의 교과(M) (수학), 학교상황(C)을 나타낸다. 각각의 IEO 검사 모두 5점 척도(1 = 강한 부정 ~ 5 = 강한 긍정)로 측정되었다.

첫 번째 유형의 검사는 SOL과 다른 두 사범대학에 재학 중인 138명의 1~2년차 수학교육과 학생을 대상으로 실시되었다(이 연구에 대한 더 상세한 정보는 Kortahgen, 1993a 참조. 여기에서는 결과를 위주로 기술함).

6개의 하위 척도의 신뢰도는 합리적 수준이었다(〈표 6-2〉 참조). 문항 간 상관관계가 .70을 넘은 항목은 1% 이내였으며 .76이 가장 높았다. 우리는 이를 근거로 IEO 검사가 신뢰성 있는 도구라는 결론을 내릴 수 있었다. 그러나 이런 종류의 설문검사의 단점은 응답자의 기술 내용과 실제 생각이 다를 수 있다는 사실이다.

우리는 SOL 수학교육과 학생들이 교사교육 기간 중 더욱 분명한 내적학습성향을 습득했는지를 판단하기 위하여 IEO 검사를 실시하였다. 우리는 37명의 SOL 수학전공 학생들과 다른 두 대학에 재학 중인 55명의 수학전공학생의 SI, FI, MI 점수를 t-test를 사용하여 비교하였다. 수학전공학생을 연구의 대상으로 결정한 이유는 수학교육과가 SOL 내에서 반성 촉진의 원리에 근거한 교육과정을 운영한 유일한 과였기 때문이었다. 다른 두 대학의 수학교육과에서는 반성적 목표가 그다지 중요하게 여겨지지 않았다.

SOL 학생은 다른 사범대학교의 학생과 비교해서 세 영역의 내성적 범주에서 의미 있는 정도의 높은 점수를 얻지 못했다. 연구에 참여한 집단이 1~2학년 학생이었기 때문인 듯하다. 반성을 촉진하기 위한 교육의 효과는 점진적으로 나타

표 6-2 IEO 검사척도의 신뢰도(n=138)

	척도					
	SI	*SE*	*FI*	*FE*	*MI*	*ME*
문항수	11	10	10	10	10	10
Cronbach's alpha	.87	.77	.87	.81	.85	.80

표 6-3 1, 2년차 수학교육과 학생들의 점수

		1년차		2년차			p
		n	M	n	M	t	1 tailed
전체	SOL	26	3.32	11	3.82	2.04	.02
	다른 사범대학	18	3.20	37	3.56	1.74	.04
남자	SOL	13	3.32	8	3.80	1.47	.08
	다른 사범대학	12	3.18	23	3.46	1.00	.16
여자	SOL	12	3.30	3	3.85	1.31	.11
	다른 사범대학	5	3.44	14	3.73	0.98	.17

나는 것으로 예상된다. 이런 이유로 우리는 SOL 1학년 학생들과 SOL 2학년 학생들의 내적범주점수를 비교하여 보았다. 그 결과, FI과 MI 항목에서는 유의미한 차이가 발견되지 않았다. 그러나 SI영역(자신에 대한 반성)에서는 2학년 학생들의 점수가 1학년에 비해 유의미하게 높은 것으로 나타났다(p=.02, 단측 t-검증). 그러나 다른 사범대학의 2학년 학생도 SOL보다 점수 차가 크지는 않지만 1학년 학생에 비하여 SI영역에서 유의미하게 높은 점수를 획득하였다(〈표 6-3〉 참조).

우리는 '자신' '동료학생' '수학' 영역에서의 예비교사의 내적/외적학습성향의 정도와 연령, 입학 전 학교경험, 그리고 성별 변인 간에 어떤 상관관계가 있는지를 조사하였다. 나이가 많은 학생은 동료학생과의 관계에 대한 반성을 좀 더 적게 하는 것으로 나타났다(r = -.29, p = .01). 우리는 입학 이전에 더 많은 학교교육을 받은 예비교사가 수학영역에서 더 적은 외향성을 보인다는 것을 발견하였다(p = .02). 이런 결과는 성인에 가까워질수록 동료집단의 영향이 줄어든다는 사실, 그리고 대학예비과정(pre-university), 고등직업학교 그리고 일반계 고등학교의 학생들에게는 학습을 자율적으로 수행하는 능력이 요구된다는 사실과 일치한다. '자신'의 영역에서 내적학습성향과 연령 간에는 거의 아무런 상관관계가 없다는 결과에 주목할 필요가 있다(r = .-03).

여학생이 FI 영역에서 남학생보다 유의미하게 높은 점수를 얻은 반면(p = .02), MI 영역에서는 남학생에 비해 유의미하게 낮은 점수를 얻었다는 것

($p = .05$)은 흥미로운 발견이었다($p = .02$). 이것은 예비 여교사가 동료와의 관계에 대해 더욱 반성적인 경향을 보이는 반면 수학문제를 푸는 데는 남학생보다 비자율적임을 나타낸다. 즉, 학습에서 여성은 보다 사회적인 성향을 보인다는 것이다. 이런 결과는 성차에 관한 일반적인 연구의 결과와 일치한다. 예를 들어 Miller(1976)는 여성이 사회적 조화와 부드러운 인간관계에 대해 좀 더 큰 관심을 가지고 있음을 언급하고 있다. 여성의 유의미하게 낮은 MI점수는 여성이 일반적으로 남성에 비해 낮은 자존감을 가지고 있으며, 이런 경향이 자기 보고법을 사용한 본 연구결과에 반영된 결과로 보인다. 그러나 성차에 관한 연구를 분석한 Macoby & Jacklin(1975)은 자존감의 성차는 없다고 보고하였다. 자신의 약점을 드러내는 데 여성이 더 솔직하다거나(Van der Meulen, 1987), 학문적 성취에 대한 관심이 남성에 비해 적은 점(Roberts & Dusek, 1980), 또는 자신에 대한 평가에 더욱 민감하다는 점(Roberts & Nolen-Hoeksema, 1989) 등이 이에 대한 다른 설명이 될 수 있다. 이런 설명은 예비 여교사가 교과내용을 학습하는 데 더 많은 외적인 안내를 제공할 필요가 있다는 가설을 뒷받침한다. 물론 이 점에서는 성역할에 대한 고정관념을 피하도록 유의해야 한다. 학습에서의 성차를 보완하기 위해서는 학습 개념과 학습성향의 개발에 더욱 장기적인 전략이 수립되어야 한다. Eccles(1985)는 여학생이 주로 노력으로 수학에서 높은 점수를 얻는 반면, 남학생은 재능이나 과목에 대한 관심이 있어 높은 점수를 얻는다는 점을 지적하였다. 교사는 재능이 시험결과에 영향을 줄 수 있다는 생각을 학생에게 심어 줄 수 있다. 이것이 학생에게 학습의 내적 동인의 중요성에 대한 확신(여학생에게는 그리 중요하지 않은)을 심어 주는 중요한 요인이 될 수 있다.

연구 4: 두 교사교육 프로그램의 효과 비교 마지막 네 번째 연구에서는 SOL 졸업생과 좀 더 교과중심적인 다른 대학의 졸업생을 비교하였다(Wubbels & Korthagen, 1990). SOL 졸업생($n=37$)과 다른 학교의 졸업생($n=36$)은 1~10년 정도의 교육경력을 가지고 있는 교사였다. 반성적 태도(두 번째 IEO 검사유형의 내적평가척도 사용), '혁신 지향적 자세' '직업만족도' (이 두 영역은 설문지를 사용하여 조사됨) '그들이 가르친 학생으로부터 수집된 교사와 학생 간의 인간관계의 질' '학생의 의견과 교사의 의견의 차이의 비교를 통한 교사-학생 인간관계에 대한 교사의 인식의 적합성'의 영역에 대한 비교가 이루어졌다. 이 연구는 교사교육 프로그램이 교사의 반성적 태도와 혁신 지향적 자세에 대해 유의미한 영향을 끼치지 못한다는 것을 보여 주었다.

이런 결과는 이미 언급한 대로 아직까지 반성에 대한 적절한 정의가 내려지고 있지 않다는 사실에 부분적으로 기인한다. 이런 변인과 프로그램의 목적 간에 상당히 밀접한 관계가 있다는 점을 감안한다면 이런 결과는 실망스러운 것이다. 다른 한편으로는, '대인관계의 질' '대인관계에 대한 인식의 적절성' 그리고 '직업만족도' 등의 변인에서는 교과내용이 중심인 좀 더 전통적 교사교육을 받은 교사들에 비해서 반성적 교사교육을 받은 졸업생이 좋은 점수를 받았다는 점에 주목할 필요가 있다. 이런 결과는 졸업 후 2년 이상 경과한 교사에게 유의미한 것으로 나타났다. 이런 현상은 반성을 촉진하기 위한 프로그램의 효과가 보다 장기간에 걸쳐 나타나게 된다는 의견을 뒷받침하는 것으로 보인다(이런 의견은 Zeichner, 1987, p. 573; Zeichner&Liston, 1987, p. 36 등의 다른 연구자도 제시하였음). 첫 번째 연구는 비록 교사교육을 통해 상당한 수준의 반성적 능력을 키운 교사라 할지라도 현장경력 초기에는 그러한 능력의 효과를 크게 보지 못한다는 점을 지적하였다. 졸업 후 1년이 지난 시점에서 교사교육 프로그램을 평가한 한 교사는(제3장 1절에서 언급함) 반성 영역에서의 학습결과를 강조하면서 다음과 같이 밝혔다.

> 나는 여러 가지 갈등상황이 복합적으로 맞부딪치면서 반성적 능력이 사라져 버리는 것을 경험하였다. 멍해지는 것이다. 무엇을 참고해야 할지 갈피를 잡지 못하게 된다. 나는 교사교육 기간과 교생실습 기간을 문제없이 잘 보냈음에도 불구하고 이런 경험을 하였다…. 그러나 곧 문제를 다루는 능력을 되찾았다. 내가 다시 성장하고 있는 것이다. 나의 성장이 잠시 동안만 멈추어 있었을 뿐이다.

이런 예는 다른 SOL 프로그램 졸업자의 이야기에서도 유사하게 나타난다. Korthagen(1982, 1985)은 반성적 교수능력이 교직 첫해에는 나타나지 않는 경향이 있다고 본다. 그러나 이런 능력은 6개월 정도가 지나면 다시 돌아오는 것으로 보인다. 그 후에는 이런 반성적 능력이 위트레흐트 프로그램 졸업생으로 하여금 경험(첫해의 힘든 경험을 포함하여)에 근거하여 그들의 행동을 의식적으로 선택할 수 있게 만든다. 많은 응답자는 잊고 있었던 이상적 교육관을 되찾았다고 보고하였다. 두 번째 연구의 결과도 이와 객을 같이한다. 즉, 이 추적연구에 참여한 교사들도 교직 첫해에는 이상적인 교육관과 매일의 업무 사이의 관계에 대한 반성이 감소하였다고 보고하였다. 그러나 이들은 이런 현상에 대해 잘 인지하고 있었다. SOL 프로그램 졸업생은 학교현장의 기존 관행에 일시적으로 적응하면서 동시에 그들의 '잠재된' 이상을 실현할 기회를 기다리는 전략을 사용하는 것으로 보인다. 우리는 이런 결과에 근거하여 반성적 능력이 6개월 정도의 소위 잠재기를 거친다는 가정을 하게 되었다.

반성능력이 교직 경력 후반기에 있는 교사의 전문성 발달에 끼치는 영향에 대한 연구는 아직 이루어지지 않은 것으로 보인다. 그러나 지금까지의 연구결과에 근거하여 반성능력이 교직 후반기의 피로현상을 감소시킬 것이라는 가정을 할 수 있다. Schön(1983, p. 61)이 언급한 대로, 현장교사의 활동이 습관화될수록 자신의 행동에 대해 더 이상 생각하지 않게 되며, 궁극적으로는 교정이 불가능한 상태에 빠지게 된다. 우리는 습관화된 행동이 지루함과 피로감을 유발할 것이라는 것을 쉽게 가정할 수 있다. 반성능력은 교사로 하여금 그들이 하는 일에 계속적인 관심을 가지게 만들 뿐 아니라 적절한 수준의 직업만족도를 유지할 수 있도록 한다. 네 번째 연구 결과는 이런 가정을 뒷받침해 준다.

6. 결론 및 후행 연구를 위한 제언

지금까지 기술한 연구들에 대한 반성을 통해 이 장의 결론과 후속 연구의 필요성이 자연스럽게 도출될 수 있다.

현실적 접근을 포괄적으로 다룬 연구가 상대적으로 적기는 하였지만, 몇몇 연구는 이론과 실천의 간격이 좁혀질 수 있다는 것과 현실적 교사교육 과정을 받은 교사가 그렇지 않은 교사보다 자신의 교사교육과정에 대해 훨씬 긍정적이라는 것을 보여 주었다.

현실적 접근의 중요한 요소인 반성의 효과에 관한 본인들의 연구결과는 실망스러운 것이었다. 이런 결과는 반성적 교사교육을 위한 교육과정 개발의 전제가 되는 '반성'과 '반성적 교수'에 대한 개념이 아직까지 확실하게 정립되어 있지 않다는 데 기인한다. 교육의 전제적 철학으로서의 반성의 개념에 대한 더욱 명료하고 정교한 정의가 필요하다. 이렇게 함으로써 반성의 촉진을 목적으로 계획된 교사교육 프로그램의 장점에 대한 모호한 논의와 신념을 넘어설 수 있다. 반성에 대한 명료한 정의는 반성적 교사교육 프로그램의 목적을 얼마나 달성했는지에 관한 실증적 자료에 근거하여 이론을 세우는 것을 가능하게 한다. 이와 함께 좀 더 정교한 연구방법의 사용이 필요하다. 우리가 연구하고자 하는 내용의 대부분의 내용들이 교사의 머릿속에서 일어난다는 점을 고려하면 이런 일이 쉬운 것은 아니다. 몇몇 연구는 반성 촉진을 위한 프로그램과 전략이 교사 역할의 수행이라는 측면에서 몇 가지 긍정적인 효과가 있었다는 보여 주었다. 그러나 동시에 이런 연구는 예비교사의 학습에 대한 개념과 환경적인 영향이 반성적 교사교육 프로그램의 가능성을 제한하는 요인이 될 수 있음도 보여 주었다.

우리는 반성적 교사교육 프로그램의 어떤 특정 요소가 어떤 면에서 효과적이었는지에 관한 문제와, 그 결과로 어떤 교육전략이 반성적인 교사를 길러 내는 데 보다 효과적인지에 관련된 실제적 문제에 초점을 맞추어 연구해야 한다고 생각한다. 프로그램의 특징과 그 효과의 관계를 평가하기 위해서는 교사교육 기간 동안, 그리고 졸업 이후의 교사의 교직전문성 발달에 관한 추적 연구도 필요하다 (Wubbels & Korthagen, 1990; Zeichner, 1987). 이와 같은 연구는 반성을 기르기 위한 교육 프로그램의 효과가 교직 경력의 초기에는 분명하게 나타나지 않는다는 가설을 뒷받침하게 될 것이다. 이런 종류의 연구에서는 학습성향과 같은 개별 예비교사의 차이가 반드시 고려되어야 한다.

우리는 반성적 가르침에 대한 연구에서 교사의 교직 전문성 개발에 대한 환경의 영향이 중요하게 다루어져야 한다고 믿는다(Wildman & Niles, 1987; Zeichner & Liston, 1987 참조). 예를 들어 교직전문성개발학교(제1장 6절)와 같이 교생실습의 환경을 변화시킬 수 있는 방법에 대해서 연구할 필요가 있다. 이를 위해서는 교사와 연구자의 협동연구에 따른 현장연구가 필요하다. 이런 종류의 연구에 대해서는 제14장에서 기술할 것이다.

외적학습성향의 학생에게는 반성에 대한 점진적인 접근이 보다 효과적이라는 것이 우리 연구의 중요한 결론이다. 이런 학생에게는 초기에 그들이 선호하는 외적인 구조를 제공해 줄 것을 제안한다. 우리는 이것을 점진성의 전략(a strategy of gradualness)이라고 부른다(Hatton & Smith, 1995도 제안). 이렇게 하지 않으면, 외적학습성향의 학생이 교사교육 프로그램에 대해 품고 있는 부정적 느낌이 자기예언으로 변할 수 있다(Korthagen, 1988; Kortahgen & Verkyul, 1987 참조). 교사교육자는 이들이 처음부터 모든 것을 스스로 해결해 낼 것이라고 기대하지 말고, 구체적인 지침, 선택할 수 있는 자료, 충분한 피드백을 제공하여야 한다. 일지를 쓰게 함으로써(제11장에서 논의할 것임) 예비교사가 자신들의 학습과정에 대한 개별적 피드백을 받을 수 있는 기회를 제공할 수도 있다. 이것은 특히 외적학습성향의 예비교사에게 도움이 된다. "천천히 서둘러라(Make haste slowly)."가 여기에서의 슬로건이다. 그 이유는 다음과 같다.

> 교사교육과정에서 반성을 너무 일찍 강조하면 초심 예비교사를 소외시키게 될 것이다. 왜냐하면 예비교사는, 특히 교사교육 기간의 초기에는 반성능력을 일부 특별한 사람에게만 가능한 어려운 능력으로 여기거나, 그들이 중요하게 여기는 교과지식이나 기능을 우회적으로 습득하는 과정으로 여길 수 있기 때문이다 (Hatton & Smith, 1995, p. 36).

Hatton과 Smith(1995, p. 36)는 일반적으로 반성이 교사의 업무와 관계없는 것으로 여겨지고 있는 것이 문제라고 지적하였다.

> 가르치는 행위는 주로 현재 발생하는 즉각적이고 실천적인 행동으로 여겨지는 반면, 반성은 좀 더 학문적인 추구로 인식된다.

초기에는 예비교사로 하여금 긴 수업이나 현장학교에서 실시된 수업을 분석시키거나, 그들의 주된 관심사가 아닌 문제에 초점을 맞추기보다는 그들로 하여금 동료학생들을 대상으로 실시된 짧은 수업(약 10분)에 대해 반성하도록 하는 것이 반성을 촉진하는 데 더 효과적이다.

이와 함께 우리는 예비교사가 자신들의 학습성향의 문제에 대해 분명하게 인식하도록 도와주어야 한다고 생각한다. 예를 들어 Gibbs(1983)는 학생들이 학습과정과 학습과제에 대해 자신들이 이해하고 있는 것에 대하여 반성하고, 이에 대하여 그룹별로 토의하는 구조적 방법을 제안한다. 이와 같은 접근은 교사교육에 매우 유용하다. 이런 접근의 효과는 첫째, 교사교육과정에서 일어나는 교수-학습상황에서, 둘째, 예비교사가 최종적으로 가르치게 될 실제 학급현장에서 느낄 수 있다. 예비교사가 가르칠 학생 역시 이전에 받은 교육의 영향으로 각기 다른 학습성향을 가지고 있다는 것을 인식하는 것이 중요하다.

요약

현실적인 교사교육에 대한 소수의 연구는 현실적 접근이 이론과 실제의 간격을 좁히는 경향이 있음을 나타낸다. 현실적 접근의 중요한 요소인 반성 촉진 교육의 효과에 관한 연구는 상대적으로 드물다. 더욱이 반성의 정의가 교육의 전제적 철학에 의존한다는 면에서 때로는 반성 촉진의 효과와 관련된 주장을 신뢰하기가 어렵다. 그러나 미국과 호주에서 이루어진 몇몇 연구는 반성이 장학적 담화와 실습일지의 기록에 긍정적 효과를 미친다는 것을 보고하고 있다. 그러나 학교 환경의 영향은 제한적인 것으로 나타난다. 저자들 연구에서는 반성적 교사교육이 학생과의 대인관계의 질, 대인관계에 대한 인식의 적절성, 그리고 직업만족도에 긍정적 영향을 주는 것으로 나타났다. 그리고 이런 효과는 주로 장기적으로 나타났다. 교직의 최초 6개월 동안에는 졸업생들의 반성능력이 나타나지 않는 잠복기를 거치는 것으로 보인다.

저자들은 이와 함께 예비교사의 학습성향에 따라 교사교육 프로그램에 대한 평가가 달라진다는 것을 발견하였다. 내적학습성향의 예비교사는 스스로 반성하는 경향을 보이는 반면, 외적학습성향의 예비교사는 보다 구체적인 안내와 피드백을 요청한다. IEO 검사를 사용하여 이런 차이에 대한 추가 연구를 실시한 결과 학습성향의 형성에는 견령, 이전학교에서의 경험 그리고 성별이 관계되어 있음이 밝혀졌다. 외적학습성향의 예비교사들에게는 점진성 전략을 사용하는 것이 중요하다.

우리는 교사교육 프로그램의 특성과 그 결과에 대해 보다 많은 연구를 필요로 한다. 추적연구를 통하여 학습성향과 환경이 교직능력 개발에 미치는 영향에 대해 보다 풍부한 통찰을 얻을 수 있을 것이다.

기본 개념

교사-학생의 관계 / 직업만족도 / 내적-외적학습 성향 / 점진성의 전략 / 잠복기

제 7 장

예비교사에 대한 개별적 지도 과정

◆ Fred Korthagen

현인은 자신의 마음을 갖는 대신 사람들의 마음을 자기 것으로 취한다.

– Lao Tzu: Tao te ching

이 장은 예비교사에 대한 개별적 지도과정에 관한 논의다. 현실적 교사교육의 기본은 예비교사가 구체적인 교수 상황을 반성과정의 출발점으로 인식한 상태에서 구체적인 교수 상황에 대한 반성을 촉진하는 것이다. 이 장에서는 다음과 같은 몇 가지 문제를 논의하고 있다. 교사교육자 또는 학교의 지도교수가 이런 반성과정을 촉진시킬 수 있는가? 어떠한 지도 기술이 유용한가? 이런 기술은 ALACT 모델의 단계와 어떻게 관련을 맺는가?

1. 도 입

이 장에서는 예비교사가 자신의 경험을 반성하도록 돕는 과정에 대하여 실습 경험을 강조하면서 논의하고자 한다.

'이상적인' 반성의 과정이 어떤 것인지에 대해서는 앞의 장들에서 이미 명확하게 밝혔다(제3장 7절과 제4장 8절을 참조). 이 과정을 설명하기 위하여 아래와 같이 다섯 가지의 반복되는 단계로 구성되는 ALACT 모형을 소개하였다.

1 행위
2 행위 되돌아보기
3 본질적 측면에 대한 인식
4 행위의 대안적 방법 도출
5 시도

개인적 견해로는, 반성을 촉진하는 최종 목적은 교사가 ALACT 모형의 주기를 독자적으로 진행해 나갈 수 있어야 한다는 것이다. 다시 말해서, 교사교육은 예비교사를 단지 반성하게 하는 것만으로는 충분치 않고 이들이 지도교수의 도움 없이 스스로 반성하는 방법을 터득하는 것이 필수적이다.[1] 이것은 예비교사로 하여금 소위 성장능력을 갖게 하는 것이다. 성장능력이란 준비 프로그램이 종료되었을 때 독립적으로 스스로의 발달을 지속할 수 있는 능력을 말한다(제3장 9절 참조). 여기서 '독립적으로' 라는 말은 '개별적으로' 를 의미하는 것이 아니다. 독립적인 학습자는 자신의 발달을 이끌고 감독할 수 있으며 다른 사람과 협력할 때도 역시 그렇게 할 수 있다. 그들은 지원이나 피드백이 필요한 순간에 대한 인식은 물론 자신의 학습 욕구와 성공적으로 종료된 단계에 대한 인식을 토대로 도움을 요청할 수 있다.

이 장에서는 지도감독 또는 멘토링의 과정을 통해 교육실습생을 좀 더 반성적으로 이끌고자 하는 목적을 실현하는 방법을 강조하고자 한다. (멘토링이라는 용어는 유럽 국가에서 흔히 사용되는 용어다. 용어 사용을 단순화하기 위하여 이 장에서 저자는 장학이라는 용어만을 사용할 것이며, 이 용어에 멘토링의 의미도 포함시키려는 것이 의도임을 밝힌다.) 제9장 1절에서는 동료가 반성의 촉진과정에서 할 수 있는 역할에 대하여 논의하고자 한다.

2. 점진성의 전략

반성 촉진에 토대를 둔 접근에 익숙하지 않은 예비교사는 자신의 학습에 대한 책임을 기꺼이 받아들이는 데 인색한 경향이 있다. Combs와 동료들(1974) 그리고 Rogers(1969)는 많은 학습자가 지닌 이런 수동적 태도를 지적하였으며, Cantor(1972, p. 111)는 학생들의 태도를 다음과 같이 생생하게 나타내고 있다.

> 우리가 해야 할 일을 말해 주시면 그것을 따르겠습니다. 우리를 좀 가만히 내버려 두십시오. 우리를 괴롭히지 마시고, 당혹스럽게 만드는 질문을 제발 하지 마세요. 그냥 말씀하세요. 우리는 그것을 받아 적겠습니다. 시험이 다가오면 우리에게 알려 주십시오. 답을 정리한 노트를 보면서 공부한 것을 머릿속에 집어넣고 시험에 합격해야지요. 제발 우리를 힘들게 하지 말아 주십시오. 우리는 복잡한 건 잘 몰라요. 그래서 선생님이 여기에 계신 거잖아요. 우리에게 말씀해 주세요.

Combs와 동료들(1974, p. 35)은 다음과 같이 기록하고 있다.

> 과거의 경험 때문에, 학생들은 좀 더 많은 사실을 주입받지 못하면 아무것도 배우는 것이 없다는 신념에 완전히 세뇌되어 있다.

다른 방식으로 학습하는 것에 대한 저항이 있을 때 성장은 방해받을 수 있다.

이 때문에 나는 지금부터 앞 장에서 논의한, 예비교사를 다룰 때 기억해야 할 중요한 몇 가지 사항을 간단하게 다시 설명하려 한다. 내 견해로는, 반성의 촉진을 목적으로 하는 어떤 방법에 대해서도 이들은 잠정적이다.

우선 점진적 전략이 중요하다(제6장 6절 참조). 예비교사라면 스스로 반성할 수 있는 능력을 습득해야 하지만, 교사교육자는 이런 학습을 가능하게 하는 충분한 구조를 제공해야만 한다. 처음에는 구체적인 과제를 주고, 선택 가능한 자료를 제시하며, 피드백을 주고, 예비교사가 암시적 또는 명시적으로 요청한 도움을 제공할 수 있다. 교사교육자는 개인차를 고려해야 하겠지만, 예비교사의 몫으로 남겨지는 결정사항은 점차 증가한다. 반성하는 방법에 대한 학습과정은 간단하고 명료한 경험, 예컨대 상대적으로 간단한 개념이나 원리를 동료학생에게 설명하는 상황에 대해 반성하는 것부터 출발한다.

우리는 안전과 도전 사이의 균형이 중요하다는 사실(제5장 6절 참조)에 대하여서도 논의하였다. 개인에게 필요한 균형을 만드는 데 학습 계약과 일정의 감독은 유용한 도움을 준다(Gibbons & Philips, 1979). 얼마 후면 예비교사 역시 그들의 성취에 대한 평가에서 책임을 공유할 수 있다. 실제로 자기평가에 대한 강조는 성장능력 발달에 토대가 된다. 그러나 항상 유의해야 할 지도원칙은 점진성이다.

마지막으로 지도의 과정에서 발전되어야 할 이론적인 통찰은 예비교사에게 유용한 것이어야 하며, 따라서 예비교사 자신의 필요, 관심, 지각, 반성에 관련이 있어야 한다. 제2장에서 지도과정이 에피스테메보다는 프로네시스의 발달에 목적을 두어야 한다는 것을 의미한다고 언급하였다.

이런 점을 명심하면서 지도 과정에 대하여 논의하고자 한다.

3. 도움의 과정: 나선형 전문성 개발의 지도

지도의 궁극적 목적은 예비교사로 하여금 ALACT 모형을 자동적으로 수행할 수 있도록 만드는 것이다. 끊임없이, 또 의식적으로 자신의 경험으로부터 학습

함으로써, 예비교사는 좀 더 좋은 교사로 변해 갈 것이다.[2] 지도교수(교사교육자일 수도 있고 협력교사일 수도 있는)는 어떻게 예비교사가 반성하는 것을 학습하도록 도울 수 있는가?

나선의 한 주기가 경과할 때 포함되는 것에 대한 이해를 위해 중요한 것으로 Carkhuff가 인식하는 것은 양방의 분배다.

> 도움을 주는 과정은 다음과 같이 2가지의 주요 단계로 구분된다. (1) 하강 또는 내향의 단계, (2) 상승 또는 외향의 단계 혹은 방향성출현(emergent directionality)의 단계다. 초기 단계에서 도움주기의 목적은 개인이 지니는 문제의 본질뿐만 아니라 학생이 자신과 세상을 어떻게 바라보는가에 대하여 학습하는 것이다. 다음 단계의 목적은 학생을 위한 건설적인 방향 또는 문제해결을 설정하고 조작할 수 있도록 하는 것이다(Carkhuff, 1969, p. 28).

ALACT 모형에서 2단계와 3단계는 내향적 단계로서, 상황에 대한 반성이 일어나는 단계다. 1단계(그리고 5단계, 즉 다음 주기의 1단계이기도 함)는 외향적 단계로서 4단계를 통해 준비되고 행위로 직접 연결된다. 4단계에서 발생하는 것, 즉 행위의 대안적 방법의 발전은 반성이라기보다는 예상이라고 할 수 있는데 그 이유는 미래의 행위를 향해 초점이 이미 옮아 가고 있기 때문이다.

지도교수는 위와 같은 주기의 두 부분에서 예비교사에게 일어나는 일을 놓치지 말아야 하며, 이들이 도움 없이는 다룰 수 없는 기능만을 인계받아야 한다. 지도교수는 예비교사가 요청할 때나, 나선형으로 진행되는 특정 부분에서 이들이 문제에 봉착했음이 명백할 때만 움직여야 한다. 다음은 두 가지 예다.

1. 예비교사는 지도교수 입회하에 동료 예비교사를 대상으로 모의 수업을 한다. 수업 후 즉시 예비교사는 동료와 지도교수에게 피드백을 요구한다. 이와 같은 상황에서 예비교사는 자신이 한 수업을 되돌아볼 여유를 거의 가지지 못할 위험이 있다(2단계). 이것은 결국 자신의 교수를 발전시키는 데 타인에게 전적으로 의존하게 되는 결과를 가져올 수 있다. 따라서 예비교사에게 우선

적으로 자신의 수업에 대하여 되돌아볼 것을 요구하는 방식으로 지도교수가 개입할 수 있다. 그 이후에 지도교수가 '당신은 어떤 행동을 했는가?' '느낀 점은 무엇인가?' '무엇을 생각했는가?' '무엇을 원했는가?' 등의 질문을 해서 학생을 도와야 하는지의 여부를 결정하는 것은 예비교사에게 달려 있다.

2 또 예비교사는 교실에서 아이들을 통제하는 데 문제를 갖고 있는 것으로 보인다. 그는 지도교수에게 조언을 구한다. 이때 지도교수가 빠질 수 있는 첫 번째 함정은 문제가 아직 전체적으로 불명확한 단계에서 예비교사가 해결 방법을 요구한다는 것이다(물론 충분히 이해할 만하지만). 이 예비교사는 어째서 학생들의 규율을 유지할 수 없는가? 이런 상황이 다른 모든 학급에서도 나타나는가? 이 예비교사가 규율을 유지할 수 없다는 것이 정확하게 무엇을 의미하는가? 이 예비교사는 이 문제에 대하여 어떻게 느끼는가? 그의 수업에서 잘 되고 있는 것은 무엇인가? 이와 같은 질문은 처음에는 모호하게 느껴지던 문제의 본질적인 측면을 인식하도록 이끌 수 있다. 지도교수는 예비교사가 실질적인 문제를 더욱 명확하게 인식할 수 있도록 도와야 한다(3단계). 그렇게 한 이후 다음의 4단계(대안을 도출하기)로 넘어가는 것이 의미가 있는 것이다. 여기서 지도교수가 빠지기 쉬운 두 번째 함정은 아마도 한 가지 특정 해결책만이 확실한 방법이라고 생각하고 가르쳐 주려고 할 것이라는 점이다. 그러나 예비교사가 문제를 일단 파악하면 그에 대한 해결책을 스스로 쉽게 찾는 경우가 많다. 설령 그렇지 않다고 해도 지도교수는 예비교사 스스로 해결 방법에 대하여 생각해 보도록 자극해야만 한다. 예비교사가 정말 4단계를 스스로의 힘으로 통과하기 어려워 보인다면, 그때만큼은 지도교수가 해 줄 수 있다.

위에 제시된 예는 나선형의 단계에 대한 인식이 지도교수의 지도 역량을 강화할 수 있다는 사실을 보여 준다. 따라서 '학습을 돕는 것'은 '예비교사가 나선형의 발달 과정을 통과하도록 돕는 것'으로 번역될 수도 있다. Combs와 동료들(194, p. 26)은 아래와 같이 지적하였다.

방법에 대한 교수는 오랫동안 교사교육에서 가장 중요한 기능으로 간주되어 왔다. 교수 방법에 대해서만 유독 큰 관심을 갖는 현상에 대해 불평해 온 사람도 있으나 전문성 훈련에 많이 사용되는 도구로서의 자기(self-as-instrument) 개념은 다른 강조점을 갖는다. 교사교육 프로그램은 각 학생이 자신, 자신의 목적, 과업, 특정 대상 및 다루어야 할 문제에 가장 적절한 방법을 찾도록 도와야 한다. 이것은 교수 방법이라기보다는 오히려 학생이 방법을 발견하도록 돕는 것이다. 다시 말해, 이것은 적절한 교수 방법을 찾는 문제라기보다는 교사를 위해 올바른 방법을 찾는 문제다.

후자의 진술은 이런 특정 교사, 특정 상황, 특정 순간에 적절한 이론을 개발할 필요성을 다시 한 번 지적하는 것이다.

현실적 교사교육의 궁극적 목적은 예비교사 스스로 자신의 지도자가 되도록 학습하는 것이기 때문에, 지도교수도 예비교사가 ALACT 모형의 나선형 과정을 인식하도록 해야 한다. 물론 이것이 성공하려면 서로 다른 학습 상황에서 이 모델의 주기를 몇 차례 성공하는 경험을 해 보아야 한다. 그렇지 않으면 반성할 경험 자체를 갖지 못하기 때문이다.[3] 예비교사가 지도를 받기 전에 자신이 반성한 것과 그 과정에서 생긴 의문점을 써 보도록 하는 것은 매우 유용하다. 이것은 자신이 경험해 나가는 과정을 좀 더 잘 인식하도록 만드는 또 하나의 방법이기 때문이다. 지도협의회를 하는 동안 이렇게 써 놓은 노트는 ALACT 모형에 명백한 위치를 차지할 수 있다. (제11장에서는 반성과정에서 실습일지와 메타 반성, 즉 스스로의 반성에 대한 반성의 역할에 대해 논의하여 이 문제를 좀 더 정교하게 다룰 것이다.)

4. 기본적인 지도 기술

나는 지도 과정을 '예비교사가 나선형 발달과정을 경험하도록 돕는 것'이라고 해석하였다. 이것은 지도교수가 지녀야 하는 조력 기술에 대하여 좀 더 상세히 논의할 여지를 제공한다. 여기서는 전체 과정과 관련된 몇 가지 기본적인 기술에 대하여 먼저 논의하고자 한다. 그런 다음 ALACT 모형의 각 단계에서 중요한 지도 기술을 살펴볼 것이다.

요구되는 도움의 종류 결정

처음에는 예비교사가 어떤 단계에 있는지를 결정하는 기본적 기술이 요구된다. 다음의 사례를 보자.

상황 A 예비교사가 무엇을 어떻게 배우기 원하는지 확실히 인식할 때, 분명 그는 나선형의 과정을 스스로 밟아 나아갈 수 있다. 지도교수는 학생에게 어떤 도움이 필요한지 스스로에게 물어보아야 한다. 많아야 예비교사에게 가능한 대안을 보여 주는 것(4단계) 정도가 의미 있을지 모른다.

상황 B 현실에서 이 정도로 완벽하기란 거의 어렵다. 예컨대, 예비교사가 자신이 배우고 싶은 것을 대략은 알지만 구체화시키지 못하는 상황이 있을 수 있다(예, 예비교사가 '잘 설명하는 방법'을 배우기 원한다고 말할 때). 이것은 3절의 ②에서 언급한 상황, 즉 문제가 충분히 명확하지 못하여 대안적 행위를 전개하는 단계로 접어들 수 없는 상황과 유사하다. 자신은 학생이 학습하는 것을 돕기 위해 그곳에 있다는 지도교수의 원칙을 적용하기 위해서는, 예비교사가 먼저 문제를 명확히 하는 것을 학습해야 한다는 것을 깨달아야 한다. 이 사례에서 지도교수는 예비교사가 이것을 먼저 배우도록 도와야 한다. 2, 3단계에서 도움을 주어야 한다는 사실이 강조된다.

상황 C 또 한 가지 가능성은 예비교사가 어떠한 학습 목적도 갖고 있지 않을 수도 있다. 예비교사는 오직 자신에게 유용할 것이라고 느껴야만 그것을 배우기 원할 것이다. 이것이 출발점이 될 수 있다. 예비교사는 의미 있는 목적을 발견하도록 도움을 받아야 한다(1, 2단계가 강조된다).

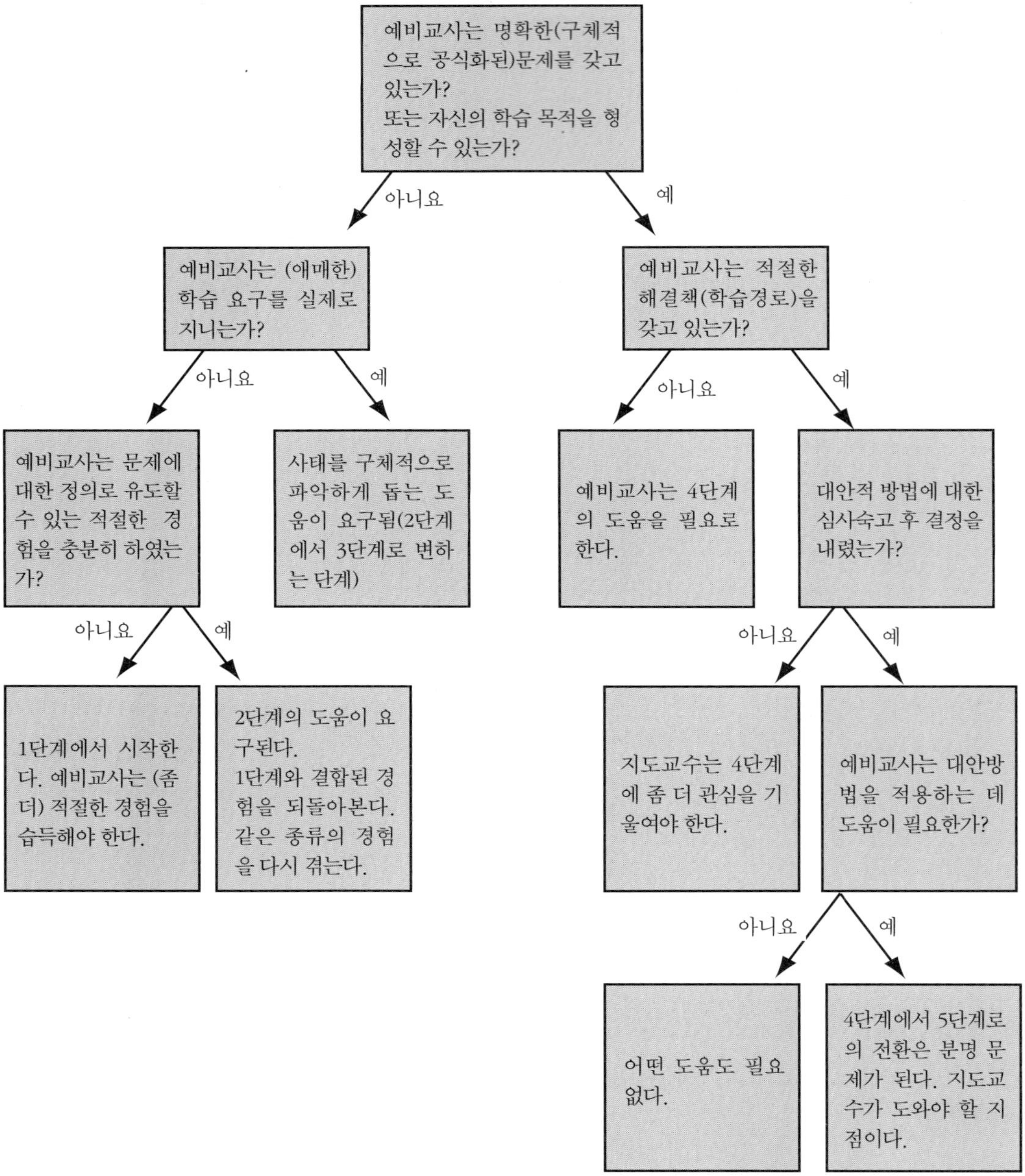

[그림 7-1] 지도교수의 의사결정 모형

이런 사례는 [그림 7-1]에 나타난 것처럼, 지도교수가 실제로 의사결정 모형을 활용한다는 사실을 보여 준다. 예비교사가 어느 단계에 도달했는지가 분명할 때만 우리는 적절한 도움을 줄 수 있다.

어떤 조력 기술이 각 단계에 특히 중요한지를 살펴보기 전에, 학습에 대한 가능한 접근방법에 먼저 주의를 기울여 보는 것이 필요하다.

학습에 대한 접근방법

1단계(행동, action)에서 우리는 매우 실제적이고 행위 지향적 사항, 예컨대 '교수'에 대해서만 생각할 필요는 없다. 1단계에서 좀 더 인지적인 접근도 가능한데, 예를 들어 논문 읽기는 반성과 학습 요구를 형성하도록 이끄는 실천 단계가 될 수 있다. 간단히 말해서, 서로 다른 각각의 단계에서 학습에 대한 다양한 접근 방법이 있을 수 있다는 것이다.

이는 네 가지 차원으로 구분할 수 있는데(비록 이들이 명확하게 구분될 수 있는 것은 아니지만), 즉 원하기, 생각하기, 느끼기, 행동하기다. 첫 번째 차원은 학습과정을 이끌기 때문에 가장 중요한데, 배우기 원하거나, 변화하기를 원하거나 혹은 걱정하는 것이 무엇인가 하는 문제다. 이 차원은 [그림 7-1]의 의사결정 모형 뒤에 있는 차원이다. 이런 차원이 적절히 다루어져 왔다고 가정해 보도록 하자. 그렇다면 그 절차는 어떠한가? 위의 세 가지 상황(A, B, C)을 활용하여, 나머지 세 가지 차원이 학습과정에 대한 서로 다른 접근방법을 나타낼 수 있는 방식을 간단히 설명하고자 한다.[4]

상황 A에서 예비교사는 자신이 배우고 싶은 내용과 방법을 알고 있다. 이미 언급한 것처럼, 지도교수는 (만일 학생이 미처 고려하지 않고 있다면) 아마도 대안적 방법을 지적할 수 있을 것이다. 예를 들어, 예비교사가 칠판을 잘 사용하는 방법을 배우기를 원하여 그에 대한 자료를 읽고 있을 때(인지적 접근), 지도교수는 칠판을 사용하여 자신의 경험을 반성함(행동적 접근)으로써 (부수적) 연습의 가능성에 대하여 말해 줄 수 있다. 또 자신의 문제에 대하여 어떻게 느끼고 있는지,

칠판을 사용하는 것에 대하여 어떻게 느끼기 원하는지를 물어보는 것도 도움이 될 수 있다(감정적 접근).

상황 B는 예비교사가 효과적으로 배우기 위해 그 전에 자신의 학습 목적을 명백히 해야 하는 상황이다. 지도교수는 그 목적에 도달할 수 있는 다양한 방법을 알려 줄 수 있다. 설명을 잘하는 방법을 배우기 원하는 예비교사라면 아마도 불안한 감정을 가지기 쉽다. 예비교사의 학습 목적을 분명히 하기 위해서 이런 불안감과 이런 감정이 발생하는 상황을 명확히 할(감정적 접근) 필요가 있다. 좀 더 인지적인 접근은, 예비교사가 몇 가지의 교육학 이론을 살펴보고 자신이 심층적으로 연구하고 실행 방법을 배우고자 하는 이론을 고려하는 것일 수 있다. 행동적 접근에서는 예비교사가 '설명하는' 역할을 해 보는 상황이 연출될 수 있다. 이런 상황에 대한 반성은 문제를 공식화하고 그 예비교사를 위한 '발달 프로그램'을 설정하는 것을 도울 수 있다.

마찬가지로 (예비교사가 무엇을 배우고자 하는지 모르는) C의 상황에서, 지도교수는 1과 2단계에 (예비교사가 동시에 적용할 수 있는) 서로 다른 접근방법을 제시할 수 있다. 예비교사는 교수에 대한 책을 읽기 시작할 수 있고 (인지 지향적), 동시에 자신이 무엇을 원하는지, 두려운 것이 무엇인지, 피하고 싶은 것이 무엇인지를 생각할 수 있으며 (감정 지향적), 혹은 그냥 어떤 '일' (예, 개인지도)을 일단 시작한 후 학습 목적을 찾아볼 수도 있다(행동지향적 접근).

이것은 학습 상황을 예비교사의 학습 양식에 반드시 맞추어야 한다는 것을 의미하지는 않는다. 학습 양식은 이전 경험의 결과인 경우가 많으므로, 자신이 잘 활용하는 접근이 아닌 다른 접근을 활용하는 것을 배울 수도 있다. 그러나 지도교수는 학습에 대한 저항이 일어날 수도 있음을 반드시 고려해야 할 것이다.

복잡해지는 것을 피하기 위하여, 다양한 접근방법의 문제는 다음 절들에서는 항상 명시적으로 언급되지 않을 것이다. 그러나 학습과정의 이런 측면은 앞으로 논의될 ALACT 모형의 각각의 단계에서 중요한 역할을 한다.

5. 1단계에서의 도움주기(행동)

1단계는 행동의 단계다. 따라서 1단계에서 도움을 준다는 것은 예비교사로 하여금 구체적인 경험을 하게 한다는 것을 의미한다.[5]

1단계가 학습과정에서 반드시 첫 번째 단계일 필요가 없음에도 불구하고, 1단계에서 5단계까지 번호를 붙일 때 이를 잊어버리기 쉽다. 어쨌든 이 과정은 나선형이므로, 1단계는 이전 주기의 5단계인 경우가 되기도 한다. 따라서 예비교사가 이 단계에서 도움을 필요로 할 때, 지도교수는 학생이 어떤 행동 상황에 대해 준비가 되어 있는지에 대하여 생각해 보아야 한다.

예를 들어 보자. 모든 교사교육 프로그램에서 1단계의 명백한 예는 어떤 교과를 설명하는 것이다. 이때 다양한 가능성이 있는데, 동료 학생 중 한 사람에게 설명을 할 수도 있고, 예비교사 전체를 대상으로 할 수도 있으며, 혹은 한 아동(예, 개인교수의 상황일 때)이나, 전체 학급을 대상으로 할 수도 있을 것이다. 또한 각 경우마다 교과의 난이도를 달리 할 수도 있을 것이다. 어떤 상황이 예비교사에게 가장 적절한지는 이들이 이미 어떤 경험을 했느냐에 따라 달라진다.

이는 예비교사가 항상 가장 덜 복잡한 상황에서 시작해야 한다는 것을 의미하는 것은 아니다. 그렇다면 예비교사는 문제가 있다는 사실을 거의 느끼지 못할 것이며 학습에 대한 필요 또한 가지지 않을 것이다. 학습에 대한 필요는 예비교사 자신으로부터 출발해야 한다는 견해라면, 예비교사는 좀 더 어려운 상황에서 무엇인가를 설명해 보는 경험을 하도록 하는 것이 좋은 출발일 수도 있다. 그 이후 단순한 상황(예, 같은 주제를 동료 학생에게 설명하는 것)은 더 심화된 학습을 위해 더 좋을 수도 있다.[6] 이전 상황은 1단계에서 중요한 지도 기술 두 가지, 즉 예비교사의 학습 필요에서 출발하고, 새로운 학습 목적에 이들이 민감해지도록 하는 것을 사례로 보여 주는 것으로 간주될 수 있다. 이런 기술은 학습 과정을 지속하도록 돕는다고 요약될 수 있다.

6. 2단계에서의 도움주기(되돌아보기)

먼저, 학습 및 행위의 나선은 내향과 외향의 반반으로 구분되었다. 따라서 2단계, 3단계에서 도움을 주는 일은 예비교사가 자신에 대해 생각하고 결론을 내리도록 자극하는 것이다. 이런 관점에서 1단계에서 2단계로의 전환은 기본적인 것이며, 학습과정의 내향적 부분의 시작을 나타낸다. 2단계는 예비교사가 자신의 행동 및 사고방식과 원하고 느끼는 방식을 반성하는 것과 관련된 단계다. 이제 예비교사는 자신을 '안정' (기존의 내적인 심리적 질서를 보존하고자 하는 욕구)과 '성장' (자신의 가능성을 확장시키는 것) 사이에 둔다. Maslow(1968, p. 49)는 "안정을 추구하는 욕구는 성장의 욕구보다 우세하다."라고 말하였다. 따라서 나선형 2단계에서는 예비교사의 안정에 도움을 주는 지도 기술이 특히 중요하다.[7]

> 결정적인 관계의 차원은 신뢰-불신의 차원이다. 일반적으로 도움이 필요한 사람은 자신이 신뢰하는 사람의 도움을 기꺼이 받아들인다. 도움이 필요한 사람은 조력자에 대한 신뢰를 갖고 있어야 하며, 신뢰가 발전되려면 그가 말하는 것을 믿을 수 있어야 한다(Brammer, 1973, p. 49).

이제 안전한 분위기를 조성하는 데 어떤 지도 기술이 필요할까? 문헌의 도움을 받아 그 질문에 답을 찾고자 하는 사람은 다양한 이론과 용어를 만날 수 있다.

Rogers(1969)는 인정, 감정이입, 진실성이라는 세 가지의 중심 기술을 기본적으로 인식한다.[8] Brammer(1973)의 문헌에서는 수십 가지 기술을 찾을 수 있다. 또 Egan(1975)과 Carkhuff(1969a, 1969b)는 이런 기술에 관한 중간적 노선을 택하고 있다.

학자들은 비록 서로 다른 용어를 사용하고는 있지만 이들이 언급하는 기술의 의미는 많은 유사성을 지닌다. 예를 들어 Brammer가 말하는 많은 기술은 Rogers가 열거한 것과 같은 것으로 간주될 수 있다. Egan(1975, p. 3)이 언급한 것처럼 도움을 주는 사람의 경험 정도는 광범위한 하위 기술들의 열거나 일반적인 개요에서 얻는 이익의 정도를 결정한다.

> 초보자에게는 자세하고 많은 단계와 기술이 당황스럽겠지만, 경험 많은 조력자에게는 상세한 열거가 매우 도움이 될 것이다.

이 절의 범위 내에서 가장 중요한 기술들이라고 생각되는 것에 대하여 한 가지씩 논의하고자 한다.

인 정

예비교사는 비록 이전까지는 지도교수나 자신의 기대에 부응하는 생활을 하지 못했다 하더라도 한 개인으로 인정을 받는다고 느껴야 한다. 한 예비교사를 받아들이는 것은 자신의 요구와 가능성을 기정사실로 받아들이는 것과, 한 개인으로서 예비교사가 남의 잣대로 판단되지 않는다는 것을 의미한다. 예를 들어 보자.

> 한 예비교사는 감정표현과 대인관계 기술에 강한 저항을 갖고 있는 듯하다. 그는 수학에 매료되어 있고 교수에 관련하여 학습과정에 대하여 알기를 원하지만 인지적 측면에만 관심을 갖고 있다.

지도교수는 이런 예비교사를 두 가지 방식으로 다룰 수 있다. 하나는 위와 같은 경우에 거의 효과적이지 못한 방법인데, 그동안 무시해 온 대인관계 기술과 감정적 측면에 예비교사의 관심을 돌리려고 시도하는 것이다. 예컨대 예비교사의 수업 후 지도교수와의 토론 중에 지도교수는 그 수업에서 이런 부분에 대한 고려가 중요한 역할을 했을 순간에 대하여 충고할 수 있다. 그러나 예비교사는 이것을 비판이라고 간주할 것이다. 그는 이런 충고를 마치 '너에게 무엇인가 잘못된 것이 있어. 너는 특정 부분에 상당한 문제가 있고 당장 바꾸어야만 하는 것'으로 해석할 수 있다. 예비교사는 점점 불안해지기 시작할 것이며, 결국 '마음의 문을 닫을 것'이다. 여기서 우리는 변화의 역설이 작동하는 것을 본다(제5장 2절 참조). 즉, 변화하라는 압력이 변화를 방해하는 것이다. 이런 접근은 예비교사가 대인관계의 측면에 대하여 이전보다 더 큰 저항감을 가지게 할 수도 있다. 예비교사의 반응 방식은 지도교수와의 관계에 따라 달라진다. 지도교수가 자신을 인정하지 않고, 자신이 부정적인 평가를 받을 위험성이 있다고 예비교사가 느낀다면, 그는 '생존하기' 위해서, 예를 들어 학급에서 아이들과의 관계나 감정이 갖는 역할의 중요성에 대해 입에 발린 말을 할 수도 있다.

받아들이기 어려운 이런 방법과는 반대로, 예비교사의 특정 저항까지를 포함하여 이들을 인정하는 방법이 있다. 지도 시간에 지도교수는 예비교사가 수업 중에 경시하는 측면에 관심을 돌리게 하지 않는다. 그는 지속적으로 조력자로서의 자신의 역할을 명심하고 예비교사가 겪어 나가는 발달 과정을 지원해 준다. 이런 비지시적 방법을 계속 적용해 온 경험이 거의 없는 지도교수는 예비교사가 줄곧 피하려 했던 측면을 결과적으로는 탐색하도록 이끄는 기회를 제공하는 방법이 바로 이것이라는 것을 상상하기 어렵다. 재차 설명하지만 안전의 욕구는 성장이 가능해질 수 있기 전에 충족되어야 한다. 예비교사가 지도교수의 비판 없이 자유롭게 자신의 경험을 반성하도록 허용된다면, 그가 중요시하는 인지적 측면에서 좀 더 유능해지는 동시에, 이것이 가져올 한계에 맞닥뜨릴 기회까지 제공받는다. 이는 예비교사가 자신의 학습욕구가 인도하는(제4장 6절에서 살펴본 것처럼 자신의 델타-2에 따라) 새로운 학습 과정에 돌입하게 만들 수도 있다. 더욱이 그는 인지적 수준에서 습득한 지식과 기술에 계속 의지할 수도 있다. 예비교사가 감정과 대인관계 기술에 대해 배우는 데도 인지적 방식을 선택하기가 쉽다. 즉, 그가 학습에 대한 인지적 선입관을 가졌다면, 그는 아마도 감정과 대인관계 기술에 대해서도 느끼고 행하는 것이 아니라 생각함으로써 시작할 것이다. 나의 경험으로 볼 때, 예비교사가 결국 어떤 방법을 택할지는 지도교수의 인정 여부에 달려 있다.

감정이입

Rogers에 따르면, 감정이입은 타인을 '안으로부터' 이해하고, 그 이해를 소통하는 기술을 의미한다. 감정이입은 Boud, Keogh 그리고 Walker(1985)가 "감정에 주의를 기울이는 것(혹은 감정에 통하는 것)"이라고 설명한 것을 목적으로 한다. 하나의 예를 다시 들어 보자. 수잔이라는 학생은 다음과 같이 말한다.

> 나를 괴롭히는 것은 내가 유전학 토론에 전념할 수 없다는 것입니다. 나는 내가 정말 교사가 되기를 원하는지 잘 모르겠습니다.

이에 대하여 우리는 감정이입적으로 반응할 수 있다.

> 지도교수 1: 유전학 토론에 대하여 관심이 적다는 것이 다른 직업을 선택해야 한다는 것을 나타내는 징후라고 걱정하는가?

이런 지도교수의 반응으로 예비교사가 만일 이해하였다고 느낀다면, 이는 매우 유용한 효과를 가지는 것이다. 예비교사는 자신의 경험에 대하여, 또 아마도 가르치는 직업에 자신이 얼마나 적합한지에 대하여 계속 반성할 것이다.

비교를 위해 다른 반응을 살펴보자.

> 지도교수 2: 수잔, 자네는 유전학에 관하여 어떤 문제를 갖고 있나?

이것은 명백하게 감정이입적인 반응이 아니다. 왜냐하면 수잔이 보낸 진짜 메시지가 그녀에게로 돌아가지 않았기 때문이다. 사실, 수잔이 자신의 문제를 명확하게 하도록 자극하는 반응이 유용하다. 그러나 이것도 이해와 신뢰의 분위기가 조성된 후에만 해당된다.

지도교수 3: 교생실습 기간 동안 많은 예비교사는 자신이 정말로 가르치는 것을 원하는지 의심하곤 하지.

위의 지도교수는 문제를 일반화하고 있으며, 이 문제가 이 순간 수잔에게 아주 중요하고 실질적인 문제라는 사실을 충분히 인식하지 못함을 보여 준다.

지도교수 4: 수잔, 유전학이라는 교과에 자네의 헌신이 부족하다는 것은 우리가 그동안 이야기해 온 똑같은 문제를 단지 다르게 표현한 것임을 모르겠는가? 자네는 여전히 기다려 보자는 태도를 갖고 있군. 또 자네의 일에 대한 책임을 거부하고 있군.

여기서 우리는 '똑똑하게' 사태를 보려고 하는 조력자의 모습을 볼 수 있다. Rogers(1969)가 강조한 것처럼, 이런 반응은 감정이입적 이해와는 근본적으로 차이가 있다.

> 이런 종류의 이해는 '당신의 문제를 나는 이해합니다.'의 형태를 띠는 보통의 평가적 이해와는 크게 다르다. 그러나 민감한 감정이입이 있을 때, 학습자의 반응은 다음과 같은 형태를 띤다. "결국 나를 비판하거나 심판하지 않고 내가 되어 보고 그것이 어떤 느낌인지를 누군가가 이해하고 있어. 이제 나는 성장하고 배울 수 있어."(pp. 111, 112)

Brammer(1973, pp. 30, 31) 또한 이 문제를 제기하고 있다.

> 조력자는 주의 깊게 경청하고 자신에게 몇 가지 질문을 함으로써 내적인 참조 체제에 들어온다. '지금 이 사람이 느끼는 것은 무엇인가? 이 문제를 그는 어떻게 바라보는가? 그가 자신의 세계에서 보는 것은 무엇인가?' 만일 조력자가 외적 또는 진단적 참조 체제에서 생각한다면, 그는 '왜 이 사람이 이렇게 화가 나 있을까'

'문제를 일으킨 것은 무엇인가?' 와 같은 'why' 질문을 할 것이다. 그는 또 '이 사람은 지금 화가 나 있고 엉망인 것 같아. 내가 이 사람을 도와야 해.' 와 같은 판단을 내린다. 따라서 외적 참조 체제는 지적인 문제해결 체제를 활용하여 도움이 필요한 자를 관찰자의 입장에서 이해하려는 시도다.

Brammer는 효율적인 조력자는 외적인 참조 체제보다는 내적인 참조 체제를 활용한다는 연구 결과를 인용한다.

다른 사람이 이미 언급한 사항을 단순히 다시 말함으로써 타인을 도울 수 있다는 생각은 그런 경험이 없는 많은 사람을 놀라게 한다. 이것이 말처럼 쉽지 않다는 사실은 차치하고 (당신의 생각과 감정을 제쳐 놓고 완전히 다른 사람의 관점에서 생각한다는 것은 매우 어려우므로), 경험은 이런 방식의 도움이 강력한 영향력을 행사한다는 것을 보여 주는 가장 좋은 증거가 된다.

그럼에도 불구하고 제4장 6절에서 공식화된 모형은 이런 현상에 대한 하나의 설명을 제공한다. 이상적으로 말하자면, 제 역할을 잘하는 사람은 잘 개발된 델타-1과 델타-2 체제를 사용하며 따라서 스스로를 수정할 수 있다. 반성은 델타-2 체계가 제 기능을 하기 위한 특징이다. 개인은 자신의 생각과 감정, 소망과 행위에 대하여 생각한다. 이를 위하여 자신의 델타-1 체계로부터 스스로 거리를 둘 필요가 있다. 이것은 항상 어려운 일이며 (언제나 인식이 되는 것은 아닌) 학습에 대한 저항이 이를 종종 방해한다. 사실, 감정이입적으로 반응하는 조력자는 이 작업을 부분적으로 떠안는다. 도움을 받는 이는 자신의 내적인 반성에 의존할 필요는 없지만, 조력자는 일종의 외부적 거울이다.[9]

진실성

지도교수는 자신이 실제로는 그렇지 못한 것을 받아들이는 척하거나 이해하는 척해서는 안 된다. 도움주기에서 가장 중요한 것은 조력자가 전문인으로서의 포장 뒤에 숨는 것이 아니라 자기 자신의 생각과 감정을 지닌 진정한 개인으로서 마주하는 것이다. 이것을 진실성 또는 진정성이라고 한다.

즉흥성은 진실성의 중요한 측면이다. 또 다른 측면으로 일치성을 들 수 있는데, 지도교수의 언행은 그가 생각하고 느끼는 것과 일치해야 한다. 예비교사에게 "자네의 말은 매우 흥미롭군."이라고 말하면서 지루한 표정을 짓고 있는 지도교수라면 믿을 만하다는 인상을 주지 못한다. 분명한 것은 이런 이중적 신호는 예비교사가 불안감을 느끼도록 만든다는 것이다. 지도교수의 말을 곧이곧대로 이해해도 되는가? 그 뒤에 숨은 뜻은 없을까?

말하는 것과 진정으로 의미하는 것이 일치하지 않을 때도 진실성 결여가 발생할 수 있다. 학생이 말하는 것을 흥미 있다고 말하면서 곧바로 화제를 바꾸는 지도교수는 진실한 사람으로 보이지 않을 것이다. 이것은 학생을 불안하게 만들 수 있으며 학생은 더 이상 자신의 감정을 드러내 놓지 않게 될 것이다.

도움주기 관계를 발전시키는 데서, 진실성은 자신에 대해 솔직히 털어놓는 것으로 이어질 수 있다. 지도교수는 자신의 경험을 소개할 수 있다. 그러나 그렇게 하는 것이 예비교사에게 정말로 도움이 되는지 조심스럽게 고려해야 한다. 자신에 대해 털어놓는 것이 예비교사의 참조 체제와 관련이 있는가? 그렇다면 그것은 도움주기 관계를 더욱 강화시킬 수 있다.

구체성

지도교수는 예비교사가 자신의 구체적인 감정, 사고, 욕구, 행동을 세심하게 고려하도록 자극해야 한다. 지도교수는 이들이 자신을 잃어버린 채 모호한 공식이나 보편적인 원칙만 찾지 않도록 도와야 한다. 또 다른 예를 들어 보자.

예비교사: 수업에서 발생할 수 있는 사건의 종류를 처음부터 아는 것은 항상 어려운 일이에요. 모든 것을 예측하는 것은 불가능한 일이지요.

지도교수 1: 자네의 질문에 대한 피터의 반응이 자네를 놀라게 했는가?

위의 예를 다음의 반응과 비교해 보라(Egan, 1975, p. 103).

지도교수 2: 아이들은 종종 예측할 수 없는 행동을 하지.

구체성의 목적은 예비교사가 사태를 구체적으로 보고 상황에 대한 자신의 생각과 행동, 그에 수반하는 감정과 욕구를 상세히 살펴보도록 자극하는 데 있다. 그러나 추상적이고 애매모호하게 달하려는 경향이 예비교사에게는 학습에 대한 저항을 나타낼 수 있음을 깨달아야 한다. 감정이입적인 이해에 관련하여 이미 언급한 것처럼, 예비교사가 자신의 문제를 구체화하도록 자극하려면 그전에 먼저 신뢰의 분위기가 보장되어야만 한다.

[그림 7-2]에 진술된 질문은 구체성을 촉진하는 데 유용하게 활용될 수 있다.

이 모든 질문에 대한 답을 찾는 것이 쉽지 않을 때가 많다. 오른쪽에 진술된 질문들은 주로 예비교사에게 문제가 된다. 그들은 자기가 맡은 학생들의 생각이나 감정에 대하여 아무것도 모르는 경우도 있다. 물론 예비교사가 해답을 찾기 위해 다음 수업에서 할 수 있는 일이 무엇인지에 대하여 토론할 때 이것은 좋은 출발점이 된다.

2단계에서의 중요한 마지막 절차는 1～8번까지의 질문에 대한 답을 서로 관련시켜 보거나, 또 다른 말로 교사와 학생 사이에 오고가는 순환 과정을 분석하는 것이다. 예컨대 예비교사의 감정이 수업 시간 동안 자신의 행동에 어떤 영향을 미쳤는지, 이런 행동이 자신의 학생이 느끼고 원하는 것에 어떤 영향을 주었는지 등이다. 이런 방식으로 수업이 진행되는 과정의 본질적 측면은 명확해지고, 이것은 3단계로의 반성을 촉진시킨다. 2단계에서 교사와 학생 사이의 순환과정에 대한 인식을 이끄는 반성의 유형을 보여 주는 예는 제3장 7절에 서술되어 있다. 제11장 5절에서는 예비교사가 지도교수의 도움 없이 스스로 학급상황에 대하여 구체적으로 분석하기 위해 [그림 7-2]의 '9 영역'의 사용방법을 학습할 수 있는지에 대하여 좀 더 깊이 살펴보고자 한다.

7. 3단계에서의 도움주기(본질적 양상의 인식)

[그림 7-2]의 많은 혹은 모든 측면 대부분이 다루어지면, 2단계(되돌아보기)는 서서히 3단계(본질적 양상을 인식하게 되는)로 접어들게 된다. 3단계에서는 앞에서 논의한 지도 기술이 여전히 중요하지만, 몇 가지 다른 기술도 중요한 역할을 하기 시작한다.

0. 어떠한 상황에 처해 있는가?	
1. 당신은 무엇을 원했는가?	5. 학생은 무엇을 원했는가?
2. 당신은 무엇을 행했는가?	6. 학생은 무엇을 했는가?
3. 당신은 무엇을 생각했는가?	7. 학생은 무엇을 생각했는가?
4. 당신은 어떤 느낌을 경험했는가?	8. 학생은 어떤 느낌을 경험했는가?

[그림 7-2] ALACT 모형에서 2단계를 위한 질문의 구체화

직접 대면

여기서는 지도교수의 몇 가지 반응의 예로 시작하고자 한다.

1 자네는 좀 더 명확한 규칙을 만들고 싶겠지만 실제로 그것을 할 여유를 결코 갖지 못할 거야. 그렇지 않은가?
2 자네의 말을 들으면 화가 나 있다고 생각되지만 동시에 나는 자네의 미소를 볼 수 있어.
3 자네는 문제에 대한 답에 관심 있다고 학생들에게 말할 뿐만 아니라 학생들이 문제를 해결하는 방법도 마찬가지로 중요하다고 말하는군. 그러면서도 시험지를 채점할 때 자네는 답만 쳐다보고 있는데.
4 자네는 그것에 전념하기 원하지. 그렇지만 나는 자네가 '기다려 보지 뭐!'

하는 듯한 태도를 갖고 있는 것으로 생각되네. 바로 지금 자네의 행동에서 말이야.

지도교수는 예비교사의 이상적인 모습과 실질적인 모습(보기 1), 언어적 표현과 비언어적 표현(보기 2), 말과 행동(보기 3), 예비교사가 자신을 지각하는 방식과 지도교수가 이들을 지각하는 방식(보기 4) 사이의 불일치에 대하여 예비교사와 대면할 수 있다.

직접 대면하는 것은 피드백과 직접 관련된다. 지도교수는 예비교사의 관리 체제가 명백하게 (내적인) 피드백을 제공할 수 없는 문제에 대하여 (외적인) 피드백을 제공한다.

문헌에는 효과적인 피드백이 되기 위해 충족시켜야 하는 준거가 언급되어 있다. 이를 간단히 요약하면 다음과 같다.

- 피드백은 관찰되고 명백히 나타난 타인의 행동에 적용되어야 하며 타인의 인성에 대한 것이어서는 안 된다. 예컨대, 부정적인 피드백을 줄 때 상대를 인간으로서 비난하는 것이 아님을 명백히 해야 한다.
- 피드백은 행위에 대한 해석이나 심판이 아니라 묘사이어야 한다(예, '넌 수줍음을 타는구나.' 가 아니라 '눈을 아래로 내리는구나.').
- 이런 묘사는 당신이 관찰한 행동과 그것을 당신이 어떻게 경험하고 그에 대한 당신의 반응이 무엇인지를 포함한다. 따라서 항상 주관적인 묘사가 될 수 밖에 없다.
- 피드백은 일반적인 것이 아니라 특정적인 것이어야 한다. 구체적이고 특정한 것으로서 명확하게 묘사된 행동을 다루어야 한다.
- 행동과 그에 대한 피드백 사이의 시간 경과가 짧으면 짧을수록 더욱 효과적이다.
- 피드백은 상대방에게 그 정보와 관련된 무엇인가를 수행할 기회를 주어야 한다. 따라서 그가 변화시킬 수 없는 어떤 것을(예, '너는 참 작구나.') 상기

시키는 것은 소용없을 뿐만 아니라 좌절을 주는 것이기도 하다.

- 피드백은 정보에만 한정시켜라. 수용자가 그 정보로 무엇을 해야 하는지에 대한 조언은 제공하지 마라. 그래야만 상대가 행동을 수정하거나 말거나 하는 자유를 주는 것이다.
- 피드백은 수용자가 원하는 순간에 주어야 한다. 피드백이 정보를 제공하는 것 이외에 다른 가치가 없을 때 파괴적인 결과를 가져올 수도 있다.
- 피드백은 수용자의 반응을 환영하는 방식으로 진행되어야 한다.

학생이 안정감을 느끼지 못한다면, 직접 대면하는 것은 거의 효력이 없을 것이다. 일반적으로 그것은 학습에 대한 저항을 강화시킬 뿐이다. 직접 대면하는 것은 따라서 인정, 감정이입, 진실성과 함께 수반되어야 한다.

나중에 논의될 기술 역시 예비교사가 안정감을 느끼는 학습상황에서만 효과를 볼 수 있다. 특히 예비교사가 자신에 대하여 매우 부정적일 경우, 3단계에서 명확해진 그의 장점을 강조함으로써 안정감을 증진시킬 수 있다.

일반화

상황을 구체화시키는 것은 예비교사가 처음에는 모호하게만 인식했던 문제를 좀 더 자세히 볼 수 있도록 이끈다. 그러나 동시에 문제들 간의 상호관계가 더 이상 보이지 않게 될 위험성도 초래할 수 있다. 예를 들어, 문제가 학생의 전반적인 실천행동에 중요성을 지니는 것이라 하더라도 어떤 특정 상황일 때만 문제가 될 수 있다. 이 때문에 지도교수는 서로 분리된 지식과 경험들을 예비교사가 관련짓도록 돕는 것이 중요하다.

지도교수: 이 모든 것들이 학생의 요구와 관련되는 것 같군.

지금-여기에서의 경험 활용

직접 대면, 일반화와 더불어 사물을 구체화하는 데 현재의 지도과정에서 나누는 이야기는 특별한 역할을 할 수 있다. 예비교사와 지도교수와의 실제적 상호작용에 대한 고려를 포함함으로써, 예비교사는 지도교수 또한 밀접하게 포함되는, 특수하면서 주제에 적절한 상황을 반성할 수 있다. 이런 유형의 구체화는 직접 대면을 이끌 수도 있다(직접 대면의 사례 2와 4를 참조). 더욱이 예비교사의 반성하는 상황의 수가 증가되면 일반화는 더 용이해진다.

'주도권 잡기' 의 문제를 다루는 예비교사는, 예컨대 지도교수와 교류하는 데 주도권을 잡는 방법을 반성함으로써 도움을 받을 수 있다. 감정에 대한 이해를 더 잘하기 원하는 학생은 지도받는 시간 동안의 자신의 감정을 의식적으로 인식해 봄으로써 이것을 연습할 수 있다.

명료화 돕기

언어는 생각을 돕는 데 중요한 역할을 한다(Vygotsky, 1978). 문제 만들기나 자신의 느낌을 써 봄으로써 감정을 구체화해 보는 일은 학습이 지속되는 것을 돕는다. 제4장 6절에 따르면, 사태의 명료화는 델타-2의 수준을 델타-1의 수준으로 만드는 것으로 간주될 수 있다. 그러나 지도교수는 예비교사가 문제나 학습 욕구를 명료화하는 첫 단계를 밟도록 돌봐야 한다.

그런 다음 지도교수는 문제나 학습 욕구의 형식화를 이론과 관련시킬 수 있다. 제2장에서는 이것이 작은 이론이 되어야 함을 강조하였다. 행동의 한 단계에서 다른 단계로 나아가고 학급에서의 문제를 해결하려는 과정에서, 예비교사는 일반적으로 아직 '큰 이론' 에는 관심이 없다. 확실하게 도움을 주는 것은 예비교사가 힘든 상황에서 좀 더 잘 감지하도록 하고 행동을 지지하는 작은 원리다. 이런 원리가 예비교사가 이미 인식하고 있는 것과 밀접한 관련을 가져야 하는 것은 중요하다(제3장 7절에서 '같은 것을 반복하는 원리' 를 언급한 지도교수의 예 참고). 4단계에서 이런 이론적 원리가 실천을 위한 구체적인 제안으로 보완될 수 있을 것이다.

(제13장에서 진술된) 우리가 구상하는, 지도교수를 위한 훈련과정에서 참여자들은 이 단계에서 실천에 관련된 소소한 원리를 단순히 추가하는 것은 교사교육의 학문적 수준을 떨어뜨린다는 우려를 종종 표명하곤 한다. 그러나 예비교사의 의도된 학습과정은 나선형 과정이며 제3단계가 여러 번 반복된다는 사실을 종종 잊곤 한다. 이것은 예비교사의 반성과 지도교수가 말하는 이론적 원리를 심화시킬 뿐만 아니라 예비교사가 지도를 받는 동안 다루어진 문제에 대하여 좀더 이론적으로 생각해 보는 기회를 제공해 주기도 한다. 이런 현실적 접근과 큰 이론에서 시작하는 접근 간의 큰 차이점은 ALACT 모형의 체계적 활용이 이론을 의미있게 학습하는 것을 증진시킨다는 것이다. 이론은 예비교사가 구체적인 경험과 그의 관심사로 연결시킬 수 있다.

8. 4단계에서의 도움주기(대안적 행동방법 구상)

일단 문제 또는 학습 욕구가 분명해지면, 해결을 위한 요구 또는 '학습경로'가 가시화된다. 처음에 지도교수는 3단계 이후에는 자동적으로 도움을 주지 않도록 유의해야 한다. 4단계를 통하여 예비교사는 스스로를 상당히 잘 도울 수 있음이 드러나곤 한다. 다시 말하면, 예비교사는 문제가 일단 분명해지면 스스로 해결책을 찾을 수 있다는 것이다([그림 7-1] 참조). 만일 그렇지 않은 경우, 즉 예비교사가 문제해결책을 찾고 있지만 그것이 불가능함을 깨닫게 되면 지도교수는 아이디어를 줄 수 있다. 지도교수는 예비교사가 첫 번째로 가능한 해결책을 바로 선택하지 말고 (좋은 점과 나쁜 점을 저울질해 보면서) 다른 대안을 고려할 것을 강조할 수도 있다. 이를 통해 위험요소가 무시되지 않도록 하는데, 즉 위험성이 적은 해결책을 우선적으로 시도해 보고, 가능하다면 예비교사가 자신감을 좀더 갖게 된 이후에 더 위험한 대안을 시도할 수 있는 장점을 지닐 수 있다. 물론 대안이 탐색될 때 학습에 대한 저항이 작동하기도 한다. 즉, 예비교사는 매우 위험하다고 생각하는 해결책은 거의 수용하지 않을 것이다.

이런 사실은 지도교수에게 인정, 감정이입, 진실성의 단계가 여전히 중요함을 또 다시 가리킨다. 이것은 구체화, 일반화(이 경우는 대안에 대하여), 그리고 직접 대면(이 경우, 예를 들어 예비교사가 이상적인 해결책과 실질적으로 가능한 해결책 간의 격차에 직면하는 것)에도 적용된다. 지금-여기의 상황 역시 해결을 위한 아이디어를 제공할 수 있다. 예를 들어 예비교사의 문제가 주도권을 잡지 못하는 것일 때, 지도교수의 지도 시간에 이 학생의 주도 기술을 증진시키는 방법을 찾을 수 있을 것이다. 마지막으로 대안적 해결방법을 분명하게 하는 것도 다양한 대안에 대하여 심사숙고하고 선택하도록 돕는 중요한 일이다. 요약하면 앞 단계에서 요구되는 모든 지도 기술이 여전히 중요하다는 것이다.

구체화된 대안 가운데 실제로 선택하는 일은 예비교사에게는 때로는 매우 어려운 일일 수 있다. 여기서 다시, 지도교수의 인정과 감정이입이 직접대면과 마찬가지로 중요해진다. 다음은 이런 상황에서 지도교수가 취하는 반응의 한 가지 예다.

> 자네가 내일 수업시간에 어떻게 할지를 결정하는 게 무척 고민스럽겠군, 그렇지 않나?

지도교수를 위한 마지막 지침은 예비교사가 토론을 통해 해결책을 일반화하도록 돕는 것이다. 특정 수업시간에서 논의된 해결책은 종종 다른 수업에서도 사용될 수 있다. 예를 들면 다음과 같다.

> **지도교수**: 이것이 바로 자네가 자네 수업시간에도 활용할 수 있다고 생각하는 그런 원칙인가?

사실, 예비교사가 사용하는 교수방법들을 확대시키도록 돕는 일은 중요하다.

◆ 4단계를 위한 지침: 대안 도출하기

1. 학생은 대안을 찾는 노력을 충분히 하고 있는가?
2. 학생은 대안을 구상해 내는가?
3. 대안은 충분히 구체적인가?
4. 대안은 현실적인가?(능력과 감수해야 할 위험 정도를 고려할 때)
5. 가능한 결과가 검토되는가?
6. 대안이 다른 상황으로도 일반화될 수 있는가?
7. 학생은 결국 나머지 대안에서 선택했는가?

[그림 7-3] 대안 도출하기

중요한 것은 오늘내일의 수업만이 아니라, 어떤 수업에서도 적절한 해결방법을 선택할 수 있는 능력인 것이다.

[그림 7-3]에는 Brammer(1973)와 Egan(1975)에 기초하여, 4단계를 위한 지침들 또는 '점검해 봐야 할 일'이 요약되어 있다. 이 가운데 몇 가지는 여기서 논의되었지만, 다른 것은 새로운 것이다.

여기서 나는 예비교사의 학습 욕구가 3단계에서 명백해질 때, 4단계는 학습경로에 대하여 생각해 보고 가장 적절한 경로를 선택하는 것으로 구성될 수 있음을 다시 한 번 언급한다(4절 참조). 교과서를 공부하거나 특별 훈련 프로그램을 받는 것같이 순환주기에서 잠시 이탈하는 것은 가능하다고 볼 수 있다([그림 7-5] 참조).

9. 5단계에서 도움주기(시도)

이제 5단계에 대하여 논의하도록 하자. '1단계에서의 도움주기'에서 이미 지적한 내용들이 여기서도 적용된다. 결국 1단계와 5단계는 본질적으로 다르지 않다는 것이며, 예비교사가 1단계에서 5단계까지를 거치는 학습과정을 통해 발전되는 것이다. 중요한 것은 경험을 통한 학습이 위험한 과정이 되어서는 안 된다는 것이다. ALACT 모형은 각 주기가 고립되어 있지 않고 나선형으로 되어 있다. 따라서 지도교수는 학생이 5단계를 마지막 단계로 간주하지 않도록 노력해야 한다. 5단계가 중간단계로 인식되는 것은 매우 중요하다. 지도교수는 또 예비교사가 자신의 학습과정에서 단기 목적에 너무 전적으로 몰두하지 않도록 돌봐야 한다(Combs et al., 1974, p. 35). 더욱이 예비교사가 설정한 목적이 그가 어린 시절 학교 다닐 때 알던 교육의 한계를 넘어서도록 장려되어야 한다. 적절한 활동상황을 제공함으로써 지도교수는 예비교사가 다른 학습목적에 민감해지도록 도울 수 있다.

10. 그 밖의 기술

여기서는 특정 도움의 과정과 특별히 연결되는 몇 가지의 지도 기술에 대하여 논의하도록 한다.

침묵하는 기술

지도교수는 정말로 도움이 요구될 때만 도와야 한다. 예비교사가 스스로 생각하고 스스로를 도울 수 있도록 기회를 주어야 한다. 이것은 바로 돕기 과정이 평온해야 하는 이유이기도 하다. 침묵하는 것은 유용할 수 있다. 그렇게 함으로써 학생은 심사숙고하게 되고 이것은 지도교수가 무엇인가 해 주는 것보다 훨씬 더 많은 것을 줄 수 있다.

대부분의 지도교수에게 침묵하는 일은 생각보다 실천하기 어렵다. 거의 모든 사람은 제한된 시간 내에 교과 및 다른 모든 일을 처리하는(따라서 무척 서두르는!) 적극적인 교사의 전통적 이미지의 영향을 받기 마련이다(Cantor, 1972, p. 173). 이것은 지도교수의 이상적인 이미지가 아니다. 지도의 속도는 예비교사의 요구에 토대를 두어야만 한다.

장점을 강조하고 이를 활용하는 일

예비교사로 하여금 문제나 학습욕구를 인식하도록 하는 노력은 2단계와 3단계에서의 도움주기에서 필수적인 요소다. 그러나 문제와 실패를 계속 경험하는 것은 매우 큰 좌절감을 안겨 줄 수 있다. 예비교사는 자신의 신념을 지킬 수 있어야만 한다. 많은 것이 학생의 문제가 다루어지는 방식에 달려 있다.

> 예비교사에게 그의 자아가 지금도 충분하고 앞으로 더욱 적절해지도록 도움을 받을 수 있다는 느낌을 주는 것으로 시작하는 프로그램과, 이들의 부족함을 끊임없이 반복함으로써 자아를 깎아내리는 프로그램 사이에는 엄청난 차이가 있다. 어떤 정신분석가라도 인정하듯이 자아의 인정은 인성을 변화시키는 데 필수적이다. 개인은 현재의 그 자신이 있는 곳에서 진전할 수 있는 것이다. 그 누구라도 현재 자신이 존재하지 않는 곳에서 시작할 수는 없다. 따라서 직업인이 되려는 예비교사는 '나 자신 있는 그대로여도 괜찮아.' '현재 있는 그대로의 나 자신은 앞으로 훌륭한 교사가 될 수 있어.' 라는 느낌으로 시작할 필요가 있다(Combs et al., 1974, p. 118).

따라서 지도교수는 예비교사가 자신의 장점을 인식하도록 도와야 한다(Cogan, 1973 참조). 모든 상황을 구체화시키도록 하고 직면하게 하며, 일반화시키도록 하는 일 역시 유용할 수 있다. 그러면 네 번째 단계는 이런 장점을 탐색하는 가능성을 찾는 단계가 될 수 있다.

학습하는 것을 학습하도록 도와주는 일

앞에서도 지적한 것처럼 학습을 돕는 궁극적 목적은 예비교사가 반사적으로 나선형 과정을 학습하고, 이것을 실행하는 과정을 학습하며, 이를 통해 성장능력을 습득하도록 하는 데 있다. Carkhuff(1969b, p. 35)는 이것을 다음과 같이 공식화하였다.

> 도움을 주는 과정의 목적은 개인이 자신 및 타인들과 관계를 맺는 촉진적 의사소통과 구성적인 행위다. 일관된 구성적 행위는 민감한 이해의 정교한 식별 없이는 불가능하다. 일관된 민감한 이해는 행위에 대한 피드백에서 오는 학습 없이는 불가능하다. 건강한 사람에게 이해는 행위와 동시에 존재하며 이런 균형의 성취는 도움을 주는 과정의 궁극적 목적이다.

이것은 지도교수가 반드시 갖추어야 하는 마지막 중요한 기술의 형성을 이끌어 주는데, 지도교수는 예비교사가 자신의 학습과정과 그 과정의 나선적 특성을 인식하도록 할 수 있어야 한다. 학습 그 자체는 이따금씩 반성의 주제가 되어야 한다(메타-반성). 이것은 예비교사가 나선형의 과정을 다시 거친다는 것을 의미하지만, 이때 반성의 주제는 다른 행위가 아닌 학습인 것이다([그림 7-4] 참조).

교수를 학습하는 동안 행위와 이 행위를 통한 학습 사이를 충분히 오고가는 것은 매우 중요하다. 이것은 델타-2 수준에서도 마찬가지로, 지도교수는 학습 및 학습하는 것을 학습하기가 교대로 반복되어야 한다는 것을 확인시켜야 한다. 이

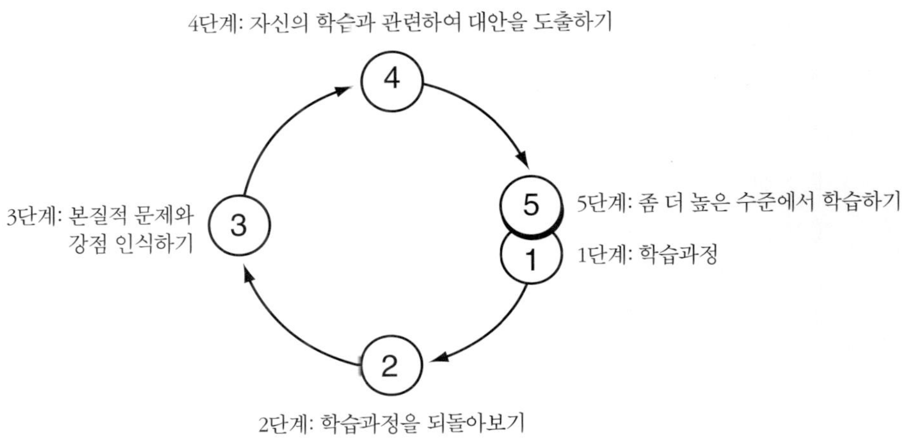

[그림 7-4] 학습을 학습하기

것이 중요한 이유는 여러 가지인데, 첫째, 예비교사는 이를 통해 자신의 학습에 대해 더 많은 (델타-2) 지식을 습득할 수 있다. 둘째, 자신의 학습에 대한 반성은 긍정적인 감정을 일으킨다. 어렵고 고통스런 학습과정이 끝났을 때 반성을 함으로써 목표가 달성되었거나, 목표 가까이에 다가와 있음을 분명히 알게 된다. 이런 반성은 예비교사로 하여금 대개의 경우 그들이 스스로 할 수 있다는 것을 인식하도록 만든다. 이런 관찰은 학습에 대한 예비교사의 태도에 영향을 미칠 수 있는 긍정적인 감정을 일으킬 수 있고, 이것은 지식을 학습하는 것보다 훨씬 더 중요한 결과일 수 있다.

> 자신의 알고자 하는 욕구를 인식하고 드러내며 그것을 행동으로 나타낸 결과 적절한 개념을 학습하는 이런 과정에 예비교사가 몰두하면서 그는 자신이 유능하고 목적을 달성하는 데 효과적인 도구가 되고 있다는 신념이 증가함을 느끼게 된다. 자아개념의 주된 구성 요소인 이해가 증진되면서 성장해 가는 교사로서의 자아개념은 더 많은 학습을 위한 욕구를 이끈다.

교수의 학습에 대하여 배우도록 예비교사의 동기를 유발하는 것이 언제나 쉬운 일은 아니다. 예비교사는 종종 자신의 교수활동에만 초점을 맞추는 경향이 있다. 이들은 자신의 교수에 너무나 많은 문제가 있음을 직면하지 않을 경우만 학습을 학습하는 것에 관심을 기울일 수 있게 된다. 그렇지 않으면, 이런 문제는 그들의 모든 관심을 소모하게 만든다.[10] 일단 예비교사가 자신의 학습과정이 어떻게 진전되고 있는지를 알면, 지도교수는 자신이 어떻게 도울 수 있는지 좀 더 쉽게 명료화할 수 있다.

11. 맺음말

도움을 주는 기술에 대한 논의를 결론짓기 위하여 여기서 몇 가지 언급하도록 한다.

첫째, 지도교수는 예비교사에게 도움이 필요한 일반적인 단계에 주목하는 것이 유용하다. 학습 상황이 다르더라도 예비교사가 어떻게 똑같은 단계에서 좌절을 경험하는지 놀라울 정도다. 어떤 예비교사는 자신의 행동을 반성하는 데 계속적으로 어려움을 나타낸다. 어떤 예비교사는 자신의 경험에 대하여 생각하지만 자신의 문제를 구체화하는 것에서 반복적으로 실패하기도 한다. 또 다른 예비교사에게 이것은 문제가 아니지만, 해결방법을 생각해 내거나 실제로 해결책을 시도해 보는 것에 곤란을 겪기도 한다. 예비교사의 학습 문제에서 지도교수가 이런 유형을 간파한다면, 이것은 도움을 주는 과정을 더욱더 지지할 수 있다(가령 예비교사로 하여금 이런 유형을 인식하도록 지도교수가 도울 것이므로).

마지막으로, 나는 한 모형의 관점에서 도움을 주는 과정을 설명했음을 강조하고자 한다. 물론 현실은 이 모형에 꼭 들어맞을 수 없다. 예를 들어 5단계 주기는 항상 순서대로 정연하게 일어나는 것이 아니며, 학습과정은 훨씬 더 불규칙적으로 진행될 것이다. 또 3단계에서 아직 문제가 드러나지도 않았는데 주기가 멈추는 것도 흔한 일일 것이다. 어떤 문제는 항상 예비교사에게 적절한 방식으로 해결될 수 없을 것이다. 그렇다면 이런 예비교사는 이 문제를 받아들일 필요가 있다. 다음의 사례를 보자.

> 학생에게 무엇인가를 요구하는 것은 분명 내게(예비교사) 무척 어려운 일이다. 즉, 내게는 적절하지 않은 것이다.

이런 인정의 과정은 그 개인에게 (자아상이 영향을 받으며) 무척 고통스럽다. 계속 이어지는 엄연한 해결방법의 추구는 이 과정을 방해할 뿐이다. 이럴 경우, (지도교수의) 인정, 감정이입, 구체화(어떤 종류의 상황이 문제를 일으키는지), 일반화(예비교사가 갖고 있는 다른 문제 사이에 관련성이 있는지) 등과 같은 2, 3단계의 지도 기술을 활용하는 것이 더욱 적절하다.

이것으로 반성의 촉진을 목적으로 하는 개별적 지도과정에 대한 설명을 결론짓도록 한다. 이제, 지도교수의 지도가 성공적이라고 가정해 보자. 예비교사에게는 어떤 변화가 있을 것으로 생각되는가? 예비교사가 정말 반성적인 실천가가 되었는지 어떻게 알 수 있는가? 이는 다음 장에서 다룰 중심 문제다.

후주

1) 이런 독립적인 학습이 교육에서 추구되어야 하는 이상적 상황임을 의미하는 것은 아니다. 초보교사나 지친 교사가 능숙한 지도교수의 도움을 받을 수 있다면 교사의 직무 만족은 물론이고 교사 업무의 질을 크게 향상시킬 수 있다. 더구나 동료 간의 긴밀한 접촉과 동료들의 지지를 받는 구조화된 학습의 형태는(제9장 6절 참조) 교사의 기능적인 직무수행에 필수적이다. 그렇지만 독립적으로 학습할 수 있는 능력은 항상 중요하며 타인의 지도를 받거나 동료와 함께하는 학습을 보완해 준다.
2) 다음 장에서 반성적 교사가 더 좋은 교사로 간주될 수 있는 측면에 관련하여 좀 더 상세하게 살펴볼 것이다.
3) 사실, 우리는 다음과 같이 말해야 한다. 메타 반성한다는 것은 자신의 학습방식을 우리가 여기서 목표로 하는 반성과정을 통해 반성하는 것이다.
4) 물론 각각의 차원을 엄격하게 구분 지을 수는 없다. 그것은 항상 특정 차원을 좀 더 강조하는 문제가 될 것이다.
5) 제4장에서 그 뒤에 숨은 생각은 예비교사의 델타-1 체계가 실행되어야만 하며 잠정적인 실패가 명백해질 수 있다고 밝혔다. (그러한 실패는 지식, 기술, 태도와 관련되어 있을 수 있다.)
6) 지도교수는 때로는 학습과정이 단순한 상황에서 시작되어야 한다고 즉각 결정한다. 그들은 학습과정이 그래야 좀 더 효율적으로 진행될 것이라고 확신한다. 그러나 그 반대의 경우가 맞기도 하는데, 그 이유는 예비교사가 실제적인 문제를 발견하지 못하거나 발견할 수 없기 때문이다.
7) 제4장에 따르면, 예비교사는 기존의 감독체계를 변화시킬 위험을 감수해야 한다.
8) Rogers는 진실성과 사실성이라는 용어를 혼용하고 있다.
9) 제4장 8절에서 논의된 내적인 피드백과 외적인 피드백 개념을 비교해 보라. 예비교사를 도울 때, 이런 것을 생각해 보는 것은 예비교사의 감정뿐만 아니라 그의 생각, 의견, 행동을 비추어 보도록 나를 자극한다. 그러나 돕는 사람은 '반향해 나오는' 감

정을 중시해야만 한다는 의견을 나는 견지한다. 나는 감정을 지도 체계에서 나오는 신호라고 간주하며(제4장), 그것은 개인으로 하여금 자기 자신을 교정하도록 자극할 수 있는 감정에 대한 인식인 것이다.

10) 따라서 지도교수는 예비교사와 함께 학습과정에 대하여 토론할 수 있는 적절한 기회를 찾도록 노력함과 동시에 긍정적인 학습경험을 형성시키도록 노력해야만 한다. 이것은 '유용한 경험을 찾도록 돕기'라는 1단계의 기술을 학습하는 단계로 변환시키는 것이다. 이 장에서 논의된 다른 기술은 마찬가지 방식으로 이 단계에 적용될 수 있다. 예를 들어 학생의 특정한 학습경향을 인정하고, 학습과정에서 겪는 학생의 고통에 감정이입을 나타내는 것 등은 모두 학습을 학습하는 과정을 자극하는 데 중요한 요소다. 행위단계, 학습한계, 학습을 학습하는 단계 간의 관계에 대한 좀 더 이론적인 분석을 원하면 De Jong, Korthagen, & Wubbels(1998)을 참조하시오.

요약

이 장에서는 예비교사를 개별적으로 지도하는 과정을 다루었다. 점진성 전략을 따라서, 예비교사는 ALACT 모형에 따라 반성을 하도록 지도교수의 자극을 받을 수 있을 뿐만 아니라, 이 모형을 혼자 힘으로 활용하도록 학습하고 그에 따라 성장능력을 획득할 수 있다. 예비교사가 이런 성장능력을 획득하도록 돕기 위해서는 너무 많은 도움을 주지 않으면서도 어떤 단계에 어떤 종류의 도움이 필요한지를 결정하는 것은 중요하다. 지도교수는 인지적, 정의적, 행동적 차원을 활용하는 다양한 학습방법을 인식하고 있어야 한다. '원하기'의 차원이 가장 중요한데, 개인적 학습욕구가 학습과정을 이끌기 때문이다.

ALACT 모형의 각 단계에서 지도의 기술이 중요하며 이 장의 기본적인 개념은 [그림 7-5]에 요약되어 있다.

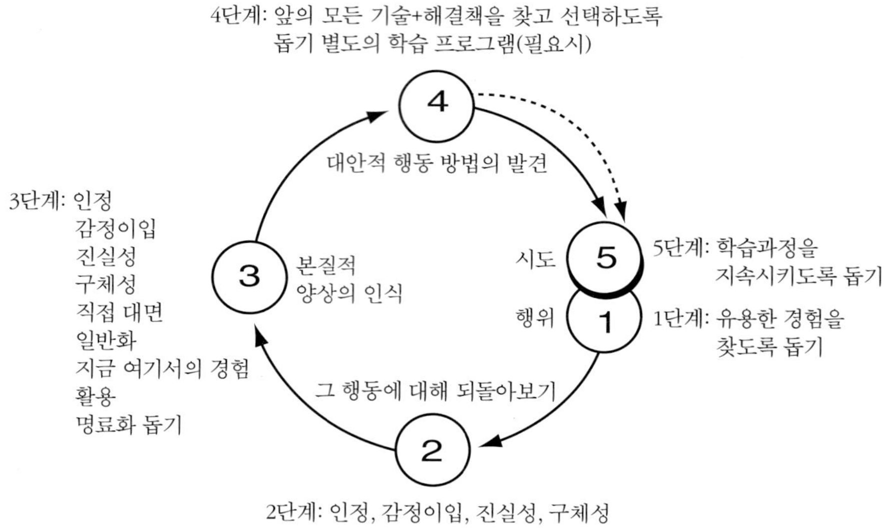

[그림 7-5] **학습을 돕기, 개관.** 기본적 기술: 위의 주기에서 예비교사의 위치 정하기. 부가적 기술: a. 침묵하기, b. 장점을 강조하고 활용하기, c. 학습을 학습하도록 돕기(모형에 대한 인식 및 모형에 대한 반사적 활용을 증진시키기)

제 8 장

반성적 교사의 특징

◆ Fred Korthagen & Theo Wubbles

반성을 통해 추상화시키는 능력이야말로 배움을 끌어 가는 동력이다.

– Fosnot(1996, p. 29)

이 장에서는 제6장에서 언급한 네 편의 연구 자료를 사용하여 '반성적 교사의 특징은 무엇인가?'라는 질문에 경험적인 답변을 마련한다.[1] 제4장에서 보았듯이, 반성을 개념적으로 규정하려는 노력은 '좋은 수업'을 무엇으로 볼 것인가에 의존한다. 따라서 먼저, 앞의 연구가 행해진 SOL 교사교육 프로그램의 전체적 맥락을 기술한다. 이런 연구는 반성적 능력에 관한 몇 가지 핵심적 특징과 부차적 특징을 드러내 준다. 이를 통해서 좋은 수업, 반성의 개념 그리고 반성적 교사의 특징 사이에 존재하는 관련성을 경험적 자료에 근거하여 수립할 수 있는 하나의 이론을 구축할 수 있는 기초자재가 마련된다.

1. 도 입

현실적 접근에서는 예비교사의 반성능력을 증진시키는 일이 핵심이다. 앞 장에서는 예비교사의 반성능력을 향상시키도록 돕는 과정이 어떻게 이루어지는지를 자세히 알아보았다. 이제 교사교육자가 이 일을 훌륭하게 해냈다고 가정해 보자. 그리고 예비교사는 '반성적 실천인' 이 되어서 사범대학을 떠났다고 해 보자. 이 말은 무엇을 의미할 수 있는가? 현실 속에서 반성적 교사를 어떻게 알아볼 수 있을까? 이 장에서는 이 문제를 다뤄 보려 한다. 또한 반성적 교사가 정말 더 나은 교사인지를 알아보고, 여기서 말하는 '더 낫다' 는 것이 무엇을 의미하는지도 알아본다.

반성적 교사의 특징을 밝혀내려는 노력은 신중하게 이루어져야 한다. 제4장에서 보았듯이, 반성적 과정의 '구조' 라는 것은 '목적' 의 차원을 고려하지 않고도 논의될 수 있다. 하지만 교육의 목적에 관하여 어떤 관점을 지니고 있는지를 분명히 하지 않고서는 반성적 사고의 최종적 가치에 대해 이야기한다는 것은 불가능하다. 어떤 것이 반성의 한 가지 좋은 사례인지 아닌지를 판단하는 것은 우리가 '좋은 수업' 의 중요한 요소를 무엇으로 보느냐에 달려 있기 때문이다.

> 어떤 특정 프로그램에서 채택한 반성을 위한 이론적 틀은 그것의 목적과 초점에 달려 있으며, 그리하여 이런 목적과 초점이 기저로 하고 있는 수업과 교사교육에 관한 기본 가정에 영향을 받는다(Hatton & Smith, 1995, pp. 35-36).

이런 이유로, 반성적 교사의 특성을 의미 있게 말하기 위해서는 두 가지 문제가 선결되어야만 한다.

1 좋은 수업은 어떤 수업인가?
2 좋은 수업의 관점에서 반성이 차지하는 역할과 성격은 무엇인가?

그리고 이 장에서 핵심적으로 해결하려는 아래의 세 번째 질문에 답하기 위해서는 이 두 질문에 어떤 대답을 하는가가 절대적으로 중요하다.

3 좀 더 반성적인 교사와 좀 덜 반성적인 교사를 구분시켜 주는 특징은 무엇인가?

2번 질문과 3번 질문에 대한 답은 1번 질문에 의존하기 때문에, 우리가 어떤 교육적 맥락에서 반성적 교사의 특징을 파악해 내려는가를 좀 더 구체적으로 드러낼 필요가 있다. 우리는 네덜란드의 SOL 교사교육 프로그램의 상황에서, 그리고 그 곳에서 행해진 연구들을 토대로 이 질문들에 대한 답을 찾아보려고 한다. 이 연구들은 제6장 5절에서 이미 설명하였다. SOL에 재직하고 있는 교수들이 생각하는 좋은 수업에 관한 견해도 이미 언급했다. 다시 말해서, 우리는 첫 번째 질문에 대한 답을 SOL에서 일하는 사람들의 의견으로 제6장 5절에서 대답했다. 두 번째 질문은 제8장 2절에서 다룰 것이다. 그리고 3절에서는 가장 중요한 문제, 즉 세 번째 질문을 다룰 것이다. SOL 프로그램에서 지난 10여 년간 이루어진 연구결과에 기초하여 그 대답을 찾을 것이다. 우리는 반성적 교사가 지닌 (일차적) 특성을 네 가지로 파악할 것이다. 이와 함께 우리는 교사의 어떤 특징은 반성적 능력과 태도와 상호 관련성을 지니고 있음을 발견하였다. (이들을 이차적 특성이라고 부르며) 이들 가운데 몇 가지를 4절에서 논의할 것이다. 5절에서는 그 연구들에 관해서 좀 더 언급하고, 6절에서 결론을 짓도록 하겠다.

본론으로 들어가기 전에, 생길 수 있는 오해를 피하기 위해서 다음과 같은 사실을 다시 한 번 상기시킨다. 반성적 교사를 판단하도록 해 주는 지침을 규정하는 데서, 우리는 SOL 프로그램으로 판별된 종류의 반성적 교사에 관해서만 한정해서 말하도록 한다. 이런 점에서 볼 때, 우리가 이하에서 전개하는 논의는 반성적 사고의 증진을 중요하게 추구하는 교사교육 프로그램이라면 반드시 활성화되어야만 하는 그러한 종류의 논의다.

2. SOL 프로그램에서 추구하는 좋은 수업 개념에서의 반성의 역할과 성격

제6장 5절에서 우리는 SOL의 관점을 잘 특징짓는 좋은 수업의 열한 가지 원칙을 만들었다. 이 원칙을 요약해서 말하면, SOL 프로그램에서 가르치는 교사교육자의 관점에서 볼 때, 반성적 교사는 교수학습과정의 전 측면에서 ALACT 주기를 잘 따라갈 수 있는 역량을 가지고 있다. 특히 더욱 구체적으로, 반성적 교사는 수학적 상황, 교실에서의 대인적 관계, 그리고 교사로서의 자기개발에 반성의 초점을 둔다. 예비교사는 준비 프로그램에서 반성적 태도를 개발해야만 하고, 그럼으로써 성장할 수 있는 능력을 키워야 한다.

SOL 프로그램의 내용을 보면 예비교사 개인적 혹은 다른 사람과의 협조를 통하거나 매우 다양한 상황 속에서 행동을 취하고 그것에 대해 반성할 줄 아는 법을 배우는 것에 특별한 중요성을 부여한다. 예비교사는 이를 통하여 수학중심적인 문제만이 아니라 매우 다양한 교수 상황에 맞닥뜨리고, 협력이 필요한 과제를 부여받고, 대인관계 문제를 해결해 내야만 한다.

이 프로그램은 중등학교에서 수학을 배우는 학생과 예비교사 모두가 탐구지향적 자세를 함양하고 문제를 분석하고 구조화하며 창의적인 해결방안을 만들어 내는 능력을 증대시키는 것을 가장 중요한 기초 목표로 삼았다. 예비교사의 경우, 이 같은 목표가 교과내용인 수학영역에서는 물론이고, 교직과목에서도 동시에 추구되고 있었다.

ALACT 모형으로 묘사된 과정은 SOL 프로그램의 관점에서 바라본 반성의 과정으로 간주될 수도 있다. 이 과정에서 핵심은 제3단계 속에 있다. 이 단계에서는 일종의 정신적 틀이 형성되거나 기존의 정신적 틀이 변형된다. SOL 교수진이 반성의 개념을 보는 방식을 재구성하면서, 우리는 제4장 5절에서 소개한 반성의 정의에 이르게 되었다. 즉, 반성이란 어떤 경험, 문제 혹은 이미 알고 있는 지식이나 통찰을 구조화하거나 재구조화하는 정신적 과정이다.

3. 반성적 교사의 핵심적 특성

SOL 프로그램의 틀 내에서 수행된 4편의 연구를 초기개괄연구(연구 1), 종단연구(연구 2), IEO연구(연구 3, 학습에서 내향적, 외향적 관점을 다루는 연구), 그리고 비교연구(연구 4)라고 부를 수 있을 것이다(더 자세한 내용은 제6장 5절 참조). 종단연구에 참여했던 예비교사 중에서 2명을 선정했다. 이들은 다른 예비교사보다 훨씬 많은 내용을 말했고, 우리가 내린 반성의 개념에 따라 '반성인(reflector)'의 핵심 특징을 보여 주었다.

※ 핵심적 특성 1: 반성적 교사는 상황과 문제를 의식적으로 구조화시킬 수 있고, 또 그렇게 하는 것을 중요하게 여긴다.

우리는 이 예비교사들을 반성인 1(R1), 반성인 2(R2)라고 줄여서 기록했다. 이들은 5년이 되기 전에 졸업했다. 이들이 면담 중에 언급한 여러 진술을 중심으로 이 첫 번째 특성을 자세하게 보여 주겠다.

면담자(2년차): 자기 자신에 대해서 깊이 반성하는 과정이 여기 교수님들의 말씀을 듣는 것만큼이나 중요하다고 생각하니?

R1 : 그럼요, 아주 중요하다고 생각해요. 나중에 교사가 되어 가르칠 때가 되면, 수학에 관해 얼마나 많이 아는지는 아무런 소용도 없어요. 수업 시간에 교실 규율을 유지할 수 없다면 말이죠. 그럴 수 있으려면 잠시 멈춰 서서 생각하는 방법을 알고 있어야 해요. '왜 사태가 이렇게 나빠졌지? 다른 방식으로 할 수는 없었을까?' 하는 거죠. 자신에 관해서 생각하는 것이 중요한 것은 바로 이런 이유 때문이에요.

이 학생은 학기가 끝날 즈음의 면담에서 이렇게 말했다.

R1 : 수업 중에는 그냥 상황에 단순하게 반응하기만 하는 거죠. 벌어지는 일을 그냥 하는 거예요. 그렇지만 나중에 뒤돌아보면서 그것을 스스로 해결해 가고 싶어지게 되요. 단순히 다른 사람의 의견을 구하는 것이 아니고요. 내 스스로가 그것을 해결해 낼 수 있었다고 느끼고 싶고, 다른 사람으로부터 해답을 듣는 것을 그다지 원치 않게 되죠. 아니면 나중에 내가 정말로 의도했던 것은 이런저런 것인데, 내가 왜 그렇게 반응했는지 이해하지 못하는 경우도 있어요. 내 머릿속에서 문제가 완전히 해결되고 나면, 그때 그 사람이 그 자리에 있어 어떤 조언을 준다 해도 상관이 없어요. 그리고 만약 문제의 원인이 무엇인지를 알고는 있지만 정확하지 않을 때는 좀 더 경험 있는 사람이 무어라고 하는지를 듣고 싶죠. 그래서 저는 상황을 먼저 머릿속에서 명료하게 정리해야 하고요. 내가 제대로 반응을 했는지를 판단해야 하고요. 그리고는 다른 사람이 그것을 어떻게 말하는지 들을 마음을 가지게 됩니다.

R2의 면담자료에서는 다음과 같은 이야기도 들을 수 있다.

면담자: 방금 그다지 잘 풀리지 않은 수업을 마쳤다고 하자. 이후에 무엇을 하겠니?

R2 : 문제의 원인이 무엇인지를 혼자 힘으로 파악하려고 할 겁니다. 뒤를 돌아보면서 말이죠. 즉, 내가 무엇을 했는지, 내가 무엇을 하려고 시도했는지, 그리고 무엇이 잘못되었는지를 기억해 내려고 해 보는 거죠. 잘된 것은 무엇인지, 그리고 잘 되지 않은 것은 무엇인지 되돌아보면서 말이죠. 해결안을 찾아보려고 할 겁니다. 전 그렇게 할 수 있는 능력이 있다고 확신하거든요! 교생실습 기간 중에 그런 일이 벌어졌고, 스스로 문제를 해결할 수 없다고 하면, 결국에는 도움을 청했거든요. 우선, 한 주는 머릿속에 그것을 넣고는 어떻게 할까 하고 이리저리 생각해 봤어요. 그러다가 결국에는 교생담당 선생님께 찾아갔죠. 저는 지나치게 자신

감이 많은 것이 문제예요. 언제나 혼자서 일을 해결해 낼 수 있다고 생각하죠.

연구에 계속해서 참여한 10명의 예비교사 가운데, 우리는 다소 반성적 성향이 부족했다고 판단한 한 학생을 골랐다. 이 학생(L로 표시)은 완전히 다른 견해를 가지고 있었다.

면담자: (1년 반 정도 과정을 지속한 상태)내가 알고 있기로는 교수님들이 네가 자신에 대해 반성적인 자세를 지녔으면 하시는 것 같던데.

L : 어떤 방식으로 말씀이시죠?

면담자: 네가 지금 일을 어떻게 하고 있는지, 수학을 얼마나 잘하고 있는지, 동료친구와 어떤 관계를 맺고 있는지, 학생과 어떤 식으로 지내고 있는지 등등에 관해서 곰곰이 생각해 보도록 하라는 거지. 무슨 말인지 이해가 되니?

L : 아! 질문지에 있는 것 말씀이세요? 아니요, 무슨 말인지 잘 이해를 못 했어요.

면담자: (4와 1/2년이 끝날 즈음)교생실습 때 수업이 잘 진행되지 않았다고 가정해 보자. 그 후에 어떻게 할 생각이니?

L : 교생 나간 다른 학생과 함께 상의해 보겠어요. 문제를 해결하는 다른 방법을 물어보는 거죠.

R1, R2, L 학생들의 말을 들어보면, 반성인이라고 판단되는 해당자를 선정하는 과정에서 '스스로 문제 상황을 구조화시키는 방식'에 관한 특성을 우리가 어떻게 조작적으로 정의했는지 알 수가 있다. 제3의 연구자로 하여금 면담한 자료를 바탕으로 10명 예비교사 모두를 평가하게 한 후에, 우리 연구진이 이 3명의 예비교사를 최종적으로 결정했다. 이 연구자는 모든 학생 각각에 대하여 '자신'

'동료학생' 그리고 '수학'의 세 영역에 대하여 5점 척도로 내향성 정도를 평가하였다. 우리가 선정한 두 명의 반성인이 가장 높은 점수를 획득했다(R1: 13, R2: 14). 3명의 학생이 가장 낮은 점수 10점을 받았는데, L이 그중 한 명이었다.

두 번째 검토는 종단연구 기간 동안 매년 행한 IEO 테스트를 통하여 내향성 점수의 평균값을 계산하는 방식으로 수행되었다. [그림 8-1]에 그 10명의 점수가 나타나 있다. 반성인은 각각 1위와 3위를 차지했고, 비반성인은 최하점을 받았다. 이 결과는 우리가 R1 학생과 R2 학생이 매우 높은 반성성향을 가진 것으로, L은 매우 낮은 반성 성향을 지닌 것으로 분류한 판단이 적절했음을 보여 주었다.

R1과 R2의 인터뷰 내용에는 반성적 성향을 가진 사람이 갖는 다른 특징도 드러난다.

❀ 핵심적 특성 2: 반성적 교사는 경험을 구조화할 때 특정한 표준적 질문을 사용한다.

구조화하는 과정은 언제나 특정 관점에서 이루어진다. 이 관점은 좀 더 구체적인 수준에서 한 가지 혹은 그 이상의 질문의 형태로 바뀌어 나타난다. 예를 들면, 어떤 일이 벌어졌는가, 왜 그런 일이 벌어졌는가, 내가 뭘 잘못했는가, 어떻게 다르게 조치를 취할 수 있었는가 등이다. 우리는 예비교사가 사범대학에 재학하는 동안 이런 질문들을 다루도록 반드시 배워야 한다고 생각한다. 선택되는 구체적인 질문에는 그 수업이 기초하고 있는 교육관이 반영될 것이다. 따라서 SOL 프로그램에서는 수업 중 교사의 행동이 학생들과의 대인관계에 영향을 미치는 방식에 많은 관심을 두었다.

학생	1 R1	2	3 R2	4	5	6	7	8	9	10 L	평균
평균반성점수	4.1	3.7	3.6	3.6	3.5	3.5	3.5	3.4	3.4	3.2	3.5

[그림 8-1] 종단연구 기간 동안 10명의 교육실습생들이 실시한 IEO 테스트의 내향성 점수에 기초한 전체점수의 평균값

※ 핵심적 특성 3: 반성적 교사는 자신이 무엇을 학습하기를 원하는지에 대하여 쉽게 답할 수 있다.

경험과 상황을 구조화시키는 일은 자신의 학습과정을 대상으로 할 수도 있다. 이것은 제6장 5절에서 언급한 열한 번째 원칙에도 나타나 있다. 우리 연구진은 자신의 학습과정을 구조화시키는 능력은 반성인이 학습목표를 선정할 때 교수에 그다지 의존하지 않는다는 사실 속에서 가장 극명하게 드러남을 발견했다. 면접 내용 중에서 몇 개를 살펴보면 다음과 같다.

R1 : … 1차 단기현장체험 중에서와 같아요. 어떤 문제점을 인식하기 시작하게 됩니다. 어떤 것을 중요하게 생각하기 시작하지요. 그러면 그 때가 뭔가를 말할 수 있게 되는 때입니다. 내가 배우고 싶은 것이 바로 그런 거예요. 수학교과부서에서 이용하고 있는 그런 구조를 저는 좋아해요. 즉, 거의 아무것도 없이 시작하지만, 나중에는 정말로 중요한 학습목표를 구성하게 되어서 그것들을 실현시키기 시작하는 방식 말이에요.

면담자: 무엇을 배우고 싶은지 혼자 힘으로 결정할 수 있니? 아니면 교수님의 조언이 필요하니?

R1 : 저로서는 무엇을 배우고 싶은지, 그것을 어떻게 배우고 싶은지 스스로 알아내는 것을 좋아해요. 자신에게 최적의 학습방법이 무엇인가에 관해서는 다른 사람보다는 자기가 더 잘 알 수 있기 때문이죠. 교과내용에 관해서 뭔가를 읽기도 할 것이고, 직접 뭔가를 시도해 보기도 할 거고요. 물론 처음에는 그리 많은 것을 하지는 않겠지만요. 교수님께서 나를 도와주실 필요가 없다고 생각해요. 내가 원하지 않는데도 누가 내게 조언을 해 준다면, 제가 그것을 고마워할지 잘 모르겠어요. 아니, 고마워하지 않을 것 같아요.

면담자: 교사로서 일할 것이라고 생각하고 앞으로의 장래를 한 번 그려 볼 때,

무엇을 배우고 싶고, 무엇을 더 잘하고 싶니?

R2 : 수업 중 학생들이 하는 활동이 좀 더 구조화되었으면 하고, 통제가 더 잘되었으면 하는 겁니다. 가끔씩 제가 모든 것을 장악하지 못하고 있다는 느낌이 들어요. 수업 시간에 무슨 일이 벌어지는지는 잘 알고 있다고 생각해요. 적어도 30명 중 20명은 무엇을 하고 있는지 파악한다는 거죠. 하지만 나머지 10명은…. 이런 애들이 내 시야를 벗어날 때가 있고, 저는 이런 아이도 통제할 수 있었으면 하죠. 교실이 좀 더 조용하게 되는 것에 더 많은 주의를 쏟고 싶어요. 기회가 될 때마다 아이 하나하나에게 직접 이야기함으로써 그 일을 하려고 합니다. 교실 뒤쪽에서 소음을 만드는 아이들을 내 도청을 높이면서 혼내는 대신에, 교실 앞쪽으로 나오게 하죠. 아니면 이제 막 서로에게 관심을 가지기 시작한 여자아이들과 남자 아이들을 서로 분리시켜 놓습니다. 이 나이 또래는 소곤거리거나 우스꽝스러운 짓을 하거나 많이 떠들지요.

이런 상황과는 대조가 되는 경우로서 덜 반성적인 예비교사와의 면담 내용을 한 가지 보도록 하겠다(교사 준비과정의 거의 마지막 단계에서 행해짐).

면담자: '네가 배우고 싶은 것은 뭐니?' 라고 물으면 뭐라고 대답할래?

L : (한동안 조용히 한 후에) 현장경험을 하면서 좀 더 배우고 싶어요.

면담자: 질문이 너무 어렵니?

L : 예, 질문이 어렵네요. 혹시 나중에 제가 실습을 좀 해 보고 난 후에는 어렵다고 느껴지는 상황을 잘 알 수 있을 것 같아요. 하지만 그래도 어느 정도 해결해 나갈 수 있을 거예요. 이 외에 다른 무엇을 또 배우고 싶은지는 전혀 모르겠어요. 그냥 주어진 일을 해 나가야만 되겠죠.

❀ 핵심적 특성 4: 반성적 교사는 다른 사람들과의 대인관계에서 자신이 어떻게 하고 있는지를 적절하게 기술하고 분석할 수 있다.

반성의 대상이 될 수 있는 다양한 것 중 SOL 프로그램에서는 예비교사가 다른 사람(특히 어린 학생과 동료 예비교사)과의 대인관계에서 자신이 어떻게 하고 있는가에 초점을 맞추었다. SOL의 관점에 따르면, 좋은 교사는 다른 사람과의 대인관계를 어떻게 하고 있는가를 스스로 분석할 수 있다(제6장 5절의 원칙 7). 따라서 이 프로그램의 연구자들은 대인관계에 특별한 관심을 집중한다. 학생과의 관계에 대한 고려는 일반적으로 교사전문능력 개발 단계의 후반부에서나 두드러지게 나타나는 것으로 알려져 있다(Fuller & Bown, 1975). 이 사실도 종단연구(연구 2)를 통해서 확인되었다. 이 연구는 '생존에 대한 관심' 단계로부터 관심이 벗어나 '수업상황에 대한 관심' 단계와 '학생에 대한 관심' 단계로 옮겨 간다는 것을 보여 주었다. 특성 4는 연구 1에서 극명하게 드러났다. 반성인은 다음과 같은 주장을 했다.

- 사범대학에서 교육을 받을 때, 난 내 수업을 아주 심층적으로 검토한 적이 있다. 다른 사람들을 어떻게 도울 것인지 난 스스로 아주 정확하게 결정해 놓고 있었다. 난 특정한 이론적 틀과 관련해서 자신을 생각하는 방법, 다른 사람은 물론이고 나 자신과의 연관 속에서 그렇게 하는 방법을 스스로 배웠다. 이 능력은 아주 잘 개발되었고, 초임교사인 내게 정말로 많은 도움을 주었다.
- 난 자신을 관찰하는 법을 배웠고, 아이들에게 내 행동이 어떤 영향을 미칠 것인가를 배웠으며, 지금 벌어지는 현장 상황에 의식적으로 몰두하는 법도 배웠다. 이런 태도는 점차적으로 제2의 본성이 되어 가고 있다.
- (프로그램의 영향에 관하여) 우리는 우리 자신이 어떻게 하고 있는지, 단체생활에서 무엇을 하고 있고 하지 않는지, 그리고 다른 사람들이 나의 행동을 어떻게 생각하고 있는지를 새롭게 바라볼 수 있는 혜안을 가지게 된다. 이런 방식으로 나는 자신에 대해 훨씬 분명한 생각을 가지게 되었고 이것은 수업에서의 나의 태도를 결정하도록 도왔다. 또한 동료와의 접촉이나 학교 운영에도 영향을 미쳤다.

우리는 연구 4에서 졸업한 지 2년 이상 된 SOL 프로그램의 졸업생들이 교과중심적인 교사교육 프로그램을 졸업한 좀 더 경력 있는 교사보다 학생과의 대인관계에서 자신들의 수행에 대해 더 적절히 이해하고 있다는 양적 자료를 모았다(Wubbels & Korthagen, 1990). 각각의 프로그램을 졸업한 교사가 가르친 두 반을 대상으로, 교사가 자기들과의 대인관계를 잘하는지에 관해 학생들이 어떻게 인식하고 있는가를 「교사상호작용질문지(Questionnaire on Teacher Interaction; QTI)」(Wubbels & Levy, 1993 참조)를 사용하여 알아보았다. 교사도 각각의 수업에 대하여 QTI를 작성했으며, 이를 통해서 자기가 수업에서 어느 정도로 잘하고 있는가를 파악하도록 하였다. 우리는 각각의 교사가 가르친 각각의 수업에 대하여 QTI의 8단계 척도에 대한 학생들의 평균치와 그 교사의 평균치를 비교하여 차이를 구했다. 이 '차이값' 은 담당교사가 학생과의 상호작용의 측면에서 자신이 어느 정도로 잘하고 있는가에 대하여 얼마나 적절하게 반성할 수 있는가를 측정하는 하나의 지표로 간주되었다. SOL 졸업교사와 다른 프로그램 졸업교사 간의 차이값의 평균값을 t 검증을 통하여 비교하였다. 1~2년의 경험을 쌓은 교사들은 그다지 유의미한 차이가 나지 않았다. 하지만 졸업한 지 2년 이상 되는 교사에서는 유의미한 차이가 생겨났다. 교사와 학생 간의 관계에 대한 교사와 학생 간의 인식 차이는 다른 그룹보다 SOL 그룹에서 훨씬 적게 나왔다. 점수치는 5점 척도에서 각각 3.1과 3.8이었다($t=2.2$, $p=.02$, ES .5). 우리는 "SOL 프로그램에서 졸업한 지 2년 이상 된 교사는 수업시간에 학생과의 대인관계적인 측면에서, 통제집단에서 2년 이상의 경력을 가진 교사에 비하여 좀 더 적절한 인식을 가지고 있다."라는 결론을 내렸다.

4. 반성능력의 부차적 특징

여기에서는 앞서 다룬 네 편의 연구를 기초로 해서 반성능력의 부차적 특징이라고 생각되는 몇 가지 측면에 관해 살펴보려 한다. 이런 측면은 어떤 경우는 핵심적 특징이 만들어 내는 결과이기도 하다. 또 어떤 경우는 핵심적 특징의 선행 요건이기도 하다. 이런 측면은 한 가지 핵심적 특징을 강화시키고 다시 그것에 따라서 강화된다는 점에서 순환적인 방식으로 핵심적 특징과 긴밀히 관련을 맺을 수도 있다. 그렇기는 해도 이 부차적 특징들은 반성 개념의 일반적 측면은 아니다.

❀ 부차적 특징 1: 반성적 교사는 학생과의 대인관계에서 다른 교사보다 더 낫다.

이 특징에 따르면, 반성적 교사는 학생과의 관계를 더욱 잘 분석할 뿐만 아니라(핵심적 특성 4), 이 관계를 더 좋게 만드는 능력도 뛰어나다.

연구 4에서는 SOL 졸업교사의 대인관계와 다른 프로그램 졸업교사의 대인관계를 비교하였다. QTI 점수로 측정한 학생의 인식에 근거해서 판단할 때, SOL 졸업교사들이 인지적, 정의적 학습결과와 긍정적으로 관련된 모든 항목에서 보다 높은 점수를 얻었다.[2] 이 사실은 SOL 졸업교사가 다른 교사보다 유의미하게 높은 점수를 획득한 한 항목에 나타났다($t=1.9$, $p<.05$, $ES=.6$). 이 차이는 장기간에 따른 효과였다. 즉, 이 차이는 3년 미만의 경력을 가진 교사 사이에서는 유의미하지 않은 것으로 판명되었다(더 자세한 사항은 Wubbels & Korthagen, 1990 참조).

❀ 부차적 특징 2: 반성적 교사는 직무만족도가 매우 높다.

비교연구(연구 4)에는 또 이 같은 사실이 드러났다. 즉, SOL 프로그램을 졸업한 지 3년 이상 된 교사들은 다른 프로그램을 졸업한 지 3년 이상 된 통제그룹보다 직무만족도가 유의미하게 높았다(평균치가 각각 3.9와 3.3이었다. $t=2.4$, $p<.01$, $ES=6$). 3년 미만의 경력을 가진 교사들 간에는 그 차이가 유의미하지 않았다.

반성능력과 직무만족도 간에 나타나는 이러한 상관관계에 대하여 우리는 아래와 같은 이론적 설명을 해 본다. Schön(1983, p. 61)이 말했듯이, 실천가의 활동이 점점 더 일상화되어 가면 갈수록, 자기가 하는 일에 대해서 그다지 많이 생각하지 않게 될 위험은 더욱 높아진다. 이런 종류의 일상성에 빠져드는 교사는 다시는 교정될 수 없는 행동 유형으로 빠져든다. 이런 상황은 따분함을 만들고, 이런 따분함은 직무만족도를 낮추는 결과를 초래한다.

❋ 부차적 특징 3: 반성적 교사는 학생이 스스로 상황을 탐색하고 구조화하는 방법을 배우는 것이 중요하다고 생각한다.

반성을 중요하게 생각하는 교사가 학생도 반성적으로 사고하도록 자극을 주는 것으로 보인다. 종단연구에 참가했던 예비교사가 말한 아래 내용은 이 점을 잘 보여 준다.

R1 : 한 가지 아주 좋다고 생각하는 것이 있습니다. 수업시간 중 누가 질문을 할 경우는, 바로 직접적으로 대답이나 부분적 대답을 주지 않습니다. 학생이 다시 생각해 볼 수 있도록 도와주거나, 올바른 방향으로 들어설 수 있는 종류의 질문을 다시 되묻습니다. 내가 교생실습 때 좋았던 것이 바로 그 점이에요. 아이들이 질문을 할 때면 이렇게 생각했습니다. '자, 그냥 바로 대답을 던져 주지 말자. 아이들이 스스로 파악해 낼 수 있는 방법을 한 번 생각해 보자.'

R2 : 교생실습 시간에 전 이런 사실을 발견했습니다. 즉, 아이들을 생각하도록 만들 수만 있다면, 아이들은 빠르게 발전해 나간다는 점입니다. 칠판에 보기를 몇 개 더 쓰는 것만으로는 많은 도움이 되지 못하죠. 아이들이 스스로 문제를 해결해 나갈 수 있도록 놓아둔다면, 처음에는 시간이 2배나 더 걸릴지라도, 두 번째, 세 번째, 네 번째가 되면 10배나 더 빨라집니다. 그리고 종국에는 더 나은 결과를 얻어낼 수 있게 되죠. 이론적으로만 그런 것이 아니라, 실제에서도 반드시 그렇게 된다고 난 확신하고 있습니다. 저 자신이 바로 그렇게 합니다. 의식적으로 생각하지

도 않은 채 말입니다.

비교를 위해서 종단연구에 참여했던 보다 덜 반성적인 예비교사의 생각을 한 번 들어 보자. 이 예비교사는 SOL 프로그램에서 집단수업, 즉 반 전체를 대상으로 한 가지 점을 설명하는 것을 충분히 강조하지 않았다.

L : 교수님께서는 문제가 있을 경우만 힌트를 주셨죠. 그런 상황에서도 우리는 나머지를 스스로의 힘으로 해결해 내야만 했었죠.
면담자: 자네도 그렇게 가르치고 싶은가?
L : 아니요. 그렇지 않아요.

❋ 부차적 특징 4: 반성적 예비교사는 어렸을 때 이미 자기의 경험과 문제 등을 구조화하도록 교육받은 경험이 있다.

이 부차적 특징은 면담 시에 명백하게 드러났다. 반성적 성향이 강한 학생들은 자라면서 아주 힘든 체험을 했었거나, 아니면 아주 힘겨운 문화적 차이를 겪었다고 했다. 그 한 예로 연구 1에서 우리가 면담했던 한 SOL 졸업생의 말을 들어 보자. 그는 매우 반성적인 성향을 가지고 있었다. 이 교사는 초임시기에 겪었던 극도의 스트레스에 대해 말했다.

사범대학에 다닐 때 이런 정도의 스트레스를 대비해서 준비하기란 어려운 일이죠. 개인적으로 극도의 스트레스 상황(나 혼자와 나머지 전체가 서로 대립하는 상황)을 경험해 본 적이 없는 사람이라면, 이해할 수 없을 거예요.

연구 2에 참가한 반성적 성향을 지닌 예비교사도 이와 비슷한 견해를 표시했다.

면담자: 자네는 스스로에 대하여 반성하는 그런 성향을 지닌 사람인가?

R2 : 네, 다소간 강제로 그렇게 합니다. 2년 동안 직장을 못 구한 적이 있었어요. 그러다가 다시 일을 하게 되었는데요. 이런 경험을 통해서 자신에 대해서 곰곰이 생각해 보는 기회를 갖게 되지요.

면담자: 가르치는 교과에 대해서는 어때?

R2 : 마찬가지죠. 특히 교수법에 관해서는요. 가정형편이 어려운 집의 아이들을 가르치는 방법 같은 것 말이죠.

면담자: 뭐가 자네의 관심을 끄나?

R2 : 음, 저는 노동자계층 출신이거든요. 저희 부모님은 그냥 평범한 노동자셨어요. 그런데 저는 아주 좋은 학교에 다녔거든요. 그곳에서 그다지 잘 어울리는 그런 부류는 아니었죠.

다른 학생도 이와 동일한 문화적 배경 차이를 경험한 적이 있었다.

R1 : 이 학교의 교사들은 대부분 열린 태도를 지니고 있습니다. 하지만 그럼에도 불구하고, 때때로 어떤 차별적인 느낌이 드는 말을 하지요. 전 기독교인인데요, 사람들은 전혀 사실이 아닌 기독교적 교리에 대하여 아주 모욕적이고 상처를 주는 말을 할 때가 있습니다. 이들은 특정 집단의 사람들에 대하여 한쪽 면이 과장되게 표현된 그림을 그립니다. 아주 우스꽝스럽게 보이도록 말이죠. 그러면 전 그냥 조용히 움츠러들고 맙니다. 만약 제가 어떤 도움이 필요할 때가 된다면, 전 그런 선생에게는 절대로 가지 않을 겁니다. 그는 제 신뢰감을 이미 부숴 버렸으니까요. 이건 정말로 안타까운 일입니다. 왜냐하면 이 사람은 평상시에는 아무 이상이 없는 괜찮은 사람이거든요. 이 사람은 단지 자신이 다른 사람에게 어떤 짓을 하고 있는지 스스로 깨닫지 못할 뿐이니까요.

이번에는 종단연구에서 비교적 덜 반성적 성향을 보였던 교사의 생각을 한번

비교해 보자.

> 면담자: 좀 이해가 안 되는데, 그렇지? 첫해에 있었던 반성적 수업실습에 관심이 없었다니 말이야.
>
> L : 집에서 생활했던 방식 때문에 그런 것 같아요. 우리 식구는 그다지 서로 말을 하지 않거든요. 그리고 어떤 의견을 드러내어 말하는 일은 더욱 없지요. 그런데 여기 학교에 오니까, 갑자기 학생들이 자기 의견을 제시하기를 기대하는 거예요. 제게는 정말 힘들더라고요. 첫해에는 정말로 따라 하기 힘들었어요. 토론 시간에는 어쩔 수 없이 거기 있었어요. 그러다가 아주 천천히 조금씩 사태가 나아지기 시작하면서, 내 기분을 스스로 변화시킬 수 있게 되었어요. 하지만 아주 오랜 시간이 걸렸어요.

따라서 반성능력을 증진시키려는 교사교육자들은 우리 연구에 참여한 반성적 교사들이 대부분의 경우 사범대학에 진학하기 전부터 이미 반성적인 성향을 지니고 있었다는 사실을 인지하고 있어야 한다. 앞에서 이미 결론적으로 말했듯이(제6장 5절 참조. 더 자세한 내용은 Korthagen, 1988 참조), 예비교사의 반성능력을 증진시키려는 목적을 지닌 교사준비 프로그램은 이미 어느 정도는 반성적 성향을 지닌 예비교사들에게 가장 유익한 것같이 보인다.

❀ 부차적 특성 5: 반성적 교사는 교사로서의 자신감이 확고하고 높은 자기효능감을 가지고 있다.

반성과 자기효능감의 관계는 이론적 근거가 있다. 반성은 일종의 메타인지능력인데, 이 메타인지능력은 자기효능감과 긍정적으로 연관을 맺는 것으로 알려져 있다(Bandura, 1982; McCombs, 1988). 반성이 자기 이미지에 위협이 될 수도 있다는 사실은 발달심리학자들의 연구를 통해서 널리 알려져 있다. 자기의 일을 면밀한 검토의 대상으로 펼쳐 놓는 것은 무방비 상태로 스스로를 밀어 넣는 것이며 내면의 안정을 뒤흔들어 놓는 위험한 짓이다. 따라서 반성을 하기 위해서는 높은 수준의 자기효능감이 반드시 필요한 것이다. 종단연구의 면담내용에 이런 점이 잘 나타나 있다.

R1 : 교사준비기관에서 교육을 받으면서 저는 자신에 대해서 점점 더 확실히 알게 되었습니다. 그것이 수업과 관련이 있는지 아닌지는 잘 모르겠어요. 내 의견을 이야기하는 것이 훨씬 더 쉬워졌습니다. 중고등학교 시절에는 잘 이해되지 않는 것이 있으면, 집에 가서 나 혼자 해결하려고 했어요. 여기 와서도 한 2년 동안은 그렇게 했어요. 하지만 이제는 그러지 않아요. 이제는 그냥 잘 모르겠다고 이야기합니다. 네 번 중 세 번은 제대로 집중하지 돗해서 그랬다는 점을 발견하거나, 아니면 못 이해한 것이 그다지 중요한 사항이 아니라는 것을 알게 됩니다. 하지만 때로는 이것에 대해 질문하며 흐름에 제동을 거는 것이 필요해요. 다른 친구들 중에도 이해하지 못하는 사람이 많기 때문이죠. 그렇지 않으면 정말로 중요한 내용을 놓치게 되기 때문이죠. 전 더 이상 이렇게 할까 말까 머뭇거리지 않아요. 학생들을 가르치는 경우도 마찬가지라고 생각해요. 첫 번째 교생을 나가서 뭔가를 설명하고 있는데 이런 일이 생기면, '지금은 그냥 지나가자. 잠시 후에 다시 체크하자.' 라고 생각했는데 말이죠. 하지만 지금은 달라요. 무엇인가 설명하고 있는 중에 그런 일이 생기면, '제인, 그 일기장 좀 잠시 저쪽으로 치워 줄래?' 라고 말하고 다시 설명을 계속하는 것이죠. 학생들이 말한 대로 따라하는지를 살펴보고, 필요때는 두 번째로 지적을 하죠. 하지만 첫 번째 교육실습 때는 그냥 내버려 두었죠.

R2 : 분명하게 말할 수 있는 것과 자신감을 지니고 있는 것은 매우 밀접하게 연관되어 있다고 생각해요. 전 아직도 이것들에 관해서 생각해 보곤 하는데요, 내가 사범대학에서 교육받는 동안 줄곧 내 머릿속을 떠나지 않는 한 가지 핵심적 원리가 되었죠. 전 일을 체계적인 방식으로 처리하

려고 해요. 그리고 말로 내 의견을 표명해야 되는 때가 언제인지에 대한 확신을 가지고 있어요. 결국에는 내가 그 일을 어떻게 해야 하는지 알게 될 것임을, 그래서 퍼즐조각들이 모여서 전체의 그림을 그릴 것임을 전 잘 알고 있어요.

이번에는 종단연구에서 덜 반성적 성향을 보였던 예비교사의 생각을 한 번 비교해 보자.

L : 전 제가 도움이 될 만한 것을 아무것도 가지고 있지 않다는 생각이 많이 들어요. 뭔가를 말하려고 하면, 그때마다 나 자신이 '아니야, 이건 그리 중요하지 않은 것이야.' 라고 생각해 버려요. 그런데 나중에 다른 사람이 그것과 똑같은 말을 하는 거예요. 그리고는 결국 그 생각이 채택되는 거예요. 머릿속에서는 빙글빙글 많은 생각들이 돌아다니는데요, 그걸 그냥 밖으로 내보내는 것이 잘 안 돼요.

여러 사람이 함께 모여 있을 때는 의사표시를 하는 것이 정말로 어려워요. 특히 내 자신에 관한 말을 할 때는 더 그래요. 먼저 땀부터 나는 거예요. 정말 싫죠. 아직까지도 난 이게 쉽지 않아요. 하지만 예전보다는 많이 좋아졌어요. 마치 다른 사람들이 나에게 그것을 기대하는 것 같아요. 물론 그런 말을 하지는 않지만, 그래도 그런 것은 느껴지는 거죠. 다들 자기 느낌과 감정에 관해서 말하는데, 왜 나라고 못하겠어요?

Lucas(1966, p. 33)는 이렇게 쓰고 있다.

… 반성(적어도 특정한 종류의 반성)을 하기 위해서는 용기가 있어야 한다.

교사교육자는 반성의 이 같은 측면에 대해서 좀 더 많은 관심을 기울여야 한다

(Cole, 1997 참조).

※ 부차적 특징 6: 높은 자기효능감을 지닌 예비교사는 수업 반성과정에서 학생들에게 초점을 맞춘다. 자기효능감이 낮은 예비교사는 자기 자신에 초점을 맞춘다.

양적 자료를 분석해 본 결과, 예비교사가 수업경험을 가지고 있으면 반성과 자기효능감 간의 관계는 다소 복잡해짐이 나타났다. 조금 더 경험이 많은 예비교사의 경우는 자기효능감과 반성의 대상 간에 연관성이 있는 것처럼 보였다. 반성의 과정에서 자신이 얼마나 잘하고 있는지에 초점을 맞추는 예비교사는 자기효능감이 상대적으로 낮았다. 반성을 할 때 아이들에게 초점을 맞추는 경우는, 상대적으로 높은 자기효능감을 지니고 있었다. 반성능력과 자기효능감의 관계에 대한 이 같은 가설은 종단연구와 비교연구에서 나온 연구결과에 근거한 것으로, [그림 8-2]에 나타나 있다. 자기효능감의 측정은 Cloetta와 Hedinger(1981)이 제작한 질문지를 Brekelmans(1989)이 변용한 것을 사용했다.

자기효능감의 수준과 IEO 테스트의 내향성 척도인 '학생'에는 지속적으로 긍정적인 상관관계가 있는 것으로 나타났다. 즉, 교사가 자신감이 높으면 높을수록 이들은 자기 학생들에 대해서 더 많이 반성하는 성향을 가진다는 것이다. 내향성 척도인 '자기'의 경우, 이 관계는 일반적으로 부적 상관을 보였다. 즉, 교사가 자신감이 높으면 높을수록 자기 자신에 대해서 좀 덜 반성하는 성향을 가진다는 것이다. 이 같은 결과는 Ashton 등(1989)의 연구와 동일선상에 위치한 결과를 보여 준다. (수학, 학교 등과 같은) 다른 영역에 대해서는 상관계수가 거의 0에 가깝게 나타났다. 자신에 대한 높은 관심이 수업시간에 학생들과의 낮은 대인관계, 그리하여 낮은 자기효능감을 의미할 수 있기 때문에 이 모든 결과는 상식적으로 이해가 되는 것이다. 만약 학생과의 대인관계가 긍정적으로 이루어진다면, 교사는 학생에 대해서 더욱더 많은 반성적 사고를 할 수가 있게 되는 것이다.

	비교연구		종단연구			
	n=72		3년차 n=10		5년차 n=10	
	자기	학생	자기	학생	자기	학생
자기효능감	−.04	.31**	−.75*	.14	−.37	.57

[그림 8-2] IEO테스트의 자기 '학생' 영역에 대한 내향성 점수와 자기효능감 점수 간의 상관계수 *P<.05 **P<.01

❀ 부차적 특성 7: 반성적 교사는 자신의 경험에 대해서 말하거나 글로 쓰는 것을 비교적 잘한다.

우리 연구에 참여한 반성적 교사와 예비교사는 말하고 글 쓰는 일을 잘하는 것처럼 보였다. 연구 2(종단연구)에 참가한 두 명의 반성인(R1과 R2)은 면담 시에 개방식 질문에 대한 대답을 덜 반성적인 예비교사보다 2배 정도의 길이로 많이 이야기했다. 덜 반성적인 예비교사는 자신이 그다지 말을 많이 하는 편이 아니라고 말했다(부차적 특성 5에 이 학생이 말한 내용 참조). 연구 4(비교연구)에서는 SOL 프로그램과 다른 프로그램을 졸업한 교사에게 각자가 다닌 대학의 프로그램에 대해서 언급해 보라고 부탁했다. SOL 프로그램의 졸업생들은 다른 프로그램을 다닌 통제그룹보다 두 배 정도로 많은 특성(평균 4.6개)에 관해 이야기했다.

5. 기타 관련 사항

앞 절에서는 반성과 다른 변인과의 (기대는 하고 있었지만, 확답을 얻지 못한) 몇몇 관련 사실에 관해서 먼저 알아보았다. IEO 테스트의 타당성에 대해서도 이야기했다. 마지막으로, 각기 다른 진로단계에 있는 교사 간의 차이점에 대해서 알아보도록 한다.

연 령

우리는 연구 1의 결과에 근거해, 연구 3에서 '자기'와 '수학' 영역에서 반성과 연령 간에 높은 상관관계가 있을 것이라고 기대하였지만, 실지로 그런 관계를 발견하지 못했다. 하지만 제6장 5절에서 언급하였듯이, 동료학생에 관해서는 연령과 내적 지향성 간에 부정적 상관관계가 발견되었다($r=-.29$, $p<.01$). 따라서 나이가 많은 예비교사는 동료학생이나 이들과의 관계에 대하여 그다지 많이 반성적으로 사고하지 않는 경향을 보였다.

학 력

연구 1에서 나타난 결과를 근거로 우리는 학력이 높은 예비교사가 좀 더 반성적 성향이 높을 것이라고 가정했다. 하지만 연구 3에서 밝혀진 것처럼, 이 관계는 '수학' 영역에 대한 반성적 사고에 한해서만 나타났다. 학력을 요인으로 하고 연령을 변인으로 행한 ANOVA 결과는 수학에 대한 외적 지향성 척도에서 학력요인이 매우 유의미한 중요 요인으로 밝혀졌다($df=4$, $F=2.93$, $p<.02$). 예비교사의 학력수준이 높을수록 수학 영역에서 다소 덜 외적 지향적인 성향을 띤다.

새로운 방식에 대한 성향

새로운 방식에 대한 성향과 반성능력 간에는 연관성이 없음이 연구 4(비교연구)에서 밝혀졌다. 이 점은 예상된 결과였다. Zeichner(1983, p. 6), Zeichner와 Liston(1987)은 이 같은 관련성을 주장하였다. SOL 프로그램에서 규정한 반성적 사고의 조작적 개념과 위스콘신 대학의 프로그램에서 채택한 조작적 개념 간의 차이가 이 같은 근본적인 차이를 만들어 냈다고 생각할 수 있겠다. 그 정확한 이유야 어떻든, 위스콘신 프로그램에서 채택한 조작적 정의가 새로운 방식에 대한 성향과 상관관계를 맺고 있는가를 보여 주는 경험적 자료는 우리가 아는 한 없다.

IEO 테스트

비교연구(연구 4) 결과는 SOL 졸업생이 다른 프로그램 졸업생보다 IEO 테스트의 내향성 척도 값에서 유의미한 점수치를 얻지 못했음을 보여 준다. 그러나 다른 한편으로, SOL 졸업생이 실제로 좀 더 반성적 사고를 많이 한다는 많은 증거가 있다(Wubbels & Korthagen, 1990, p. 41). 현재 형태로 된 IEO 테스트는 우리가 바라는 정도까지는 훌륭하지 않다고 생각한다. 솔직히 말해서 IEO 테스트는 특성을 검사하는 다른 많은 테스트가 갖는 흔한 단점을 지니고 있다. 즉, 응답자가 얼마나 자주 혹은 어떤 방식으로 어떤 일을 하는가를 기록하도록 되어 있다. 물론 자기가 실제로 하는 것과 일치하지 않는 답을 적어도 된다. 응답자 자신이 생각하는 반성적 성향과 얼마나 반성적이어야 하는가를 말해 주는 일정한 기준을 서로 비교하는 것에 따라서 응답자가 영향을 받을 때, 이런 검사는 왜곡이 일어나게 되어 있다. 이런 기준은 분명 교사교육 프로그램의 영향을 받을 것이고, 어떤 특정 학생이 다른 학생에 비해 훨씬 더 이러한 영향을 받을 가능성이 있는 것이다.

이 같은 이유로 연구 3의 결과는 다소간 신중하게 해석되어야 한다. 핵심적 특성과 부차적 특성도 마찬가지다. 좀 더 확실한 결론을 말할 수 있기 위해서는 앞으로 연구가 더 필요하다.

반성적 능력과 현실 충격

마지막으로 우리의 결과는 반성을 순전히 합리적인 과정으로 간주하는 생각은 매우 편협하다는 점을 말해 준다. 감성과 태도가 결정적 역할을 담당한다(부차적 특성 5와 6 참조). 반성을 하도록 만들어 주는 자극은 거의 언제나 문제 상황을 보다 더 잘 이해하려는 필요 속에서 만들어진다. 하지만 갑자기 학생에서 교사가 되면서 겪는 '이행충격' (Corcoran, 1982; Muller-Fohrbrodt et al., 1978)에서처럼 문제 상황에 대한 두려움이 지나치게 크면 반성은 완전히 사라져 버린다(제3장 1절과 제6장 5절 참조).

종단연구의 결과도 실제로 교사가 되면 반성능력의 일시적 감퇴, 정지 현상이 나타난다는 사실을 보였다. 그러나 연구 1과 연구 2에서 반성적 사고 능력은 약 1년 후에는 다시 돌아온다는 증거가 나타났다. 제6장 5절에서 언급했듯이, 이러한 현상은 반성능력의 '잠복기' 가 있음을 보여 주는 것이다. 비교연구(연구 4)는 이런 가정을 확인시켜 주었다. 교사 초임 시절에는 SOL 프로그램과 다른 프로그램의 졸업생 간의 차이가 거의 없는 것처럼 보였다. 하지만 몇 년이 지나면 SOL 졸업생이 더욱 올바른 자아인식(핵심적 특성 4), 좀 더 나은 학생과의 대인관계(부차적 특성 1), 그리고 좀 더 높은 직무만족도(부차적 특성 2)를 보이는 것으로 나타났다. 결론적으로 말해서 반성적 수업에 관해 연구하는 연구자가 교육실습생시기, 초임교사시기, 경력교사시기를 구분해야만 하는 충분한 이유가 있는 것이다. 이렇게 구분함으로써 이 장에서 밝힌 결과를 더욱 분명하게 이해할 수 있을 것이다. 앞에서는 이런 다른 단계의 교사 간에 나타나는 차이점과 관련하여 연구결과를 제시하지 않았기 때문이다.

6. 결 론

SOL 프로그램에서 규정한 반성의 개념을 근거로 해서, 반성적 교사가 지닌 4개의 핵심적 특성과 7개의 부차적 특징을 발견하였다. 제6장 5절에서 말한 SOL 프로그램의 교육철학에 비추어 볼 때 이것은 중요한 의미를 갖는 발견이다. 이 교사교육 프로그램에서 추구하는 교육원칙 가운데 최소한 4개의 원칙에 대해, 반성적 실천인은 SOL 교수진의 이상을 충족시킨다고 결론지을 수 있다.

이 네 가지 원칙은 다음과 같다.

- 교사는 교수학습 상황에 필요한 도구로서 스스로를 의도적이고, 의식적이고, 수단적으로 헌신할 수 있어야 한다.
- 교사와 학생의 관계는 상호 협조적이고 협동적인 관계며, 교사는 안전감과 도전감을 불러일으킬 수 있는 수업분위기를 제공하고, 각 학생이 필요로 하는 만큼만 통제해야 한다.
- 교사는 자신의 장점과 단점을 잘 알고 있어야 하며, 자신의 성장을 스스로 주도해야 한다.
- 교사는 상호 협조적이고 협동적인 관계를 추구하려는 의도를 지니면서, 학생들과의 대인관계를 분석하고 증진시킬 수 있어야 한다.

이런 점에서 반성적 교사는 '더 나은' 교사라고 불릴 수 있을 것이다.

우리 연구의 결과는 반성능력과 교사능력 간의 직접적 관련성에 대해서 말해준다는 점에서도 매우 중요하다. 이 점은 지금까지 경험적 연구의 결과로 밝혀진 적이 없었다. 물론 우린 아직까지 '인과적' 관계를 밝혀 주는 큰 증거를 찾지는 못했다. 교사로 하여금 앞에서 언급한 특징을 좀 더 능숙하게 실천하도록 해 줄 뿐 아니라 반성적 사고도 더욱 잘하도록 만들어 주는 요인, 아니면 학생과의 관계를 더욱 잘 이끌어 가도록 만들어 주는 기초적인 요인이 있을지도 모른다.

전체적으로 볼 때 이 장은 반성의 개념, 반성적 교사의 특성 그리고 좋은 수업의 원리 간의 관계에 대하여 경험적 자료에 근거하여 하나의 이론을 정립할 수 있는 기초구성자재를 제공한다. 이런 자재는 SOL 프로그램에서 규정한 반성의 개념에서 생겨난 것이다. 반성적 수업의 효과와 증진을 위해 만든 프로그램의 효과성에 관한 주장이나 신념을 더욱 명료하고 뚜렷하게 만들려면, 다른 개념 정의의 경우도 엄청난 양의 경험적 연구가 필요하다고 생각한다.

후주

1) 이 장을 쓰는 데 도와 준 Petra van de Broek, Rob Houwen, Hildelien Verkuyl에게 감사를 표한다.
2) 다른 연구를 통하여 QTI의 어떤 척도가 인지적인 학습효과 그리고 정의적인 학습효과와 긍정적 관련이 있는지가 밝혀졌다(Wubbels & Levy, 1993 참조). 이런 척도에 점수를 덧붙여서 우리가 두 집단을 비교할 때 사용한 하나의 측정값으로 활용하였다.

요약

우리가 행한 연구의 결과와 SOL 프로그램에서 채택한 반성의 개념을 근거로 하여, 우리는 반성적 교사가 지닌 네 가지 핵심적 특성을 파악해 냈다.

- 핵심적 특성 1: 반성적 교사는 상황과 문제를 의식적으로 구조화할 수 있다. 그리고 그렇게 하는 것을 중요하게 여긴다.
- 핵심적 특성 2: 반성적 교사는 경험한 일을 구조화할 때 특정한 표준적 질문을 활용한다.
- 핵심적 특성 3: 반성적 교사는 자신이 무엇을 학습하기를 원하는지에 대하여 쉽게 답할 수 있다.
- 핵심적 특성 4: 반성적 교사는 다른 사람과의 대인관계에서 자신이 어떻게 하고 있는지를 적절하게 기술하고 분석할 수 있다.

반성적 사고능력과 관련된 일곱 가지 부차적 특징을 찾아내었다.

- 부차적 특징 1: 반성적 교사는 학생과의 대인관계에서 다른 교사보다 더 낫다.
- 부차적 특징 2: 반성적 교사는 직무만족도가 매우 높다.
- 부차적 특징 3: 반성적 교사는 학생 스스로 상황을 탐색하고 구조화하는 방법을 배우는 것이 중요하다고 생각한다.

- 부차적 특징 4: 반성적 예비교사는 어렸을 때 이미 자기의 체험과 문제 등을 구조화하도록 교육받은 경험이 있다.
- 부차적 특성 5: 반성적 교사는 교사로서의 자신감이 확고하고 자기 능력에 대한 믿음이 강하다.
- 부차적 특징 6: 높은 자기효능감을 지닌 예비교사는 수업반성 과정에서 학생에게 초점을 맞춘다. 자기효능감이 낮은 교육실습생은 자기 자신에 초점을 맞춘다.
- 부차적 특성 7: 반성적 교사는 자신의 경험에 대해서 말하거나 글로 쓰는 것을 비교적 잘한다.

이런 결과 가운데 어떤 것은 교사교육 전문가들에게 주의를 요하는 경고장으로서 받아들여질 수도 있다. 예를 들면, 반성적 사고를 강조하는 것은 이미 상당히 반성적 성향이 짙은 학생과 자기효능감이 상대적으로 높은 학생에게 좀 더 효과가 있을 것이다.

반성적 교사가 더 좋은 교사인지에 대한 질문에 답하기 위해서는 더 많은 경험적 연구가 필요하다. 이런 연구는 좋은 수업의 개념과 반성적 사고의 개념을 교사의 특성과 연결시켜 보는 것이어야 한다.

제 9 장

예비교사에 대한 집단적 지도

◆ Fred korthagen

파에드로스, 무엇이 좋은 것이지?
그리고 무엇이 좋지 않은 것이고?
누군가 우리에게 이런 것을 말하도록 요청할 필요가 있을까?

– Robert Persig, 『선(仙)과 오토바이 정비 기술』

현실적 접근은 예비교사의 실천적 경험을 기초로 하여 지도하는 것을 특징으로 한다. 학생들 간의 반성적 상호작용은 학습의 과정을 심화시키기 때문에 현실적 접근은 자주 집단적으로 이루어진다. 그래서 이 장에서는 현실적 접근을 집단 세미나의 상황에 적용시킨다. 먼저, 실천적 경험에 기초하여 지도하고 이것을 이론적 요소와 통합시키는 다섯 단계의 절차를 논의할 것이다. 그런 다음 집단 세미나에서 사용될 수 있는 반성을 촉진시키는 네 가지 구체적 방법을 기술할 것이다. 이런 방법의 활용에 대한 연구 결과물들을 전체적으로 소개할 것이다. 그리고 마지막으로, 이외의 다른 방법들, 예를 들면 동료지원학습과 이 예비교사들이 서로를 지도하는 방법을 학습할 수 있는 구조의 가능성을 논의할 것이다.

1. 도 입

제7장에서는 개별적 지도를 통하여 반성을 촉진시키는 과정을 기술하였다. 그러나 교사교육자가 항상 예비교사를 개별적으로 지도할 수 있는 시간을 충분히 갖는 것은 아니다. 더구나 집단 환경은 반성을 촉진시키는 데 필수불가결하다고도 볼 수 있다. 왜냐하면 경험의 공유를 통하여 예비교사는 이 경험을 구조화하게 되고 실습에 대한 자신의 분석을 다른 사람의 분석과 비교함으로써 스스로의 경험을 구조화하는 다른 방법을 발견할 수 있다. 또한 예비교사는 동료에게 물어볼 수도 있고 피드백을 얻을 수도 있다. 요약하자면, 예비교사 간의 반성적 상호작용은 의도된 전문성 학습 과정, 즉 협력적 반성을 심화시킨다. Northfield와 Gunstone(1997, p. 49)은 다음과 같이 말한다.

> 교수에 대한 학습은 협력적 활동이고 교사교육은 생각과 경험을 함께 공유하고 논의하는 관계망이나 소집단에서 가장 잘 이루어질 수 있다.

Bell과 Gillbert(1996, p. 57)는 교사교육에 구성주의가 미친 영향을 논의하고 다음과 같이 결론짓는다.

> 사회적 상호작용, 가령 대화나 설명, 이야기를 통한 사회적 상호작용은 사회적으로 구성된 지식을 학습하고 의미를 개인적으로 구성하며 사회적 지식을 재구성하는 것을 촉진한다.

그러나 반성 촉진이 일반적으로 교사교육의 중요한 목적으로 받아들여진다고 하더라도 집단적으로 예비교사의 반성을 촉진하고자 하는 세미나에서 우리가 활용할 수 있는 방법적 기술이나 활동에 대한 묘사는 현저하게 부족하다. 대부분의 프로그램(예, Feiman, 1979; Zeichner & Liston, 1987)은 아주 일반적으로 묘사되고 예비교사로 하여금 자신의 실습 경험을 비판적으로 분석하도록 독려하는 활동에 대한 상세한 정보를 제공하지 않는다(하나의 예외 사례는 1994년의 Harvard임). 그러나 학생들을 단지 모아 놓는 것으로 실습 경험에 기초한 학습이 일어나는 것은 아니다. 앞에서 살펴본 것처럼, 예비교사 집단에게 단지 이론을 소개하는 것도 별로 도움이 되지 않을 것이다. 그렇다면 하나의 질문이 생긴다. 집단적으로 반성을 조장하고 실천과 이론을 연결시키는 효과적인 방법은 무엇인가?

ALACT 모형은 여기서 다시 우리에게 도움을 준다. 왜냐하면 이것은 순환적인 다섯 단계로 구성된다는 점에서 반성과정의 이상적 상태를 기술하고 있기 때문이다. 그러나 ALACT 모형은 교사교육자가 어떻게 개입해야 집단적 맥락에서 예비교사에게 의도된 나선형 성장이 일어날 수 있는지 직접적인 대답을 주지 않는다. 이 장에서는 바로 이 질문을 다룰 것이다. 그리고 우리는 교사교육자의 개입에 초점을 두고 제7장의 내용과 비교할 수 있다. 그러나 이 장은 집단적으로 반성을 촉진하는 문제를 다루는 반면, 제7장은 개별적 지도에서 반성을 촉진하는 것에 초점을 두었다.

이 장의 2절에서는 다섯 단계 절차를 기술하는데, 이것은 교육실습을 경험한 예비교사를 집단적으로 지도하기 위한 지침이 된다. 예를 들어, 우리는 그 절차를 교생실습 기간 즈음에 구성되는 집단 세미나에서 활용할 수 있다. 예비교사의 입장에서 보자면, 약간의 실습경험을 하고 대학 강의실로 돌아와서 교사교육자의 지도하에 집단 모임을 갖고 난 후, 다시 실습학교로 되돌아가는 과정을 반복하는 것이 이상적이다. 이러한 교육실습 운영을 왕래 모형이라 부른다(Van der Valk et al., 1996). 그러나 '왕래'가 거의 없다고 하더라도 교사교육자가 실습경험 기간을 이론과 연결시키는 것은 중요하다. 3절에서는 2절에서 기술한 다섯 단계의 절차를 실제 일어난 세미나의 기록을 인용하여 설명할 것이다.

그런 다음 4절에서는 반성을 촉진할 수 있는 네 가지 구체적인 방법적 기술을 논의하는데, 이것은 규모가 아주 큰 대형 집단(200명까지)에도 적용될 수 있다. 5절에서는 이런 방법적 기법을 활용한 사례에 대한 연구 결과물을 보고할 것이다. 6절은 예비교사를 독립적인 학습자로 만들기 위한 그 다음의 논리적 단계를 논의할 것이다. 이것은 바로 동료지원으로 된 학습의 구조로서, 예비교사는 이 구조를 통하여 상호 지도하는 것을 배운다. 7절은 결론으로 마무리할 것이다.

2. 다섯 단계의 절차

우리는 교사교육에서 집단 세미나를 통한 반성의 학습을 구조화하는 다섯 단계 절차를 개발했다(Hermans, Creton, & Korthagen, 1993). 이 다섯 단계 절차는 학생의 경험을 진지하게 받아들이고 실천에 기초한 이론을 정립하려는 교사교육자에게 도움이 될 것이다. 또한 이 다섯 단계 절차는 교육적 구조로서 학습을 촉진시키는 방법이다. 다섯 단계나 예비교사의 이상적인 학습 과정을 묘사하는 ALACT 모형과 동일인 것은 근본적으로 다르다. 하지만 다섯 단계 절차를 적용함으로써 교사교육자는 예비교사가 ALACT 모형의 단계를 거치도록 할 수 있기 때문에 이 둘 간에 관련성이 전혀 없다고 볼 수는 없다.

1. 첫 번째 단계에서 예비교사는 자신이 할 경험을 사전에 구조화하는 과제를 부여받는다. 이것은 대학교 강의 시간에서의 경험일 수도 있고 학교에서의 교수활동 경험일 수도 있다. 이상적으로 이 과제는 예비교사의 관심이나 학습의 필요에 기초한다. 가령 그들은 학교 학생들의 동기 문제에 관심이 있을 수 있다. 그러면 그들의 과제는 한두 명의 고등학생과 인터뷰를 하여 이 학생들의 동기를 기술해 보는 것이다. 이런 선행 구조화 단계 동안에 예비교사는 자신이 학교현장에 나갔을 때 활용할 수 있는 현상을 보는 '렌즈'를 얻을 수 있다. 대학에 있는 동안 의도된 경험을 훈련된 기술로 준비하는 것은 필수적이다. 만약 예비교사가 어떤 이슈에 대해 다른 사람들에게 질문하는 경험이 부족하다면, 그들은 이 세미나를 통해 동료학생을 대상으로 자신이 배우고 싶은 것이 무엇인지에 대하여 7분간 인터뷰는 연습할 수 있다.

이를 통하여 그들은 질문하는 기술을 집단적으로 반성할 수 있다. 그리고 더욱 개방적인 질문을 사용함으로써 더 심화된 훈련으로 나아갈 수 있다.

2 두 번째 단계에서 예비교사는 경험을 위해 학교로 간다. 우리가 든 예에서는 고등학생과 면담을 하는 것이다. 이 단계에서 결정적으로 중요한 것은 이런 경험이 예비교사로 하여금 좀 더 구체적인 것에 관심을 갖게 하여 이들로부터 다음 단계의 출발점이 되는 게슈탈트를 끌어내는 것이다.

3 세 번째 단계에서 예비교사는 자신의 경험을 보고한다. 교사교육자는 예비교사와 함께 명료화, 분류, 일반화를 통하여 그 경험과 게슈탈트를 구조화할 수 있다. 이전에 살펴본 것처럼(제4장 5절 참조) 구조화를 하는 것은 반성적 과정에서 핵심적이다. 학생들의 보고는 비디오 기록 등의 도움으로 아주 상세하게 발표할 수 있다. 혹은 교사교육자의 질문에 기초하여 그 집단 내에서 좀 더 전반적인 정보 교환의 형태일 수도 있다. 구조화의 목적은 학생들이 가진 다양한 경험의 '무질서' 상태에 질서를 부여하는 것이다.

비록 예비교사가 '동기' 와 '면담하는 일' 에 관심이 있다고 말하더라고 완전히 다른 이슈가 이들의 관심의 초점이 될 수도 있다는 것을 인식하는 것은 중요하다. 왜냐하면 그들은 고등학생의 행동에 관심을 가지기 시작했을 수도 있다. 현실적 접근에서 중요한 것은 그러한 경우 교사교육자가 학생들의 이런 관심을 구조화 과정의 출발점으로 삼는다는 것이다. 이것은 또한 그러한 상황에서 교사교육자가 자신이 준비한 프로그램을 미루어 둘 수 있어야만 한다는 것을 의미한다. 다소 강하게 표현하자면, 교사교육자가 유도하는 경험은 우리가 의도하는 교사교육 프로그램을 위하여 가장 알맞은 경험이 아니었다는 것이다.

4 네 번째 단계에서는 일단 경험을 구조화한 후에 이 경험과 유도된 게슈탈트의 특정 측면에 대해 집중적으로 아주 자세히 분석할 수 있다. 다른 많은 측면에 대해 집중적으로 논의할 수도 있다. 예를 들어, 빈번하게 나타나는 예비교사의 학습에 대한 필요(예, 아이들과 면담할 때 아이들이 편안히 얘기할 수 있도록 하는 방법), 관심이 있는 개념의 본질적 측면과 발생적 특징(예, 구

분될 수 있는 동기의 유형), 예비교사 자신의 경험에 대한 보고에 가정되어 있는 게슈탈트(예, 그 나이 학생들에 대한 예비교사의 게슈탈트), 이런 게슈탈트와 그들 경험과의 관계(예, 또래 아이에 대한 예비교사의 게슈탈트가 그의 면담 질문에 미치는 영향), 한 특별한 능력과 관련하여 예비교사가 가지는 강점과 약점(예, 타인의 얘기에 감정이입을 하는 능력의 정도), 예비교사가 배운 것, 그들 학습의 목적이 다음 실습을 위한 것인지 등이 있을 수 있다.

5 벌써 이전의 단계에서 교사교육자는 예비교사가 좀 더 추상적 수준에서 말했던 경험을 명명하는 일뿐 아니라 다양한 범주 및 다양한 인과관계 간의 이론적 해석과 관련성을 지시할 수 있었는지도 모른다. 이론적 개념과 원칙을 소개하는 것은 다섯 번째 단계에 해당한다. 이 단계에서 선호되는 이론의 형태는 보통 책에서 볼 수 있는 것(예, 이론적 구성의 기술을 강조하는 이론, 개념적 관계망, 연구 보고서 등)이 아니라는 것을 강조할 필요가 있다. 즉, 소개될 이론적 요소는 학생의 경험이나 미래 계획과 직접 관련되어야만 한다. 제2장에서 소개한 용어로 서술하자면, 5단계에서 소개할 이론은 에피스테메가 아닌 프로네시스의 형태를 띤다. 5단계는 작은 이론을 소개하는 단계라고 할 수 있다. 물론 학생들에게 더 많은 배경지식을 제공하기 위하여 교사교육자는 좀 더 전통적 형태의 문헌에 있는 큰 이론을 추가적으로 소개할 수 있다. 예를 들면 교육심리학 책에서 동기에 관한 내용(제2장에서 에피스테메라고 부른 것)을 소개할 수 있다. 그리고 이 소개는 짧은 강의나 논문 발표의 형태로 진행할 수 있다. 하나의 표준적 교재를 사용한다면, 그 이론과 예비교사의 경험 사이에 어떤 관련이 있는지 분명히 보여 주는 것이 필수적이다. 하지만 대체로 예비교사 자신의 실습 경험에 관련된 작은 이론만 다루고 좀 더 공식적인 과학적 이론을 소개하지 않는 것이 훨씬 나을 때가 많다. 너무 많은 것을 가르치는 것보다 이 방법이 더 나은 이유는 나중에 제10장에서 철저히 분석할 것이다. 특정 단계에서는 큰 이론를 소개하는 것이 아주 생산적일 수 있기 때문에 큰 이론을 강조해야 하는 정도를 결정하는 데 도움이 되는 지침은 제10장에서 제시할 것이다.

물론 이 다섯 단계는 그 순환을 반복하고 사전 구조화로 새 단계를 시작할 수 있다. 자주 (한 가지에 집중하는) 제4단계와 (작은 이론을 소개하는) 제5단계는 거의 자동적으로 (사전에 구조화하는) 제1단계로 이어진다. 왜냐하면 오늘 관심의 초점이 된 것은 다음날 교수 경험에서 실습할 필요가 있는 이슈가 되기 때문이다.

다섯 단계 절차를 전체적으로 보기 위해 [그림 9-1]을 참조하라.

◆ **예비교사의 집단 지도를 위한 다섯 단계 절차**

1. 사전 구조화 ◀
2. 경험
3. 구조화
4. 집중
5. 이론화

[그림 9-1] 현실적 접근에서 예비교사의 집단 지도를 위한 다섯 단계 절차

3. 다섯 단계의 절차 설명

이 절에서는 앞 절에서 설명한 다섯 단계의 절차를 위트레흐트 대학교의 IVLOS 교사교육 기관에서 제공한 2시간짜리 세미나를 기록, 발췌한 것을 중심으로 설명할 것이다.[1] 참여자는 현직교사 집단으로서, 교과교육 연구과정을 마친 후 중등학교에서 가르치기 전에 IVLOS에서 제공하는 일주일 동안의 짧은 견습 과정을 거친 교사들이었다. 이 연수교사들은 학교에서 전임교사가 맡는 근무시간 중 절반가량만 근무한다. 이들은 비록 자격을 완전히 갖춘 것은 아니지만 처음부터 혼자서 가르치며 업무 수행 과정을 책임지는 협력학교교사도 이들의 수업을 참관하지 않는다. 뿐만 아니라 이들은 일주일에 이틀을 교사교육 기관인 대학에서 보낸다. 이 이틀 중 하루는 주로 서로의 경험을 교환하는 것으로 이루어진다. 여기에서는 다양한 주제를 다루며 이것은 모두 연수교사의 질문과 경험으로 조율되어 있다. 이것은 연수교사가 어떤 특별한 주제에 관심을 가지고 있는지 보여 주고, 그리하여 주제별 모임이 선택한 주제를 중심으로 계획된다. 예를 들어 약 4개월간 가르친 후 떠오른 주제 중의 하나는 수업시간에 '문제를 일으킨' 학생과 방과 후 면담하는 것이었다. 연수교사는 그런 면담이 매우 어렵다고 고백했다. 이런 종류의 관심은 수업 분위기에 영향을 미치는 문제상황에 자주 부딪히는 초임 중등학교 교사 사이에 아주 흔한 것이다. 대부분은 아직 이런 문제가 일어나는 것을 막을 수 없었고, 수업 분위기를 개선시킬 수 있는 방법 중 하나로 그 문제학생 혹은 문제가 되는 소집단 학생과 개별 면담을 시도하였다. 이런 면담이 적절히 수행된다면 학생과 교사의 관계를 눈에 띄게 개선시키는 결과를 가져올 수 있다. 그들 간의 거리가 좁혀지기 때문에 대규모 집단의 수업에서 수업 분위기가 더 부드러워지고 타협적이 된다. 더구나 그러한 면담은 메타 의사소통을 가능하게 하는데, 가령 교실에서 상호 소통하는 방식에 대해 학생과 교사가 토론하는 데 활용할 수 있다. 이런 방식으로 교사와 학생 간의 바람직하지 않은 관계 유형을 변화시키는 데 그러한 면담이 도움이 된다는 사실이 입증되었다 (Watzlawick et al., 1967).

현직교사를 대상으로 한 연수교육의 틀 안에서 이루어지는 교육은 대부분 한 사람의 정규 교사교육자가 수행한다. 그는 연수교사가 서로의 경험을 교환하고 자신의 문제에 대한 해결책에 도달하며 이론적 통찰을 얻고 개인적 학습 목표를 공식화할 뿐 아니라, 대학의 교육 기관이 제공하는 견습 프로그램의 형식과 내용에 대하여 그들 자신의 학교실습 경험에 따라 개인적 선호도를 표현하는 것 등에 대한 책임이 있다. 만약 정규 교사교육자가 자신이 맡기에 다소 어렵게 느껴지는 특정 주제가 있다면, 그 주제에 정통한 다른 객원 교사교육자를 요청할 수 있다.

선택된 주제가 방과 후 학생과의 면담이었을 때, 객원 교수로 학교교사가 초청되었다. 간단한 개인적 소개 후 그 교사교육자는 다음과 같이 세미나를 시작했다.

반성에서 중요한 국면은 되돌아보며 당사자인 여러분에게 정확하게 어떤 어려움이 문제가 되었는지를 인식하는 것입니다. 이것은 자주 상당히 개인적 해답을 줍니다. 그리고 내가 생각하기에, 이것은 이 세미나의 좋은 출발점이 될 수 있습니다. 방과 후 면담에 대해 생각할 때 여러분 각자가 문제의 핵심적 난점이 무엇인지에 대해 생각해 보기를 바랍니다. 모든 사람에게 타당한 일반적이거나 추상적 대답을 말하는 것이 아닙니다. 나는 여러분 자신이 어떻게 느끼는지 알고 싶습니다. 반성을 잘하는 것은 이것에 대한 대답을 얼마나 간단명료하게 공식화할 수 있느냐 하는 것입니다. "바로 그것입니다! 그게 바로 저에게 문제입니다."라고 말할 수 있는 한 문장만 말해 보십시요. 아직 이렇게 할 수 없을지도 모르지만 여러분을 힘들게 하는 영역에 대한 대략적인 생각은 떠오를 것입니다. "이 토론을 통해 생각해 보니 이것 혹은 저 문제가 떠올라요."라고 말하든가, 혹은 반대로 여러분에게 좋았던 측면에 대해 말할 수 있을 것입니다. 잠시나마 집중해서 한 문장으로 "방과 후 면담에 대해 생각할 때 떠오르는 생각"을 적어 보세요.

이것은 사전에 구조화하는 제1단계다. 연수교사는 앞으로 일어날 일에 주목하고 '방과 후 면담' 이라는 주제 안에서 자기의 관심을 집중할 영역을 선택하도록 요구받는다. 이 특정 사례의 경우, 이 과제를 통해 연수교사들은 짧은 시간 동안 서로의 생각을 교환하였다. 여기에서는 학생을 어떻게 동기화시키고, 저항은 어떻게 다루며, 학생과 교사의 거리를 어떻게 좁히고, 학생과의 갈등을 어떻게 해소시키며, 그리고 자신의 문제를 큰 맥락에서 볼 수 있는 방법을 어떻게 배우고, 학생을 얼마나 진지하게 받아들이느냐 등이 관심의 대상이었다.

그리고 나서 두 번에 걸친 역할놀이가 시행되었다(제2단계: 경험). 연수교사 중의 한 사람이 교사를, 다른 한 사람이 학생의 역할을 했다. 한 회에 5～10분 정도 걸렸는데, 이것은 이미 정해진 역할 묘사에 따라 수행되었고 의사소통에서의 특정 갈등과 파국이 반드시 일어나도록 그렇게 형식화되었다.

다음은 첫 번째 면담 시간 전에 제공된 역할 묘사를 요약한 것이다. 다른 연수교사는 (1단계에서 형성된) 그들 자신의 특정 문제 혹은 관심의 대상을 명심하면서 그 역할놀이를 관찰하도록 요구받았다.

역할놀이 지침 첫 번째 면담을 위한 지침에 따르면, 당사자가 되는 학생은 9학년이다. 그는 학교에서 변덕스럽게 행동하고 연수교사가 맡은 교과목의 성적도 다른 교과목과 마찬가지로 겨우 통과할 수 있을 정도의 수준이다. 그 교사에 따르면, 그 학생은 조금만 더 노력하면 훨씬 좋은 성적을 낼 수 있고 다른 동료교사도 그 점에 동의한다. 오늘 수업 시간에도 그는 수업에 주의를 조금도 기울이지 않았고 전자계산기를 갖고 계속 딴짓을 하고 있었다. 또한 숙제를 해 오지 않은데다 계속 자신의 옆과 뒤의 학생들에게 쉬지 않고 떠들어 댔다. 막 설명했던 점에 대해 물어보는 단순한 질문에 대해서도 그는 대답을 할 수 없었다. 바로 이 시점에서 교사는 학생에게 면담을 위해 수업 후 점심시간에 남아 있으라고 지시했다.

위에 나타난 교사와 학생의 역할 묘사는 두 가지 다른 관점에서 볼 수 있는 하나의 동일한 상황을 그린다. 학생의 입장에서 보면 숙제를 하지 않은 충분한 이유가 있고, 이 교사의 수업이 매우 지루하다고 생각한다. 교사의 역할을 묘사한 부분은 이 학생이 더 나은 학업성적을 낼 수 있는 능력은 있지만 매우 성가신 행동을 보인다는 점을 강조한다.

하나의 고정된 유형(제3단계: 구조화)에 따라 역할놀이를 논의한다. 먼저, 교사 역할을 했던 연수교사는 역할놀이 중에 자신이 느꼈던 문제를 특별히 언급하며 자신의 경험에 대하여 이야기한다. 이때 다른 연수교사는 자신의 관찰을 덧붙이며 이 논의를 돕는다. 그리고 학생 역할을 했던 이는 자신이 그 경험에 대하여 어떻게 느꼈는지를 말한다.[2)]

첫 번째 역할놀이에 대한 토론을 좀 더 자세히 살펴보자. 왜냐하면 이것은 제3, 4, 5단계를 설명하기 때문이다. 이 수업에서(제2단계: 경험)는 브리짓이라는 연수교사가 교사의 역할을 맡았는데, 그녀는 자신이 가진 문제의 핵심을 다음과 같이 정리했다.

나는 한 학생과 두 번에 걸친 면담을 했는데 그 학생은 그저 스스로 생각하기에 교사가 듣고 싶어 하는 말을 할 뿐이었습니다. 그는 예의가 바르고 교사의 의견에 늘 동의했습니다. 그래서 그는 가능한 한 빨리 그 자리를 빠져나갈 수 있었죠. 나는 계속 그 아이의 머릿속에 뭐가 들어 있는지 궁금했습니다. 내가 진정으로 무엇인가를 성취한 것입니까? 어떻게 그것을 알 수 있지요?

그녀는 자신이 교사 역할을 하고 다른 연수교사가 학생 역할을 하며 실제에 가까운 역할놀이를 경험했다고 말한다. 왜냐하면 그것은 자신의 문제를 잘 보여 주었기 때문이다. 이어진 토론에서 발췌한 내용이다.

교사교육자: 좋아요, 브리지트. 그 면담에 대해 스스로 어떻게 생각했지요?

브 리 짓: 우선 그를 조용하게 하고 자리에 앉아 있게 했을 때도 제가 극복하고자 했던 장애물이 여전히 있었다는 느낌이 들어요. 그에게 나와의 얘기에 집중하고 내가 진정으로 말하고 싶어 하는 것을 이해하려고 노력해야 한다는 등의 말을 했어요. 그러나 그는 내 교과목의 성적이 나쁘지 않다는 등 훌륭한 논증을 펴고 있었기 때문에 말하기가 쉽지 않았어요. 저는 수업시간 중에 그가 보이는 태도, 즉 항상 주위를 돌아본다든가 다른 학생의 주의를 산만하게 한다든가 하는 사실에 대해 뭔가 얘기하고 싶었어요.

교사교육자: 그러니까 처음부터 그를 조용하게 하려고 애썼다는 것이지요?

브 리 짓: 단지 내 수업시간만이 아니라 다른 경우에도 문제가 있다는 것을 그에게 처음부터 분명하게 말하고 싶었어요. 숙제를 해 올 수 있을 정도로는 똑똑하다고 말해 주고 가끔씩 숙제를 해 오지 않는 이유를 이해할 수 없다며 그에게 묻고 싶었어요.

교사교육자: 그 전략이 지금까지 성공적이었다는 느낌이 들어요?

브 리 짓: 아뇨. 그와 소통하고 있다는 느낌이 들지 않아요. 방학 내내 이 문제로 신경을 써야 할지도 모르겠어요…. 아니 어쨌든 내 뜻을 알려

야 할 방법을 찾아야 할 것 같아요. 그냥 내가 원하는 것을 그에게 다음과 같이 직설적으로 말해야만 할 것 같아요. "내 교과목에 대해 어떻게 생각하니? 내 수업시간에 앉아 있는 것에 대해 어떻게 생각하니? 어떤 느낌이 드니?"

교사교육자: 당신이 말한 것 중에 정말 중요한 것이 있어요. 그와 소통되지 않는 것 같다는 말입니다. [그러고 나서 그는 칠판에 교사에서 학생 쪽으로 화살표를 그린다.]

브 리 짓: 소통을 위한 조금의 통로도 만들 수 없었어요.

교사교육자: 조금의 통로도 만들 수 없었다고요? 이것에 관한 재미있는 규칙이 있지요. 그것은 당신이 애를 쓰면 쓸수록 성공률이 더 낮다는 것입니다.

브 리 짓: 맞아요!

애스트리드: 신맛보다는 단맛으로 더 많은 파리를 잡을 수 있다는 오래된 속담도 있지요.

교사교육자: 그래요, 맞아요. 그것과 거의 비슷합니다. 그렇죠? 당신이 신 것으로 파리를 잡으려 애를 쓰면 쓸수록…. 그러니까 그와 소통하려고 애를 쓰면 쓸수록 그것은 더욱 힘들어집니다. [그 교사교육자는 칠판에 이 모든 것을 쓴다.] 그런데 소통이 더욱 힘들어지고 있다는 것을 스스로 어떻게 알 수 있지요?

브 리 짓: 그가 소통의 문을 닫아 버리기 시작하는 특정 단계에 대해 물으시는 건가요? 저에겐 그를 계속 앉아 있게 할 힘이 없어요. 그가 얌전하게 행동하도록 할 수도 없어요. 그는 저의 말을 심각하게 받아들이지 않아요.

〈중략〉

교사교육자: 애스트리드는 저항에 대한 이슈에 초점을 두고 있고 자신과 학생

과의 거리를 좁히는 문제에 대해 이야기하고 있습니다. 그것이 지금 우리가 말하고 있는 것과 많은 관련이 있을 수 있다고 생각해요.

애스트리드: 그래요. 저는 정말 그녀가 열심히 노력했었다고 봐요. 말로 하지 않는 방법까지 쓰면서 말이죠. 그녀는 정말 탁상 너머에 앉아 있는 학생에게 소통을 통해 도달하려고 애썼죠. 그리고 그 학생은 그 탁상에서 더욱 더 멀어져 갔고요…. 그녀는 그가 샌드위치를 먹게 내버려 뒀지요. 좋은 생각이었어요. 교사와 이야기하는 것보다 점심 먹는 것에 더 관심이 있다는 것을 잘 이해하고 있다는 것을 그가 깨닫도록 하려고 했지요.

교사교육자: 그래요. 그 점에 대해 얘기를 해 보죠. 왜냐하면 사람들에게 우리가 그들의 문제를 이해하고 있다는 것을 보이는 것은 중요합니다. [그 교사교육자는 칠판에 다음과 같이 썼다. '당신이 상대의 문제를 이해하고 있다는 것을 그 상대가 알도록 해라.'] 여러분은 아마도 이것에 대해 이미 말한 적이 있을 것입니다. 왜냐하면 이 집단에서 동료지원학습에 대해 논의할 때 벌써 약간의 토론 기술을 습득하였다는 것을 알고 있어요. 상대의 감정에 이입되려 하고 그 사람의 생각이나 느낌을 말로 표현하려 애쓰는 것 등입니다. 이것이야말로 우리가 바로 토론 기술이라고 부르는 것입니다. 그렇지요?

집단 전체: 네.

교사교육자: 상대로 하여금 여러분이 듣고 있다는 것을 알게 하세요. [그 교사교육자는 이것을 칠판에 쓴다.] 물론 여러분은 말 그대로 할 수도 있어요. 그러나 때때로 여러분은 '행간을 읽으면서' 즉, 상대의 마음에 있는 것을 보려고 애쓰면서 그렇게 할 수도 있어요. 상대의 마음속에 있는 것을 말로 표현하는 것이 바로 상대에게 이를 수 있는 한 가지 방법입니다. 왜냐하면 그때 상대는 여러분이 그를 이해한다고 느끼기 때문이지요. 이것은 상대와 소통하기 위하여 여러분 자신의 의도를 전달하려 하는 것과는 정반대이지요. 여기서는 상

대의 의도를 여러분이 포착하려고 애쓰고 그것을 통하여 상대와 소통하려고 하는 것이지요.

교사교육자가 여기서 하고 있는 것은 무엇보다도 연수교사의 관심과 더불어 게슈탈트에 개입하는 원칙을 활용하는 것이다. 이 수업 이후에 기록된 그의 말을 들어 보자.

나는 그 집단을 잘 알지 못했기에 귀납적인 접근을 하는 것이 훨씬 더 중요할 것이라고 생각했다. 그 집단이 먼저 행동하게 하고 나서 몇 가지 이론적 요소를 소개하며 그들의 에너지가 어디를 향하고 있는지 알아내려고 애썼다. 내가 진정으로 관심이 있었던 것은 그들의 관심을 경험하며 발견하는 것이었다. 즉, 그 주제에 대해 생각할 때 그들 마음속에 무엇이 있는지, 그들이 무엇을 문제로 보는지 등이다. 이 방법으로 나는 그들의 언어를 이해할 수 있고 또한 하나의 출발점으로 삼을 수 있다. 이것이 바로 내가 거의 항상 반성적 과제물을 부과하는 것으로 시작하는 이유다. 즉, '여기서 초점을 두었던 그런 얘기의 최근 사례에 대해 생각해 보고 여러분이 문제로 보는 것이 무엇인지 정리 해 보아라.' 등과 같은 과제를 준다. 나는 또한 연수교사가 반성에 대한 수업을 직접 했던 이전 경우와 관련시키려고 애썼다. 그러나 이것은 단지 몇몇 학생의 눈빛만을 반짝이게 하는 데 그쳤다.

이 설명에서 우리는 그 교사교육자가 모임을 집단적으로 이끈 이유를 분명히 알 수 있다. 그는 연수교사들 각 개인에게 핵심적 문제가 무엇인지를 질문함으로써 그들의 마음속에 무엇이 있는지를 알려고 애썼다. 그 결과, 연수교사 개개인의 관심에 맞추어 자신의 말을 조율할 수 있었다. 도입부에서 그는 연수교사의 관심과 그 관심에 대처하는 방식을 파악하기 위하여 다양한 접근을 직접적으로 시도한다. 그는 연수교사가 모두 공유하는 경험, 즉 ALACT 모형의 여러 국면이 제시되었을 때 한 반성에 대한 토론을 다시 언급하고, 각 국면에서 자신의 문제를 나타내도록 요구하며, 또한 좀 더 구체적으로 표현하도록 요청한다.

예를 들어 '나에게 이 문제의 핵심은 이러저러하다.' 고 표현하도록 한다. 이것으로 연수교사 개개인은 모두 진술할 수 있는 기회를 가졌다. 그리고 교사교육자는 그 진술을 역할놀이 시간에 관찰의 과제로 삼았다. 이런 방식으로 교사교육자는 연수교사의 모든 개인적 관심을 토론에서 다루도록 했다. 이것이 바로 제1단계(사전 구조화)에서 제3단계(구조화)로 옮겨 가는 길을 준비하는 한 가지 방법을 보여 주는 예다. 교사교육자는 연수교사의 관심을 그 모임의 종국적 목적, 즉 개인적 관심에 기초한 실습을 위한 출발점으로 삼았다. 다소 실망스럽게도 이것이 이전에 했던 반성에 대한 수업과 관련성이 있음을 보이려 했지만, 연수교사는 반성이라는 주제에 대해 진정으로 의미 있는 방식으로 생각해 보지 않은 듯했다. 그 결과 교사교육자는 그 관련성을 계속 살펴보는 것은 별로 소용없을 것이라고 느꼈다. 여기서 이 교사교육자가 연수교사의 관심과 에너지가 분명히 드러나지 않는 방향으로 토론을 강요하려고 시도하지 않았다는 사실에 주목하는 것은 중요하다.

요약 시간에 브리짓은 한 학생과의 문제를 다음과 같이 정리했다. 즉, '그의 머릿속에 뭐가 있는지 무척 궁금했습니다. 내가 진정으로 뭔가를 성취했습니까? 이것을 어떻게 알 수 있지요?' 이제 우리는 브리짓을 괴롭힌 문제와 그녀가 그 문제에 대해 느끼는 방식을 관련시키기 위해 교사교육자가 다양한 방법을 사용하고 있는 것을 본다. 첫째, 그는 브리짓으로 하여금 학생과 한 면담이 어떻게 진행되었는지를 묘사하도록 한다. 브리짓이 말하는 동안 교사교육자는 그녀가 하려고 의도했던 것을 제대로 이해하고 있는지 알기 위해 반문한다('그러니까 당신은 애당초 그 학생을 조용하게 하려고 했다는 것이지요?'). 그러고 나서 그 교사교육자는 브리짓의 전략이 성공적이었는지를 묻는다('당신의 전략이 지금까지 성공적이었다고 생각됩니까?'). 이 시점에서 브리짓은 다음과 같이 말하며 좀 더 정확하게 묘사하려고 한다. 즉, '그 아이와 소통하고 있다는 느낌이 들지 않아요.' 하나의 점검 방법으로 교사교육자는 칠판에 그 문장을 쓴다. 그리고 브리짓은 '그와 소통할 수 있는 방법을 알 수 없었어요.' 라고 응답한다. 여기서 우리는 제4단계인 집중화가 시작되는 것을 본다.

이때 교사교육자는 하나의 일반적인 규칙을 공식화하려고 한다. 즉, '당신이 애를 쓰면 쓸수록 성공률은 낮아질 것이다.' 가 그것이다. 이것이 제5단계, 즉 작은 이론으로 이론화하는 것이다. 이 집단 모임의 과정에 대하여 반성할 때 교사교육자는 애당초 이 모임을 준비할 때는 의사소통의 규칙을 소개할 계획이었다는 것을 나타냈다. 그런 규칙 중의 하나는 "단계적 점증 교육에서는 동일한 것을 반복하지 않는다." (Watzlawick et al., 1974, p.116)는 점을 강조하는 것이다. 교사교육자는 동일한 것을 반복하는 것은 효과가 없고 오히려 반생산적이기까지 하다는 하나의 관련된 규칙의 예를 제시한다. 어쨌든 그것은 우리가 하려고 하는 것을 이루는 데 도움이 되지 않는다. 동일한 것을 적게 시도하거나 완전히 다른 어떤 것을 시도하는 것이 낫다.

'그와 소통할 수 없었다.' 는 브티짓의 말은 애스트리드가 요약 시간에 말했던 것, 즉 '나는 학생의 저항을 없애고 교사와 학생 사이의 거리를 좁히기를 원한다.' 라는 말과 매우 유사하다. 그러고 나서 브리짓의 경험과 관찰을 애스트리드의 것과 관련시킴으로써 그 교사교육자가 어떻게 애스트리드의 게슈탈트와 연결시키려고 하는지 알 수 있다. 이때 교사교육자는 집단 전체로 주의를 돌려 그 규칙을 공식화하면서 그 규칙이 역할을 했던 과거 속 관련 경험으로 되돌아간다.

이렇게 교사교육자는 역할놀이 시간 동안 연수교사가 가졌던 경험과 이것이 촉발시키는 게슈탈트를 이용하여 그들에게 이런 규칙을 소개한다. 여기서 그가 사용하는 가장 중요한 기술은 듣고, 질문하고, 그들이 더욱 구체적으로 자신의 말을 진술하게 하고, 그리고 자신이 그들을 제대로 이해했는지 알기 위해 진술을 다시 점검하는 것을 통하여 집단과 개인 모두를 향하여 말을 하는 것이다. 처음부터 교사교육자는 연수교사의 관심에 대하여 아주 수용적이려고 노력한다. 이런 접근과 연수교사와의 관계를 통하여 교사교육자는 모임의 중심적 주제, 즉 교사-학생 관계를 개선시키는 수단으로서 학생과의 방과 후 면담을 형성하는 태도와 기술을 모범적으로 보인다.

애스트리드의 반응을 보면서 교사교육자는 그녀의 관심을 살펴보는 것이 도움이 될 것이라 느꼈다. 그녀는 다소 유사한 것을 의미하는 규칙을 정리해서 이야기했다. 겉으로 보기에 브리짓은 애스트리드의 제안을 더 이상 받아들이지 않고 그녀 자신의 원래 이야기로 돌아가고 있었다. 그녀의 주요 관심은 애스트리드의 것과 약간 다를지도 모른다. 이것은 각 연수교사에게 정확하게 맞는 접근을 찾아 그들로 하여금 한 단계 더 나아가도록 돕는 것이 얼마나 어려운 일인지를 보여 준다.

교사교육자는 두 번째 원칙('당신이 상대의 문제를 이해하고 있다는 것을 보여라.')을 소개할 때, 좀 더 효과적인 접근을 찾고 아마도 이전에 다루어 왔던 문제와 연결시키려고 애쓴다. 이 목적을 위하여 그는 연수교사로 하여금 어떻게 감정을 이입하며 이야기를 해야 하는지 공식화하게 하고, 그러고 나서 그들의 말로 정확하게 쓴다. 그러나 교사교육자는 또한 그들이 이미 알고 있는 것에 다른 것을 추가한다. 즉, 이 공식을 역할놀이 중의 경험에 새롭게 연결시키는 것이다. 연수교사는 아마도 이 공식을 동료지원학습(교사교육 프로그램의 정규 요소 제9장 6절 참조)의 상황을 통해서 알았을 것이다. 그러나 이것을 학생과의 방과 후 면담에 적용할 수 있도록 하였다. 연수교사의 개인적 관심과 게슈탈트가 연관되도록 하는 비결은 그들이 머물고 있는 곳에서 단지 약간만 더 나아가는 것이고, 그러고 나서 그 교사들이 교사교육자와 함께 진전하도록 하는 것이라는 것을 이제 알 수 있다. 이 교사교육자는 첫 번째 규칙을 소개하는 과정에서 애스트리드의 진전은 성공적으로 도왔지만 브리짓의 진전은 이끌지 못했다. 두 번째 규칙이 제시되었을 때, 이 교사교육자가 연수교사를 성공적으로 진전시켰는지 기록된 내용으로는 알 수가 없다.

어쨌든 교사교육자는 연수교사에게 의도적으로 큰 이론을 제시하지 않고 자신과 연수교사와의 연결을 최대화하려고 노력했다. 큰 이론 대신 프로네시스(작은 이론)를 제공했다. 즉, 연수교사 자신의 경험에 가장 가까운 원칙, 자신들이 행동해야 하는 방식을 결정하는 데 유용한 방식으로 상황을 지각하는데 도움을 주는 단순하고 구체적인 원칙을 제공했다. 일상적인 단어를 사용하면서(이것은 교사교육자가 학생들을 이해하고 있다는 것을 보이며, 이들로 하여금 자신이 말하는 것을 교사교육자가 듣고 있다는 것을 알게 함), 교사교육자는 학생들에게 이론적 개념인 '수용'과 '감정이입'을 이해시키려고 애썼다. 이것은 McIntyre와 Hagger (1992, p. 272)가 공식화하는 안내 지침과 같은 선상에 있다.

> 교사의 전문성 개발은 그들 자신의 에너지와 동기에서 나와야 할 뿐만 아니라 기존의 실천에 대한 자기 자신의 이해에서 나와야 한다.

그 교사교육자는 많은 이론적 개념을 준비했지만 그것들을 제한적으로만 사용했는데, 이것이 바로 이 예에서 활용된 현실적 접근의 특징이다. 실제로 교사교육자는 자신들의 경험에 대한 연수교사의 반성에 부합하는 개념만 사용했다. 또한 그는 때때로 연수교사의 게슈탈트에 맞게 그 개념을 적용시키거나 수정했다는 것을 알 수 있다. 교사교육자가 특정 순간에 적절하지 않기 때문에 많은 이론적 원칙을 제시하지 않았다는 사실은 그의 전략의 본질적 요소다. 예를 들어, 그 교사교육자는 학생들이 자신의 자아상을 개선시키는 것보다는 자신의 '생존'과 행동에 더 관심을 보인다는 것을 이유로 (자신이 준비했던 주제인) 자아상 개념에 대해 토론하지 않기로 결정했다. 이것은 자신의 '아름다운 이론' 모두를 사용할 수 없다는 것을 항상 받아들여야 한다는, 위에서 언급한 교사교육자 지침의 논리적 결과다. 토론이 진행 중일 때 경험과의 표면적인 관련성을 기초로 또 다른 규칙을 재빨리 제시해야 한다는 유혹이 있을 수 있다. 대부분의 경우 이것은 에너지 낭비다.

현실적 접근의 단점은 특정 이론이 다루어지기 전에 약간의 시간이 필요하다는 점이다. 즉, 지침의 원칙에 따르면 이론에 생산적으로 연결될 수 있는 관심이나 게슈탈트를 낳는 경험이 선행되지 않고 이론적 논점을 논의하는 것은 아무 소용이 없다는 것이다. 교사교육자는 적절한 경험을 할 수 있도록 하면서 동시에 학생들이 제시하는 관심을 조정해 나갈 수 있다. 핵심적인 것은 바로 여기서 다룬 훈련적 요소다. 즉, 역할놀이는 (교사교육자가 주는 역할의 기술에 따라) '자신의 의도를 학생에게 이해시키기' '저항' '감정이입' 등과 같은 주제가 쉽게 제시될 수 있는 방식으로 사전에 구조화되어 있다.

지금까지의 논의는 다섯 단계의 절차에 대한 설명이었다. 구체적인 집단 모임의 기술을 통하여 우리는 현실적 접근의 기본적 원칙이 어떻게 적용되는지를 보았다.

1 교사교육자는 학생이 자신의 학습의 필요를 인식하도록 돕는다.
2 교사교육자는 학생이 지금, 여기에서, 유용한 경험을 할 수 있도록 한다.
3 교사교육자는 학생이 자신의 경험에 대해 자세히 반성하도록 돕는다.

이 세 가지 핵심적 원칙은 제5장에서 소개하였다. 세 번째 원칙이 특히 중요한데, 그것은 학생으로 하여금 실천적 상황에서 더 많은 것을 지각하도록 돕기 때문이다. 더 많은 것을 지각하는 것은 그러한 상황에 대해 더 많이 아는 것보다 더 중요한 것으로 여겨진다. 실제로 개념적 지식(에피스테메 혹은 큰 이론)의 개발은 보다 상세한 지각적 지식(프로네시스, 작은 이론을 통해 향상됨)의 개발을 따른다는 견해가 있다. 다시 말하면, 교수에 대한 학습은 개념과 개념 간의 관계에 대한 이해가 이루어지기 전에 이것에 대한 게슈탈트를 자세히 반성함으로써 자신의 게슈탈트를 인식하는 것에서 출발해야 한다(이것은 다음 장의 핵심적 주제임).

반성의 과정에서 독자는 ALACT 모형의 국면을 인식할 수 있다. 즉, 문제 상황(제2단계)을 되돌아본 후 몇몇 본질적 측면을 공식화할 수 있고(제3단계), 행동의 대안적 방법을 제안할 수 있다(제4단계). 시도의 단계(제5단계)는 다음 방과 후 면담을 할 때 일어날 수 있을 뿐이다. 이를 위하여 교사교육자는 앞서 기술된 집단 모임의 후반부에서 학생 각자가 기회를 가지는 짧은 역할놀이를 하게 하였다.

위 사례는 또한 집단 모임의 중요성을 보여 준다. 이것은 먼저 역할놀이를 할 수 있게 하고 그리하여 지금-여기에서의 구체적 경험을 가능하게 한다. 둘째, 이것은 반성을 촉진시키는 중요한 요소로서 자신의 경험에 대한 토론을 자극한다.

4. 구체적이고 방법적인 네 가지 기술

집단적 반성을 자극하고 돕는 좀 더 구체적이고 방법적인 기술은 많다. 이 중 네 가지를 소개하려 한다. 이런 방법적인 기술은 다음과 같은 것을 가정한다. 즉, 예비교사가 새로운 교육적 이론을 채택할 수 있기 위해서는 교사준비 과정에 들어올 때 종종 갖고 들어오는 자신의 게슈탈트를 재구성해야 할 필요가 있다는 것이다. 한 예로, 가르치는 것을 단순히 '학생에게 사실을 전달하는 것'으로 여기는 한 예비교사를 생각해 보자. 이 예비교사는 아마도 학생으로서 학교를 다닐 때 겪은 경험 때문에, 혹은 이와 다르게 생각하는 것은 자신을 불안하게 하고 수업 중 통제를 잃을 수 있기 때문에 그렇게 생각할 수 있다. 교육적 문헌에서는 학습자 활동의 중요한 역할 및 교과 내용의 이해 촉진에 기초한 교수활동에 대한 견해가 강조된다. 집단 세미나의 맥락에서 교사교육자는 어떻게 예비교사로 하여금 교수에 대한 자신의 게슈탈트를 재구성하도록 하고, 경험에 기초한 교육이론을 내면화하는 것을 촉진할 수 있을까? 교사교육에서 이것이 단순한 과제가 아니라는 것은 분명하다. 왜냐하면 모순적인 정보에 대면했을 때조차도(Fiske & Taylor, 1984, p. 171) 사람들의 정신구조는 일반적으로 변화에 저항하기 때문이다(Turk & Speers, 1983).

묘사될 방법적인 기술의 기본적 가정은 우리의 경험을 (재)구조화하려고 하는 (반성이라 불리는) 과정의 효과는 우리의 게슈탈트 내의 관계가 고려되는 정도에 따라 결정된다는 것이다. 제9장 3절의 마지막 부분에서 언급한 것처럼, 이 가정은 다음 장에서 좀 더 정교한 방식으로 이론적으로 설명할 것이다. 교수활동의 본질을 '전수'로 여기는 예비교사의 경우, 교수활동과 학생 내부의 인지적, 정의적 과정 간의 관계를 공식화하려고 노력할 수 있다. 예비교사가 이런 반성을 하지 않는다면 교사교육 프로그램에서 다루어지는 교육이론이 교실에서의 예비교사의 행동 지침이 될 기회는 거의 없다고 생각한다.

따라서 네 가지 방법적 기술은 각각의 예비교사가 자신이 가진 교수와 학습에 대한 게슈탈트 내의 관계나 그 게슈탈트와 자신의 실제 행동과의 관계를 분석하도록 독려하는 아이디어에 기초하고 있다.

벽 쌓기[3)]

이 기법은 예비교사의 게슈탈트가 반성되지 않았을 때, 암묵적으로만 존재하는 교육적 목표나 가치 사이의 관계를 드러내어 재구성하는 것을 목적으로 한다. 집단 내 각각의 예비교사는 교육의 목적과 가치가 기록된 여러 장의 종이 '벽돌' 을 받는다. 그 카드의 일부는 아무것도 기록되어 있지 않아서 예비교사가 직접 메꾸어야 한다. 주어진 과제는 자신의 '교수활동의 벽' 을 쌓는 것이다. 즉, 가장 중요한 원칙이 기록된 종이 벽돌로 기초를 쌓고, 다른 것을 그 위에 놓는다([그림 9-2] 참조). 이 종이 벽돌을 풀칠해 벽에 붙인다. 또 '쓰레기통' 을 갖고 와 이 안에 별로 소용없는 종이 벽돌을 넣어 둔다.

이것이 교수활동에서 예비교사로 하여금 자신의 목표와 안내를 위한 원칙에 대해 스스로 반성하게 하는 첫 번째 단계다. 집단 구성원이 만든 다양한 벽을 비교해 보는 것은 예비교사로 하여금 자신의 견해를 표현하도록 자극하고 그 견해에 대해 비판적으로 반성할 수 있도록 한다.

어떤 종이 벽돌은 이미 만들어졌기 때문에 교사교육자는 자신이 생각하기에

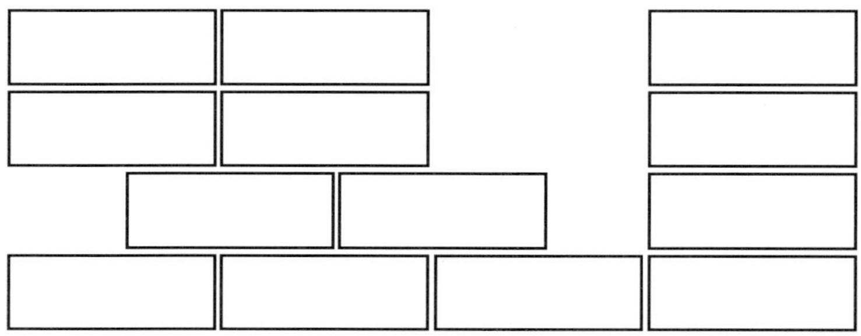

[그림 9-2] 벽 쌓기

중요할 뿐만 아니라 교육이론을 반영하는 화제로 토론을 이끌 수 있다. 예를 들어, IVLOS 프로그램에서처럼 교육에서 과정 목표에 상당한 중요성이 부여될 수 있다. 종이 벽돌에는 '학생은 자신의 작업에 대해 반성하는 것을 배워야 한다.' 혹은 '학생은 자신감을 갖는 것은 중요하다.' 와 같은 글귀뿐 아니라 '학생에게 시험 준비를 잘 시킨다.' '학생이 나의 말을 잘 듣도록 가르쳐야 한다.' 등의 글귀가 종종 보인다. 종이 벽돌에 기록된 다른 글귀로는 다음과 같은 것이 있다. '학생은 교과목과 일상생활과의 관계를 볼 수 있어야 한다.' '학생은 사회적 이슈에 대해 비판적 태도를 개발해야 한다.' '학생들은 그 교과목의 '아름다움' 에 대한 감을 느낄 수 있는 기회가 주어져야 한다.' 등이다.

특정 교과목에 해당되는 한두 개의 종이 벽돌이 있는 것도 좋을 것이다. 다른 특정 교과목의 목표를 조건으로 하는 기초적 목적을 진술하는 벽돌이 특히 유용할 것이다. 예를 들어, 수학 과목에서 '2차 방정식을 푸는 것을 배운다.' 와 같은 것이 있을 수 있다. 이렇게 특정 과목에 해당하는 벽돌은 일반적인 교육적 사고와 특정 과목에만 해당하는 견해를 통합하는 것을 돕는다.

열 만들기

이 기법은 교육적 목적과 실제 교수 행위 간의 관계에 대해 반성하도록 한다. 예비교사는 각자 자신이 자주 가르치는 학급 하나를 택한다. 가능하다면 예비교사의 학급이 서로 비슷한 교과목의 동일 학년인 것이 좋다. 큰 종이 위에 네 개의 열을 그린다([그림 9-3] 참조). 첫째 열에 예비교사는 자신이 생각하기에 중요한 일반적인 교육의 목적을 써 넣는다. 이 목적은 '벽 쌓기' 에서 선택해도 된다. 두 번째 열에는 그 학급에서 다음 기간 동안의 수업을 통해 지향할 특정 교육목표를 쓴다. 이것은 첫째 열의 일반적 목적에서 파생된다. 세 번째 열에는 다음 수업에서 성취되어야 할 좀 더 상세한 목표를 쓴다. 네 번째 마지막 열은 수업 후에 채워야 한다. 예비교사가 자신이 세운 목표를 달성하기 위해 어떻게 했는지를 보여주는 특정한 양식의 상호작용, 예를 들어 수업을 오디오로 녹음한 것 등이 투입

된다. 마지막 열에서는 예비교사가 진정으로 세 번째 열에 쓰인 목표를 달성했는지 그 증거를 보여야 한다.

예비교사는 대학교로 돌아와 자신이 만든 열을 서로 보여 주고 논의하며 앞으로 작성될 다음 수업을 위한 열을 준비한다. 이것은 세 번째, 두 번째, 심지어 첫 번째 열에 어떤 수정을 요구하기도 한다. 즉, 자신의 목표와 자신의 실제 교수활동 간에 갈등이 있을 수 있다는 것을 깨닫고 예비교사는 교육에 대한 자신의 견해와 교수-학습 과정에서의 자신의 역할을 바꾸게 된다. 교사교육자나 집단 내 동료 예비교사는 예비교사 스스로 세운 목표를 달성하는 데 장애가 되는 것을 극복하는 방법을 발견하도록 도움을 준다. 이것은 종종 장기적 전략과 단기적 전략을 조심스럽게 세우도록 요구한다.

다양한 수업을 지시하는 연속적인 횡렬은 이런 활동이 지향하는 전체 과정을 잘 보여 준다. 나는 곧잘 예비교사에게 종이 위에 자신의 줄과 열을 써 보라고 요구한다. 이것은 동료학생이 자신의 '이야기'를 쉽게 발표할 수 있게 해 준다. 이때 동료학생은 '왜-질문'을 반복적으로 하고, 그럼으로써 자신의 '이야기'를 발표하는 사람이 가능한 한 분명하게 자신의 생각을 표현하도록 한다.

일반적 교육 목적	특정 기간 동안 한 학급에서의 수업 목표	수업 1의 세부 목표	수업 1에서의 특별한 에피소드

[그림 9-3] 열 만들기

레퍼토리 격자 만들기

이 기법은 예비교사가 지각한 교사의 행위와 학생의 특징 간의 관계에 관련된다. 이 활동은 Kelly(1995)의 방법적 기술에 기초하는데, 스스로의 환경을 다룰 때 사람들이 사용하는 구인 개념에 대한 탐구를 위한 것이다. 반복적으로 각각의 예비교사들은 세 개의 카드를 받는데, 각 카드에는 고등학교 학생의 이름이 쓰여 있다([그림 9-4] 참조). 이 학생들은 모두 같은 학급에 속하고 예비교사는 이들을 잘 알고 있다. 예비교사는 다른 두 학성과는 매우 다르다고 생각되는 한 학생을 망설임 없이 바로 선택해야 한다. 그 다음 예비교사는 선택한 이 학생의 차이점을 기술하고 그 특징을 공식화해야 한다. 이런 방식으로 개인적 구인 개념의 목록을 만든다. 레퍼토리 격자 만들기 방법은 교사로 하여금 자신의 행동이 그 고등학교 학생들에 대한 주관적 지각으로 형성되는 방식을 발견하도록 하는 것이다.

이 활동을 위하여 예비교사를 두 명씩 짝 지우는 것이 좋다. 한 사람이 카드를 섞고 다른 예비교사에게 그중 세 장을 준다. 첫 번째 예비교사는 그의 동료가 말하는 구인 개념을 적는다. 그러고 나서 그 카드를 다시 섞고 동일한 방법으로 계속한다. 약 10개의 구인 개념에 대한 목록이 만들어졌을 때 두 명의 예비교사는 서로의 역할을 바꾼다.

모든 특징이 이분법의 한 극단에 있다는 것을 깨달으면 우리의 반성적 과정은 촉진될 것이다. 이것이 바로 예비교사로 하여금 그들의 목록에서 각 특징의 반대되는 것에 이름을 붙이도록 하는 이유다. 예비교사가 자신의 말로 문제가 되는 특징과 그 반대되는 특징을 공식화하는 것은 중요하다. 왜냐하면 이 방법적 기

[그림 9-4] 레퍼토리 격자 만들기 과정의 세 카드

술의 장점은 이렇게 자기가 선택한 용어가 그 개인에게 특별한 의미가 있다는 사실에 있기 때문이다.[4)]

자신의 구인 개념 목록과 교수 행위 간의 관계를 반성하기 위하여 예비교사는 다양한 특징을 가진 학생에게 자신이 어떻게 다르게 반응하는지 설명하도록 요구받는다. 이 질문은 특히 예비교사가 반대 특징을 가진 학생에게 자신이 보이는 반응을 비교하기 시작할 때 흥미롭다. 이것은 자신의 행동과 그 행동 뒤의 교수 전략에 대한 비판적 반성으로 나아간다. 5절에서 그 사례를 소개하고 그 결과에 대해서도 부분적으로 논의할 것이다.

화살표 만들기

이 기법은 예비교사가 지각한 목적과 학생의 특징 및 교수 전략 간의 관계에 초점을 둔다. '화살표 만들기' 활동은 벽 만들기와 레퍼토리 격자 만들기의 통합으로 볼 수 있고, 이전의 결과에 기초해서 가능한 방법이기 때문에 이들 방법들을 사용하고 난 후 소개하여야 한다.

이 방법적 기술을 활용하기 위하여 종이카드와 화살표를 사용한다. 특정 학생의 특성, 가령 '의존적인' 학생을 우리가 중요하다고 생각하는 교육 목적, 예를 들면 '교과 내용과 일상생활 간의 관계를 볼 수 있는 것' 과 같은 교육 목적과 함께 묶는다. 별도의 카드에 이 두 가지를 기록한다. 그러고 나서 종이 화살표를 두 카드 사이에 놓고 이 학생의 경우, 그 주어진 목적을 달성하기 위해 예비교사가

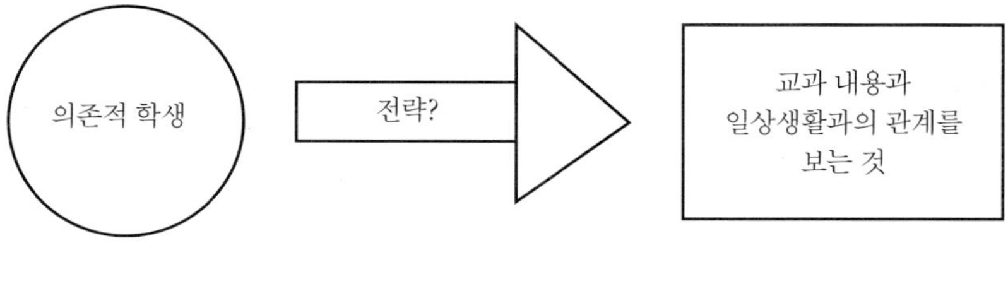

[그림 9-5] '화살표 만들기' 방법적인 기술의 적용

어떤 전략을 사용해야 할 것인지를 그 화살표 안에 채워 넣는 것이다([그림 9-5] 참조).

또한 반대 특성을 가진 학생의 경우도 동일한 질문을 제기할 수 있다. 예를 들어, '독립적인' 학생이 교과 내용과 일상생활의 관계를 볼 수 있게 하기 위해 당신은 어떻게 할 것인가? 이 절차는 다양한 목적과 학생의 특징적 특성과 관련하여 여러 번 반복된다. 공식화된 전략에 대한 집단 토론은 반성을 더욱 촉진시킬 것이다. 이때 화살표에 쓰인 전략을 어떻게, 왜 선택하는지 그리고 다른 대안과 비교했을 때 그 전략의 이점이 무엇인지에 대한 질문을 함으로써 예비교사는 동료학생이 교수 전략을 발견하도록 자극할 수 있다. 사실 이것은 종종 예비교사의 전략을 재구조화하거나 고등학교 학생과 그들의 학습-교수에 대한 예비교사의 게슈탈트를 재구조화하기 때문에 이 방법적 기술의 가장 중요한 부분이라고 할 수 있다.

5. 방법적인 네 가지 기술의 효과 연구

위에서 소개된 방법적 기술은 여러 해에 걸쳐 점진적으로 개발되었다. 또 그동안 전문적인 교사교육자 훈련 집단뿐 아니라 많은 예비교사 모임에서 활용되었다. 나는 이런 방법을 한 네덜란드 대학교의 교사교육 프로그램의 예비교사 집단을 통하여 철저히 연구해 보기도 했다. 이 집단은 경제학, 생물학, 수학, 역사 등 다양한 교과목을 담당(단, 언어 과목은 제외)한 18명의 예비교사로 구성되었다. 나는 이 방법적 기술의 효과를 연구했고 5명의 예비교사로 이루어진 다소 작은 표본을 가지고 이 방법적 기술에 동반하는 학습 과정을 심도 깊게 조사했다. 이 작은 표본 집단은 대표성이 있어서가 아니라 실제적 이유로 선택되었다. 즉, 이 집단에는 2명의 수학전공 예비교사와 3명의 생물전공 예비교사가 포함되었는데, 그들은 프로그램 대부분의 과정에서 동일한 집단에 소속되어 지도와 교육을 받았다. 비록 이들 예비교사가 어떤 대표성을 띤다고 개인적으로 가정할 어떤 이유도 없지만, 이 집단은 상대적으로 안정감과 상호 관심을 갖는 분위기 속에서 공부하고 있었기 때문에 이것이 이런 방법적 기술과 관련된 활동에 유익했다는 것은 의심의 여지가 없다. 이 방법적 기술의 효과는 이런 요인과 예비교사 개개인에게 의존하고 있었다고 볼 수 있다. 그리고 이 연구의 목적은 이 방법적 기술이 제대로 효과가 있다거나 그 결과가 얼마나 인상적이었는지 증명하는 것이라기보다는 그런 기술이 어떻게 효과가 있었는지, 그리고 특히 앞에서 공식화된 네 가지 관계의 관점에서 우리의 정신적, 인지적 구조를 변화시킬 수 있는지 조사하는 것이었다.

'벽 쌓기' 방법은 4년제의 교과교육 지향적인 대학교육 과정의 다음 순서인 1년 프로그램인 교사준비 프로그램을 막 시작한 18명의 예비교사 집단에 적용되었다. 벽 쌓기는 대학교에서 6개월 동안 약 400시간을 공부하고 현장에서 400시간을 경험한 5명의 소규모 예비교사 집단에 다시 적용되었다. 예비교사 자신은 그때까지 중등학교 학급에서 약 80시간을 가르쳤다.

'열 만들기' 방법은 일대일 교수 경험을 하는 5명의 소규모 표본으로 삼고, 그들이 처음 현장 경험을 하는 동안 그 프로그램의 첫 번째와 두 번째 달에 적용하였다. 즉, 6주 동안 각각의 예비교사는 일주일에 한 시간씩 고등학생을 가르쳤는데, 오디오 녹음을 하여 이 경험을 반성하였다. 그 오디오 녹음 덕분에 네 번째 열에 해당하는 수업에서 나온 작은 에피소드를 적은 원고를 가질 수 있었다. 이 단계의 프로그램에 이르는 동안 예비교사가 거치는 학습과정은 면담과 집단 토론을 통하여 평가되었다. 벽 쌓기에서처럼, 열 만들기 과제는 6개월 후 예비교사가 중등학교에서 두 학급의 정규 교사로 일하는 (즉, 협력교사나 동료교사의 참관 없이 성적과 학부모 접촉과 같은 문제에 대해 완전히 책임을 지는) 개별최종 교수실습 기간이 시작될 때 다시 적용하였다. 열 만들기 과제를 위하여 예비교사는 이 두 학급 중 하나를 선택해야 했다.

이 단계에서 '레퍼토리 격자 만들기'와 '화살표 만들기'는 더 큰 집단과 다소 작은 집단 둘 다에 소개되었다. 이 방법적 기술로 유도된 학습 과정은 면담과 집단 토론을 통하여 평가하였다.

또한 방법적인 네 가지 기술은 개방 질문으로 이루어진 설문지로 평가하였는데, 이것은 인지적이고 정의적인 학습의 결과와 비판에 대하여 물었다. 다음은 그 연구 결과이다.

벽 쌓기

벽 쌓기를 할 때, 예비교사는 교육에 대한 자신의 견해와 부합하는 종이 벽돌을 선택하고 다른 것은 주저하지 않고 폐기하는 것으로 보였다. 벽을 쌓기 위해 벽돌을 배치하는 것이 더 어려운 것 같았다. 다양한 목적과 가치 사이의 관계에 대한 특정 생각을 분명히 드러내지 않고서는 한 벽돌 위에 다른 벽돌을 쌓을 수가 없기 때문에 이것은 상당한 반성을 요구했다. 그들이 선택한 것에 대해 그 이유를 물었을 때, 예비교사는 "X라는 목적을 성취하기 위해 Y라는 원칙을 필요로 하고, Z라는 목적은 자연스럽게 문제가 해결되는 것을 통해 나중에야 성취될 수 있습니다."라고 말하며 좀 더 명시적으로 자신의 교수 전략을 피력했다. 그런 진술들을 하며 벽돌을 배치하는 작업은 종종 예비교사를 안내하는 중심적인 배후의 원칙이 있다는 것을 드러냈다. 5명으로 이루어진 작은 표본 집단의 예비교사는 이런 원칙을 다음과 같이 정리했다.

- 교육은 결과보다는 학생 내면의 과정을 촉진시키는 것을 지향해야 한다.
- 모든 것은 교실 내에 좋은 분위기를 만드는 것으로 귀결된다.
- 무엇보다도 우리는 교과 내용을 학생에게 분명하게 제시할 수 있어야 한다.
- 학생에게 어떤 것을 요구하는 일과 좋은 교사-학생 관계를 유지하는 것 사이에 적절한 균형이 유지되어야 한다.
- 규칙과 규율에 대한 분명한 이해가 있어야 한다.

직전 프로그램의 아주 초기 단계에서는 쌓인 벽과 교육에 대한 예비교사의 견해 사이에 유사성보다는 차이가 더 많았다. 이것은 예비교사가 교수와 학습에 대한 아주 다른 게슈탈트를 가지고 프로그램에 들어온다는 가설을 지지한다.

하나의 중요한 발견은 쌓은 벽들의 기저에 깔린 중심적인 원칙은 학생들이 두 번째로 벽을 쌓을 때(6개월 후)도 본질적으로 동일하다는 것이었다. 학생들은 한동안 꽤 많은 교수 경험을 했기 때문에 이 사실은 주목할 만한 가치가 있다. 즉, 설명한 것처럼 그들은 중등학교 학급에서 약 80시간을 가르쳤고 자신의 학교에서 두 학급을 완전히 책임지도록 허용되었다. 이것은 그들이 교사로서 필요한 기본적 능력을 갖춘 것으로 인정받았다는 것을 의미한다. 현장 경험 이외에도 대학교에서 약 400시간 동안 공부했는데, 이 기간 동안 여러 교육 목적이 실천으로 옮겨지는 방식에 대한 많은 토론을 포함하여 교육 이론과 실천 간의 관계에 중점이 주어졌다. 이 결과는 예비교사가 가진 교수와 학습에 대한 개념의 안정성에 대한 다른 연구의 결과(Calderhead & Robson, 1991)와 같은 선상에 있다. 설문지에 따르면, 벽 쌓기에 대한 학생들의 평가가 가장 호의적이었다. '그 활동을 통해 무엇을 얻었는가?' 라는 질문에 대한 전형적인 대답으로 '어느 것이 더 우선성을 가져야 하는지에 대해 생각함으로써 많은 것을 배웠다.' 와 '이것은 하나의 자극이 되었고 교수에 대한 나의 견해에 대해 스스로 반성하는 것을 용이하게 했다.' 와 같은 것이 있었다.

열 만들기

열 만들기 활동의 가장 분명한 효과는 예비교사가 자신의 교수 목표와 행동을 더 자세히, 그리고 더 비판적으로 볼 수 있게 되었다는 것이다. 이것은 이전에는 드러나지 않았던 것을 드러내었다. 예를 들면, 설문지를 통해 다음과 같은 진술을 얻었다.

- 놀랍게도 우리가 종종 비현실적인 목표를 선택한다는 것을 알게 되었다. 목표에 도달할 것이라는 것이 마지막 열에서 분명해질 때 우리는 좀 더 현실적인 목표를 선택할 수 있다.

- 우리의 목표가 달성되지 않았을 때, 우리는 다음 수업에서 더 잘할 수 있기 위해 구체적인 계획을 세우기 시작한다.
- 이것은 나의 진전을 관찰할 수 있는 수단이 된다.

열 만들기는 예비교사로 하여금 일반적인 목표와 하부 목표를 구분하는 것을 돕는 것같이 보인다. 예비교사의 공통된 관찰은 하나의 목표를 진술하는 것은 별개의 것으로서 그것을 실현할 수 있기 위해 많은 생각과 계획, 조심스러운 평가가 필요하다는 것을 알게 되었다는 것이다. 더욱이 그들은 하나의 목표를 달성하는 것은 수업시간 동안 하는 몇 마디의 발언 이상의 것에 관계된다는 사실을 알게 되었다.

나는 벽 쌓기 후에 열 만들기 방법을 사용하는 것이 벽 쌓기만 활용하는 것보다 목표에 대한 비판적인 반성을 더 잘 유도할 수 있다고 느꼈다. 열 만들기는 예비교사로 하여금 자신이 지금 왜 이런 행동을 하는지, 그리고 왜 다른 행동을 취하지 않는지에 대한 질문을 하도록 한다. 물론 우리는 이런 행동이 그 예비교사의 목표에 기초하도록 기대한다. 한 예를 살펴보자.

> 한 예비교사는 교실에서의 자신의 활동이 자신이 세운 목표에는 맞지 않지만, '다른 사람이 보기에 내가 가르쳐야 할' 필요가 있는 것에 영향을 훨씬 더 받고 있었다는 것을 알게 되었다. 이 발견으로 그는 다소 무비판적으로 찬사를 보냈던 협력교사의 교실 행동을 보다 비판적으로 보게 되었다. 그리고 이것은 그가 자신의 길을 가는 데 아주 큰 도움이 되었다. 이 예비교사는 이 '열 만들기' 방법이 아주 유용해서 교사 준비 기간 동안 내내 이것을 활용했다. 매 주말에 자신의 한 주 동안의 교수 경험을 평가하고 첫 세 개의 열을 네 번째 열에 나타났던 구체적 교실 경험을 기초로 조정했다. 그는 이런 활동이 자신의 교수 스타일을 발견하는 데 큰 도움이 되었다고 보고했다.

이것은 예비교사의 정신적 구조 내의 관계에 일어난 질적이고 양적인 변화를 보여 주는 사례다. 이 변화는 관련된 거의 모든 예비교사에게서 나타났다. 이전에 자신의 행동을 무의식적으로 이끌었던 게슈탈트가 의식되었고, 그러한 방식으로 이것이 비판적으로 검토되었으며, 종종 변화가 일어나기도 했다. 나는 동료학생들이 던지는 '왜-질문'이 이런 재구조화 과정을 촉진하는 데 아주 효과가 있다는 것을 관찰했다. 이미 언급한 것처럼, 이런 관찰에 대한 더 많은 증거를 확보하기 위하여 좀 더 많은 연구가 필요하다. 그런 연구에서는 선행 검증과 후행 검증이 필요한 것으로 보인다. 그러나 문제는 반성을 먼저 끌어내지 않고서 어떻게 선행 검증을 관리하느냐 하는 것이다.

레퍼토리 격자 만들기

이 방법이 적용되었을 때, 예비교사는 아주 진지하게 그 작업을 계속해 나가기는 했지만 많은 농담과 웃음이 터져 나왔다. 이 방법으로 예비교사는 학생들에 대한 자신들의 개념과 자신들이 사용하는 특이한 구인 개념을 직접 대면하게 된 것으로 보인다. 그들은 이것에 다소 수치감을 느끼기도 하였다. 예비교사들은 '영리한' '흥미가 많은' '부지런한' '명랑한' 등과 같이 단지 몇몇의 구인 개념만을 공통으로 갖고 있다. '미친' '마림바(marimba, 실로폰의 일종)를 연주하는' '자신의 외모를 이용하는' 등과 같은 다소 개인적인 구인 개념도 언급되었다.

구인 개념을 공식화하면서 예비교사는 고등학생에 대한 자신의 주관적 견해와 청소년 일반에 대한 자신의 선호를 인식하게 된다. 서로 다른 특징을 가진 학생에 대하여 예비교사가 반응하는 방식에 대한 토론은 반대 특징을 지닌 고등학생에 대한 자신의 반응과 비교할 때 특히 흥미롭다. 이것은 미래 교사가 자신의 행동이 적절했는지에 대하여 반성하게 한다. 다음의 예는 이를 잘 보여 준다.

> 한 예비교사는 '흥미가 많은-흥미가 없는'이라는 구인 개념을 공식화하고 흥미가 별로 없는 학생을 자극시킬 수 있는 사례와 활동을 계속 찾고 있었다. 그러나

> 그녀는 흥미가 많은 학생을 위해서는 동일한 노력을 기울이지 않았다. 즉, 그녀는 "저는 그냥 공을 굴리기 시작했고 그 학생들이 그냥 그것을 받기를 기대할 뿐이었어요."라고 말한다. 이 두 가지 다른 형태의 교수 행위에 대한 반성으로 그 예비교사는 흥미가 별로 없는 학생의 경우 교사의 영감에 더욱 더 의존할 가능성이 있다는 것을 알게 되었다. 반대로 흥미가 있는 학생은 고무적이고 도전적인 활동의 부족으로 점차 동기가 약화될 수 있었다. 이것을 발견함으로써 그 예비교사는 다소 혼동을 느꼈고 자신의 전략이 적절한 것이었는지 스스로 의문을 던졌다.

기존의 이론의 지위가 약화되는 이런 상황은 동기에 대한 이론에서 파생하는 원칙들을 논의하기에 이상적인 출발점이 된다. 이런 종류의 이론은 자신의 교수 행위에 대해 위와 같은 분석을 한 후에야 예비교사의 정신적 구조의 일부분이 될 가능성이 높다고 생각한다.

화살표 만들기

많은 경우, 화살표 만들기 활동으로 예비교사는 비판적이고 분석적인 방식으로 학생의 개별적 특징과 교육 목적, 그리고 자신의 교수 행위 간의 관계에 대하여 처음으로 생각해 보는 듯하다. 자신의 행위에 대한 이유를 그렇게 곰곰이 살펴봄으로써 예비교사는 이전에 결코 반성해 본 적이 없었던 자신의 게슈탈트와 교수 전략을 스스로에게 명료화시킨다. 이것은 예를 들어, 예비교사가 특정 유형의 고등학생이나 자신이 쌓은 벽에서 기초적인 것에 해당하는 목표를 달성하기 위한 교수 전략을 공식화할 때 자주 어려움에 부딪힌다는 관찰에서 추론될 수 있다. 한 예비교사는 다음과 같이 말한다. "내가 말하는 내용을 잘 이해시키는데 너무나 몰두한 나머지 그 외 모든 것에 대해서는 잊어버리고 있었다는 것을 알았어요." 다른 예비교사도 화살표 만들기를 통하여 상이한 학생에 대한 자신의 전략을 구분할 수 있게 되었다. 비록 그 효과에 대한 분명한 증거는 보일 수 없지만, 이 활동이 있기 전에는 예비교사가 학급이라는 것을 대체로 교육 목표나 교수 전략의 측면에서 거의 차이가 없는 하나의 실체로 보았다는 느낌이 든다. 또한 화살표 만들기 방법은 예비교사의 전략을 심화시킬 수 있었다. 한 예로 '무례한' 특성을 지닌 학생과 '점잖은 방식으로 다른 학생과 상호작용을 할 줄 아는 것' 을 목적으로 하는 화살표를 공식화한 예비교사의 경우를 보자. 그는 구체적 상황에서 그 학생의 행동을 지각하는 자신의 방식에 대하여 학급에 피드백을 주는 전략을 항상 사용했다. 그러나 이 전략을 공식화하는 동안 그 예비교사는 자신이 좀 더 점잖은 방식으로 이것을 해야 한다는 사실을 깨달았다.

화살표 만들기에 대한 집단 토론을 통하여 특수한 상황에 대한 해결을 찾는 공동 노력을 하게 되었고, 서로의 전략에서 배우게 되었으며, 그리고 자신의 전략과 그 전략 뒤에 있는 자신의 게슈탈트에 대하여 많은 의구심을 갖게 되었다. 이미 언급한 것처럼, 그러한 의심은 교육 이론에 대하여 자연스럽게 필요를 느끼는 예비교사 학습 과정에서 그 다음 단계를 위한 중요한 출발점이 될 수 있다. 이때 교사교육자로서 나 자신의 전략은 예비교사가 다루어야 할 특수 상황과 밀접하게 관련되는 작은 이론의 형태로 이 교육이론을 제공하는 것이었다.

6. 스스로 반성하는 집단

벽 쌓기, 레퍼토리 격자 만들기, 화살표 만들기, 열 만들기와 같은 방법은 반성을 강하게 촉진시킨다는 이점을 가지고 있는 동시에, 교사교육자의 시간과 주목의 양을 줄인다는 이점이 있다. 이것으로 우리는 실제 경험을 통해 반성적으로 배우는 것을 촉진시키는 것이 항상 시간이 걸리는 일이 아니라는 것을 알 수 있다. 많은 교사교육자, 특히 북미의 교사교육자는 예비교사를 항상 친밀한 방식으로 개인 지도를 할 수 없고 큰 집단의 형태로 지도해야 하기 때문에 이 점은 아주 중요하다.

논리적으로 도달할 수 있는 다음 단계는 예비교사가 서로의 반성을 촉진하도록 배워 교사교육자의 참석이 필요하지 않도록 하는 것이다. 이 목적을 위하여

나의 동료 두 명은 동료지원학습이라는 구조를 개발하였다(Tigchelaar & Melief, 2000). 이것은 매우 긍정적인 결과를 가져왔으며, 현재 IVLOS 교사교육 프로그램에서 가르치는 거의 대부분의 교수가 활용하고 있다. McIntyre & Hagger (1992, p. 276)는 다음과 같이 진술한다.

> 동료 간의 협력관계는 개별 교사가 교실에서의 실천을 발전시키는 것을 돕는 데 결정적인 요인이라는 것이 밝혀졌다.

전체 집단의 환경 안에서 예비교사는 자기 자신의 반성을 구조화하기 위해서뿐만 아니라 서로의 반성을 돕기 의해 ALACT 모형을 사용하도록 훈련받는다. 이것은 제7장에서 묘사한 많은 지도 기술을 활용하는 방법을 배운다는 것을 의미한다.[5)]

3명 정도로 구성된 소집단에서 예비교사는 이런 기술을 연습한다. 그리고 교수활동을 경험하는 동안 이 집단은 동료지원학습을 위해 정규적으로 만난다. 각 소집단은 자신의 모임에 대한 짧은 보고서를 써야 하고, 자신들의 동료지원학습의 과정을 평가하며, 소집단에서 논의된 내용을 기술해야 한다. 이와 더불어 교사교육자로부터 지원받기를 원하는 사안에 대해 적을 수도 있다. 매 2주마다 교사교육자가 주도하는 전체 집단 모임이 있다. 이 집단 모임은 동료지원학습의 과정을 지원하거나 더 발전시키기 위한 지도 기술을 훈련하는 일에 집중할 수 있다. 이 외에도 소집단 지도 시간에 나온 문제와 관심에 기초해서 전체 집단의 주제와 사안을 정하고 논의할 수 있다. 여기에서 교사교육자는 예비교사의 전문성 개발을 지원하는 역할을 다시 하게 된다. 교사교육자는 소집단의 보고서에서 제기된 사안을 기초로 새로운 내용을 소개할 수 있다.

이런 구조를 통하여 교사교육자와 예비교사 간에 전문성 학습을 위한 책임을 균형 있게 공유할 수 있다. 이 구조는 많은 이점을 가지는데, 우선 이것은 예비교사가 자신의 학습에 책임지는 능력을 더욱 강화시킨다. 이 구조가 남몰래 의도하는 중요한 목적은 이것을 통해 교사 경력 전체에 걸쳐 동료지원학습이 가능하도록 예비교사를 준비시키는 것이다. 그리하여 Feiman-Nemse과 Floden(1986)이 매우 개인주의적이고 비협력적인 교수 문화로 부르는 것에 맞설 수 있는 대안적 문화를 창조할 수 있다. Putman과 Borko(1977, p. 1247)는 다음과 같이 진술한다.

> 학생이 새로운 방식으로 사고하고 의사소통하며 생각하는 것을 배울 뿐만 아니라 교실의 담론적 공동체에 참여하는 것을 통하여 탐구하고 의미를 창조하는 경향을 획득할 필요가 있는 만큼, 교사도 지원적인 학습 공동체의 맥락에서 자신의 가져야 할 복합적인 새 역할과 자신의 교수방법에 대해 생각하는 다양한 방식을 창조해야 한다.

서로의 반성을 지원하는 방법을 배우는 과정은 ALACT 모형에 대한 예비교사의 통찰을 촉진하고 그리하여 반성을 위한 개별적 능력을 키우기도 한다. 또 다른 이점으로, 동료지원학습 구조는 처음의 시간 투자 이후 교사교육자의 시간을 절감한다는 것이다(Hawkey, 1995; Little, 1982 비교). 더구나 소집단의 보고를 통하여 교사교육자는 진행되고 있는 학습과정과 예비교사의 의식 표면에 떠오른 관심이나 문제에 대한 구체적인 정보를 얻을 수 있다. 이것은 교사교육자가 집단 모임에서 다룰 주제를 선정하는 것을 돕고 이런 주제가 예비교사에게 관련이 있는 방식으로 경험될 가능성을 높인다. 마지막으로 동료지원학습을 준비하는 동안 예비교사가 습득하는 많은 지도 기술은 학교에서 자신의 학생을 지도할 때도 그만큼 중요할 것이다.

마지막 2년 동안은 리스트서브(혹은 WebCT)를 활용하는데, 이것은 예비교사로 하여금 실습기간 동안 전자메일로 상호 소통할 수 있도록 한다(Admiraal, Lockhorst, Wubbels, Korthagen, & Veen, 1998). 특히 예비교사가 서로 멀리 떨어진 학교에서 교생실습을 하는 경우(개별 최종 교수실습 기간에는 종종 그렇다. 제3장 2절 참조), 이것은 상호 교환을 가능하게 하는 훌륭한 수단이 된다. 더구나 교사교육자는 전자메일 대화를 쉽게 관찰, 감독할 수 있고, 필요하다면 동료지원학습 과정을 향상시키거나 특정한 도움을 필요로 하는 예비교사를 지원하기 위해 그들에게 답신을 보낼 수도 있다. IVLOS 교사교육 프로그램에서 행한 이런 형태의 통신 지도의 효과에 대한 연구에 따르면, 예비교사가 전자메일로 서로의 경험을 공유하는 기회를 중요하게 생각하고 있지만 서로에 대한 답신은 대체로 아주 짧고 정서적 지원의 수준에 머물고 있다. 따라서 예비교사 자신의 반성과 동료학생의 반성을 모두 심화시킬 수 있도록 하기 위해서는 직접 대면하는 모임이 필수 요소인 것으로 보인다(Admiraal et al., 1998).

7. 맺음말

이 장 전체에 걸쳐 반성과 경험을 통한 학습은 학습자 간의 상호작용에 따라 심화된다는 사실을 지적하였다. 비록 이 책이 예비교사의 개별적 관심에 기초해 교사교육 교수법을 정립시킬 필요를 강조하지만 현실적 교사교육은 개별적 과정만을 목표로 하지는 않는다. 그 반대로, 예비교사 간의 반성적 상호작용의 촉진이야말로 이 접근의 본질적 특징이다. 이 장은 집단적 환경 내에서 개인적 관심과 문제를 진지하게 받아들이는 것이 가능할 뿐 아니라, 특정한 집단 기술과 절차의 적용은 또한 개인적 과정을 심화시킬 수 있다는 것을 보였다.

이제 우리는 교사교육자가 개인적 수준(제7장)과 집단적 수준(제9장) 모두에서 예비교사와 함께 실제적 작업을 하는 것에 아주 깊이 들어와 있으므로, 전문성 학습 및 교사의 인지 구조와 행동 간의 관계 측면에서 하나의 가정된 이론적 틀을 기술해야 한다. '은연중에 숨어 있는 관계를 명시적으로 드러내는' 원칙은 이 틀의 핵심적 구성 요소이고, 좀 더 이론적으로 지향된 다음 장에서 논의의 주요 초점이 될 것이다.

그러나 이 단계로 가기 전에 예비교사를 집단으로 지도하는 방법은 교사교육자에게 특정 기술과 태도를 요구한다는 사실을 다시 한 번 강조하는 것은 중요하다. 이것은 교사교육자를 위한 전문성 개발 프로그램의 필요(제13장에서 더 상세히 논의할 사안)를 지적하는 것이다. 특히 교사교육자로서의 우리가 강의를 하는 데 익숙해 있다면 예비교사의 관심과 직접 관련시키고, '중요한' 이론을 소개하는 대신에 예비교사로 하여금 유용한 경험을 하게 하고, 자신의 게슈탈트에 대해 반성하게 하는 것은 거대한 도약이라고 볼 수 있다. 나 자신의 경험에 비추어 볼 때 가장 큰 어려움 중의 하나는 교사교육자가 잘 준비된 이론적 강의가 보장하는 강한 통제와 안전감을 포기해야 한다는 사실이다. 즉, 교사교육자로서 우리는 예기치 않은 것과 함께 살아가는 것, 즉흥적으로 만들어 내는 것, 여러 이론적 배경을 활용하는 것, 그리고 그것을 행동을 위한 구체적이고 도움이 되는 안내서로 옮기는 것을 배울 필요가 있다. 이 모든 것은 우리가 진정으로 예비교사와 개인적 방식으로 만나고 관련시킬 수 있을 때, 즉 수용적이고 타인에게 공감적이며 진솔함을 통하여 그들과 소통할 수 있을 때만 성공적일 수 있다.

후주

1) 이 절의 많은 부분은 네덜란드어 판(Wubbels, Korthagen, & Tigchelaar, 1999)에서 나온 것이다. 담론을 기술하는 부분은 수업 중에 녹음한 테이프의 녹취록에서 발췌한다. 그 녹취록을 만든 Thom Somers에게 감사한다. 원문은 축소되었고 말에서 글로 옮겨졌지만, 그 내용의 의미는 변화가 없다. 원문이 삭제된 곳은 "…"로 표시되어 있다.

2) 이런 수업을 두 번 한 후 연수교사에게 그들이 배운 것과 면담 중에 자신이 특별히 관심을 기울여야 한다고 생각한 점을 적어 보라고 했다. 그 수업은 여러 번의 짧은 면담 연습 후에 끝났는데 이때 그 객원 교사교육자가 고등학생 역할을 맡았다. 역할놀이를 할 때마다 그 교사교육자는 각각의 개별적 연수교사에게 특정한 학습 경험이 일어나도록 했다. 이때 교사교육자는 먼저 연수교사가 자신의 문제나 학습의 문제를 대면할 수 있게 하는 방식으로 그 고등학생의 역할을 했으며, 그러고 나서 그들이 적절한 행동을 찾을 수 있도록 지도했다.

3) 벽 쌓기는 네덜란드 APS 기관의 Hans Pouw의 생각에 기초한다.

4) Kelly는 사람으로 하여금 환경에 대한 자신의 주관적 지각을 기술하도록 만든 한 연구 방법으로 이 사실을 레퍼토리 격자 만들기를 개발할 때 활용한다. 그는 사람들은 타인(연구자)이 제공한 구인 개념이 아니라 스스로 공식화한 구인 개념을 기초로 다른 사람에게 점수를 주는 데 어떤 문제도 느끼지 않는다는 것을 보였다. 이 동일한 원칙을

활용하여, 예비교사는 연습의 마지막 단계에 자신의 개인적 목록에서 나온 각 구인 개념을 5점 기준으로 고찰의 대상이 되는 학급의 모든 학생에게 점수를 줄 수 있었다. 결과적으로 나온 행렬은 학생에 대한 예비교사들의 지각에서 차지하는 개인적 구인 개념의 역할을 설명한다.

5) 지도 기술을 위한 이 훈련이 어떻게 수행되는지 알기 위해서는 교사교육자를 위한 훈련과정을 묘사하는 제13장을 참조할 수 있다. 우리는 동료지원학습을 준비시키기 위한 예비교사의 훈련에서 이와 비슷한 절차와 구조를 활용한다. 그리고 이것이 서로 일치한다는 사실을 예비교사에게 분명하게 밝힌다. 이때 예비교사는 교사교육자와 협력교사가 자신들을 지도하는 방식에 대하여 더욱 잘 인식할 수 있게 된다.

요약

이 장에서는 집단으로 반성을 촉진하는 다섯 단계 절차를 소개하였다. 바로 사전 구조화, 경험, 구조화, 집중 그리고 이론화다. 이 절차를 활용하는 방법은 교사교육 프로그램 내에 있었던 실제적인 집단 모임의 기록을 통하여 설명하였다. 이 기술을 통하여 현실적 접근의 원칙이 교사교육의 실제적 상황에 어떻게 적용될 수 있는지, 가령 이론이 어떻게 예비교사의 관심과 그들의 실제적 경험을 끌어내는 게슈탈트 위에 확립될 수 있는지를 명료화하였다.

또한 구체적이고 방법적인 네 가지 기술을 소개하였다(예, 벽 쌓기, 열 만들기, 레퍼토리 격자 만들기, 화살표 만들기). 이것은 반성을 목표로 하며, 교사교육자의 많은 개입 없이 예비교사가 활용할 수 있는 것이다. 그리하여 이것은 매우 큰 집단에도 적용될 수 있다. 그 방법적 기술은 예비교사가 자신의 게슈탈트와 교수전략, 그리고 학생을 지각할 때 작동하는 자신의 구인 개념에 대해 반성하는 것을 돕는다. 각 방법적 기술은 예비교사의 정신적 구조, 지각 그리고 교수행동 내의 특별한 유형적 관계에 초점을 둔다. 이 방법적 기술의 영향하에서 이런 정신적 구조는 자주 무의식적 게슈탈트에서 좀 더 의식적인 인지적 도식으로 바뀐다. 이 변화 과정은 비판적 반성과 우리 인식의 재구조화를 가능하게 하기 때문에 아주 중요하다.

네 가지 방법적 기술의 실제 기능에 대한 연구는 그 기술들이 교수 방식에 대한 살아 있는 집단 토론을 촉진시키고 예비교사에게 교육 이론의 욕구를 불러일으킨다는 것을 보였다. 그러나 이 연구는 예비교사가 가지고 있는 게슈탈트의 기본적 요소, 특히 기본 가치는 변하기 어렵다는 것도 보였다.

다섯 단계의 절차와 방법적인 네 가지 기술은 모두 현실적 교사교육의 원칙을 대표하는 것으로 볼 수 있다. 그것들은 예비교사의 구체적 경험과 이 경험을 통해 발전된 관심을 기초로 하려 한다. 그리고 그것들은 학생들이 자신의 관심을 보다 잘 인식할 수 있게 하고 동료와의 상호작용을 통하여 반성을 자극한다. 다섯 단계 절차와 네 가지 기술의 묘사는 반성을 촉진하는 과정이 결국 어떻게 '암묵적 관계를 명시적으로 드러내는 것', 특히 예비교사의 행위를 이끄는 무의식적 게슈탈트 내의 암묵적 관계를 명시적으로 만드는 것에 모아지는지를 보였다.

마지막으로, 동료지원학습을 소집단 내에 조장하는 하나의 구조를 기술하였다. 이 구조에서는 학생 간의 전자메일 교환도 가능하다. 이 구조를 통하여 학생들이 독립적인 학습자가 되도록 도울 수 있는 또 하나의 근본적인 단계가 만들어진다. 또한 예비교사에 대한 주의 깊은 개별적 지도가 많은 시간이 걸린다는 문제에 하나의 해결책을 제공한다.

기본 개념

다섯 단계(1. 사전 구조화, 2. 경험, 3. 구조화, 4. 집중, 5. 이론화) / 집단으로 반성하기 위한 방법(벽쌓기, 열 만들기, 레퍼토리 격자 만들기, 화살표 만들기) / 암묵적 관계를 명시적으로 만들기 / 동료지원학습

제 10 장

교사의 전문성을 위한 학습: 어떻게 일어나는가?

◆ Fred korthagen

고등교육기관에 새로운 학풍을 소개하는 것은 인식론적 투쟁에 연루된다는 것을 의미한다. 이것은 달팽이의 투쟁과 같다. 아주 천천히 진행되기 때문에 진행되고 있는 것을 알기 위해서는 아주 면밀히 관찰할 필요가 있다. 그러나 그럼에도 불구하고 이것은 일어나고 있다.

– Donald Schon(1995)

지금까지 교사교육에 대한 현실적 접근의 이론과 실제를 기술하였으므로 이제는 교사의 전문성 학습의 핵심적 과정을 분석할 차례다. 먼저, 교사의 내면적 과정과 행동 간의 관계를 새롭게 개념화할 것이다. 교사 지식의 세 가지 수준, 즉 게슈탈트 수준, 도식 수준, 이론 수준을 구분할 것이다. 게슈탈트의 형성과 도식화, 이론 수립의 과정을 분석할 것이고 이 세 가지 수준을 교사와 교사가 아닌 사람들과의 면담 내용을 통해 설명할 것이다. 교수에 관한 학습에 대하여 위에서 제안한 견해를 이론적으로 살펴본 후, 그것이 교사교육 및 교수에 대한 연구에 함의할 수 있는 것을 논의할 것이다. 우리가 내리는 결론 중의 하나는 이 장에서 발전된 이론적 모형이 이론과 실제 사이의 간극을 설명할 뿐 아니라 그 해결을 위한 방향성을 제시할 것이라는 점이다.

1. 도 입

Mundy, Russell 그리고 Martin이 (언론을 통해) 지적하는 것처럼, 교사교육의 과학적 기초를 찾는 작업은 교사가 지닌 지식의 성격에 대한 연구에 상당한 진전을 가져왔다. '선언적이고 절차적 지식' (Peterson & Comeaux, 1989), '개인적 이론' (Cater, 1990), '이미지' (Calderhead & Robson, 1991), '실제적이고 형식적 지식' (Fenstermacher, 1994), '기교 지식' (Calderhead, 1991; Desforges & McNamara, 1979)과 같은 다양한 많은 개념이 전문적 문헌에서 발견되고 있다. 이 외에도 여러 가지 형태의 구성주의가 우리의 전문성을 위한 사고의 일부분이 되어 왔다. 구성주의적 패러다임 내에 있는 연구자들은 교사가 의식적이고 체계적인 방식으로 의미를 구성하는 것을 배울 수 있다고 강조한다(Calderhead, 1989). 많은 경우에서 이 과정은 그들로 하여금 경험을 재조직할 수 있게 하고 또 그렇게 해야 한다(Korthagen, 1992; Schon, 1987).

이런 주제에 관심을 가진 연구가 상당히 발전했음에도 불구하고, 교사가 지닌 지식의 성격에 대한 기본적인 특정 질문은 여전히 그 해답을 찾지 못하고 있다 (Bennett & Carre, 1993, p. 12; Calderhead, 1988). Desforges(1995, p. 396)는 다음과 같이 불평한다.

> 교수를 학습하는 분야에서 이르어지는 연구는 교사의 기능과 신념, 실천에서 일어나는 변화에 대해 흥미롭게 묘사해 왔지만, 학습 이론 혹은 교수 이론의 관점에서 그런 변화를 좀처럼 설명할 수는 없었다.

Munby와 동료 연구자들은 교수와 교사교육에 참여하고 있는 오늘날의 연구자들이 '교사 지식의 성격과 발전' 에 대하여 이제 비로소 이해하기 시작했다고 (언론에서) 진술한다. 예를 들면, 이미지는 좀 더 논리적으로 구조화된 지식과 어떻게 관련되어 있는가? 이 두 가지 유형의 지식은 심지어 이들이 실제 모순될 때도 공존할 수 있는가? 이미지는 어떻게 발전하고 변화하는가? 경험을 재구조화한다는 것은 무슨 뜻인가? 중요한 마지막 질문으로, 지식은 어떤 형태로든 감정이나 행동과 관련되어 있는가?

질문이 이렇게 복잡한 이유는 교사의 전문적 지식의 성격과 아주 밀접한 관련이 있다. 교사의 전문적 지식은 다른 지식, 예를 들면 사람들이 서로 관련되어 있는 방식에 대한 상식적 지식과 쉽게 구분될 수 없다. 어떤 고유한 특징을 지니고 일반적으로 받아들여지며 위계적인 질서를 지닌 교수에 대한 개념은 없다.

교수에 대한 지식의 성격은 지식 발달에 대한 이론을 발전시키기에 상대적으로 쉬운 수학영역에서의 지식의 특징과 근본적으로 다르다. 1950년대 네덜란드의 수학교사인 Van Hiele와 그의 아내 Van Hiele-Geldof는 여러 수준의 수학적 사고를 구분하고 이 수준 간의 관계를 설명하는 모형을 개발하였다.[1] 이 장에서는 이 모형이 앞서 진술된 많은 질문에 답할 수 있는 이론적 틀을 제공하여 교수하는 것을 학습하는 좀 더 복잡한 상황으로 번역될 수 있는지 설명할 것이다.[2] 더 정확히 얘기하자면, 이 장의 목적은 Van Hiele이 제시한 수준을 기초로 전문성을 위한 학습의 수준 모형을 소개하는 것이다. 이 모형에 인간 기능의 감정적 요소, 의지적 요소, 행위 관련적 요소를 포함시켰다. 이런 관점에서 교수가 단지 인지적 과정만은 아니라고 말한 Hargreaves(1998a)의 견해를 진지하게 받아들이고자 한다.

우리는 이 모형을 다소 전형적이지 않은 방식으로 소개하려 한다. 즉, 이론적 틀에서 시작하지 않고 이 틀을 개발하려는 시도와 함께 종결할 것이다. 2절에서는 이 장의 기본적 아이디어에 대한 개요를 소개하고, 3, 4, 5절에서 이것을 더욱 자세히 설명할 것이다. 6절에서는 교수에 대한 지식과 관련한 수준 모형을 경험적 자료로 설명할 것이다. 7절에서는 그 수준들 간의 관계를 자세히 살펴볼 것이다. 8절에서는 그 제안된 모형의 이론적 기초를 인간 행동에 대한 좀 더 광범위한 영역의 이론과 관련지으며 고찰할 것이다. 9절에서는 교사교육에, 그리고 이것에 대한 연구에, 교사의 사고와 교사의 행동 간의 관계를 구조화하는 모형이 함의하는 것을 논의할 것이다. 이 절에서는 우리의 모형이 교수의 학습 분야에서 사용되는 '반성'(Calderhead, 1989; Zeichner, 1983), '재구조화'(Schon, 1987), 예비교사의 '관심'(Fuller & Bown, 1975), 현장경험 동안 '무력하게 소멸되는 (washing-out)' 교사교육(Zeicher & Tabachnik, 1981), '개념적 변화'(Hewson, Zeichner, Tabachnick, Blomker, Toolin, 1992), '행동 중의 앎'(Schon, 1987) 등과 같은 다양한 개념과 원칙을 위한 설명적 모형을 제공한다는 사실도 보일 것이다. 우리는 우리의 모형이 교사교육에서 이론과 실제의 간극으로 흔히 언급되는 문제의 핵심을 다룬다고 믿는다. 여기서 이 문제는 전문성을 위한 학습의 과정을 인식하는 우리의 과거 방식의 부산물이라는 점이 드러날 것이다. 10절에서는 이 책의 앞 장들을 이 수준 모형으로 재구성할 것이다.

2. 학습의 세 가지 수준

한 가지 예로 시작해 보자.

> 한 초등학교 학생이 '12+9=22'라고 쓴다. 이것을 본 윌슨 교사가 즉시 "틀렸어. 12+8=20 이니까 12+9=21이지."라고 말하며 반응한다.

이 상황을 분석해 보자. 먼저 대부분 교육자는 이 교사의 반응이 전적으로 부적절한 것은 아니었다는 데 동의할 것이다. 그녀는 이 아동이 어떻게 22라는 답에 이르게 되었는지 알려고 시도하지 않았다. 그녀는 그 문제를 풀었던 방식에 대해 아동이 스스로 생각해 보도록 독려하지 않았다. 그리고 그녀는 이런 유형의 문제를 다룰 수 있는 아동 자신만의 전략을 개발하도록 돕지도 않았다. 이것은 아동이 다음에 동일한 유형의 실수를 저지를 수 있는 가능성을 높인다. 더욱이 대부분의 교육자는 더 많은 아동이 이 문제에 대하여 성찰하게 하고 그들 간의 상호작용을 긍정적으로 활용할 가능성을 만들기 위해 이 상황을 교실 토론을 위한 아주 좋은 출발점으로 생각할 것이다.

그럼에도 불구하고 윌슨 교사는 다르게 반응했다. 교육자로서 우리는 어떻게 이 반응을 설명할 수 있을까? 교사를 사고할 뿐만 아니라 의사를 결정하는 자로 바라보는 견해가 수년간 지배적이었는데, 이 견해 때문에 연구자들은 이런 유형의 상황에 대해 윌슨 교사는 나름의 이론을 가지고 있었고, 이 이론에 기초하여 그 상황을 해석했으며, 합리적 의사결정과정을 통해 이렇게 반응한 것으로 본다. 만약 윌슨 교사에게 이 사건 이후 자신의 행위에 대해 설명하라고 요구한다면, 자신의 지각과 해석, 논리적 사고, 의사결정, 행동의 과정을 드러내는 설명을 할 것이다. 그러나 이것이 그녀가 행동하기 직전의 그 시간동안 실제로 일어났던 일에 대한 적절한 설명인지 우리는 감히 물어볼 필요가 있다.

첫째, Dolk(1997)는 즉각적 교수 상황이라고 부를 수 있는 이 같은 경우에서, 지각과 해석과 반응을 각각 구분한다는 것은 거의 불가능하다고 생각했다. 그것들은 모두 동일한 촌각의 시간 안에 일어났고 그 교사의 삶을 구성하는 이전의 많은 경험에 기초를 두고 있는 하나의 단위를 함께 구성한다. 우리가 그녀에게 설명을 요구하지 않았다면, 그녀가 행동한 방식은 아마도 거의 잠재의식 속에 머물러 있었을 것이다. 즉, 그녀는 이것을 그런 상황에 반응하는 '자연스러운' 방식으로 느꼈을 것이다. 이 '자연스러운' 이라는 단어는 그녀 자신이 학생이었던 상황과 그녀의 선생님들이 그녀의 실수에 대해 반응했던 방식으로까지 거슬러 올라갈 수 있을지도 모른다.

둘째, 우리는 그 교사 안에서 실제로 일어났던 내면적 과정이 순전히 인지적 과정이라고 생각하지 않는다. 그 교사로 하여금 그런 행동을 하게 한 기원이 될 만한 것의 목록을 완성시키지 않고도 다음과 같은 측면이 작동하고 있을 거라는 눈치를 충분히 챌 수 있다.

- 감정: 예를 들어 학생이 아직도 실수를 하고 있다는 성가신 감정
- 이전의 유사한 경험: 예를 들어 실수를 계속하는 학생이나 다른 아이에 대한 유사한 경험
- 가치: 예를 들어 이 학년의 아이들이 실수 없이 100까지 덧셈을 할 수 있게

되는 것은 중요하다고 생각하는 것

- 역할 개념: 예를 들어 옳은 대답을 '전달하는' 사람으로서 교사를 바라보는 교사에 대한 개념
- 필요 혹은 관심: 예를 들어 빨리 그 단원을 마치고 자신이 생각하고 있는 뺄셈으로 넘어가고 싶은 바람
- 반복적 일상: 예를 들어 문제를 회피하는 수단으로 틀린 대답을 빨리 고치는 일상적 습관

이런 모든 생각과 감정, 가치, 개념 등은 그 상황에 대한 웬슨 교사의 개인적 의미를 형성하고 거의 반사적으로(즉, 거의 의식하지 못한 채) 이전의 유사한 경험에 뿌리를 둔 그녀의 반응을 낳는다. 특정한 게슈탈트가 교사 안에서 일어나는 것이라(즉, 지각과 내적 과정, 특정 방식으로 행동하려는 경향성의 통합)고 진술하며 이런 현상을 언급할 수 있다.

주어진 사례에 대하여 이러한 대안적 분석을 내놓음으로써 첫 번째의 고전적 분석을 거부하려는 것은 아니다. 지각-해석-생각-행동으로 구성되는 연결고리의 관점에서 그 과정을 기술하는 것은 교사가 꽤 의식적 수준에서 작동하는 경우, 특히 교사가 행동하기 직전에 짧은 순간 동안이나마 멈추어 생각하는(Schön, 1987) 시간이 있었을 경우에 더 정확하다고 말할 수 있다. 그러나 수업 중의 대부분의 상황에서는 '즉각적인 교사의 행동'의 개념, 즉 사고, 감정, 의미부여 등 하나로 분리될 수 없는 전체에서 나오는 행동의 개념이 교사 행위를 더 정확하게 기술한다고 본다. Eraut(1995)은 교사 행동과 교사의 반성적 사고에 대한 자신의 분석에서 비슷한 견해를 밝힌다. 또한 그는 우리에게 주어진 시간이 우리의 '인식의 양식'에 미치는 영향을 강조한다. 이 장에서 우리는 교수 중에 일어나는 두 가지 유형의 정보처리 과정 간의 구분을 소개하고, 이 두 가지 유형이 어떻게 서로 관련되어 있는지에 대해 논의하고자 한다.

게슈탈트의 형성은 매우 흔한 학습의 유형이다. 일단 특정 게슈탈트가 우리 안에 일어날 때, 동일한 특성을 지닌 또 다른 상황에서 비슷한 게슈탈트가 훨씬 쉽

게 일어날 것이기 때문에 우리가 학습에 대해 이야기하는 것은 가능하다. 게슈탈트의 형성은 많은 상황에서 학습과정의 종결인데, 그 이유는 그 이상을 위한 필요를 느끼지 않기 때문이다.

때때로 학습은 게슈탈트의 형성 이상으로 나아가서 '배경 지식'을 발전시킨다. 이것은 교사가 상황으로 유발된 게슈탈트에 대해 반성의 필요를 느낄 때 일어난다(Van Hiele, 1973). 예를 들면, 교사는 자신이 무엇을 했는지, 왜 그렇게 했는지 설명하고자 하거나 다른 사람의 견해와 자신의 견해를 비교하려고 애쓴다. 우리는 이 과정을 도식화(schematization)라고 부른다. 이렇게 갖게 된 도식(schema)은 그 게슈탈트를 더욱 자세하게, 그리고 좀 더 일반화된 (즉, 그것을 이끌어 냈던 구체적 경험에서 분리된) 방식으로 기술한다. 그러나 이것은 그 교사가 이론을 수립하는 단계에 있다는 것을 아직 의미하지는 않는다. '이론'이라는 단어는 교수를 위한 특정 결과에 도달하는 논리적이고 일관된 원리와 정의의 관계망을 가리킨다. 예를 들어 월슨 교사가 1절에서 서술한 구성주의적 원리를 받아들이기 시작한다면, 이해를 위해서는 스스로 반성할 실제적 경험을 학생들이 필요로 한다는 것과, 그리하여 학생의 실수를 고치려는 그녀 자신의 자연적 경향이 반생산적이라는 결론에 논리적으로 도달할 수 있다. 이것이 바로 이론의 수립이라고 부르는 것이다.

게슈탈트의 형성, 도식화, 그리고 이론 수립은 한 영역에 정통해지는 과정에 속하는 근본적으로 다른 세 가지 단계다. 우리는 이제 각각의 단계에 대해 자세히 살펴볼 것이다.

3. 게슈탈트의 형성

게슈탈트의 형성은 매우 이른 삶의 단계에서 시작한다.

사례 1

아이와 어머니 간의 접촉을 통하여 아이 안에 안정된 게슈탈트가 촉발된다. 이 게슈탈트는 어머니가 아이를 쳐다보는 방식, 사랑의 속삭임, 어머니의 따뜻한 체온, 어머니의 체취, 어머니가 주는 편안함, 먹여 주는 것에서 오는 만족감, 행동적 경향성, 즉 어머니를 향해 움직이고자 하는 경향 등을 포함한다. 이 게슈탈트는 이 아이의 아버지가 어머니와 접촉할 때 아버지 안에서 일어나는 게슈탈트와는 완전히 다르다. 아버지는 다른 필요를 가지고 있고 그 결과 어머니에 대한 경험이 아이의 그것과 다르다.

삶의 다양한 경험을 통하여 사람들 안에 게슈탈트가 일어난다. 이런 게슈탈트는 그것이 일어날 때의 구체적 상황과 밀접하게 관련되어 있다. 유사한 상황에서 이런 게슈탈트는 다시 생기고 지금-여기 상황에서 우리가 어떤 위치에 있는지 알 수 있도록 돕는다.

우리에게 익숙한 게슈탈트의 다른 두 가지 사례를 다음에서 살펴보자.

사례 2

학습에 대한 한 가지 개념은 우리의 삶 속에서 매우 흔하게 발견된다. 우리는 모두 다음과 같은 일상적 국면에 익숙하다.

- 우리 집 강아지는 나에게 신문을 가져다주는 것을 배웠다.
- 네 생각을 말로 표현하는 것이 항상 좋은 것은 아니라는 것을 알았다.
- 컴퓨터를 사용하여 편지를 쓰는 방법을 배우고 있다.

다시 말하면, 대부분의 사람은 학습을 정의해야 할 필요를 느끼지 않는다. 학습할 때 따라오는 암묵적 게슈탈트를 사용하는 것으로 충분하다. 이 게슈탈트는 인지적 성격을 가질 뿐 아니라 느낌, 필요, 가치 그리고 학습에 대한 이전의 경험을 포함한다. 학습이라는 말이 사용되는 대부분의 의사소통 상황에서 이 게슈탈트만으로 의사소통은 충분히 가능한 것같이 보인다.

사례 3

동일한 점이 교수에도 적용된다. 교수는 일반적으로 가르쳐진다는 의미에서 누구나 그것에 대해 모종의 경험을 한다. 그 용어가 명시적이지 않을 때조차도 대부분의 사람은 교실 앞에 서서 무언가를 설명하는 사람을 교사로 생각한다. 이것은 영화나 연극에서, 그리고 아이들이 '학교놀이' 를 할 때 교사를 묘사하는 방식이다. 학생이 만약 '전지' 를 '전자' 라고 쓴다면 교사가 이를 고쳐 주는 것은 '정상적' 인 것으로 여겨진다. 강렬한 감정이나 가치는 교사나 교수 상황에 따라 자주 촉발되는 게슈탈트다.

이런 사례는 동일한 유형의 게슈탈트가 다른 상황과 관련되어 있을 수도 있다는 것을 보여 준다. 비슷하게 느껴지는 다양한 경험이 비슷한 게슈탈트를 형성한다. 예를 들면, 긍정적 느낌의 게슈탈트가 '학습' 과 관련되어 있다. 한편 특정 학습상황은 여전히 다른 게슈탈트를 일으킨다. 가령 어떤 사람이 자신의 컴퓨터 때문에 많은 문제를 겪는다면 새로운 워드 프로세서를 사용하는 방법을 배울 필요가 있는 상황은 당혹스러운 이미지, 고약한 기분 그리고 그 상황에서 도망가고 싶은 행동 경향으로 구성된 게슈탈트를 촉발시킬 것이다.

게슈탈트의 한 가지 특징은 사람들이 어떤 필요나 관심을 가지는 상황에서 일어난다는 것이다. 이것은 아이의 예에서 가장 분명하다. 학습과 교수의 게슈탈트는 아이들이 교실에서 일어나는 일을 다루어야 할 필요가 있을 때 그 아이 안에서 발전한다. 필요 혹은 관심은 게슈탈트의 형성 과정을 자극할 뿐 아니라 우리의 관심을 한곳에 주목하게 함으로써 우리의 지각에 어떤 색깔을 더한다. 환경에서 어떤 것은 중요한 것으로 받아들이고 다른 것은 무시한다. 중요한 것은 우리의 욕구를 충족시키는 것이다. 더욱이 게슈탈트가 형성되는 순간에 우리가 가지는 느낌은 미래 상황에서 일어날 게슈탈트와 관련되도록 남아 있을지 모른다. 학습에 대한 게슈탈트는 '힘든 노동'의 느낌과 관련되어 있을 수 있다.

게슈탈트 형성의 또 다른 특징은 그 기저에 깔려 있는 개념이나 규칙이 좀처럼 명확하게 드러나지 않는다는 사실이다. 그리고 그것들이 명확하게 되었을 때는 몇 단어로 표현될 수 있는 막연한 스케치 이상의 것이 아니라는 점이다. 이런 단어는 그 주제에 대한 전문가들이 그 개념 혹은 규칙을 정의하는 방식과 비교해 볼 때 아주 일상적인 용법을 지닌다.

> 게슈탈트의 형성은 일반적으로 이전의 비슷한 상황에 대한 대면을 기초로 어떤 상황이 필요, 생각, 느낌, 가치, 의미, 행동 경향성의 총체를 촉발시킬 때 일어나는 과정이다. 게슈탈트는 상황에 관련된 특정한 특징, 즉 필요를 충족시키는 것을 돕는 특징으로 촉발된다. 게슈탈트는 이전의 유사한 경험들과 연계된 느낌을 구성한다. 일반적으로 게슈탈트는 무의식적이고 비의도적인 방식으로 작동한다. 언어는 게슈탈트에서 아주 사소한 역할을 하며 사람들은 자신에게 자명하게 보이는 단어를 사용한다.

4. 도식화

일상생활에서 게슈탈트는 일반적으로 우리가 새로운 상황에 대면할 때 과거의 경험을 잘 활용하게 하는 것으로 충분하다. 하지만 때때로 특정 문제나 단순한 호기심이 우리 자신의 게슈탈트에 대해 다시 생각해 보도록 할 수 있다. 우리는 그것의 특징을 인지하고 기술하며 명명할 필요가 있다고 느낄 수 있다. 그 필요는 공부에 흥미가 없는 학생을 과제에 몰두하도록 동기화시키는 방법에 대해 생각하는 교사의 경우처럼 공리적인 것일 수 있다. 또한 순전히 지적 호기심으로 유발될 수도 있다. 그러한 필요 뒤에는 일반적으로 상황을 통제하려는 필요가 있다. 왜냐하면 이해하고 있는 어떤 것을 통제하는 것은 더 쉽기 때문이다. 이런 유형의 이해는 종종 '실수한 것은 당장 고쳐 주는 것이 같은 실수를 다시 범하지 않게 하는 데 도움이 된다.' 라는 식의 재빠른 일반화에 기반을 둔다. 이런 일반화는 그 분야의 전문가가 상황을 보는 방식과 반드시 일치하는 것은 아니라는 점에 주목해야 한다.

이제 그러한 도식화 과정의 실례를 보자.

> 학습을 좀 더 면밀하게 관찰하기 시작할 때 예비교사는 이것이 실제로 꽤 흥미로운 주제라는 것을 발견할 것이다. 학습의 과정에서 우리는 어떤 것을 습득한다. 하지만 이 '어떤 것' 은 광범위한 방식으로 다양한 것 중의 어떤 것일 수 있다. 우리는 스키를 탈 줄 알게 되는 것처럼 신체적 능력을 습득할 수도 있고, 프랑스 말을 할 줄 아는 능력이나 수학 등식을 풀 수 있는 지식을 습득할 수도 있다. 우리는 심지어 처음에는 공감할 수 없을 것 같던 사람과 친구가 되는 방법을 배울 수도 있다. 사람들은 이런 능력들을 어떻게 습득하는가? 이런 것을 가능하게 하는, 인간 내부에 있는 그것은 무엇인가? 학습의 과정은 학습되는 내용과 그것을 가르치는 사람에 따라 다른가? 때때로 사람들은 어떤 것을 배운 것 같지만, 익숙하지 않은 상황에 부딪혔을 때 이 능력을 잃어버리는 것 같기도 하다…. '전이' 의 개념은 이런 현상에 대한 우리의 이해를 지지하는 것같이 보인다.
>
> 이런 질문에 흥미를 가진 예비교사는 학습에 대하여 알아야 할 것이 많다. 그러나 이것이 곧 그가 학습에 대한 하나의 '이론' 을 가지고 있다는 것을 의미하지는 않는다.

도식화 과정 중에 사람들은 개념과 개념 간의 관계에 대한 지적 사고의 틀을 발전시킨다. 이것은 이로써 만들어진 도식이 게슈탈트보다 훨씬 더 지적인 성격을 가진다는 것을 함의한다.

동일한 방식으로 우리는 '교수' 에 대한 하나의 도식을 구성할 수 있다. 거의 모든 사람은 교수에 대해 좀 더 면밀하게 관찰하고 싶은 특별한 욕구를 느끼지 않는 반면, 교사교육에 참여하는 사람들은 그것을 좀 더 자세히 보고자 하는 경향이 있다. 이들은 학습자가 없다면 교수는 존재하지 않는다는 것을 깨달을 것이다. 교수를 '설명' 이나 '지식 전달' 로 간주하는 아주 흔한 우리의 게슈탈트는 '좋은 수업' 이 '효과적인 지식의 전달' 을 의미한다는 생각과 그리 다르지 않다.

이 생각은 실제로 많은 예비교사가 교사교육을 처음 받기 시작할 때 가지고 있는 견해다. 하지만 교육자들은 이것을 자주 잘못된 개념으로 본다. 그러나 예비교사에게 대안적 개념을 시도하고 제공하면서, 이들이 실제로 가르칠 때 이 대안적 개념을 활용할 것이라고 희망하는 것 또한 근본적인 오류라고 생각한다. 기껏해야 예비교사는 그 대안적 개념을 공식으로만 이해할 수 있을 것이다. 실천에서 그들은 자신이 가진 교수에 대한 게슈탈트에 따라 무의식적으로 행동할 것이다. 이 게슈탈트는 학생으로서 자신이 평생 동안 경험해 온 것에 뿌리를 두고 있기 때문에 전혀 손상되지 않은 채 그대로 남아 있다. 실제로 그들에게 필요한 것은 대안적 게슈탈트를 구성하도록 도울 수 있는 새로운 경험을 충분히 하는 것이다. 그러한 새 게슈탈트에 대한 반성을 통해 예비교사는 의식적이고 대안적인 교수와 수업에 대한 자신의 개념을 발전시킬 수 있다. 새 경험이 적절할 때만 교육자들의 견해에 필적할 것이다. 9절에서 전문성 학습에 대한 분석 결과를 논의하면서 이 사안을 다시 다룰 것이다.

도식화의 사례는 새로운 개념(예, 학습 스타일, 전이, 교수 활동 중에 취해야 할 단계 등)과 이 개념 간의 관계의 개발과 관련된다. 이것은 게슈탈트의 일정한 특징을 의식적으로 수용하고 이 게슈탈트 내의 세부적인 것을 지각한다는 것을 의미한다. 하나의 게슈탈트가 형성되는 경우처럼, 이런 과정은 구체적인 사례를 경험함으로써 도움을 받는다. 우리는 필요에 따라 특정한 세부 사항에 주목하게 된다.

도식화 과정은 흔히 보고 생각하고 행동하는 것에 대해 이야기할 때, 그리고 자명한 것을 좀 더 정확하게 보려 할 때 일어나기 쉽다. 한 개별 예비교사가 나머지 학생들을 대상으로 수업한 후 시행하는 그 집단 안에서의 토론은 교수활동에 대한 도식을 발전시키는 데 도움이 될 수 있다. 여기서 중요한 것은 예비교사가 자유롭게 자신의 말로 표현하도록 하는 것이다. 이 단계에서 전문적인 용어로 표현해야 한다는 중압감은 역생산적이다. 왜냐하면 이런 중압감하에 있을 때 예비교사들의 언어는 자신의 행동을 실제 이끄는 게슈탈트에서 분리되어 있을 것이기 때문이다. 한편 함께 일하는 개인은 집단 모두가 중요하다고 느끼는 것을 표현할 언어가 필요하다는 것을 경험할 수 있다. 바로 이런 상황에서 그 분야의 전문가들이 사용하는 좀 더 전문적인 용어를 조금씩 소개할 수 있다.

시간이 지남에 따라 한 분야의 도식화된 지식은 자명한 것이 될 수 있고 덜 의식적이고 직관적인 방식으로 활용될 수도 있다. 이것은 마치 그 전체 도식이 하나의 게슈탈트로 전환하는 것과 같다. Van Hiele(1986, p. 46)는 이것을 수준 환원이라고 부른다. 하나의 예를 들어 보자.

교사교육을 시작하기 전에 한 예비교사는 '12+9=22' 라고 쓴 아이에게 그의 잘못을 지적하면서 반사적으로 반응했다. 교사교육을 받는 동안 그 예비교사는 다양한 상황에서 지식 전달이 실제로 가장 효과적인 교육방법이 아니라는 사실을 경험함으로써 변화의 과정을 겪었다. 그 예비교사는 아이들을 위한 경험을 창출하는 것과 그들의 학습을 위한 전제 조건으로서 아이들이 스스로 반성하도록 격려하는 것의 중요성을 인식하게 되었다. 지도과정과 집단토론 동안 그 예비교사는 자신이 의식적으로 인식하고 있는 교수와 학습에 대한 도식을 개발했다. 이 도식에서 '경험' 과 '반성' 과 같은 개념은 핵심적 역할을 했다. 이 도식에 기초해서 한 동안 가르친 후 그녀는 '12+9=22' 라고 쓴 아이에게 다시 '반사적으로' 반응했다. 그러나 이번 그녀의 행동은 그 아이에게 그 계산이 어떻게 나온 것인지 묻는 것이었다. 구체적 행동 상황에서 그 예비교사의 도식은 이제 그것이 마치 하나의 게슈탈트인 것처럼 기능한다. 즉, 이제 그녀는 그 도식을 거의 무의식적으로 활용한다.

수준 환원 덕분에 관련된 도식은 이제 주목을 덜 요구하게 된다. 그 예비교사는 이제 다른 것에 집중할 수 있게 된다.

도식화는 더욱 명료화할 필요가 있다고 느끼는 것에 기초를 둔다. 이것은 장기적 과정이며 그 과정 동안에 게슈탈트가 성찰되고, 좀 더 깊은 '내면성' (Skemp, 1979)을 습득한다. 이것은 점차적으로 게슈탈트 안의 좀 더 많은 요소가 요소 간의 관계와 함께 서로 구분되고 명명된다는 것을 의미한다. 한 사람이 가진 필요가 그 사람으로 하여금 특정 요소에 주목하게 하는 데 중요한 역할을 한다. 게슈탈트가 유발되었던 상황이 점차 덜 중요해짐에 따라 추상화를 위해 상당한 능력을 요구하는 공식화 과정은 단축되고 도식화된다.

도식화 과정이 낳는 것은 하나의 도식인데 이것은 새로운 상황에 활용될 때 원래의 게슈탈트보다 의식적 행동을 위한 훨씬 더 많은 가능성을 제공한다. 이 도식은 모든 종류의 세분화된 하부 도식으로 구성되고 그 자체가 하나의 도식 혹은 보다 큰 도식의 일부분이다. 학습자는 보다 명료함을 찾는 과정에서 이전의 경험이나 현재의 경험 동안 형성된 게슈탈트를 성찰함으로써 도식화할 수 있다.

도식은 사람들에게 자신의 일을 정당화하고 자신의 행동에 책임을 지며 자신의 작업을 검토할 수 있는 가능성을 제공한다.

5. 이론 수립

하나의 풍요로운 도식을 끌어낸 사람은 그 구조를 설명하고, 그 구조의 논리를 세우며, 그 논리를 분명하게 만들 필요를 느낄 것이다. 이 필요는 논리적 실수가 잠재적으로 높은 위험에 관련될 경우나, 그 도식이 아주 복잡해서 사람들이 그 내용의 논리적 순서를 세우지 않고는 학습이나 작업을 계속할 수 없을 경우에 생길 가능성이 가장 높다. 다음을 고려해 보자.

> 예를 들어, 경험이 풍부하고 (경험, 지식, 기술, 전이, 반성 그리고 이런 개념 간의 관계 등을 포함하여) 학습에 대해 도식을 발전시킨 교사는 자신의 도식 뒤에 숨겨진 논리에 흥미를 가질 수 있다. 그녀는 그 도식 안의 다른 개념과 이들 간의 관계를 논리적으로 수립하기 위해 하나나 두 개의 기본 원리를 찾기 시작할 것이다. 그리고 그녀는 모든 사람이 자신의 경험에 기초하여 개인적 의미를 구성한다는 구성주의적 원리를 수용함으로써 그 탐색을 끝낼 수 있다. 다시 말하면 이제부터 그 교사는 구성주의를 학습에 대한 전체적 이론, 즉 자신의 도식에 포함된 대부분의 관계, 가령 '지식'과 '전이' 개념 간의 관계를 설명하는 하나의 이론이자 근본적인 원리로 간주할 것이다.
>
> 이 교사는 아마도 학습에 대한 이 새로운 관점으로 교수활동을 바라볼 필요를 느낄 것이다. 만약 교수활동이 학습을 촉진하도록 되어 있다면 갑자기 이것은 더 이상 그리 자명한 현상이 아니다. … 교사는 이제 학생에게 지식을 전달하려고 애쓰는 과정에 무엇이 도움이 될 것인지를 더 잘 이해하게 된다. 다른 한편, 그녀는 교수활동을 지식을 전달하는 것으로 본 자신의 견해가 여전히 타당한지에 대하여 의문을 품기 시작할 것이다. 마지막으로, 그녀는 교수활동은 학습을 촉진하는 것이라고 다시 정의할 것이다. 이 시점에서 두 가지 도식(학습에 대한 것과 교수활동에 대한 것)이 함께 조화를 이루게 되고 하나의 이론을 형성한다. 그 교사는 아마도 이것을 '학습과 교수활동에 대한 이론'이라고 명명할 것이다. 이제부터 교수활동과 학습은 동일한 동전의 양면이다. 이 관점이 그 교사가 출발할 때 가졌던 학습과 교수활동에 대한 원래의 (다소 분리된) 게슈탈트와 얼마나 다른지 주목하여야 한다(3절의 사례와 비교해 보아라).

특정 상황의 특징을 아는 것과, 특징(속성)과 그것 간의 관계에 대해 논리적 설명을 제공하는 것 사이에 이론이 관계한다. 도식화 과정 중 게슈탈트는 말과 그림으로 묘사된다. 그러나 논리적 논의는 그림으로 표현될 수 없다. 이론을 수립할 때 모든 것은 말로 표현되어야만 하며, 이것은 온갖 종류의 불확실성을 쉽게 초래할 수 있고, 이 불확실성은 '그 이야기 뒤의 논리'를 찾는 과정을 촉진할 수 있다. 다음 두 가지 사례를 생각해 보자.

- 우리는 말로 표현할 수는 없더라도 어떤 것을 배웠을 수 있다. 어떤 것을 '배우기' 전과 후의 상황의 차이를 정확하게 묘사할 수 있는가?
- 학습에 대한 행동주의적 견해와 인문주의적 견해를 하나의 이론으로 통합할 수 있는가?

이와 같은 질문들은 정의하는 일로 이어지며, 정의하는 일은 보통 사람이 보기에 특별한 노력이 필요한 일이고 인위적인 것같이 보인다. 일상을 사는 사람들에게 과학 서적에서 발견되는 학습에 대한 정의는 뉴욕의 중앙공원이 59번 가에서 시작된다고 하는 오늘 '학습한' 내용과 별로 상관이 없는 듯하다.

> 이론의 수립은 구축된 도식에서 질서를 찾고 이 도식의 타당성을 입증할 필요가 있을 때 생긴다. 이것은 도식의 논리적 구조화를 포함한다. 출발점, 정의 그리고 논리적으로 파생된 명제의 공식화가 중요하다. 이제 모든 것은 말로 표현되어야 하며, 이것은 그 도식 내에 있는 개념과 관계의 내용을 재평가하는 것으로 이어진다.

도식에서 이론으로 옮겨 가는 것이 항상 바람직하거나 가능한 것은 아니다. 일상적 상황에서는 일반적으로 도식 혹은 심지어 게슈탈트만으로 충분하다. 특별한 바람, 가령 특정 분야의 전문가가 되고자 한다든가, 중요한 사안에 대해 좀 더 확실성을 얻고자 한다든가 하는 경우처럼 특별히 원하는 경우만 사물 뒤의 논리를 이해하고자 하는 요구가 생길 것이다. 이런 욕구는 논리적 이론의 공식화가 요구되기 전에 하나의 주제에 대해 철저히 정통하게 되는 기회와 시간으로 촉발될 수 있다. 교육자들은 교수와 학습에 대해 얼마나 많은 시간과 에너지를 쏟으며 생각해야 하는지, 그리고 자신의 학습 과정이 얼마나 많이 내면적 학습의 필요(자주 실제적 필요보다는 지적 필요)로 자극되어야 하는지 자주 잊어버린다. 교사들은 학생들이 자신의 수준까지 좀 더 짧은 시간 안에 도달할 수 있도록 노력해야 한다고 생각한다. 그러나 9절에서 보게 될 것처럼, 그렇게 하려고 노력할 때 그들은 자주 그 의도된 과정을 방해하곤 한다.

6. 경험적 증거에 기초한 세 가지 수준의 예증

이 절에서는 우리의 분석에 대한 경험적 예증으로서 면담에서 발췌한 몇몇 글을 소개할 것이다. 우리는 여기서 '예증'이라는 단어를 쓴다. 왜냐하면 교사의 전문성을 위한 학습에서 요구되는 수준을 공식적으로 검증된 이론이라고 주장하는 것은 너무나 이르기 때문이다. 우리는 여기서 몇 가지 유형의 상이한 면담을 활용하였다. 그리고 다른 유형으로 반응한 사람, 즉 보통 사람, 고등학교 학생, 예비교사, 초임교사, 경험교사 등을 선택하였다. 우리의 목적을 위해 이 분야의 여러 연구자(Carter, Cushing, Sabers, Stein, & Berliner, 1988; Copeland, Birminghan, DeMeulle, D' Emidio-Caton, & Natal, 1994)가 활용한 연구를 기초로 우리가 개발한 유형의 면담 자료를 소개한다. 이 면담에 응한 사람들은 학교 교실 사례를 비디오로 관찰하고 곧장 그것에 대한 질문을 받았다. 여기서 묘사된 세 가지 사례는 소규모 고등학생 집단과 그들의 생물 교사가 대부분의 학생들이 통과하지 못한 시험에 대해 논의하는 것을 담은 5분짜리 비디오 녹화에 대한 어느 정도 구조화된 면담에서 나온 것이다.

응답자 1: 13세 고등학생

면담자: 네가 지금 본 것을 한 문장으로 말할 수 있겠니?

학　생: 시험에 통과하지 못한 학생들과 한 교사가 시험에 대해 얘기하고 있는 것으로 말할 수 있습니다.

면담자: 그 대화에 대해 어떻게 생각하니?

학　생: 글쎄요. 제가 생각하기에 그 교사는 … 이것은 사실 좀 지루한 내용이에요. 만약 그림이 있고 읽기에 좋은 글로 구성된 책이 있었다면 좋았을 것 같아요. 교사가 수업에서 당장 우리가 암기할 필요가 있는 것에 대해 말하는 것보다는 차라리 공부를 하는 것이 훨씬 더 낫지 않나요?

면담자: 그래서 너는 "그 학생들이 말하려고 하는 것을 이해할 수 있다."라고 말하는 거니?

학　생: 네. 우리는 수업에서 항상 연습 문제와 보기 좋은 그림, 내용 등을 활용하고, 그렇게 하면 쉬워요. 모든 것이 서로 어떻게 관련되어 있는지, 그것이 어떻게 작동하는지, 그러한 그림만 보고 금방 알 수 있거든요.

면담자: 교사와 학생이 하고 있는 얘기에 대해 어떻게 생각하니?

학　생: 교사들은 항상 이렇게 생각하지요. 이것이 내가 다루려는 주제이고 너희는 3일 전에 미리 시작할 필요가 있다는 것 등 이것저것에 대해 이야기합니다. 그러나 알다시피 우리에게는 또 다른 과제도 있어요. 그것 전에 준비해야 할 두 가의 시험이 있고, 그러니까 끝이죠. 그 모든 것을 며칠 전에 공부한다는 것은 정말 불가능해요.

면담자: 그래서 지금 네가 말하는 것은 "이 학생들이 말하는 문제가 익숙한 문제다."라는 것이니? 대화하고 있는 교사에 대해서는 어떻게 생각하니?

학　생: 그 교사는 모든 것을 진도의 문제로 보고 있어요. 하지만 진도는 아무 상관이 없어요. 모든 것을 잘 설명하려고 한다면 그것에 부합하는 보기 좋은 그림을 활용해야 합니다. 그러면 우리는 모든 것을 잘 이해하고 우리가 원하는 만큼 빨리 이해할 수 있습니다.

면담자: 그 대화에 대해서는 어떻게 생각하니?

학　생: 글쎄요. 학생들에게 그리 분명하게 된 것은 없다고 생각합니다. 제가 하려는 말은, 제가 생각하기에, 이번 시험을 위해 학생들이 자신이 할 수 있었던 만큼 열심히 공부했다면 다음 번 시험에도 그들은 실패할 것이라는 거예요.

면담자: 네가 말하는 것에 논리가 있니?

학　생: 모르겠어요.

면담자: 내가 묻는 것은 "이것이면 저것이다."와 같은 문장을 네가 만들고 있냐는 거야.

학　생: 만약 교사가 더 잘 그리고 더 분명하게 설명할 수 있다면, 그리고 쉽게 그림을 그릴 수 있다면 성적은 올라갈 것입니다.

면담자: 그것에 대한 어떤 이론을 알고 있니?

학　생: 아니요. (그 학생은 이 질문에 놀란 것처럼 보인다.)

면담자가 비디오에서 진행되고 있는 논의 자체에 초점을 두려고 여러 번 시도한다 하더라도 그 학생은 비디오에 담겨 있는 의사소통의 구조를 거의 이해하지 못한 것처럼 보인다. 그 대신 그 학생은 고등학생의 문제와 교사의 교실 행동에 초점을 두었다. 이 사안은 분명히 그 학생의 '관심'을 반영하고 그 비디오에 대한 그 학생의 지각을 형성한다. 이런 사안에 대하여 그 학생은 개념과 관계, 심지어 논리적 관계를 포함하는 일종의 도식을 가지고 있는 것으로 보인다.

그러나 비디오에 담긴 의사소통의 구조에 관한 한 그 학생은 게슈탈트의 수준에 있다고 결론 내릴 수 있을 것 같다. 그 학생에게는 대화를 특징짓는 다음과 같은 하나의 전체적인 관념이 있는 듯 하다. 즉, 그런 대화는 도움이 되지 않고 성가시기만 하다. 이 사실은 물론 반복적으로 질문을 한 후에야 비로소 말로 표현되었다. 그 학생은 이 게슈탈트를 더욱 상세히 기술할 수 있는 개념을 갖고 있지는 않다. 한 현상이 그 현상을 보는 사람에게 자명한 것은 게슈탈트 수준에서 전형적인 것이다. 이것이 바로 여기서의 경우다. 즉, 그 학생은 이것이 바로 교사들이 말하는 방식이라고 생각하는 것이다. 이 사례는 문화적 요인이 학생의 지각을 어떻게 형성하는지 보여 주며, 게슈탈트의 형성 과정에서 문화적, 사회적 그리고 심리적 요인들 간의 복잡한 상호작용을 실제로 보여 준다. 이것은 또한 우리가 왜 교사가 아닌 사람들의 사례를 가지고 시작했는가에 대한 이유를 제공한다. 교사가 되는 것을 심각하게 생각하자마자, 이 비디오에 대한 우리의 성찰은 교사-학생의 상호작용과 그것의 한계에 대해 좀 더 초점을 맞추는 경향이 있다는 것을 발견한다.

응답자 2: 화학을 전공하는 대학원과정의 예비교사

면담자: 방금 본 것을 한 문장으로 요약할 수 있겠어요?

학 생: 순전히 단순한 강의인데요. 그는 강의를 하고 있습니다. 그는 학생이 왜 시험에 떨어졌는지 학생들에게 자신이 설명하는 이유를 알리려고 하고 있습니다. 그는 벌써 그것을 완전히 분석했고, 그 문제가 무엇인지 정확히 알고 있습니다. 그것은 꽤 분명해요. 내가 본 것은 강의입니다.

면담자: 왜 그렇게 생각하지요? 왜 그것이 강의입니까?

학 생: 그는 꽤 긴 시간 동안 얘기하고 있어요. 특정 시점에서 그는 학생들이 시험에 실패한 원인에 대해 그의 생각을 나열합니다. 즉, 빠른 진도와 외부의 압력 등이죠. 그는 또한 학생들이 자주 말할 수 있는 기회를 주지 않았어요. 학생들은 여러 번 '네, 하지만 그것은 선생님이 가르치시는 방법과 관련되어 있을지 모른다고 생각하지 않으세요?' 라고 말하려 했습니다. 물론 그것은 분명하지 않습니다. 그것은 교사의 설명과 맞지 않고 교사가 보았던 방식은 아닙니다. 이것은 마치 진정한 문제의 핵심이 일방적으로 전달되는 것 같아요. 여기에서 학생들의 역할은 거의 볼 수 없어요.

〈중략〉

면담자: 강의, 일방적 전달과 같은 이런 유형의 상황에 대해 당신이 쓰는 용어의 관점에서 좀 더 알고 있는 것이 있나요?

학 생: 저는 제가 본 것을 강의로 지각했습니다. 왜냐하면 그것이 제가 대학에서 강의를 경험했던 방식이니까요. 대학에 강의가 있다는 것이 바로 강사가 대학에 존재해야 하는 이유였어요. 강사는 특정 주제에 대해 자신의 견해를 전달하고 학생인 우리는 그냥 받아들입니다. 그리고 아마도 우리는 나중에 그것을 활용합니다. 상호작용이라고는 정말 없었어요.

저는 비디오에 나온 학생들이 왜 그렇게 되었는지도 이해할 수 있어요. 왜냐하면 그것은 우리가 자주 느끼는 방식이니까요. 즉, 교사는 경험이 많기 때문에 가장 잘 알고 있는 사람이라고 느끼죠.

면담자: 당신에게 이런 것에 대해 알고 있는 것을 말해 달라고 요청했을 때, 나는 교육적 지식과 교육 방법적 지식을 의미했습니다. 이것에 대한 당신의 생각은 어때요?

학　생: 이 같은 장면을 볼 때 저는 학생들이 곧 일어나서 나갈 것이라고 생각합니다. 그들은 어떤 것도 얻지 못했죠. 그 문제에 대해 함께 논의했지만 실제로 그들이 그것에 대해 뭔가 할 수 있느냐 하는 것은 여기서 쟁점이 아닙니다. 그래서 이런 점에서 그 교사는 토론을 통해 많은 것을 얻을 수 없었다고 봅니다. 무엇보다도 생각의 교환이었을 뿐이에요. 학생들이 그에게 문제를 갖고 왔지만 그는 그것을 해결하지 못했죠. 결국 그는 단지 다음과 같이 말하지요. '이제 며칠 일찍 공부를 시작하도록 해. 시간을 좀 더 투자하는 거야. 이제부터는 시험 치르기 하루 전까지 공부를 미루지 마.' 이것이 바로 99% 실제 일어난 일이라고 그가 주장한다는 것을 알 수 있지요. 그러고 나서 교사가 말하는 대로 하지 않을 것이라는, 학생들 자신의 단순한 인정이 있지요. 그 토론은 어떤 것도 바꾸지 않았지요.

면담자: 이 상황에 적용할 수 있는 어떤 교육적 이론 혹은 교육 방법적 이론을 알고 있나요?

학　생: 아니요. 당신이 맞아요. 저는 그것에 대해 잘 모릅니다.

이 예비교사는 문제의 교사와 학생 간의 의사소통에 관하여 어떤 논리적 관계가 포함된 도식의 수준에 있다고 결론 내릴 수 있다. 그 도식의 요소는 '강의' '일방적 전달' 과 같은 개념이다. 논리적 관계는 다음과 같은 것이다. 즉, 만약 교사가 이런 방식으로 일방적 전달을 한다면 이 같은 문제 상황은 별로 바뀌지 않을 것이다. 이 면담의 마지막 부분에서 우리는 이 예비교사가 아직 이론 수준에 이르지는 못했다는 것을 알 수 있다.

응답자 3: 교육 전공 교수

다음 면담의 첫 부분에서 응답자는 비디오에 대한 자신의 생각을 기술한다. 기본적으로 그는 이 상황에서 학생은 교사와 다르게 문제를 분석하고 있고, 그 교사는 자신의 방식이 이 문제를 분석하는 옳은 방식이라고 설명하려 노력하고 있다고 느낀다. '이런 종류의 상황에 대해 어떻게 생각하는지요?' 라는 질문에 답하면서 그 응답자는 교사와 학생의 상호 관계에 대한 Gordon의 연구물과, 상호 인간적 행동과 토론 기술 이론에 관한 Leary의 연구물을 언급한다.

면담자: 이 상황에 대해 어떻게 생각하시는지, 그 대답으로 선생님께서 설명하신 것을 요약하자면, Gordon과 '이것은 누구의 문제인가?' 와 같은 그의 많은 원칙을 언급하셨어요. 토론 기술도 언급하셨고, 이 상황에서 의사소통은 거의 혹은 전혀 없다는 사실도 간단히 지적하셨고, Leary를 언급하시며 그의 관점에서 상황을 보기도 했습니다. Leary-rose[Leary가 개발한, 행동을 상세히 기술하기 위한 모형]를 마음에 두고 계신 것 같았어요. 그리고 이 상황에 대해 선생님께서 할 수 있는 것에 대해 생각하셨지요. 그러고 나서 이런 유형의 것은 보통 우리 안에 매우 깊숙이 고정되어 있기 때문에 그 대안은 아마도 매우 힘들 것이라고 보셨지요. 거기서 언급하신 것은 오히려 아주 다른 문제입니다. 이렇게 많은 것 뒤에 놓여 있는 어떤 논리적 구조가 있나요? 이 모든 것을 함께 엮어 주는 하나의 논리가 있습니까?

교 수: 의사소통이 없다는 것으로 시작한다면 원과 화살 혹은 다른 개념에 연결시킬 어떤 것으로 그림을 그릴 수 있었을 겁니다. (그리고 그는 그림을 그리기 시작한다. [그림 10-1] 참조) Leary가 그러한 의사소통을 연구하는 한 가지 방법입니다. Gordon은 그것을 보는 다른 방법을 소개합니다. 그리고 교실 상황을 보는 데 나는 보통 이것을 활용하는 경향이

있다는 것과 교실 상황 바깥의 토론 상황에 저것을 적용한다는 것을 여기에 덧붙여 말합니다. 물론 이 둘은 밀접하게 관련되어 있습니다. 왜냐하면 그것들은 과정을, 예를 들면 체계적인 의사소통과 보완적인 관계 등과 같은 것을 더욱 효과적으로 만들기 때문입니다. 이것이 하나의 이론을 구성합니다. 그러고 나면 우리는 다음을…. (그는 그림을 자세히 설명하고 있다.)

면담자: 당신은 이것을 이론으로 언급하고 있습니다.

교　수: 이것을 하나의 이론으로 조합할 수 있습니다. 제 머릿속에서 이것은 하나의 이론과 같은 형태인 어떤 것이라고 생각합니다….

면담자: 비디오를 보고 있는 중에 그것이 당신의 마음에 떠오른 것은 아니라고 말씀하셨지요. 그러나 그것을 기술하실 수…?

교　수: 안내서와 같지요. 만약 다음 시험을 위해 학생들이 좀 더 일찍 공부하기를 진정으로 원하고 그렇게 만들고 싶다면 그 교사는 다르게 했어야 한다는 것 등의 생각이 계속 제 마음을 스쳐 지나갔어요. 그러나 저는 여기서 (이 그림에서) 단순히 그것이 무엇인지 덧붙일 수 없습니다. 이것은 개념에 대한 전체적인 얼개와 같은 것입니다. 거기에 모종의 논리적 구조가 있음에 틀림이 없습니다. 하지만 지금 저는 그것이 무엇인지 모르겠어요.

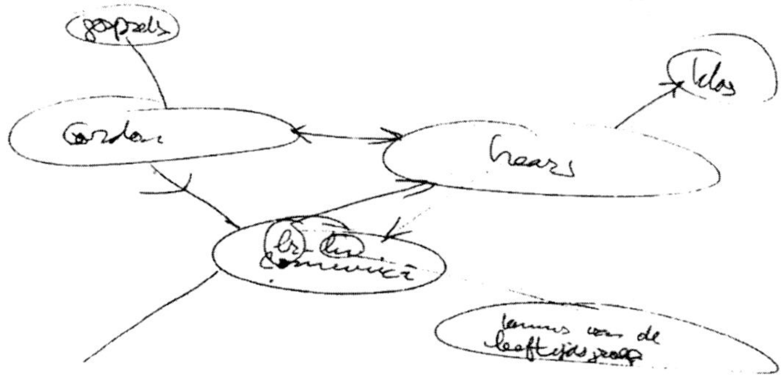

[그림 10-1] 교수가 그린 그림

이 교수가 자신이 언급한 이론에 대해 이론 수준에 있다는 것은 의심의 여지가 없다. 그는 그 이론들의 일부에 대해 책을 쓰기도 했다. 면담에서 그는 이 분리된 이론들 간의 논리적 관계를 발견하려고 애썼다. 그 이론들과 이론의 요소들은 그 교수가 상황을 해석하는 방식에, 그렇게 의식적인 수준에서는 아니지만 어떤 역할을 하는 것같이 보인다. 그는 행동을 위한 실제적 안내 전략을 발견하는 것에 좀 더 집중하고 있다. 그는 면담 중에 이 안내 전략과 이론 간의 관계를 인식하게 되었다고 나중에 알려 왔다. 우리는 이것을 이론 수준이 환원된 한 예로 보려고 한다. 이것은 이론 수준에 있는 응답자로 하여금 실제적 상황을 반성하도록 요구하였을 때 언제나 나타나는 특징으로 보인다. 이런 경우에 실제와의 관련은 수준 환원을 통해서만 오로지 성립될 수 있는 것으로 보인다.

7. 세 가지 수준 간의 관계에 대한 자세한 탐구

이 절에서는 우리의 사고의 틀을 풍부하게 하기 위해 세 가지 수준 모형의 여러 측면을 좀 더 자세하게 논의할 것이다. 특히 그 세 가지 수준 간의 관계에 초점을 맞출 것이다.

교사의 정신적 구조의 발전

이제 수준 전환의 본질을 조직화하는 작업에 들어갈 것이다. 이제까지 보았듯이 게슈탈트의 형성은 학습의 가장 흔한 유형이다. 때때로 학습의 과정은 더 나아가기도 한다. 경우에 따라 다른 대상 혹은 상황을 '동일한 것' 으로 만드는 것이 무엇인지 이해할 필요가 있다. 이것 또한 현실의 어떤 측면을 파악할 필요를 반영한다. 그러한 경우 우리 자신의 게슈탈트의 특징을 확실히 아는 것이 필요하다. 이것은 정신적 구조(도식)가 요소와 이런 요소 간의 관계로 구성되면서 형성된다는 것을 의미한다(Van Hiele, 1986, p. 50). 이때 게슈탈트는 좀 더 '내면성' 을 갖고(Berliner, 1987; Skemp, 1979) 의식적이면서 더욱 정적이게 된다. 이것을 할 수 있기 위해 우리는 자신의 게슈탈트에 대해 성찰해야만 한다. 그 도식 안의 요소와 이들 간의 관계의 양이 더 많고 질이 더 높을수록 그 도식은 더욱 풍요로워진다.

일단 우리가 도식의 수준에 있을 때, 우리는 그 도식 내의 많은 요소와 관계로부터 그 도식의 본질을 추출해 낼 필요를 느낄 수 있다. 예를 들어, 학습에 대한 구성주의적 이론을 택함으로써 우리는 하나 또는 그 이상의 많은 기본 가정에서 많은 원리를 끌어낼 수 있다. 이것은 우리의 세계를 아주 약간이나마 더 이해하기 쉽게 만든다. 논리를 수단으로 하여 명료하게 하고 입증하는 능력은 세계를 이해하는 우리의 능력을 증진시키는 또 다른 방식이다. 한 상황에서 진행되고 있는 것을 이론 수준에서 더 자세히 볼 수 있다면, Van Hiele(1973)가 말하듯이, 관계의 망(도식)은 다른 것이 논리적으로 파생될 수 있는 중심부를 적은 수의 관계가 형성하는, 그러한 방식으로 재구조화될 수 있다는 결론을 내릴 수 있다. 다시 말하면, 관계는 이미 존재하는 도식 내의 관계 사이에서 새롭게 창조된다. 이전의 관계 망에 있던 관계는 새로운 관계 망의 매듭이 된다.

반성적 사고

새로운 수준으로의 전환을 촉진하기 위하여 우리가 이미 습득한 지식이나 겪은 경험에 대해 생각하고 이것에 새로운 구조를 도입하도록 노력해야 한다. 이것은 바로 제4장 5절에서 반성적 사고를 정의한 방식이다. 제4장에서, 교사의 사고와 교사교육에 관한 영역에서 연구자들은 반성적 개념에 대한 다른 개념화를 사용하고 있고, 이런 차이는 교육의 목적과 교사의 역할에 대한 다양한 견해와 관계가 있다는 것을 보았다. 다른 한편, 반성적 사고에 대한 모든 개념화 방식의 공통적인 특징은 반성하는 사람이 이미 습득한 지식이나 경험을 구조화 혹은 재구조화한다는 사실이다. 반성적 사고에 대한 다른 개념화 방식의 기저에 놓인 이런 교육적 견해는 선호되는 방식의 구조화를 결정하는 관점이기도 하다. [그림 10-2]

에 세 가지 수준과 이것과 관련된 과정이 요약되어 있다.

수준 환원

지적으로 형성된 개념과 관계는 그것을 직접 써 보거나, 그림으로 그리거나, 말로 설명을 해 봄으로써 구체화될 수 있다. 이것은 그것을 좀 더 손에 잡히고 쉽게 다룰 수 있는 것으로 만든다. 이런 방식으로 하나의 이론 혹은 좀 더 복잡한 도식은 게슈탈트로 기능할 수 있게 된다. 우리는 그것을 거의 '반사적으로' 활용할 수 있다. 이것이 바로 수준 환원(Level Reduction)이라는 것이다(Van Hiele, 1973, p. 101; 1986, p. 53). 수준 환원은 그 행위자가 다른 것에 더욱 주목할 수 있게 한다. 수준 환원의 두 번째 그리고 더 중요한 기능은 행위를 하는 동안 반성하지 않고도 우리의 지식을 우리 자신의 행위를 안내하는 데 활용할 수 있다는 사실이다(6절에서 응답자 3의 예 참조). 이 원칙은 교실에서 교사가 하는 대부분의 행동을 이끄는 것이 그의 게슈탈트라는 신념과 관련이 있다(Korthagen, 1993c, Wubbels, 1992b). 수준 환원의 현상은 Berliner(1986, 1987)의 전문성을 위한 성장의 모형과 일치하는데, 이에 따르면 전문성을 위한 성장에서 전문가의 수준이란 그 전문가가 상황에 대한 직관적 파악을 기초로 하여 아주 유연하게 움직일 수 있는 수준을 말한다.

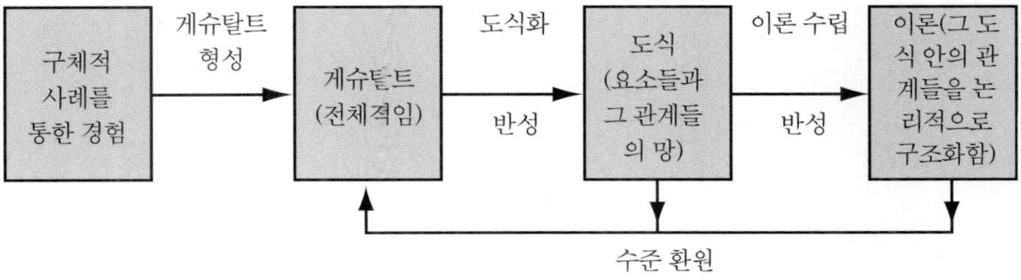

[그림 10-2] 특정 영역과 그것에 속하는 수준에 따라 나타나는 학습 과정에서의 여러 국면

세 가지 수준의 특징

우리는 '사각형' 혹은 '학습'과 같은 특정 주제에 대해 한 사람이 도달한 수준을 어떻게 결정할 수 있는가? 앞서 언급한 논의를 기초로 보자면, 한 가지 중요한 지표는 그 사람이 '~은 무엇이냐?' 라는 질문에 반응하는 방식이라는 것을 알 수 있다. 게슈탈트의 수준에 있는 사람은 '~와 같은 것' 이라고 말하며 예를 들 것이다. 게슈탈트 수준에 있는 사람에게 '학습이 무엇이냐?' 고 물으면, '스키 타는 것을 학습하는 것' (그에게 개인적으로 관련된 것)과 같은 예를 대답으로 제시할 것이다. 도식화 수준에 있는 사람은, 예를 들어 '학습'의 경우에 학습의 특징을 드는 것, 즉 그 속성을 나열할 것이다. 이론 수준에 있는 사람은 학습의 정의를 제시할 수 있을 것이다. Kuhn(1970)에 따르면, '좋은' 이론에는 최소한 다섯 가지 특징이 있다. 그것은 정확하고(이미 알려진 자료와 일관성이 있고), 넓은 범위의 자료를 명료화하고, 내적으로 일관될 뿐 아니라 이미 수용된 다른 이론과 일관성이 있으며, 단순하고(다양하고 고립된 현상들에 질서를 부여하고), 생산적이다(새로운 결과를 생성함).

'왜 이것은 그러하지?' 에 대한 질문을 던지면 그 차이는 더욱 더 두드러진다. 게슈탈트의 수준에 있는 사람은 그러한 질문을 받으면 놀라면서 '그것은 그냥 그런 거야.' 식의 대답을 한다. 도식화 수준에 있는 사람은 그가 언급한 특별한 속성이 정말 있다는 것을 보이는 예를 제시할 수 있다. 이론 수준에 있는 사람들은 그 정의가 필요할 뿐 아니라 충분하다는 것을 보이는 논리적 논증을 제시할 수 있다. 이 세 가지 수준이 실질적으로 서로 다르다는 것은 분명하다. 게슈탈트 수준은 특별한 경험이 일어났던 구체적 상황에서의 감각 지각과 밀접한 관계를 가지고 있다. 달리 말하면, 게슈탈트 수준에서 우리는 상황적 지식을 가진다(Borko & Putnam, 1996; J. S. Brown, et al., 1989).

이것은 구체적 상황 및 그 상황이 놓인 맥락과 깊이 관련되어 있다. 이 수준에서 우리는 정의상 차별화되어 있지 않고 설명되지 않으며 총체적인 상황의 재현을 다룬다(Van Hiele가 1973년 저서 142쪽에서 "그 이미지는 말로 표현되지 않는 많은 것의 상징이다."라고 말했듯이). 도식화 수준에서 경험 혹은 상황은 더 이상 총체로 지각되지 않고 그 대신 초점이 개인적 요소, 속성, 관계에 맞추어진다. 이런 요소, 즉 관계에 이름을 붙이기 위해 언어가 먼저 사용되는 것은 이 수준에서다. 이론적 수준에서 그 도식의 관계는 논리적 관계망의 요소가 된다. '만약 이것이 그때 이러하다면~'과 같은 논증은 경험이나 상황을 명료화하기 위하여 사용된다.

프로네시스와 에피스테메의 관계

대부분의 실천가가 가지고 있는 도식은 특정 상황을 추상적으로 이해하고자 하기보다는 이런 상황에서 어떻게 행동해야 하는지 알고자 하는 소망으로 동기화되어 있다. 제2장에서 설명한 대로, 이 목적은 실제적 상황의 중요한 특징을 지각하고 그리하여 프로네시스, 즉 실천적 지혜(작은 이론)로 발전시키고자 하는 욕구로 이어진다. 실제로 교사가 가진 도식은 자주 이론적 지식의 유형이기보다는 실천적 지혜의 성격을 더 많이 띤다.

이론적 수준의 지식은 전형적으로 에피스테메의 형태다. 이 지식은 논리적 구조를 기초로 특정 부류에 속하는 상황들을 이해하는 데 도움이 된다. 이런 이해는 그러한 상황에서 행동하는 능력과는 차이가 있다. 후자는 수준 환원을 요구한다.

학습에서 연속성과 단절성

수준 전환이 단지 일반화나 추상화 이상을 필요로 한다는 것을 주목하는 것은 중요하다. 특정 주제와 관련하여 게슈탈트 수준에서 행동하는 사람은 도식 수준에서 행동하는 사람과 그 개념을 다르게 본다. 이것은 전문가와 보통 사람 간의 의사소통에 많은 문제를 야기한다. 수준 전환은 외부 세계의 상황이나 대상에 대한 내면적 재현에 본질적인 질적 변화를 의미한다.

학습 과정이 진행됨에 따라 우리는 하나의 수준 내에서 더욱 점진적인 발전이 일어나는 것을 볼 수 있다. 게슈탈트는, 예를 들어 처음에는 하나 또는 그 이상의 구체적 대상이나 상황과 밀접한 관련이 있다. 관련된 사례를 더 많이 경험하면서 이런 사례에 대한 더욱 추상적인 게슈탈트를 점차 형성한다. 게슈탈트 수준에서 구체적인 것에서 추상적인 것으로 발전하는 것은 수준 전환을 위한 선행 조건이다. 우리는 모종의 추상화가 일어날 때까지는 한 현상이나 한 부류의 대상의 본질적 속성(도식화)을 인식할 수 없다.

도식 수준에서도 유사한 점진적 발전이 일어난다. 이 경우는 관계에 대한 단순한 망에서 좀 더 복잡한 구조로 나아간다. 풍부한 도식의 발전이 이론적 수준으로의 올바른 전환을 위한 선행 조건이 된다. 우리는 일군의 관계를 인식한 후에야 비로소 기본적인 특징을 이것에서 논리적으로 따라나오는 다른 것과 구분할 수 있게 된다.

요약하자면, 교사 지식의 발달과 관련된 상이한 과정이 있다. 즉, 하나의 수준 안에서 점차적으로 발전하는 과정과 한 수준에서 다른 수준으로 전환([그림 10-3] 참조)하는 과정이 있다. 수준 전환에서 우리는 단절적인 과정을 겪는다. 왜냐하면 요청되는 질문이 근본적으로 바뀌기 때문이다. 게슈탈트 형성의 과정에서 우리는 (자주 무의식적으로) 특정 상황에서 어떻게 행동해야 하는가에 초점을 둔다. 도식화 과정에서 우리는 의식적으로 그 게슈탈트를 명료화하려고 노력한다. 이론 수립의 과정에서 우리의 목적은 그 도식에 논리적 질서를 부여하는 것이다. 점차적이고 단절적인 전환에 대한 이런 구분은 Rumelhart와 Norman(1981)이 주장하는, 기존 도식 내에서 정보가 점차적으로 증가하는 증강과 '새로운 도식의 창조'에 관련되는 재구조화 간의 구분을 우리에게 상기시킨다(Rumelhart & Norman, 1981, p. 45; Vosniadou & Brewer, 1987 참조).

주관적 이론

제기될 수 있는 한 가지 문제는 우리가 풍부한 도식을 충분히 형성하기 전에 논리적 설명에 대한 필요를 자주 느낀다는 사실과 관련되어 있다. 우리는 '국지적' 인 논리적 설명을 그 도식에 적용하는 경향이 있고, 이것은 때때로 올바른 이론의 형성을 방해한다. 예를 들어, 지식 전달을 교수활동의 본질로 보며 수업을 시작하는 교사는 '효과적인 지식 전달' 에 관심이 있는 '만약-그때' 의 관계 망을 발전시킬 것이다. 그러한 지적 망이 더 강력할수록 그 교사로 하여금 교수활동에 대한 자신의 생각을 재구조화하도록 돕기가 더 어렵다. Mandl과 Huber (1983)의 주장대로 이런 국지적 구조화를 주관적 이론이라고 부른다.[3] 예를 들어, 교사에 대한 한 가지 주관적 이론은 다음과 같이 기술된다. '한 학생이 나의 설명을 이해하지 못한다면 나는 이것을 다시 설명할 필요가 있다.' 이런 국지적 구조화는 현재 통용되는 학습에 대한 이론과 일치하는 전체적 구조화(큰 이론)를 방해할 수 있다.

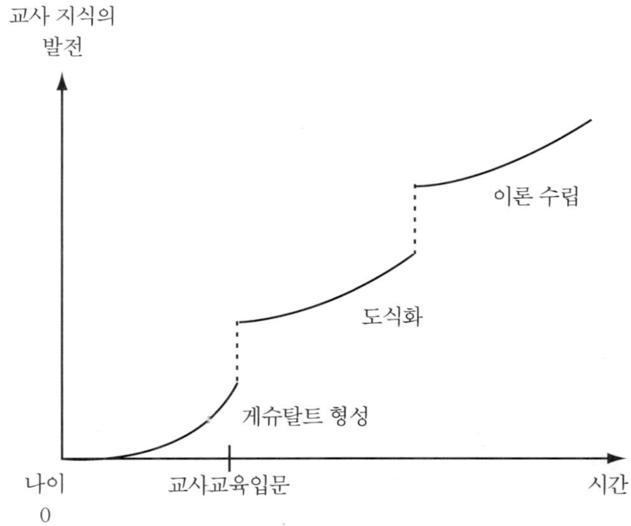

[그림 10-3] 특정 차원 내, 예를 들면 '교수활동' 내에서의 교사 지식의 발전

8. 세 가지 수준 모형의 이론적 기초

이 시점에서 독자는 전문성을 위한 학습에 관한 우리의 수준 모형의 기저에 놓여 있는 이론적 기초가 무엇인지 궁금할 것이다. 이제까지 논의해 온 이 모든 것 뒤의 논리는 무엇인가? 그 배후의 가정은 무엇이고 이런 가정에서 파생되는 다른 원리는 무엇인가? 달리 말하자면, 우리는 이 모형과 관련하여 이론 수준에 도달할 수 있는가?

출발점 전제

우리가 출발하는 전제는, 다시 말하면 우리 모형의 기본 명제는 심리학에서의 인지적 전환(Mayer, 1981)의 영향을 받은 행위-이론 패러다임(Groeben & Scheele, 1977)에서 나온다. 첫 번째 전제는 인간의 행동은 개인적 목적에, 스스로가 반드시 인식하는 것은 아닐 수 있는 목적에 기초를 둔다는 것이다(Skemp, 1979, p. 2). 이것은 또한 필요의 관점에서 표현될 수도 있다. 즉, 인간 행동은 개인적 필요의 충족을 목적으로 한다(Maslow, 1968). 여기서 행동은 '환경과의 상호작용' 뿐만 아니라 우리 머릿속에서 일어나는 경험의 구조화와 같은 지적 행동을 포함한다는 것에 유의해야 한다.

행위-이론 패러다임의 두 번째 전제는 개인의 행동은 정신적 구조(예, 저장된 경험, 지식, 신념 등)로 안내된다는 것이다. 더욱이 이런 정신적 구조는 끊임없이 발전되고 조절된다는 것이다(Groeben & Scheele, 1977). 이 후자의 가정은 또한 구성주의의 기초를 형성한다(Fosnot, 1996; Siegel & Cocking, 1977; Von Glasersfeld, 1990).

이런 두 전제는, 즉 행동은 개인적 필요에 기초하고, 개인의 정신적 구조와 환경 내의 대상 및 상황 간에는 상호작용이 있다는 것은 밀접히 관련되어 있다. 모든 인간은 자신의 환경을 이해하고자 하는 기본적 필요를 갖는다. 이 이해가 없다면 인간은 무력하고 전적으로 환경의 지배를 받는다. 정신적 구조는 우리의 이런 이해를 돕고 우리로 하여금 상황과 대상을 파악할 수 있도록 한다. 그 결과 우리의 정신적 구조의 특성은 이 구조의 발전을 자극했던 필요에 따라 어느 정도 결정된다.

우리는 형태심리학으로부터 개인이 자신의 환경을 파악하는 가장 기본적인 방식은 게슈탈트의 형성을 통해서라는 개념을 빌려 왔다. 이 게슈탈트는 우리가 대상 혹은 상황을 전체로서 지각하고, 그러한 것으로 그것에 반응하도록 무의식적으로 혹은 반의식적으로 돕는다(Ellis, 1950). 이것은 즉각적인 교수활동 상황과 관련해 말하자면 하나의 주어진 상황에 숨어 있는 수많은, 그리고 다면적인 조건과 사건이 하나의 전체적인 지각적 동일체로 결합되도록 한다는 것을 의미한다.

사회적 맥락

이것은 또한 사회적, 문화적, 심리적 그리고 물리적 요인 간의 복잡한 상호작용을 함의한다. 먼저 게슈탈트에 깊이 스며 있는 지식은 이전에 부딪힌 (아주 어린 시절의) 구체적 상황과 관련되어 있고, 그러한 상황에 대한 주관적이고 가치내재적인 경험으로 윤색되어 있다. 이것은 Van Manen(1990)이 말하는, 상황, 그 상황에서 경험하는 사람, 그 경험이 일어나는 맥락의 역할 간의 상호작용에 대한 개념과 동일 선상에 있다(Carter & Doyle, 1996; Clandinin, 1985 비교). 예를 들어 앞에서 묘사된 윌슨 교사의 상황에서, 학급 토론에 대한 부정적 경험은 그녀의 현재 행동을 형성할 수 있다.

Vygotsky(1978)나 Giddens(1984)와 같은 저자들의 작업을 좇아 우리는 더욱 넓은 사회문화적 관점에서 맥락의 역할을 살펴볼 수 있다. 가령 윌슨 교사는 그 수업을 빨리 끝내려는 자신의 필요에 강한 영향을 받았을 수 있다. 그리고 이 욕구는 다시 처방적이고 지나치게 부담이 많은 교육과정이 주는 중압감이 낳은 것일 수 있다. 이것은 다시 생산성을 강조하고 인간 관계에서 배려의 가치를 덜 고려하는 더 넓은 맥락의 사회 경제적 배경을 반영할 수 있다. Berkak와

Berkak(1981)가 지적하는 것처럼, 가르치는 일은 갈등하는 가치 및 목적, 조건 간의 딜레마와 교실에서의 상호작용에 참여하는 개인의 필요 간의 딜레마로 가득 차 있다. 후자의 한 예로, 학생이 자신의 사고에 대해 성찰하도록 요구받는 것에 저항하려는 태도를 갖고 있는 것에 대하여 윌슨 교사가 느끼는 것은 그녀의 태도에 영향을 줄 수 있다. 이런 저항은 물론 학생의 문화적 배경에서 나온 것이다.

그러나 윌슨 교사는 '행동하는 중에' 그 상황 속의 많은 요소 간의, 중요하지만 많고 매우 복잡한 그러한 관계에 대해 반성할 시간을 가질 수 없다. 더구나 그녀는 즉각 행동해야 했기 때문에 그 상황에 대한 게슈탈트가 그녀로 하여금 그렇게 행동하도록 돕는 것이다.

이미지

다른 저자들은 우리의 행동을 안내하는 전체적인 지각을 가리키는 데 이미지라는 용어를 사용한다(예, Connelly & Clandinin, 1984; Denis, 1991). "그림이 그려진 대상을 재현하는 방식으로, 즉 우리에게 익숙하고 관습화된 방식으로 이미지는 지각적 사건을 재현한다." (Bruner, 1964, p. 2) 이런 이미지는 시각적일 뿐 아니라 다른 감각적 지각으로부터의 각인된 인상도 포함한다(Dennett, 1991; Johnson, 1987). 그러나 이 용어에는 두 가지 문제가 있는데 이 문제 때문에 우리는 게슈탈트라는 용어를 더 선호한다. 첫째, Calderhead와 Robson(1991, p. 3)이 지적하듯이 "이미지라는 개념은 인지심리학에서도 교수 이론에서도 아주 정확하게 정의할 수 없는 꽤나 거친 개념이다." 실제 그 용어는 다른 현상에도 사용되는데, 예를 들어 특정 상황에 대한 맥락 규정적이고 구체적인 인지적 그림이라는 의미로도 쓰이고, 교수활동 혹은 교육에 대한 일반적인 견해라는 의미로도 쓰여 은유적 개념에 가까운 것이 된다. 둘째, 이미지라는 개념은 시각적인 어떤 것을 지시하는 것같이 보이는데, 이 개념이 다른 감각 지각으로부터의 각인된 인상(Dennett, 1991)과 행동적 경향성을 포함하는 것은 중요하다. (기본적 개념을 정확하게 체계화하려는 필요로 출발한) 우리의 모형을 발전시키는 데는 게슈탈트라는 용어가 더 적합하다고 생각된다. 형태심리학의 노선 안에서 우리는 게슈탈트를 (특정 맥락 내의) 촌각의 시간 안에 일어나고, 구체적인 현재-여기의 상황에 따라 교사 내부에 촉발되는 어떤 총체적인 단위로 지시하고자 한다. Korthagen (1993c)이 지적하듯이, "게슈탈트에는 그 사람의 필요, 가치, 의미, 생각, 느낌, 행동은 분리될 수 없는 하나의 전체로 모두 통합되어 있다."(Huibregtse et al., 1994 참조).

세 가지 수준의 모형은 하나의 이론인가?

이 절에서 기술된 관계 망은 하나의 이론인가? 그렇지 않다. 최소한 우리가 앞에서 정의한 방식으로 이론을 정의한다면 그렇게 생각할 수 없다. 이것은 아직 개발 중에 있는 이론으로서, 국지적인 논리적 구조화 이상으로 구성되어 있기는 하지만 여전히 더욱 많은 경험적 지지와 정교화를 필요로 한다. 이것이 바로 우리가 이것을 이론이 아닌 모형으로 부르는 이유다.

이 모형을 개발하려는 우리의 시도는 주로 두 가지 점을 기초로 한다. 첫째는 Van Hiele 모형이다. 이것은 수학과 화학 같은 교과목에서는 경험적으로 검증되었지만 교사 지식의 영역에서 광범위하게 검증된 것은 아니다. 더욱이 Van Hiele 모형과 우리 모형에는 중요한 차이가 있다. Van Hiele도 (기초 수준이라 불리는) 세 수준을 구분하지만, 첫 번째 수준은 시각적 양상의 관점에서 훨씬 더 조직화되어 있고 게슈탈트에 대한 정의에서 우리가 받아들이는 모든 차원을 포함하지 않는다. 이것은 Van Hiele 모형이 기하학 교육의 맥락에서 개발되었기 때문이다. 이런 점에서 우리의 게슈탈트-도식-이론 모형은 Van Hiele 모형을 확장시킨 것이라고 할 수 있다.

둘째, 개발 중인 우리의 이론은 게슈탈트 심리학을 기초로 하는데, 이것은 더 이상 주류 인지심리학에 통합될 수 있는 부분이 아니다. 비록 Anderson(1980)은 인지심리학에 대한 유명한 책에서 인지적 이미지에 대하여 한 장 전체를 할애하고 있지만, 최근 인지심리학자는 학습의 다소 덜 의식적 측면보다는 우리가 도식 수준이라고 부르는 것에 더 관심을 가지고 있다. 또한 그들은 정의적 측면(Pintrich, 1990)보다는 인지적 측면, 장기적인 학습의 과정(Freudenthal, 1991, p. 87)보다는 학습의 생산물(예를 들면, 한 사람이 가진 도식의 구조)에 더 관심을 가지고 있다. 1980년대에 쓰인 의미론(Johnson, 1987)에 대한 표준적 교재에서 의미의 생산에서의 게슈탈트나 이미지의 역할은 조금도 논의되지 않았다. 1990년대 동안 이른바 암묵적 학습(즉, 말로 표현되기 어려운 지식을 생성하는 학습)이라는 것에 대한 관심은 약간 증가하였다(전체적 동향은 Berry & Dienes, 1993; Epstein, 1994 참조).

교사 학습에 대한 이론을 수립하려는 우리의 시도가 이런 두 가지 이론적 틀을 기초로 하지만 이것은 또한 하나의 새로운 종합을 표현한다고 볼 수 있다. 이런 것이 되기 위해 좀 더 경험적인 자료를 통한 지지와, 우리가 구성한 망 내에서의 관계에 대한 더 많은 정교화를 요구한다는 것은 사실이다.

인간의 기능적 역할에 대하여 다소 독창적인 견해를 대담하게 제안했던 과거의 많은 창의적인 연구자들의 작업 또한 우리의 이론을 지지한다. 이들 중 한 사람이 Watzlawick(1979)인데, 그는 이전 경험과 일상적 삶에 대한 우리의 지식이 결합될 때 그가 '세계에 대한 이미지'라고 부르는 것이 생성될 수 있다고 주장한다. 그는 심리 치료와 뇌 연구(예, Bogen, 1969; Gazzaniga, 1970) 영역에서의 발견을 기초로, 인지적 이미지를 통한 현실의 재현은 일차적으로 오른쪽 뇌에서 일어난다고(Korthagen, 1993c; Wubbels, 1992b 참조) 설득력 있게 주장하였다. 그때 이후 뇌 구조는 훨씬 더 복잡한(Bryden, 1982 참조) 것으로 알려졌지만, Watzlawick가 제안한 그 견해는 앞서 기술된 과정과 부합한다. 이미지(우리의 용어로 게슈탈트)의 전형적인 특징은, 그리고 이와 관련된 뇌의 오른쪽 반은 아날로그적 특성을 지닌다. 도식 수준과 이론 수준은 반대로 뇌의 왼쪽 부위와 관련되어 있는데, 디지털적인 구조의 활용으로 특징지어진다. 비록 Watzlawick은 경험적으로 지지된 이론에 의존하지만, Wubbels(1992b)가 정당하게 지적하듯이 Watzlawick의 이론 자체로는 증명되지 않았다.

Lawson 부부(1993), Kosslyn, Van Kleeck 그리고 Kirby(1990)의 연구는 특정 신경 생리학적 과정과 이미지 형성 사이에 우리가 생각하는 방식의 관계가 있다는 것을 지지한다. Barlow(1990)는 다음과 같이 지적한다. "신경단위인 뉴론은 게슈탈트 학파가 우리의 관심을 주목하게 했던 이미지적 특징에만 선택적으로 반응한다." 실제로 잘 알려진 게슈탈트의 법칙(예, 종결의 법칙 9절 참조)을 교수활동의 과정에 적용하는 것은 교육적 맥락에서 일어나는 현상에 대한 우리의 이해를 심화시킬 수 있을 것 같다(정교화된 설명을 위해 Dolk, Korthagen, & Wubbels, 1995 참조).

게슈탈트 수준은, 행위를 인간의 신체에 있는 많은 유사한 체계에 기초를 두고 있는 것으로 보고, 감정을 일차적인 의사결정 과정과 관련되어 있다고 보는 Damasio(1994, pp. 83-84)의 관찰이 갖는 심리적 측면으로 간주될 수 있다. Damasio에 따르면, 우리의 행위가 하나의 '데카르트적 무대' 위에 등장하는 정보에 기초한다는 생각은 환상이다(Edelman, 1987 비교). Damasio(1994, pp. 97-98)는 우리가 한 인간으로 작동하는 데 이미지가 중요한 역할을 하며, 이미지는 기질과 관련된 신경적 유형과 밀접한 관계가 있음을 강조한다. 또한 그는 다음과 같이 주장한다(p. 240). "현재는 결코 여기가 아니다. 절망적이게도 우리는 항상 의식에 한 발짝 뒤늦다." Gazzaniga(1999, p. 73)도 동일한 현상을 지적한다. 즉, "정신적 과정과 연계된 주요 사건은 우리가 그것을 인식하기 전에 우리의 뇌에서 이미 계속 진행되어 왔으며 상당 수준 그렇다."

비슷한 노선의 사고를 보이는 또 다른 저자는 Johnson(1987)이다. 그의 저서 『마음 안의 몸(*The Body in the Mind*)』은 의미와 합리성의 이론이 오늘날 처하게 된 위기에 대해 논의하는 것으로 시작한다. 그는 자신이 이미지적인 도식적 구조라고 부르는 것에 대한 적절한 연구가 전무하다고 지적한다. 이미지적인 도식적 구조라는 것은 비명제적이고 아날로그적이며 상징적인 특징을 지닌다. Johnson의 논의는 인간의 신체적 움직임, 대상의 조작 그리고 지각적 상호작용은 반복적인 유형과 관련되는데, 이 반복적인 유형이 없으면 우리의 경험은 혼란스럽고 이해할 수 없는 것이 된다는 것을 보이는 것으로 시작한다. 그는 이런 유형을 '이미지 도식' 이라고 부르고 다음과 같이 논의한다.

> 이런 것은 관계 속에 있으면서 통합된 전체로 조직되는 부분으로 구성되는 게슈탈트 구조인데, 이 게슈탈트 구조 때문에 우리의 경험은 구분될 수 있는 질서를 드러낸다. 우리가 이 질서를 이해하려고 하고 그것에 대하여 합리적으로 사고하려고 할 때, 신체에 기초한 그런 도식은 중요한 역할을 한다. 왜냐하면 신체적 상호작용의 구조로서 하나의 주어진 이미지 도식이 먼저 등장하더라도 그것은 상징적인 형태로 발전될 수 있고, 또한 인식의 좀 더 추상적인 수준에서 의미가 조직되는 데 필요한 하나의 구조로서 확장될 수 있다(Johnson, 1987, pp. 19-20).

경험이 많은 교사가 이론적 수준에 있다는 것은 Copeland와 다른 저자들(1994)의 연구로 지지된다. 이 연구자들은 많은 경험과 전문성을 가진 교사가 학급에서 일어난 에피소드가 담긴 비디오를 보여 주었을 때 더 많은 인과관계를 찾아낸다는 것을 발견했다.

9. 시사점

이 절에서는 세 수준 모형이 교사의 사고와 행동 간의 관계와 교사교육, 그리고 그 연구 전반에 대해 시사할 수 있는 내용을 탐색할 것이다.

교사의 사고와 교사의 행동

교사의 사고와 교사의 행동 간의 관계는 과거 수십 년 동안 이루어진 교수활동 및 교사교육에 대한 문헌이 다룬 주요 쟁점 중의 하나였다(Carter, 1990). 이 장의 맥락에서 흥미로운 질문은 교사의 행동이 실제로 합리적 사고에 따라 안내되는가에 관한 것이다. 교사의 일상적 역할에 대한 많은 연구물(Clark & Yinger, 1979;

Halks & Olson, 1984)은 행동을 반사적이거나 기계적으로 수행하는 것은 많은 교사 행위의 특징이라는 사실을 강조한다(Unwin & McAleese, 1978, p. 677). Carter(1990, p. 297)의 결론에 따르면, 교사가 행위를 할 때 연구되고 숙고된 의미에서의 의사결정은 그들의 상호작용적 사고에서 사소한 역할을 하는 한편, 그들의 행위는 대체로 규칙과 일상적 반복으로 지배되는 것같이 보인다. Elbaz(1991)는 교사의 지식은 비단계적이고 전체적이며 개인적 의미로 감염되어 있으며, 대체로 암묵적이라고 지적한다. Sternberg & Caruse(1985, p. 148)는 성찰되지 않은 '암묵적 지식'이 교사로서의 성공과 실패에서 핵심적 요소라고 주장한다. Russell과 그의 동료들에 따르면, "전문적 지식은 종이 위에 쓰거나 말로 표현할 수 있는 것 이상의 것으로 구성된다." 결론적으로 우리는 엄격하게 논리적으로 사고하는 것이 종종 교실에서 만나는 문제를 해결하기 위한 가장 적절한 도구가 아니라는 것을 교사들이 깨닫기 시작하고 있다고 말하는 Clark와 Lampert(1985)의 주장에 동의할 수밖에 없다.

Denis(1991, p. 171)는 "이미지는 개인이 세계에 작용을 가하고 변화를 수행하는 행동을 규제하는 데 중요한 역할을 하는 것 같다."라고 주장한다(Kaufmann, 1985). 그는 Ochanine(1978)이 제안한 '작동적인 이미지' 개념을 언급한다. 이것은 인간 행동에서 이미지의 규제적 기능을 강조한다. Denis는 계속해서 "이미지는 개인에게 세계에 대한 내적 모형, 즉 행동에서 만들어지고 행동을 조직하도록 되어 있는 모형을 제공한다는 의미에서 하나의 특권적인 형태의 재현으로 간주될 수 있다."라고 진술한다(p. 171). 이것으로 우리는 성찰되지 않은 교사의 행동은 우리가 게슈탈트라고 부르는 것으로 안내된다는 것을 믿게 된다. 또한 이 가정은 종결이라고 불리는 게슈탈트 학습 이론을 구조화하는 중요한 원칙을 기초로 한다. 세계를 지각할 때 인간은 불완전한 정보를 완성하려는 경향이 있다. 잘 알려진 한 사례에 따르면, 그림의 일부분이 생략되었을 때도 우리는 여전히 그런 부분을 '본다.' CD 플레이어의 노래가 갑자기 멈추어도 우리는 머릿속에 그 노래의 다음 부분을 '듣는다.' 형태지각 심리학의 초기 연구에 따르면, 해결되지 않은 불완전한 경험으로 모종의 긴장이 생긴다(Rickers-Ovsiankona, 1928;

Zeigarnik, 1927). 즉, 우리 유기체는 그 긴장을 풀기 위해 무엇인가를 하는 경향이 있다. 게슈탈트 치료에 대한 그 이론은 이 원칙을 사람 간의 관계에까지 확대한다. 즉, 사람들은 인간 간의 상황에 따라 그들 안에 생긴 게슈탈트를 종결하려고 노력한다(Korb et al., 1989, p. 9). 과거 경험이 게슈탈트를 결정하고, 그리하여 완성의 과정을 결정한다. 다시 말하면, 우리는 '다시 반응하는' 경향을 가진다(즉, 이전에 만났던 상황이나 상황을 완성시켰던 행동을 반복함). 예를 들면, 어린 시절 권위적인 아버지와의 대면으로 늘 뒤로 물러서거나 피하는 방식으로 문제 상황을 해결했다면, 이것은 모든 갈등 상황에서 우리가 취하는 행동의 경향성이 될 수 있다. 이것이 바로 게슈탈트에 대한 정의에 '행위의 경향성'을 포함시켜야 하는 이유다.

학급에서의 자신의 역할을 묘사할 때 교사들이 사용하는 은유에 대한 연구는 교사 행위에서 게슈탈트의 역할에 대한 이런 견해를 지지한다(Bullough, J. G. Knowles, & Crow, 1991; Creton, Wubbels, & Hooymayers, 1989; Munby & Russell, 1989; Tobin et al., 1990). 즉, 교사들은 교실 상황을 다소 안정된, 반 정도 의식적인 은유를 가지고 해석하고 그것에 따라 행동하는 경향이 있다. Carter와 그의 동료 연구자들(1988)의 연구에서 또 다른 지지를 발견하는데, 그들에 따르면, 전문성을 지닌 교사는 학급에 관한 일련의 슬라이드를 보면서 학생들이 '잘하고 있는'(교사에게 기본적인 게슈탈트) 중인지 아닌지를 제시하는 시각적 자극에 대해 재빨리 반응한다. Korthagen(1993c, p. 310)은 우리의 견해를 다음과 같이 요약한다. "가르치는 동안 환경에서 오는 특정 신호가 즉각적인 해석과 반응을 일으켜 하나의 게슈탈트가 작동하도록 한다는 것이 우리의 가설이다. 이런 방식으로 논리적 분석은 회피될 수 있고, 교사가 매우 많은 상이한 자극을 동시에 다루는 것은 가능하다."(Day, 1984; Dolye, 1979)

이것은 행위 중 반성(Schön, 1987)이 불가능하다는 것을 의미하지는 않는다. 행위 중 반성은 종종 일상적인 절차 중에 교사가 갑자기 기대치 않은 결과에 직면했을 때 일어나는 것이다(Schön, 1987). 교사가 앞에서 기술된 덜 의식적인 방식으로 수백 개의 크고 작은 결정을 하더라도, 수업 중에 많은 횟수는 아니겠지만 이런 행위 중 반성을 할 것이라고 믿는다. 수업 후에는 자신의 게슈탈트가 자신의 행동에 영향을 미친 방식을 의식하기 위하여 Schön이 이름 붙인 행동 후 반성을 할 수 있다. 제11장에서는 교사로 하여금 이것을 할 수 있도록 도울 수 있는 많은 기술을 다룰 것이다.

우리의 분석은 하나의 중요한 결과를 낳는다. 바로 경험의 시초에 이루어지는 이론 수립 과정은 교사로 하여금 학급에서 잘 기능하도록 돕지는 않을 것이라는 점이다. 이론 수준에서 게슈탈트 수준으로의 수준 환원이 있은 후에야 비로소 교사 지식에 대한 새로운 조직이 직접 그들의 반성적이지 않은 행동에 영향을 미칠 수 있으며, Schön(1987)이 '행위 중 반성'이라고 부르는 것으로 이어질 수 있다. 이것은 그 결과적 행동이 교사에게 거의 반사적으로 되어, 별로 반성하지 않고도 일어날 수 있을 정도로 이론적 통찰을 실천하는 것에 교사교육이 많이 주목해야 한다는 것을 의미한다. 여전히 교사-교육자는 이론의 역할을 과대평가하지 말아야 하며, 이미 존재하는 게슈탈트를 건전하게 발전시키는 것에 초점을 두는 것이 더 낫다는 것을 명심해야 한다. 이제 이것에 대해 더 자세히 살펴보도록 하자.

교사교육에서의 이론과 실천 간의 괴리

교사의 전문성 학습에 대한 우리의 모형은 교사교육에, 특히 교사의 실천에 교사교육이 영향을 미치지 못한다는, 이제까지 잘 기록되어 온 사실에 중요한 함의를 준다. 의미와 합리성의 이론이 맞고 있는 하나의 근본적인 위기에 대한 Johnson의 설명을 듣는다면, 교사교육에서 이 문제에 대한 현재 통용되는 견해가 경험에 기초한 게슈탈트의 역할을 동일하게 부인하는 것은 너무나 당연하다. 특정한 과학적 패러다임이 지배하는 상황에서 자주 그렇듯이, 교수 및 교사교육 영역의 연구자들은 교사교육에서 이론과 실천의 괴리를 이런 패러다임의 관점에서 해석하는 경향이 있다. 즉, 이들은 그 괴리를 교사교육에서 제시된 이론(에피스테메)을 교수 실천에 옮기는 일을 개선하는 문제로, 즉 이미 존재하는 지식의 '적용'(Berry & Dienes, 1993, p. 130)을 촉진하는 문제로 보고 있다. 우리는 이런 견해가 교사와 교수활동에 대한 근본적인 오해에 기초한다고 보는 Louden(1991)의 견해에 동의한다. 교사교육에서 가르쳐지는 것과 교사가 실제로 학교에서 가르치는 방식 사이의 간극은 이런 견해의 산물이다. 교수활동에 대한 학습은 적절한 게슈탈트를 개발시키는 과정이지 학문적 교재에 나오는 이론을 적용하도록 배우는 문제가 아니다. 직전교육 프로그램에 입학한 예비교사는 학생으로서 교육에 쏟은 수천 시간을 포함하여 여러 해의 삶의 경험이 있다(Lortie, 1975; Zeichner & Gore, 1990). 이런 경험 때문에 특정 게슈탈트가 교육적 상황에 따라 촉발되는 것이다. 이런 게슈탈트는 교사교육을 통해 그들에게 제공된 모든 것을 선택적으로 받아들인다(Stofflett & Stoddart, 1994; Bullough et al, 1991). 그들이 교수활동이라는 것을 지식의 전달로 보는 견해를 가지고 그 프로그램에 들어 왔다면 다른 견해에 기초한 이론은 오직 그들의 게슈탈트에 부분적으로만 받아들여질 것이고, 그리하여 교실에서의 그들 행동에도 부분적으로만 수용될 것이다. 이것이 Zeichner와 Tabachnick(1981)이 교사교육의 교육실천에의 영향을 살펴보았을 때 발견했던 '소멸하는' 효과에 대한 설명이다. 가령(제6장에서 기술한) SOL 수학 교사교육 프로그램의 효과에 대한 한 연구에서 Wubbels와 그의 동료들(1997)은 이 프로그램에서 제시된 구성주의적 견해가 교사로 하여금 수학을 설명하는 동안 학생의 개념에 기초한 시도를 하게 하기보다는 결국 더욱 차별화된 사례를 활용하게 하는 것으로 나타났다는 것을 보였다.

우리의 모형은 교수에 대한 학습이 인지적 과정일 뿐 아니라 감정(Hargreaver, 1998a, 1998b, 비교)과 개인적 필요에 따라 영향을 받는다는 것을 강조한다. 초임교사에게 가장 중요한 필요는 교실에서 살아남는 것이다(Fuller & Bown, 1975; Kaz, 1972). 이것은 엄격한 훈련 방법으로 자신의 학급을 통제했던 과거의 권위주의적 교사에 대한 경험을 포함하여 그 학급에서 주도권을 유지하는 것과 관련된 게슈탈트가 유발되도록 한다. 그러한 게슈탈트는 상대적으로 지배적이지 않은 교사의 역할을 요구하는 교수 및 학습 이론과는 양립하기 어렵다. 학생의 생각에서 출발한다는 생각은 교사에게 불안한 감정을 유발시킨다. 즉, 의미에 대한 복잡한 의사소통 과정 중에 그 학급을 어떻게 다룰 것인가? 다시 말하면, 교사교육자가 초임교사의 게슈탈트에서 출발하고자 하더라도, 초임교사가 갖고 있는 생존의 필요와 관련된 게슈탈트는 이런 교육자가 마음에 두고 있는 방향으로의 도식화와 이론 수립을 위해 특별히 좋은 기초가 아니다. 게슈탈트가 교사 행동의 기초를 형성한다는 가정과 함께 이것은 교수와 학습에 대한 전문적 이론이 최소한 교사교육 프로그램의 초기 단계 동안은, 예비교사의 교실에서의 행동에 많은 영향을 미치는 것이 거의 불가능하다는 것을 시사한다. 이론을 소개한 후 실천에 옮기는 것을 촉진할 목적으로 훈련과 연습의 요소를 활용하려는 어떤 시도도 집을 지을 때 벽을 먼저 쌓고 나서 그 기초를 닦으려는 것과 같다. 이것은 세계를 거꾸로 만드는 것이며, Freudenthal(1991)은 이것을 반교육적인 전복이라고 불렀다.

현실적 접근

교수에 대한 학습에서 여러 수준을 분석한 것은 대부분 교사교육 프로그램의 실패를 설명할 뿐 아니라 교사교육이 대한 현실적 접근을 위한 이론적 기초를 제공한다고 믿는다. 교사교육자가 선호하는 방향으로의 도식화 과정에 필요한 것은 알맞고 충분한 경험을 조직하는 것이다. 이 경험은 예비교사의 필요와 관심에 맞추어지고 동시에 의도된 도식화 과정을 위한 길(이것은 아직 이론 수립이 아니라는 것에 주목하라!)과 그러한 경험에 대한 반성을 위한 기회를 준비한다.[4] '알맞은' 이라는 용어는 경험 중의 필요와 그 필요와 관련된 게슈탈트가 일어나는 적당한 기회가 있다는 것과, 이 필요와 이와 관련된 게슈탈트는 교육자의 마음속에 있는 것과 비슷한 방식으로 정교화될 수 있다는 것을 의미한다. 이것은 항상 어느 정도의 불확실성을 암시하기도 한다. 즉, 교사교육자는 그 경험이 예비교사에게 무엇을 가져다줄지 결코 확신할 수 없다. 이것은 물론 교사교육자의 경험이 특정 유형의 경험을 좀 더 예측할 수 있도록 한다 하더라도 교육자는 프로그램을 미리 완전하게 계획할 수 없다는 것을 의미한다. 예를 들어, 프로그램의 초기에 교실에서의 교수활동을 경험하는 것은 거의 언제나 '생존' 과 '교실 통제' 에 관한 게슈탈트를 유발시킨다. 전문성 학습에서의 수준 모형에 기초한 프로그램은 항상 유동적이어야 한다. 즉, 두 번째 경험으로 어떤 것이 예비교사에게 알맞은 것인가는 첫 번째 경험에 대한 학생의 반성의 결과에 달려 있고, 그 다음도 마찬가지다.

알맞다는 것이 또 의미하는 것은, 만약 적절하기만 하다면 경험은 교육자가 바꾸고자 하는 게슈탈트와의 대면을 위한 기회를 제공할 정도로 충분히 도전적이어야 한다는 것이다. 예를 들어, 만약 예비교사가 교수활동을 지식 전달로 생각하는 딱딱한 견해를 가지고 있다면, 여기서 알맞은 경험이란 그 학생에게 지식 전달이라는 것이 잘 일어나지 않는다는 것을 발견할 기회를 제공해야 한다. 이미 지적한 것처럼 기대치 않은 그러한 결과는 반성을 촉진하고, 이른바 게슈탈트, 도식 혹은 주관적 이론의 지위를 낮추는 것(P. W. Hewson & M. G. Hewson, 1989)으로 이어질 수 있다. 이것은 다시 예비교사 안에 '개념적 변화' (P. W. Hewson et al., 1992; Wubbels, Korthagen, & Dolk, 1992)의 필요를 느끼게 하고 그리하여 Schön(1987)이 재구조화라고 부르는 과정을 촉진시킨다. 알맞은 경험은 교사의 역할을 위한 경험일 수도 있지만, 또한 교사교육 프로그램에서 학습자로서의 자신의 경험일 수도 있다. 후자 유형의 경험은 교사로서의 생존에 대한 게슈탈트에 초점을 두지 않아서 학습과 교수활동 간의 관계를 좀 더 쉽게 예비교사가 반성할 수 있다는 추가적 이점을 가진다.

직전교육 프로그램에서 교실수업을 위한 초기의 실습 경험은 자주 교수와 학습에 관한 전통적 견해를 강화하는 기능을 한다는(Feiman-Nemser & Buchman, 1986; Korthagen, 1985) 것을 명심하는 것은 중요하다. 제5장 5절에서 지적되었던 것처럼, IVOS 교사교육 프로그램에서 첫 번째 교생실습 기간(6~8주)은 자주 일대일의 경험으로 조직된다. 즉, 한 예비교사가 한 고등학교 학생에게 일주일에 1시간의 수업을 제공한다. 수업은 오디오 카세트에 기록되고 그 예비교사가 반성하며 그는 구조화되지 않은 일지를 꾸준히 기록한다. 이런 교육프로그램은 앞에서 자세히 설명한 의미로 아주 알맞은 교육인 듯하다. 즉, 예비교사는 학습과 교수에 대한 그들의 암묵적 게슈탈트가 꽤 단순하고 비위협적인 상황 안에서 작동하는 방식을 대면한다. 한 예비교사는 그 경험을 "교사의 관점에서 학생의 관점으로, 관점에서의 전환을 나에게 가져왔다."라고 특징적으로 기술했다.[5)]

제9장 7절에서 지적한 것처럼, 교사교육에 대한 이런 접근에서 교사교육자의 전문성은 강의 위주의 전통적인 교사교육자의 전문성과 완전히 다르다. 그중에서도 특히 현실적 교사교육자는 알맞은 학습 경험을 창출하기 위해, 그리고 그러한 경험에 대한 반성을 촉진시키기 위해, 한동안 이론을 다루지 않을 수 있어야 한다. 이것은 많은 학교에서의 전통적 관습에 비추어 볼 때 쉬운 일이 아니다. 한편 그런 경험은 가능한 한 진짜 경험이어야(즉, 예비교사는 그것을 전문적 관점에서 직접 관련된 것으로 간주할 수 있어야만 함) 하는 한편, 전통적 관습으로의 미성숙한 사회화는 피할 수 있어야 한다. 더구나 이 경험은 지나치게 위협적이지 않아야 한다. 그렇지 않으면 게슈탈트 형성에서 도식화로 이르는 과정은 잘못된 게슈탈트, 즉 생존적 필요로 일어난 게슈탈트 때문에 시작조차 못할 수 있다. 제13장에서는 이런 방식으로 교육하기 위하여 교사교육자에게 필요한 기술의 개발을 다룰 것이다.

교수 및 교사교육에 관한 연구와 지식 체계에 주는 시사

이 장에서 교사의 전문성 학습에 대한 우리의 분석을 지지하는 견해를 소개했다고 하더라도, 하나의 이론으로서 이것은 여전히 개발되고 있는 단계에 있으며, 상이한 맥락에서의 더 많은 확인을 요구한다. 묘사한 것처럼 이 이론이 시사하는 점은 교사교육 실제에서 근본적인, 거의 패러다임에서의 변화를 불러올 수도 있기 때문에 더 많은 연구가 시급히 필요하다고 볼 수 있다.

또한 이 장에서 표현된 아이디어는 연구 자체를 위해 중요한 결과를 이끌 수도 있다. 수준 환원의 원칙은 '자극된 회상' 기법의 타당성을 의심하게 하는데, '자극된 회상' 이란 사람들이 자신의 특정한 교수 경험을 담은 비디오 혹은 오디오 기록을 보거나 들으면서, 그 경험 동안 자신의 머릿속에서 일어났던 것을 설명하는 것을 말한다. 우리가 만약 교수활동 중에 환원된 수준에서의 지식을 활용한다면, 그런 지식이 지닌 게슈탈트적 특성은 이 기법으로 왜곡될 수 있기 때문에 이 연구 기법에는 문제가 있다. 그 지식은 가르치는 그 순간에 도식 수준 혹은 이론 수준에서 의식적으로 나타났다는 인상을 주지만 이것은 사실이 아닐 수 있다. 더구나 Argyris와 Schön(1978, p. 7)이 지적하듯이, 사람들은 자주 자신의 행동을 자기가 한 행동의 진정한 원천과는 양립될 수 없는 '신봉된 이론'으로 설명한다. 이들이 말하듯이, 우리는 그 양립불가능성을 인식할 수도, 하지 못할 수도 있다.

10. 앞선 장들의 재구성

앞선 장들에서 우리는 벌써 게슈탈트의 형성에서 도식화로 옮아 가는, 의도된 과정으로 이끌 수 있는 많은 구체적인 방법의 예를 제시하였다. 이제 우리는 그런 예를 교사의 전문성 학습에서의 수준에 대한 모형으로 다시 해석할 것이다.

ALACT 모형(제3장 7절 참조)은 상황과 관련이 있으며, 행동을 안내하는 게슈탈트가 유발되도록 하기 위해 구체적 행동의 국면에서 시작하고, ALACT 모형의 제2, 3국면에서 이 행동은 반성될 수 있다. 제3국면은 본질적 양상들을 인식하는 것으로, 도식화 과정에서 중요한 단계다. ALACT 모형과의 관계 속에서 개별적 지도 과정을 기술했던 제7장 전체는 예비교사로 하여금 자신의 게슈탈트를 인식하게 하고 이 인식의 기초 위에 도식화를 촉진하기 위해 필요한 것을 묘사한 것으로 볼 수 있다.

제9장 2절은 실제적 수업 경험에 대하여 예비교사를 집단으로 지도하는 다섯 단계 교육절차를 요약하였다. 이 다섯 단계는 다음과 같은 다섯 국면, 즉 ① 사전 구조화, ② 경험, ③ 구조화, ④ 집중, ⑤ 이론화로 구성된다. 이것의 핵심은 알맞은 경험을 통하여 적절한 게슈탈트가 구성된다는 것인데, 이 게슈탈트는 반성을 통해 도식화를 위한 기초로 나중에 쓰일 수 있다. 여기에는 제5단계에서 교사교육자가 이론의 수립을 위해 너무 강하게 밀어붙이지 않는 것이 중요하다. Van

Hiele(1986)는 더 높은 단계를 향한 행보가 종종 특정 시기 후에 더 쉬워지는 방식을 지적했다. 이것은 아직 도식이 의식적 방식으로 작동하지 않는다 하더라도 모종의 성숙화 과정이 일어난 것과 같다. 어떤 시기 후에 우리가 이미 알고 있었던 것을 새롭게 보게 되는 것은 우리의 지식을 다시 구조화하는 것을 용이하게 한다. 이것은 조금이라도 학문적 의미에서 진정한 이론이 효과를 발휘할 수 있는 중요한 시기가 있다면(예, 구성주의적 접근 혹은 동기에 대한 이론), 그것은 교사교육에서 훨씬 나중의 단계, 특히 교사양성과정 시기 이후라는 것을 시사한다. 그렇다면 이때도 적절한 경험에 대한 도식과 이론을 세우고 이미 배운 것을 실천할 다양한 기회를 제공함으로써 수준 환원을 촉진하는 데 충분한 관심을 기울이는 것이 중요하다.

개인에게 의도된 학습 과정을 기술하는 ALACT 모형과 예비교사를 집단적으로 지도하는 교육적 방법인 다섯 단계 절차는 모두 순환적이라는 점에 주목해야 한다. 즉, 학습의 과정에서 어떤 진전이 있은 후 새롭게 얻게 된 지식이 수준 환원으로 이어지기 위해서는 실천에서 새로운 경험과 관련되어야만 한다.

제9장의 두 번째 부분에서 기술된 네 가지 방법적 기법(예, 벽 쌓기, 열 만들기, 레퍼토리 격자 만들기, 화살표 만들기)을 살펴보면, 이런 기법은 첫째, 무의식적이거나 반 정도 의식적인 게슈탈트를 명시적으로 만들고, 둘째, 이런 게슈탈트를 구성하는 요소뿐만 아니라 이 요소 간의 관계를 더 자세히 분석하도록 촉진하여 도식화가 일어날 수 있도록 하는 방법이기도 하다는 것을 알 수 있다.

결론적으로 이제까지 우리의 분석은 교사교육에서 활용된 수많은 이론과 원칙을 하나의 틀로 결합할 수 있는 가능성을 가진다는 것을 알 수 있다. Harvard (1994, p. 155)는 경험과 예비교사의 사고 및 학습과정을 연결시키는 학습의 일반적 모형이 필요하다는 것을 지적한다. 이 장에서 기술한 세 가지 수준의 구조는 그런 모형을 제시하도록 의도되었다. 이 틀은 교수 및 교사교육 영역에서의 지식 체계의 더 나은 발전에 하나의 중요한 기초적 요소가 될 것이다. 이것은 교사교육 내에서 심리적 현상의 국지적 구조화 단계를 극복하고(Pintrich, 1990, p. 849), 궁극적으로 교사교육에 대한 우리의 사고가 이론 수준에 이를 수 있도록 도울 것이다.

후주

1) Van Hiele 이론의 가장 흥미로운 점 중 하나는 나이와 직접 관련된 인지적 발달의 일반적 단계를 가정하는 Piaget 이론에 대한 고전적 해석에 상반된 견해를 제시한다는 것이었다. Van Hiele 이론의 영향으로, (수준으로 알려진) 단계는 나이에 따르기보다는 특정 영역에 따른다. 이런 점에서 Van Hiele 이론은 그 용어가 생기기 이전에 이미 신피아제적이었다.
2) Van Hiele(1986, pp. 229-230)는 수준 모형이 심리학과 교육학의 영역에서도 활용될 수 있다고 제시하였다. 그러나 지금까지 Van Hiele의 저술은 수학교육 영역 바깥에서는 거의 주목을 받지 않았다.
3) 주관적 이론이라는 용어는 유럽에서 더 많이 통용된다. 한편, 북아메리카에서는 암시적 이론(implicit theory)이라는 용어가 널리 사용된다(Carter, 1990). 그러나 후자는 '암묵적 지식(tacit knowledge)' 이라는 의미를 함축하고 이것은 우리가 게슈탈트라고 부르는 것을 지시하는 것같이 보인다. 이것이 바로 주관적 이론이라는 용어를 우리가 선호하는 이유다.
4) 제5장 4절에 제시된 세 가지 교육적 원칙을 비교해 보아라. Lauriala(1998, p. 61)은 "새롭고 일탈적인 교실 상황에서의 진실된 경험은 교사의 인식에 도전하고 그것에 변화를 가져온다."라고 진술한다.
5) 이 일대일의 활동은 집중적인 연구의 대상이 되어 왔다. Vedder & Bannink(1987)을 참조하라.

요약

교사 지식에 대해서는 엄청난 양의 문헌이 있지만 그런 지식의 발전에 대해서는 상대적으로 알려진 것이 거의 없다. 이 장에서는 교사의 전문성 학습을 기술하는 하나의 포괄적인 모형을 소개함으로써 앞선 장들에서 언급한 대부분의 원칙을 재구성하였다. 이 모형은 세 가지 질적으로 다른 수준으로 구성되어 있다.

1 게슈탈트 수준: 한 사람이 (즉각적인 교수 상황에서) 별 생각 없이 반응한다면 이 반응은 일반적으로 무의식중에 자극된 필요와 가치, 의미, 감정, 행동적 경향성에 기초한 것이다. 이런 것은 게슈탈트라고 불리는 분리될 수 없는 하나의 전체를 함께 구성한다. 이것은 고전적인 게슈탈트 개념, 즉 시각적 영역의 조직을 기술하는 데 주로 사용되었던 개념에서 나온 것이다. 이런 기존의 지식에서의 추출은 고전적 게슈탈트 법칙(예, 종결의 법칙)이 교사가 작동하는 방식에도 적용될 수 있다는 사실에 기초한다. 게슈탈트는 이것을 유발시키는 상황에서 그 사람이 갖고 있는 필요에 따라 매우 많이 채색된다.

2 도식 수준: 한 행위자가 상황과 그가 취한 행동을 반성하면(이 반성은 '행동 중' 혹은 '행동 후'에 일어날 수 있다), 그리고 이와 유사한 상황도 반성하면, 실천을 기술하는 데 도움이 되는 개념과 특징, 원칙 등을 발전시킬 수 있다. 하지만 실제적 활용을 위해 도움이 되기 위해서는 이때 만들어진 도식이 이론적 지식(에피스테메)의 성격이기보다는 실천적 지식(프로네시스)의 성격이어야 한다. 우리가 만약 일정 범위의 유사한 상황에 대하여 더욱 이론적인 이해를 발전시키고자 한다면, 이것은 이론적 지식, 즉 그 다음 단계에 대한 강조로 이어질 것이다.

3 이론 수준: 이것은 이전에 형성된 지식 안에서 논리적 질서가 구성되는 단계다. 우리가 가진 도식 내의 관계가 연구되거나 다양한 도식이 하나의 일관된 이론으로 연결된다. 이런 개념적 지식은 논리적 틀에 기초해 특정 부류의 상황을 이해하는 데 도움이 된다. 이 이해는 그러한 상황에서 행동하기 위해 이 지식을 활용하는 능력과는 다르다. 이것을 위해서는 수준 환원이 필요하다.

세 가지 수준 모형은 교사에 대한 이미지와 은유의 역할, 암묵적 학습, 의미의 발전에 대한 이론과 부합할 뿐 아니라 신경생리학 이론과도 부합한다. 이것은 교사의 기능에서 큰 이론의 제한적 역할과 필요와 감정의 중요한 역할, 전문적 지식을 촉진시키는 데 필요한 적절한 경험을 창출할 필요 등을 지적하기 때문에, 교사의 사고와 행동 간의 관계에 대한 우리의 관점과 교사교육에 대한 우리의 관점에 중요한 시사를 준다.

기본 개념

게슈탈트와 게슈탈트의 형성 / 도식과 도식화 / 이론과 이론의 수립 / 즉각적 교사 상황 / 종결 / 수준 환원 / 이미지 / 은유 / 암묵적 학습 / 알맞은 경험

제 11 장

반성의 촉진을 위한 도구 및 기법

◆ Fred korthagen

사고와 언어의 관계는 살아 움직이는 과정과 같다. 즉, 사고는 언어를 통해 생명을 얻게 된다.

–Vygotsky(1986, p. 255)

이 장은 예비교사가 실습을 통해 경험하는 것과 그 실습에 관한 반성과의 관계를 강화시키기 위해 활용될 수 있는 도구와 기법을 다루고 있다. 가장 중요한 예로는 실습록을 들 수 있다. 이 장은 실습록을 구성하는 방법을 보여 주고 있는데, 예를 들면 예비교사의 반성을 구조화할 수 있도록 해 주는 표준화된 질문과 같은 것이다. 또한 반성이 교실에서의 대인 행동의 개선과 어떻게 관련될 수 있는지도 분석한다. 끝으로는 실습에 대한 반성에서 보다 총체적인(holistic) 방식을 사용하는 기법을 제시한다.

1. 도 입

지금까지는 교사교육에 대한 현실적 접근을 위한 실천적, 이론적 배경을 다루었다. 제1장에서 제9장까지는 많은 요소를 통합하는 큰 그림을 제시하였다. 이 장에서는 매우 구체적인 이슈, 즉 교사교육자가 어떤 도구나 기법을 활용하면 예비교사의 실습 경험과 실습에 대한 반성과의 관계를 보다 강화시킬 수 있는가 하는 문제로 그 초점을 옮겨 가고자 한다. 제9장에서 이미 네 가지 기법(벽 쌓기, 열 만들기, 레퍼토리 격자 만들기, 화살표 만들기)을 소개하였다. 이 장에서는 더 다양한 도구와 기법을 다룰 것이다.

반성을 촉진시키는 도구 중 하나로 많은 교사교육자와 연구자(예, Zeichner, 1987)가 선호하는 것은 바로 실습록이다. 그러나 반성의 촉진과 구체적인 수업 능력의 개발 과정을 연결시키는 체계적인 접근을 하면서 실습록의 활용법을 문서상으로 잘 설명해 주는 경우는 없는 것으로 보인다.[1] 이 장의 1~7절까지의 목표는 바로 그런 설명을 제시하는 것인데, 구체적 준거에 근거한 반성 기술과 교실에서 학생과 적절한 대인관계를 형성하는 것과 관련된 능력을 통합적으로 개발하는 것에 초점을 둔다. 학생과의 대인관계 능력은 학습을 촉진하는 교실 분위기의 형성에 필수적인 것으로 보인다. 예비교사가 교실에서의 대인관계에서 당면하게 되는 문제를 분석하고 극복해 낼 수 있는 자기주도적 학습자, 즉 자기성장 능력(growth competence)을 갖춘 교사가 될 수 있도록 해 주기 위한 단계적 접근법을 수행하는 데 실습록이 어떻게 활용될 수 있는지 제시할 것이다.

이 장의 2절에서는 교사교육자가 예비교사의 자기성장 능력을 개발시키고자 할 때 당면할 수 있는 몇 가지 어려움을 논한다. 3절에서는 실습록의 활용에 대한 구조적 접근이 그런 어려움들을 극복하는 데 어떻게 도움이 될 수 있는가 하는 문제를 다룬다. 이런 구조적 접근의 도입에서의 교사교육자의 역할을 4절에서 논의한다. 5절에서는 어떻게 반성과 교실 행동을 연결시키는가 하는 핵심적인 문제에 대해 분석한다. 6절은 구체적인 사례를 다루는데, 구체적이고 성의 있는 실습록 기록을 통해 실습록을 구조적으로 활용하는 것이 한 예비교사가 실습에서 자신의 행동을 규정하는 방식을 어떻게 변화시키는지 보여 준다. 실습록을 활용할 때 짧은 코멘트를 달아 주는 것과 같은 방식으로 이따금씩 피드백을 제공해 주는 것이 중요하다. 7절은 이에 대한 몇 가지 예를 보여 준다.

8절은 실습록 기록의 특징이라고 할 수 있는 보다 기술적이고 분석적인 방식으로서의 반성으로부터 보다 총체적인(holistic) 방식으로서의 반성으로의 전환을 위한 간략한 간주곡에 해당한다. 9절에서는 총체적인 방식의 도구와 기법들의 예를 제시한다. 마지막으로 10절에서는 반성을 잘 해 내지 못하는 예비교사의 경우 실습록이나 더욱 총체적인 방식의 도구 및 기법이 어떻게 활용될 수 있는가 하는 문제를 다룬다.

2. 자기성장 능력 신장과 관련한 어려움

이 책의 핵심은 바로 ALACT 모형의 견지에서 반성의 과정을 개념화하는 것에 있다. 사실상 ALACT 모형은 서술적이라기보다 처방적이라는 면에서는 이상적인 모델이다. 모든 사람이 때로는 체계적으로 반성하는 것 같지만, 예비교사는 독립적으로 적절한 수준의 반성을 한다는 것을 매우 어렵게 여긴다. 가장 흔한 어려움이 아래와 같은 경우다.

1. 어떤 예비교사는 자신들이 무엇을 잘하고 무엇을 잘못하고 있는지, 그리고 적절한 해결책이 무엇인지에 대해 교사교육자가 바로 이야기해 줄 것이라 기대한다(제3장 10절과 제6장 5절에서 그런 예비교사를 '외적 지향성' 이라고 명명함). 이런 기대 그 자체는 별로 놀라울 것이 없지만, 예비교사가 외부의 도움에 의존하면 자신의 수업에 대한 반성을 학습하지 못하게 될 것이다. 즉, 자기성장 능력의 획득에서 매우 중요한 '내적 지향성' 을 갖춘 교사가 되지 못할 것이다.

2 자신의 수업에 대한 반성적 사고 능력을 갖춘 많은 예비교사는 문제에 대해 분명히 이해하기도 전에 해결책을 찾아 나선다(ALACT 모형의 4단계). 예를 들어, 어떤 예비교사가 지난 시간에 다루었던 수업 내용에 대해 학생들이 충분히 이해하고 있지 못하다는 것을 발견했다면, 그 예비교사는 이제부터 한 수업시간에 너무 많은 내용을 다루지 말아야겠다는 결론을 내릴 수 있다. 이런 방법이 올바른 해결책이 아닐 수 있다는 것은 분명하다. 문제의 근본적인 원인이 수업내용의 전달 방식이나 학생들의 동기 수준에 있을 수도 있기 때문이다.

3 초기에는 많은 예비교사가 극단적으로 자기중심적이다. 그들은 자기 자신의 행동에 초점을 맞추며(가령 내가 잘하고 있는 것일까? 이 문제는 어떻게 대처해야 할까?), 학생들에 관련된 문제에는 별 관심을 갖지 않는다(가령 내 학생들은 어떤 특성을 가지고 있는가? 이 학생들의 과거 이력은 어떠한가? 학생들의 입장에서 내 수업은 어떠할까?).

4 어떤 예비교사는 어떤 문제에 대해 한 가지 해결책을 발견한 것만으로도 무척 행복해한다. 그러나 한 분야의 전문가라면 어떤 문제에 대한 다양한 접근방법을 개발한 후 특정 상황에 따라 최선의 해결책을 선택해 낼 수 있어야 한다.

5 때때로 예비교사의 학습과정에는 일관성이 결여되어 있다. 예를 들면, 첫 수업 이후에는 수업의 시작을 어떻게 해야 할 것인지에만 초점을 맞추었다가, 그 다음 수업 이후에는 수업 중에 당면한 다른 문제에 초점에 대해서 반성을 하는 경우가 있다. 그러나 이런 경우 그 예비교사가 두 번째 수업 후에도 이번에는 수업의 시작이 어떠했는지, 새로운 해결책이 얼마나 효과적이었는지에 반성하는 것이 매우 중요하다. 그래야만 ALACT 모형의 5단계가 새로운 순환의 시작 단계로 제 역할을 할 수 있고, 그 결과 애초에 의도하였던 나선형 학습과정이 완성될 수 있다. 그렇지 않으면 학습의 과정이 임의적이고 무계획적인 것이 될 위험이 있다.

이런 어려움을 고려할 때, 교사교육은 반성을 학습하는 것에 관해 체계적인 접근을 해야 한다. 우선 실습록이 이런 목적을 위해 어떻게 활용될 수 있는지 보도록 하자.

3. 실습록의 구성

실습록은 예비교사가 특정 수업이나 교사교육자와의 협의 등에 대한 자신의 반성을 기록하는 노트다. 여러 문헌들은 실습록이 반성을 촉진하는 데 유용하다고 말하고 있지만, 실습록이 구체적으로 어떤 역할을 할 수 있는지 분명히 제시하지 않는다. 다시 말해, 실습록이 예비교사의 반성적 능력을 어떻게 개발시켜 주며, 2절에서 언급한 것 같은 여러 어려움을 예비교사가 극복하는 데 어떤 도움을 줄 수 있는지를 명확하게 설명해 주는 경우는 찾아보기 힘들다. 단순히 예비교사로 하여금 실습록을 기록하도록 하는 것만으로는 충분하지 않으며, 만약 부적절한 과제로 강요되는 경우는 부작용이 나타날 수도 있다. 중요한 것은 어떻게 하면 예비교사들이 실습록을 활용함으로써 반성을 더 잘 학습할 수 있는가 하는 문제다.

이 문제에 대한 답을 하기 위해서는 예비교사가 실습록에 기록하여야 하는 것이 정확히 무엇인가를 밝히는 것이 중요하다. 이제 어떻게 하면 예비교사가 실습록을 가장 잘 활용할 수 있는가 하는 문제를 다루어 보도록 한다.

내 용

예비교사가 반성해야 하는 사건이 구체적일수록 예비교사가 그 사건에서 무엇인가를 학습하게 될 가능성은 더 커진다. 이는 어떤 예비교사가 자신의 수업에 대한 반성을 '오늘은 모든 것이 순조로웠다.' 라든지 '오늘은 왠지 힘겨웠다.' 등과 같은 말로 시작하는 경우, 그 예비교사에게 그런 대략적인 느낌을 뒷받침해 줄 구체적인 예를 제시하는 것이 자신의 반성의 다음 단계임을 깨우쳐 주어야 한다는 것을 의미한다. 이런 한두 가지의 구체적 상황을 체계적으로 실습록에 기록할 수 있는데,[2] 가령 반성을 도와주는 표준화된 질문에 근거하여 분석할 수도 있다. 표준화된 질문은 [그림 11-1]에 제시되어 있다. 반성의 학습과 교실에서의 대인 행동에 대한 학습을 통합하려는 노력에 의해 이런 질문이 제시되었다. 분명히 해 둘 점은 제시된 질문이 반성을 돕기 위해 활용할 수 있는 질문의 전형이 되어서는 안 되며, 맥락에 따라 얼마든지 다른 형태의 진문이 개발될 수 있다는 것이다. 아래의 예는 예비교사가 자신의 반성을 촉진하기 위해 스스로에게 던져 볼 수 있는 질문을 점차적으로 늘려갈 수 있도록 돕기 위한 제안 사항일 뿐이다.

메타적 반성

예비교사가 자기성장 능력을 갖추기 위해서는 때때로 자신의 자기개발 과정에 대한 반성을 하는 것도 매우 중요하다. 이는 이미 자신이 행하였던 일련의 반성적 활동에 대하여 반성하는 것, 이른바 '메타적 반성'을 의미한다. Elliot(1991, p. 65)에 따르면, 반성적 교사는 특정한 상황에 대처할 때 자신이 어떤 노력을 기울이고 있는가에 대해 메타적 반성을 잘할 수 있다.

제7장 10절에서 이런 메타적 반성이 ALACT 모형의 적용에 근거할 수 있다는 것을 설명하였다([그림 7-4] 참조). 이를 위해 다음과 같은 질문을 제시한다.

- 나는 무엇을 배웠는가?
- 이것을 배우기 위해 나는 어떤 노력을 하였는가?
- 이것을 배우게 된 결정적인 순간이 있었는가?
- 과연 나는 어떻게 그것을 배웠는가?
- 이에 대해 나는 어떤 느낌을 갖고 있는가?
- 이것을 배우는 데 도움이 된 것은 무엇이고, 방해가 된 것은 무엇인가?
- 내가 배우는 방식에서 강점과 약점은 무엇인가?

• 내가 배우는 방식과 다른 대안적 방법은 있는가?
• 새로 배우게 되는 경우 도움이 될 만한 개선책은 있는가?

이와 같은 메타적 반성의 결과로서 예비교사는 자신의 학습과정을 더욱 의식적인 방법으로 관리해 나갈 수 있게 된다. 또한 이런 메타적 반성을 통해 예비교

반성적 질문

▪ 5단계(이전 사이클 기준; 현 사이클 기준으로는 1단계):
1. 내가 성취하고자 한 것은 무엇인가?
2. 내가 특별히 주목한 것은 무엇인가?
3. 내가 시도하고자 한 것은 무엇인가?

▪ 2단계(되돌아보기):
4. 구체적으로 어떤 일이 일어났는가?
  - 내가 원한 것은 무엇인가?
  - 내가 한 일은 무엇인가?
  - 내가 생각했던 것은 무엇인가?
  - 나의 감정은 어떠했는가?
  - 내 생각에 학생들이 원했던 것은 무엇인가?
    했던 일은 무엇인가?
    생각했던 것은 무엇인가?
    느낀 감정은 어떠했는가?

▪ 3단계(필수사항에 대한 인지):
5. '질문4' 에서 언급된 것들과 관련한 해답 사이에는 어떤 관련이 있는가?
6. 전체적으로 볼 때 주변 환경(즉, 학교)은 어떤 영향을 끼쳤는가?
7. 나에게 어떤 의미가 있는가?
8. 발견된 문제점은 무엇인가? (또는 발견된 긍정적인 점은 무엇인가?)

▪ 4단계(대안찾기):
9. 어떤 대안이 있다고 보는가? (해결책 또는 위에서 발견한 것들의 활용방안)
10. 각각의 방안이 갖는 장단점은 무엇인가?
11. 다음에는 어떤 것을 해결할 것인가?

[그림 11-1] ALACT 모형에 따라 반성을 촉진하기 위한 질문

사들은 모든 학습과정에서 불가피한 요소인 여러 어려움들을 기꺼이 감내할 수 있게 된다. 되돌아보건대 그런 어려운 순간이 학습과정에서의 괄목할 만한 발전의 시작이 되는 경우가 많다.

4. 교사교육자의 역할

앞에서 실습록의 이상적인 활용에 대해 설명하였다. 이 절에서는 교사교육자가 어떻게 예비교사로 하여금 그 이상에 접근하도록 도울 수 있는가에 대한 문제를 다룬다. 우선적으로 미리 밝혀 드어야 할 중요한 사항을 명심하기 바란다. 궁극적인 목적은 예비교사로 하여금 자신의 수업에 대한 반성을 돕기 위한 도구로서 실습록을 활용하는 방법을 가르치는 것이다. 그러나 예비교사가 현장에서 수업을 하고 있는 기간은 아마도 반성을 학습하는 데 가장 좋지 않은 때일 수 있다(Korthagen, 1988). 예비교사는 동시에 수많은 문제를 다루고 있고, 이때는 이른바 생존을 위한 염려(Fuller & Brown, 1975)로 압도되어 있다는 것이 잘 알려져 있다. 반성은 시간과 어느 정도의 평화로움과 고요함을 요구하기 때문에, 이런 시기에 예비교사가 반성에 대해 체계적으로 학습하기를 기대하는 것은 합당치 않다. 결국 반성은 예비교사가 현장에서의 수업을 하기 이전에 가르쳐 주어야 한다는 것을 의미한다. 그렇게 해도 예비교사가 현장에서 하나 이상의 수업을 책임져야 하는 상황에 처하면 반성적 능력에서 퇴보하게 되는 일이 흔하다.[3)]

그러나 초기의 슬럼프를 겪은 이후에는 이미 개발된 반성적 능력이 다시 회복된다는 것이 연구를 통해 밝혀지고 있다(Korthagen, 1985 참조). 예를 들어 제6장 5절에서 교사의 대인관계 행동 영역에서 그런 경우를 확인한 연구를 언급하였 다.

예비교사의 반성적 능력은 가능한 한 빨리 개발되어야 하는데, 이는 교사교육의 초기단계에 이루어져야 한다는 것을 의미한다. 예비교사에게 나선형 모델이나 반성을 촉진하는 일련의 질문을 바로 가르치는 것보다는, 다소 느슨한 방식으로 시작해 나가는 것이 바람직하다. 가령 저자는 예비교사를 가르치는 교사교육자로서 다음과 같은 방식으로 학생들에게 이야기를 시작하곤 한다.

> 이 강좌는 그동안 여러분이 접해 본 강좌와는 전혀 다른 방식으로 구성되어 있습니다. 강의를 통해 저는 많은 이론을 다루지 않을 것입니다. 우리는 강좌를 통해 많은 활동을 하게 될 것이며, 이 강좌의 목표는 바로 그런 활동을 통해 배우는 것입니다. 이런 방식의 학습은 여러분의 많은 노력을 요구합니다. 무슨 말인가 하면, 여러분은 활동을 하다가 멈추고 여러분이 배운 것이 무엇인지를 고민해야 합니다. 그렇게 하지 않으면, 지금부터 한두 달 동안 여러분이 무엇을 배웠는지 도무지 기억하지 못하게 될 위험이 있습니다.
>
> 이렇게 하는 이유가 있습니다. '실제적 경험으로부터의 학습' 은 교사교육의 가장 중요한 특징입니다. 사실상 이것이 실습수업이 필요한 이유입니다. 저는 경험을 통해 최대한의 것을 얻는 방법을 배우는 것이 가능하다는 것을 발견하였습니다. 그래서 앞으로 몇 주 동안 우리는 '실제적 경험으로부터 배우기' 를 연습하게 될 것입니다. 이번 강좌의 경우는 우리 강좌 내에서의 경험을 통해 배우게 될 것입니다.

그러고 난 후, 저자는 실습록의 기능을 설명하고 지침이 될 단순한 질문들을 여러 가지 예비교사에게 준다. 처음부터 예비교사에게 알려 주지는 않지만 이런 질문은 예비교사가 나선형 모델의 2, 3, 4단계를 위해 준비될 수 있도록 설계된 것이다. 이런 질문은 ① 무슨 일이 일어났는가? 우리는 오늘 무엇을 했는가? ② 무엇이 중요하다고 생각하는가? ③ 어떤 해결책이 떠오르는가? 또는 무엇을 배울 필요가 있다고 생각되는가? 등과 같은 것이다.

저자의 경험에 따르면, 초기에 짧고 쉽게 파악할 수 있거나 분명하게 정의 내리기 쉬운 상황에 대해 반성해 보게 함으로써 서서히 시작해 나가면 예비교사가 반성이 무엇인지 더욱 쉽게 느낄 수 있다. 예를 들면, 동료 예비교사를 대상으로 한 10분간의 짧은 수업, 특정한 수업 활동에 초점을 맞춘 15분간의 토론, 강의의 첫 5분, 최고의 중등학교 교사의 특징에 대해 논하는 것 등의 활동이다. 저자는 첫 강의 시간의 진행을 멈추고 예비교사로 하여금 실습록에 기록할 수 있도록 함으로써 좋은 결과를 얻었다. 다음 강의 시간에 예비교사들이 실습록에 기록한 내용이 무엇인지 질문함으로써 그 내용을 강의 시간에 논의할 수 있다. 이런 논의는 짧고 자유롭게 이루어져야 하며, 지나치게 진지해지면 안 된다. 예비교사가 그 논의에 참여하는 동안에 보이는 자신의 행동과 역할조차 그런 논의에서 고려의 대상이 된다는 것을 발견한다면 이런 경험은 예비교사의 안목을 획기적으로 넓혀 주는 기회가 되기도 한다. 이런 기회는 종종 실습록에서의 반성과 함께 강좌에 참여한 그룹을 대인 행동을 위한 '훈련 재료' (토론의 주도권 문제나 적극적인 경청 태도 등의 이슈와 관련)로 이용하는 것에 대한 논의로 이어지기도 한다.

점차로 강의 시간 중 실습록 기록을 줄여 나가면서 예비교사들에게 이제 실습록은 집에서 기록한다고 알려 준다. 이런 식의 강의를 하면서 저자는 항상 예비교사들에게 실습록 기록이 어떻게 되어 가고 있는지 질문한다. 이렇게 하는 중요한 이점 가운데 하나는 예비교사 스스로 '제대로 하고 있는지' 에 대한 걱정을 공유할 기회를 준다는 것이다.

처음 몇 차례의 강의 이후에 그날의 실습록 내용이 토론을 위해 사용될 것임을 알려 준다. 그 다음날 예비교사가 자신의 실습록을 복사하여 소그룹별로 비교하는 기회를 준다. 저자는 학생으로 하여금 실습록을 좀 더 유용하게 활용하기 위한 제안을 하도록 요청한다. (예비교사가 이후에 현장학교에서 학생과 같은 종류의 토론을 하도록 요구되기 때문에 이는 일석이조의 효과가 있다).

그 다음에는 실습록 기록에 대한 전체 토론을 실시하는데, 이때 수업 첫날에 저자가 학생들에게 말했던 내용(예, ALACT 모형에 대한 소개 등)을 좀 더 자세히 설명한다. 이와 관련하여 Hatton과 Smith(1995, p. 37)가 제시한 다음과 같은 조언을 기억해 두는 것은 큰 도움이 된다.

> 반성을 요구하는 것에 대한 바람직한 반응을 얻기 위해서는 적절한 주의집중이 필요하다. 학생의 반응 가운데는 자신의 생각과 신념을 타인에게 노출하는 것에서 오는 두려운 감정이 있을 수 있는데, 특히 관련된 문제에 대한 통제력이 해당 학생에게 있지 않을 것으로 보이고 그 학생이 반성을 통해 드러난 약점에 대해 자

책하는 경향이 있을 때 더더욱 그러하다(Wildman & Niles, 1987). 이와 같은 문제의 가능성은 반성적 활동에 대해 개별적인 접근을 하기보다 집단적 접근을 하는 것이 바람직하다는 견해의 근거가 될 수 있는데, 이런 접근법에서는 학생들이 '비판적 동료' 로서 함께 활동할 수 있는 구조를 제공한다.

제9장 6절에는 이와 같은 구조가 제시되어 있다. 즉, IVLOS 프로그램에서는 반성을 배우는 과정이 이른바 '동료지원 학습' 이라는 방식 안에 포함되어 있는데, 이것이 바로 소그룹 단위로 자신의 실습 경험에 대해 반성을 하고 서로의 반성적 활동을 자극하며 학습하는 구조다.

구체적인 활동 중 한 가지는 학생들에게 동료학생의 실습록 여백에 나선형 모형의 각 단계(2, 3, 4)를 기록하게 하는 것이다. 학생들은 다양한 단계에 대해 주의를 기울이는 정도에서 차이를 드러낸다는 점을 지적해 주는데, 이런 활동은 이 점에서 각각의 학생이 자신의 안목을 넓히는 데 매우 중요한 기회가 될 수 있다. 그래서 이 강좌는 이 시점에서 메타-인지적 활동을 하게 되는데, 단 학생들이 반성에 대한 충분한 경험을 한 이후에만 가능한 활동이다.

나는 2단계 활동을 위해 몇 가지 질문을 던진다. 가령 나는 무슨 생각을 하고 있었는가? 나는 어떤 감정을 느끼고 있었는가? 나는 무엇을 원했는가? 나는 어떻게 행동했는가? 나는 다른 사람이 무슨 생각을 하고 있다고, 어떤 감정을 느끼고 있다고, 또 무엇을 원하고 있다고 생각했는가? (또 구체화를 위해서 다른 사람의 어떤 행동에 근거해서 그렇게 생각했는가?)

점차적으로 나와 학생들은 더욱 긴 목록의 반성적 질문을 다룰 수 있게 된다(예, [그림 11-1] 참조). 다시 한 번 강조하면, 그 목록이 반성적 질문의 전형이 되어서는 안 된다.

그러나 이것으로 끝이 아니다. 현장수업 실습 기간 중 지금까지 제시된 반성의 이론을 다시 한 번 살펴보고 학생들이 메타-반성적 활동을 연습하도록 격려하는 것은 매우 중요하다. 그렇게 하지 않으면 학생은 반성에 대해 배운 내용을 쉽게 잊을 수 있다.

5. 대인적 교사행동의 견지에서 '반성의 학습' 이라는 목표의 조작적 정의

반성적 질문의 목록은 교사교육자로 하여금 예비교사가 반성적 능력에서 어느 정도의 발전을 이루고 있는지 판단할 수 있는 좋은 진단도구를 제공해 준다. 학생들이 자신의 반성에 능숙하게 활용하고 있는 것과 그렇지 못한 것이 무엇인가에 근거하여 각각의 학생들의 강점을 강조해 주면서 약점에 대해서는 추가적인 반성적 질문을 제시하는 등의 방법을 통해 조심스럽게 보완해 줄 수 있다. 이렇게 함으로써 '반성의 학습' 이라는 목표는 보다 구체화되고 평가할 수 있게 된다.

특정 상황에 대한 반성의 가장 중요한 국면은 3단계에 있는데, 이 단계는 핵심적 사항들의 인식이 가장 중요한 특징이다. 그런 인식능력은 2단계를 통해 개발되어야 한다. 나의 경험에 따르면, 학생들은 2단계에서 3단계로 전환할 때 가장 큰 어려움을 겪는다. 학생들이 초기에 어렵게 느끼는 교실에서의 새로운 상황에 직면하면 상당히 오랜 시간 동안 지도교사에게 의존하는 경향이 있는데, 여전히 이 지도교사가 자신들의 수업 중에 일어나는 일에 대해 파악하는 안목에 의존하고자 한다.

그러나 예비교사의 학습 과정은 이런 학습상황에 대한 분석에 관련된 사항을 드러내 보임으로써 촉진될 수 있다. 나는 학생들에게 [그림 11-2]의 상자가 모두 채워지기 전에 특정 상황의 핵심적 사항을 파악하고자 시도하는 것은 무의미하

0. 맥락이 무엇인가?	
1. 나는 무엇을 원했는가?	5. 학생은 무엇을 원했는가?
2. 나는 무엇을 했는가?	6. 학생은 무엇을 했는가?
3. 나는 무슨 생각을 했는가?	7. 학생은 무슨 생각을 했는가?
4. 나는 어떤 감정을 느꼈는가?	8. 학생은 어떤 감정을 느꼈는가?

[그림 11-2] ALACT 모형의 2단계를 위한 질문의 구체화

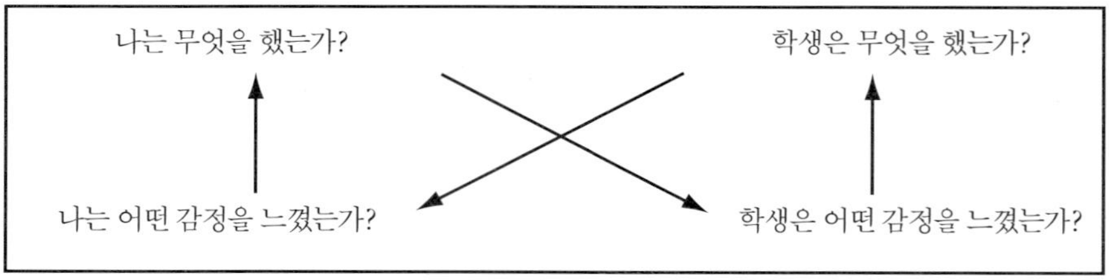

[그림 11-3] 질문 간의 관계 찾기

다고 설명한다([그림 11-2]는 제7장 6절의 [그림 7-2]와 거의 동일).

나의 경험에 따르면 예비교사, 특히 프로그램 초기의 예비교사는 [그림 11-2]의 오른쪽 상자의 내용을 기입할 때 어려움을 겪는 경우가 많다. 그들은 자신이 가르치던 학생들이 무슨 생각을 하고 있었는지, 어떤 감정을 가지고 있었는지 모른다. 물론 이는 자신의 수업 중에 이런 질문에 대한 답을 어떻게 찾아낼 수 있는가에 대해 이야기할 수 있는 완벽한 기회를 제공한다. 예비교사들은 '일방통행식' 수업, 즉 교사에게서 학생에게로 정보를 전달하는 수업이 이런 활동에서 좋지 않다는 것을 곧 깨닫는다. 나는 교사가 수업을 진행하면서 학생들과 짧은 토론(5초~1분 정도)을 이끌어 낼 수 있는 다양한 기회에 대해 설명해 준다.

이런 식으로 '반성의 학습'이라는 목표는 '학급의 활성화'라는 목표와 함께 다룬다. 이는 반성의 학습이 교사교육의 다른 영역들과 통합될 수 있다는 것을 의미한다.

9개의 상자를 채워 넣기 위한 질문은 학생들이 그런 질문을 예상하고 실습록에 항목을 채워 넣을 수 있을 때까지 필요할 때마다 반복된다. 이에 더하여 나는 점차로 그 다음 단계의 활동은 다른 상자 사이에 이른바 '화살표 그리기'라고 알려 준다(예, [그림 11-3] 참조).

이런 화살표 그리기 활동이 어떻게 수행될 수 있는지 예를 들면 다음과 같다. 어떤 예비교사가 교실에서의 자신의 권위에 대해 매우 불안하게 느끼고, 교실의 질서 유지에 실패한다. 그 예비교사는 이야기를 계속하고, 이는 학생들에게 그 예비교사가 권위가 없다는 인상을 준다. 학생들은 부산스럽게 행동하고, 예비교

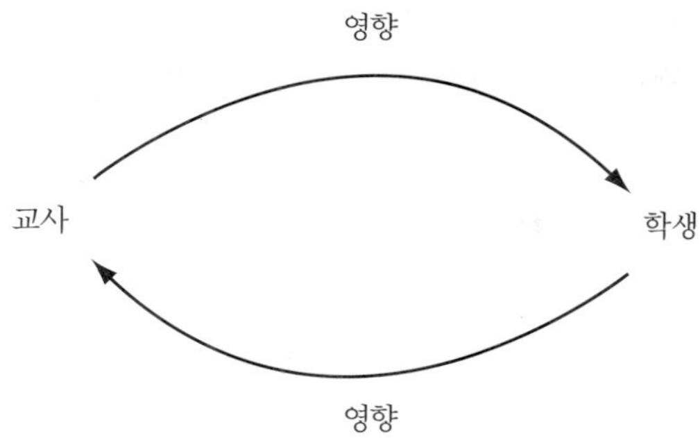

[그림 11-4] 교사와 학생 간의 순환적 과정

사는 불안감이 증폭되어 목소리가 떨리고 말을 더듬게 되는 등의 상황이 벌어진다. 이것은 이른바 순환적 과정의 예가 되는데, 이의 가장 단순한 형태가 [그림 11-4]에 제시되어 있다.

Watzlawick 등(1967)이 설명한 것처럼, 이런 과정이 어디에서 시작되었는가를 찾는 것으로부터는 얻어 낼 수 있는 것이 거의 없다. 해당 상황의 당사자는 모두 상대방 쪽에서 시작했다고 항상 생각하기 때문이다. 예비교사에게 중요한 것은 그것이 선순환적 과정이든 악순환적 과정이든 그런 순환적 과정을 인지하는 것이다. 예비교사는 수업 이후의 강한 감정은 어떤 순환적 과정이 일어났다는 신호로 생각될 수 있으며, 이 과정은 아홉 가지 상자 사이의 관계를 찾아봄으로써 파악될 수 있다는 것을 알아야 한다. 물론 악순환적 과정으로부터 벗어나는 문제에 대해 이야기하는 것이 도움이 될 수 있다. 상황을 변화시키는 것을 제외하고, 그 몇 가지 가능성 중 하나가 [그림 11-2]의 상자 2에서 발견될 수 있다. 즉, 자신의 행동을 변화시킴으로써 예비교사가 '같은 것의 반복' 이라는 틀을 깨뜨리는 것이다. 가능한 접근 중 다른 하나는 메타-커뮤니케이션(즉, 문제에 대해 말하기)이다. 그러나 경험 없는 교사에게 이는 새로운 함정이 될 수도 있다.

반성의 학습 문제로 돌아가자. 항곡 간에 화살표를 그리는 방법을 배우는 것은 교사교육에서 반성을 학습하는 과정의 궁극적 목표로 보일 수 있다. 대부분의 예비교사는 어쩔 수 없이 화살표를 그려 본 결과, 그들이 교실에서 경험한 문제의 감추어진 부분이 명확해지는 것을 보고 놀란다. 더구나 앞서 설명한 발달 과정 속에서 그들은 자신의 감정에 따라 더 큰 영향을 받는다는 것을 깨닫기 시작한다. 이런 식으로 수업과 학습에서 감정이 갖는 주요한 역할이 반성 학습의 과정으로서 자연스럽게 다루어지게 된다.

예비교사가 수업 중에 순환적 과정의 형태로 나타나는 문제를 독립적으로 분석하고, 그 문제의 해결책을 찾고, 그 해결책을 적용할 수 있는 시점에 이르면, 비로소 그들이 자기성장 능력을 갖추었다고 자신 있게 말할 수 있게 된다. 이상적으로는 예비교사가 수업 도중에도 의도된 반성적 과정을 완전히 수행할 수 있어야 한다. 그러나 교사교육이 끝나는 것과 동시에 두 수업 사이에 그런 반성적 과정을 수행할 수 있다면 큰 성취를 한 것으로 볼 수 있다.

6. '존' 의 사례[4)]

존(John)이라는 이름의 한 예비교사의 예를 보도록 하자. 그는 네덜란드 남부의 한 사범대학에서 중등교사를 준비하고 있는 학생이다. 그는 자신의 실습록에 한 수업에 대해 다음과 같이 반성한 것을 기록하였다.

수업은 매우 소란스러운 상태로 시작되었고 무질서한 분위기였다. 내 생각에 이런 상황은 우선 아약스[역주: 네델란드의 프로 명문축구팀]가 그날 경기가 있었기 때문이고, 두 번째로는 내가 양복(별난 구두, 하얀 양말, 검은 바지, 허리띠, 넥타이, 타이핀, 노란 재킷 등)을 입고 있었기 때문이었다. 수업 시간 내내 분위기는 개선되지 않았다. 학생들은 사실상 내 이야기를 듣지 않았다. 한 학생은 심지어 내게 말대답을 했다. 이때 나는 이 학생을 혼내지 않기 위해 꾹 참아야 했다. 수업 시간이 끝난 후 나는 몇몇 학생을 불렀다. 학생들의 반사회적 행동 때문에 수업 진도를 다 나갈 수 없었다는 사실에 대해 나는 대단히 화가 났다. 오직 한 명의 학생만 수업에 참여하고 있었다. 그 학생의 이름은 조였는데, 그 학생에게 의지해서 몇 차례 내 질문에 대한 답을 얻을 수 있었다.

그 수업 시간에 교실에는 5명의 남학생과 14명의 여학생, 모두 19명의 학생들이 있었다. 지금도 나는 학생들의 주의 집중도가 매우 불균형했었다고 말할 수 있는데, 많은 학생이 분위기를 망치고 있었기 때문이다. 그중 한 여학생은 심지어 내 이야기를 듣지도 않았다. 나는 그녀를 꾸짖지 않으려고 꾹 참아야 했다.

나는 다음과 같이 수업계획을 세웠다. 즉, 결석생 확인하기, 숙제 검사하기, 수업내용 소개하기(실생활의 예를 활용), 이론에 대해 읽기, 예를 제시하고 질문하기, 19과의 과제와 관련하여 토론하기, 새 과제물 내주기였다. 나는 수업의 마지막 몇 분은 시험결과에 대해 이야기하기 위해 남겨 두고자 하였다. 과제물에 관해 말하자면, 나는 과제 2a까지 그럭저럭 진행할 수 있었다. 내 계획을 다시 살펴보면, 지금 생각해도 괜찮은 계획이었다. 나의 수업방법에 관해서도 전혀 보완의 여지가 없었다. 학생들의 반사회적 행동이 문제였다. 수업 중에 나는 칠판, OHP, 면대면 수업 등의 방법을 사용하고자 하였다.

수업이 진행된 상황을 돌이켜보면 학생들은 수업 내용으로부터 거의 아무것도 소화해 내지 못했다고 생각한다. 내가 가르칠 수 있었던 것은 고작 한 장 반에 해당하는 교재와 한 개 반에 해당하는 과제물이었기 때문이다. 그들 대부분은 지금쯤 나로 하여금 거의 이성을 잃게 만드는 좋은 방법을 찾아냈다는 것을 분명히 알았을 것이다.

이번 수업을 통해 수업 내용의 소개를 너무 길게 끌어서는 안 된다는 것을 배웠다. 또 너무 많은 내용을 다루어서는 안 된다는 것도 배웠다. 뿐만 아니라 학생들에게 더 많은 시선을 주어야 한다는 것도 배웠다.

존이 이 수업에 대해 그의 담당 교사와 상의했을 때, 그는 ALACT 모형에 대해 다시 생각하게 되었고 9개의 항목을 사용하여 상황을 분석해 보도록 도움을 받았다. 이는 담당 교사의 지도를 받은 후 작성한 아래의 실습록 내용에서 보는 것처럼 그의 반성 내용을 근본적으로 변화시켰다.

1단계

이번 수업에서 나는 'Percent' 교재의 19과를 가르치고자 하였다. 또한 나는 학생들과 나 자신을 위해 설정한 몇 가지 교수목표를 달성하고자 하였다. 본 보고서의 뒷면에 있는 수업 준비 양식에 이런 교수목표가 나와 있다.

이 과에서 나는 지난 수업 시간에 등장한 몇 가지 관심사항(상호작용, 억양의 차별화, 과제를 칠판에 적기)에 특별히 주의를 기울이고자 하였다.

나는 수업의 도입을 위해 이론과 관련된 몇 가지 실례를 제시할 수 있는지 알고 싶었다.

2단계

나는 수업을 멋지게 시작하고 싶었다. 내 생각에 실생활의 예를 제시하면 그렇게 할 수 있을 것 같았다. 교실에서 이리저리 걸어 다니며 이야기를 해 주는 방식으로 하였다. 어쨌든 내가 제시하는 예는 지난 금요일에 내가 직접 겪은 상황이었다.

수업 중 학생들의 행동방식은 단지 우연이었고 몇 분 안에 변할 것이라고 생각했다. 그러나 그렇게 되지 않았다. 오히려 더 악화되었다. 또한 내가 소개하는 사건들로 분위기가 멋지게 변할 것이라고 생각했다.

나는 수업 중에 학생들 때문에 너무나도 시달렸다. 어느 순간에는 정말로 화가 났다. 한 여학생이 내 이야기를 들으려고도 하지 않을 때였다.

3단계

질문들을 생각해 보았을 때, 나는 그 해답들이 주로 나와 내 경험에 관한 것이었다는 것을 발견했다. 학생들의 생각과 일상생활은 거의 고려되지 않았다.

축구 경기를 보고 싶어 하는 교사도 있었다. 그러나 학교의 집행부는 시청각실에서 경기를 볼 수 있도록 배려하지 않았다.

이런 상황에 대해 나는 어떻게든 학생을 정숙하게 만들어야 한다고 여겼다. 후회스럽게도 나는 성공하지 못했다.

주요한 문제는 학생의 일상생활에 대해 충분히 고려하지 못했다는 것이다. 이 상황은 내가 학생의 생각에 맞추기 위해 더 많은 노력을 기울여야 한다는 것을 가르쳐 주었다. 또한 비슷한 상황이 다시 벌어지더라도 내 생각을 완전히 바꿀 필요는 없다는 것도 가르쳐 주었다.

4단계

사범대학에서의 이 사례에 대한 토론 중에 이런 상황을 다루는 몇 가지 방법이 제안되었다.

- 학생에게 경기를 보게 하고 수업 시간을 조정한다.
- 라디오를 작은 소리로 켜 둔 채 수업을 계속 진행한다.
- 학생이 수업에 적극적으로 참여할 의사가 있다면 경기를 볼 수 있게 한다.

이 해결책의 장점은 학생이 경기를 볼 수 있다는 것이다. 그러나 이런 상황에서는 수업 진도를 맞출 수가 없다는 큰 단점이 있다. 이후에 추가적인 수업을 진행하면 매우 어려운 일이 발생하게 될 것이다.

이번 수업은 이런 상황에서 내가 학생들의 필요와 바람에 더욱 민감했어야 한다는 것을 가르쳐 주었다. 또 나 자신의 상황도 고려해야 하고 학생들에게 휘둘려서는 안 된다는 것도 깨달았다. 뿐만 아니라 학교 집행부의 요구사항도 고려해야 함을 알았다.

두 개의 실습록 기록을 비교해 보면, 상황을 분석하고 구성하는 방식에 변화가 있었고, 이를 통해 존의 결론이 달라졌다는 것을 볼 수 있다. 특히 자신과 학생들 사이에 벌어지는 상호작용적이고 순환적인 과정에 대해 좀 더 잘 이해하게 되었다. 이는 자신의 수업 행동을 어느 방향으로 개발시켜 나갈 것인가를 결정해 주는 것으로 보인다. 이런 사실은 존이 어느 정도의 자기성장 능력을 갖추게 되었다는 것을 의미한다.

7. 실습록 기록에 관한 개별 지도

반성 학습에서 개별 지도가 필수불가결하다는 것은 물론, 이런 지도 방식이 교사교육 프로그램의 다른 영역과 통합될 수 있다는 점이 분명히 드러날 것이다. 앞 절에서는 반성 학습이 적절한 수업 행동의 개발과 어떻게 통합될 수 있는가를 보여 주었다. 반성 학습을 위한 별도의 훈련과정을 구성하는 것은 실제로 별 의미가 없다. 메타인지에 대한 연구에 따르면, 메타인지 기술이 활용되는 내용 영역과 분리되어 오로지 메타인지 기술을 훈련시키는 것은 거의 효과가 없는 것으로 나타난다. 지도의 과정은 실제의 수업에 연결된 형태로 직절히 통합되어야 할 필요가 있다.

학생들의 실습록이 교사교육자에게 공개되어야 하는지, 아니면 실습록이 예비교사의 사적인 재산으로 취급되어야 하는지에 대한 문제를 제기해 보고자 한다. 반성 학습이 교사교육의 중요한 목표라고 가정한다면, 실습록을 사적인 재산으로 취급하는 방안은 왠지 이상하게 보인다. 교사교육자는 예비교사가 스스로를 이끌어 나가는, 그리고 자신의 수업에 대해 평가하는 방식에 대한 정보를 얻을 수 있어야 한다. 예를 들어 2절에서 기술한 문제 등을 다루어야 할 때, 이를 해결하기 위해서는 필요한 '자료'를 손에 넣을 수 있어야 한다. 실습수업이 끝난 후 예비교사에게 매우 개인적인 문제를 다루겠다고 이야기하는 것은 바람직하지 않다. 차라리 친한 친구와 논의하도록 하고, 그 결과를 알려 달라고 하는 편이 바람직하다.

지도교수가 실습록을 읽을 수 있다는 것을 예비교사에게 분명히 고지하여야 한다. 다른 사람에게 보이기 어려운 사적인 내용이 있다면 개인적인 비망록을 별도로 기록하도록 제안할 수 있다.

실습록에 대한 간단한 코멘트는 개별 예비교사에게 구체적인 도움을 주고 반성을 수행하고자 하는 의욕과 능력을 고양하는 매우 중요한 방법이다. Bain 등(1999, p. 70)은 다음과 같이 보고하고 있다.

> 학생들은 구체적인 피드백, 즉 자신들의 미숙한 주장에 도전하게 하고, 대안적인 관점을 발견하도록 도와주는 코멘트가 반성적인 글쓰기에서의 성장을 불러일으키는 중요한 동기가 되었다고 말해 주었다.

말할 필요도 없이 이를 위해서는 교사교육자에게 상당한 시간이 필요하다. 그러나 다소 제한된 형식으로 코멘트를 제공할 수도 있다. 교사교육자는 매주 돌아다니면서 일부의 예비교사에게만 실습록에 대해 코멘트를 제공할 수도 있다.

교사교육자는 실습록에 기록하는 코멘트가 기록된 반성의 내용(반성 학습 이외의 목적으로 하는 경우)이나 실제의 반성 방법(메타-반성 등)에 초점을 맞추어야 한다. 후자의 경우 개별적인 관심을 통해 종종 학생들이 실습록 기록의 잠재적 가치를 볼 수 있게 할 수 있다.

모든 종류의 개별지도 과정에서와 마찬가지로, 좋은 결과에 대해 보상하기, 학생에 대한 수용, 동감 등 몇 가지 원칙이 매우 중요하다(제7장 참조). 다음은 코멘트의 몇 가지 예인데, 모두 메타 수준의 예다. 즉, 학생들이 실습록에서 반성하는 방식에 대한 코멘트이지 반성의 내용에 대한 것은 아니다.

1 수업 중에 일어나는 것에 대해 이렇게 정확한 기록을 하니 매우 훌륭합니다. 다음번에는 무엇이 당신에게 가장 중요하다고 생각하는지에 대해서도 기록해 볼 수 있기를 바랍니다.

2 보고서에서 분명한 변화가 보입니다. 자신이 생각하고 느낀 점을 적는 등 이제는 훨씬 더 개인적인 기록이 되었습니다.

3 수업 숙제를 이용해서 자신의 수업 방식을 개선하는 방법에 대해 깊이 있게 고민할 수 있다는 것을 보니 매우 기쁩니다. 다음 보고서에서도 계속 노력해 보기 바랍니다.

4 써 내야 하는 것에 대해 무척 지겨워하고 있다는 것을 충분히 이해합니다. 과연 어떻게 하면 자신의 수업 능력을 개선하는 데 도움을 줄 수 있을까요?

5 반성적 사고 모형의 모든 단계를 따르려고 노력하는 것을 볼 수 있었습니다. 그런데 지난번 수업에서의 관심 사항은 어떻게 되었는지요? 위에 적은 내용과 어떤 관련이 있는지 알 수 있을까요?

8. 반성의 두 가지 방식

특별히 구조적인 방식으로 사용될 경우 실습록은 인간의 정신이 가진 매우 중요한 잠재력을 활용할 수 있다. 즉, 경험을 논리적이고 합리적으로 분석하는 능력을 활용할 수 있다. 그러나 이것은 한편으론 제한점이기도 하다. 합리적이고 논리적인 사고에 따라 우리는 때때로 구체적인 경험으로부터 자신을 유리시킬 수도 있고, 경험을 합리화함으로써 비현실적인 세계를 창조해 내기도 한다. 수업에서의 행동이 우리가 중요하다고 믿는 근원에서 항상 나오는 것은 아니다. 욕구, 느낌, 가치관, 외부 환경에 대한 내적 이미지 등 실습 교사가 맞닥뜨리는 것이 그들의 행동과 경험을 구성할 때 중요한 역할을 할 수 있다. 그들은 행동의 근원을 거의 인식하지 못하기 때문에 실습록을 통해 그들의 경험을 분석하는 것은 아마도 덜 의식적인 측면보다는 상황에 대한 합리적인 사고에 주된 주의를 기울이게 할 것이다. 그들 자신의 감정이든 학생들의 감정이든 상황에 관련된 감정을 기록하는 경우도 그들이 어떤 감정을 가졌는가에 대한 스스로의 생각을 반영한다는 제한점이 있다. 제3장 4절에 본 것처럼, 모든 종류의 걸러내는 기제가 작용하여 감정에 대해 생각하는 것과 교실의 '지금-여기' 라는 현실 사이에는 거리가 생겨날 수 있다.

제3장 5절에서 이것은 두 가지 다른 종류의 정보처리 과정의 구별로 귀결되었다. 즉, 실습록 기록에 반영되는 합리적이고 이성적인 방식과, 현실에서 경험을 구성하는 덜 의식적인 게슈탈트를 고려하는 덜 합리적인 방식이 그것이다. 이는 또한 다른 기법을 활용함으로써 어떻게 실습록 기록을 보완할 수 있을 것인가 하는 문제를 야기한다. 즉, 좀 덜 의식적인 것이지만 여전히 중요한 욕구, 걱정, 가치관, 의미, 기호, 감정, 행동경향 등 경험에 영향을 끼치는 것을 다루는 기법들의 필요성에 대한 문제다. 다음 절은 이런 기법에 대해 살펴본다.

9. 총체적인 반성을 위한 기법과 도구

이 절에서는 행동을 이끌어 내는 덜 합리적인 과정에 대해 교사의 인식을 제고할 수 있을 것으로 기대되는 기법과 도구를 다룰 것이다. 제12장에서는 반성의 개념을 확장시킴으로써 이런 것을 반성적 기법으로 고려할 수 있다. 실습록 기록에 대한 합리적 분석에 비하여 이런 기법은 더욱 총체적인(holistic) 반성을 목적으로 하고 있다.

무의식적으로 사용되는 은유의 정교화

최근에 몇몇 연구자(Marshall, 1988; Tobin, Kahle, & Fraser, 1990)가 교사교육과 지도과정에서 은유법 활용을 주창하였다. 캐나다 퀸스 대학교의 교사교육자 및 연구자(Mundy & Russell, 1989; Russell, Munby, Stafford & Johnston, 1988)도 같은 주장을 했다. 교사의 전문지식에 대한 견해는 앞서 설명한 이론적 틀과 일맥상통하는 부분이 많다. 그들의 주장에 따르면, "첫째, 전문적 지식은 말로 표현되거나 문서로 기록될 수 있는 것보다 더 많은 것을 포함하며, 둘째, 전문성 학습은 교실 상황에서 어떻게 행동할 것인가에 대한 결정을 내리기 위한 '지침' 을 사용하는 과정 이상의 것이다." (Russel et al., 1988, P. 67) 이들은 Lakoff와 Johnson(1980, p. 5)을 인용하곤 하는데, 이들에 따르면 "은유의 본질은 한 가지 현상을 다른 현상을 통해 이해하고 경험하는 것" 이다.

은유의 위력과 이것의 지도과정에서의 중요성을 보여 주는 한 예가 있다. 이것은 초임교사들이 당면하는 규율 문제에 초점을 맞춘 네덜란드 연구 프로젝트에서 나온 것인데, 헬렌이라는 초임 모국어 교사가 경험 많은 교사교육자에게 지도를 받던 중 있었던 일이다(Creton, Wubbels, & Hooymayers, 1989).

헬렌은 처음 몇 개월 동안의 교직 상황에서 심각한 훈육 문제를 겪었다. 그녀의 상황 설명에 따르면, 그녀는 자신이 '사자 조련사' 같은 느낌이었다고 말했는데 이 은유는 그녀의 동료가 말해 준 것이었다. 지도교사는 이 은유에 대해 그녀와 논의했는데, 이런 표현은 많은 암묵적인 함축을 드러내고 있었다. 그녀가 '채찍 사용' 이라고 표현한 것과 같이 학생에게 벌주는 등의 외적인 것뿐만 아니라, 헬렌의 내적 현실(예, 두려움, 희망)과 관련한 것을 보여 주는 것이다. 예를 들어 그녀는 '사자들' 과 함께 갇혀 있는 '우리' 가 잠겨 있다고 느꼈다. 그녀는 빠져나갈 수도 없고, 그녀가 할 수 있는 한 최선을 다해 상황을 타개해 나가야 했다. 더욱이 그녀는 무엇보다 자신의 두려움을 감추어야 한다고 느꼈는데, 자신이 두렵다는 것을 드러내 보이는 것은 사자와 함께 우리에 갇혀 있는 상황에서 매우 위험한 일이었기 때문이다. 사자 조련사로서 사자가 자신보다 강하다는 것을 지속적으로 인식하게 될 것이 분명하다. 헬렌은 그들이 달려들기만 한다면 언제든 갈기갈기 찢기게 될 것이라고 생각했다.

헬렌과 지도교사는 헬렌이 처한 상황에 대한 자신의 해석에 의존하지 않고 교실 상황의 모든 측면들에 대한 합리적 분석에 대하여 많은 이야기를 하였다. Schone(1987)이 재구조화는 종종 헬렌과 같은 상황을 변화하는 수단이라고 말한 것은 타당한 것이다. 그런 과정의 첫 단계는 한 개인의 상황을 설명하는 틀의 본질을 파악하는 것이다. 헬렌의 이야기는 이런 첫 단계의 예다. 자신의 주요한 게슈탈트(제10장 참조)에 대한 인식은 그 교사가 자신에게 같은 상황에 대한 다른 해석의 가능성을 탐색할 수 있는지 물어보는 새로운 국면으로 진입하게 하기 위한 전제조건이다.

이것이 다소 심각한 예처럼 보이기는 하지만, 많은 개별지도 사례에서 은유적 언어의 예들이 발견될 수 있으며, 더 깊은 사색을 위한 기초로 진지하게 다룰 수 있다. 다른 예를 보면, '상황이 파도처럼 내 머리 위를 지나갔다.' '나는 때때로 내가 경찰관인 것처럼 느낀다.' '따뜻한 목욕을 하는 것 같다.' 그리고 '구급약상자 같은 것이 내게 필요하다.'

그림 그리기

앞의 예에 나오는 사자 조련사라는 은유는 말로 표현된 경우다. 이 사례와 같이 높은 수준의 시각적 게슈탈트의 경우는 말로 번역해 내는 것이 문제가 될 수 있다. 시각적 언어의 사용을 통해 이 문제를 피할 수 있기는 하다. 대안적으로, 교사는 자신의 경험을 표현하기 위해 그림을 그릴 수 있다. 새로운 예비교사에게 '교육'에 대한 그림을 그리도록 시키는 교사교육자가 있다. 예비교사는 감옥처럼 생긴 건물에서 잔디 위에 행복하게 앉아 있는 친절해 보이는 사람들에 이르기까지 매우 다양한 그림을 그렸다. 다음 단계는 예비교사에게 '이상적인 교육현장'을 그림으로 표현해 보고 그 그림을 앞서의 그림과 비교해 보도록 할 수 있다.

비슷한 방법으로는, 스스로의 행동이 이끌어 내는 게슈탈트를 파악하거나 자신이 가진 이상과 조우하는 데 도움을 주도록 하기 위해 지도 과정 시간을 통해 구체적인 수업 상황에 대한 그림을 활용할 수 있다. 이런 그림의 세세한 내용은 매우 많은 정보를 제공하기도 한다. 예를 들면, 교사가 교실 그림을 그릴 때 어떤 학생들이 어떤 위치에서 그림으로 나타나는지를 확인하는 것은 매우 흥미로운 일이다. 처음 볼 때는 별 의미 없는 것처럼 보였던 특정 색상이나 물체 등이 어떤 메시지를 전하는 것일 수 있다(Weber & Mitchell, 1995 참조).

사 진

개인적 의미의 표현을 촉진하기 위한 도구로서 사진을 이용하는 교사교육자들도 있다. Weade & Ernst(1989)는 플로리다 주립대학교의 예비교사로 하여금 자신의 현장경험을 사진으로 담아 오도록 하였다. 그림 그리기에 저항감을 느꼈던 예비교사에게 이와 같은 다소 기술적인 접근은 장점을 가질 수 있다. 그러나 한 가지 단점은 그림에 비해서 사진은 훨씬 더 탈주관적이라는 것이다. 어떤 경우든 자신의 전문성 개발의 과정에 있는 예비교사가 찍은 사진의 중요성은 객관적으로 무엇이 담겨 있느냐가 아니라 무엇이 예비교사로 하여금 특정 학생이 담겨 있는 특정 상황을 사진에 담게 했는가에 대한 질문에 답하는 것이다.

그림의 제시

다른 한 가지 접근 방법은 연상을 촉진시키려는 목적으로 예비교사에게 그림들을 제시하는 것이다. 여기에는 다양한 방법이 가능하다. 즉, 엽서 뭉치에서 임의로 한 장을 뽑게 하거나, 여러 그림을 보여 주고 하나를 선택하게 하는 등의 방법이 있다. 두 세트로 이루어진 카드를 이용하는 방법도 있는데, 작은 크기의 세트는 그림으로 이루어진 카드이고, 큰 크기의 세트는 낱말(예, 희망, 증오, 놀이, 성공, 아동, 의존)이 적혀 있는 카드다. 작은 카드가 큰 카드의 가운데 놓여 있을 때는 대체로 어떤 게슈탈트에 대한 인식을 촉진시킨다. 그러나 이와 같이 복잡한 도구를 꼭 이용할 필요는 없다. 단순한 그림엽서 한 무더기만 있어도 효과적으로 사용할 수 있다. 이 기법은 지도과정에서 강력한 도구로 사용되어 예비교사로 하여금 매우 개인적인 태도, 두려움, 희망 등과 직면하게 할 수 있다. 그러나 교사교육에서의 지도과정은 심리치료가 아니며, 교사교육자는 교사로 하여금 자신의 연상을 통해 수업 상황을 구체화할 수 있도록 돕는 것이다.

이제 이런 아이디어를 교사교육과 관련 연구에서 구체적인 도구로 실현한 방법에 대해 설명하겠다. 교사에게 활용할 경우, 우선 두 사람씩 짝을 짓는다. 그러고 나서 한 사람(A)은 은유적 그림을 담고 있는 봉투를 받는다([그림 11-5] 참조).[5] 다른 한 사람(B)은 아래와 같은 지시사항이 담긴 종이를 받는다.

은유적 그림

대부분의 교육자는 자신의 수업에 대한 이미지를 가지고 있는데, 다만 이것이 언어로 표현되지 않았을 뿐입니다. 다시 말해 '그림'의 형태라고 할 수 있습니다. 이런 이미지는 종종 이론적 고민보다는 느낌(무엇인가에 대해 편안히 느끼는 것과 같은 것)에 근거하고 있습니다. 이것은 일반적으로 직관적인 것입니다. 이 기법은 이런 이미지를 밝혀내는 것을 목적으로 하고 있습니다.

1단계: 은유를 선택하기

다른 사람과 2인 1조를 만드십시오. 함께 상의하여 주제를 결정하십시오. 가령 '교육의 이미지' 또는 '교사교육의 이미지' 등으로 할 수 있습니다.

봉투에는 그림이 들어 있습니다. B는 반 정도의 그림을 꺼내어 자신에게 가장 끌리는 것을 하나 선택합니다. 처음에 하나를 선택하는 것이 어려울 경우는 덜 끌리는 것부터 제하여 나갈 수도 있습니다. B는 남은 그림 중에서 가장 끌리는 것 하나를 선택해야 합니다.

B는 자신이 선택한 그림이 A에게 보이지 않도록 주의합니다.

2단계: 은유만들기

A는 B에게 가능한 한 많은 질문을 하여 은유를 발전시킬 수 있도록 합니다. 강조할 점은 은유나 그림에 관하여 제한된 이야기여야 하고, 교육이나 수업 등에 대해서 드러내 놓고 이야기해서는 안 된다는 것입니다. A는 B로 하여금 일상적인 언어를 사용하여 이미지와 관련한 연상을 할 수 있도록 도와야 합니다. 가능한 한 말이 될 수 있도록 노력해야 합니다. 이를 위해서는 어느 정도의 창의성이 동원되어야 합니다. 상상력을 동원하고 연상의 흐름을 따라 흘러가 보는 것도 도움이 됩

[그림 11-5] 은유적 그림(그림: Jan van Tartwijk, 출처: Wubbels, 1992a)

니다. 굳이 '이치에 맞는' 것이어야 할 필요는 없습니다.

당분간 맞고 틀린 것에 대해 염려하지 마십시오.

B로 하여금 상황에 대해 생각할 수 없도록 하십시오.
* 참고: A가 B를 돕기 위해 활용할 수 있는 질문

- 사진이 보여 주는 상황으로 여행을 한다면 무엇을 보게 될까?(B는 어떤 이야기를 만들어 낼까? 예를 들면 A는 배경화면에 어떤 것이 있다고 상상할까? A를 위한 제안: 세세한 내용에 관심을 기울여라. 기록하지는 말 것)
- 이 상황에서 당신은 누구인가?
- 무슨 소리가 들리는가?
- 무슨 냄새가 나는가?
- 어떤 느낌이 드는가?
- 당신은 무엇을 하고 있는가?
- 당신이 원하는 것은 무엇인가?
- 다른 사람은 무엇을 하고 있는가?
- 당신에게 어떤 의미가 있는가?
- 다음에 무슨 일이 일어나게 되는가?
- 그림이 변하는가?
- 어떻게 변하는가?
- 지금 무슨 일이 일어나고 있는가?

3단계: 해석하기

이제 은유가 어떻게 B의 교육(수업)에 대한 인식으로 해석될 수 있는가에 대해 이야기하십시오. A는 B로 하여금 B가 2단계에서 이야기한 것들과 관련한 세부사항에 대해 말해 보도록 하고 그의 은유에서 모순된 것이 있으면 지적해 줍니다. 해석을 끝내면, B가 해석한 내용에서 B가 자신의 예전 선생님과 관련된 내용을 발견하는지 살펴보는 것도 흥미 있을 수 있습니다.

끝으로 B로 하여금 해석된 내용을 살펴보고, 자신에게 핵심적인 부분을 한 문장으로 재구성해 보도록 합니다.

4단계: 역할을 바꾸어 1~3단계 반복하기

5단계: 조별로 토론하기

1. 이 활동을 통해 배운 것은 무엇인가?
2. 이 활동은 어떤 새로운 안목을 제공하였는가?
   (교사교육자를 위한 추가적인 질문)
3. 교사교육에서 이 활동을 어떻게 사용할 수 있었는가?

Kelly의 레퍼토리 격자 만들기

이런 기법은 개인적인 구인에 대한 Kelly(1955)의 질문 기법에 근거를 둔 것으로, 사람들이 환경을 다룰 때 사용하는 연구자들(Bonarius, Holland & Rosenberg, 1981; Munby, 1984; Olson, 1982; Yinger & Villar, 1986; Yorke, 1985)이 널리 이용하고 있다. 예비교사 그룹을 위해 쉽게 사용할 수 있는 기법으로 제9장 4절에서 소개하였다.

지시적 공상

Allender(1982)는 '4학년 공상 활동'을 사용하여 교사가 학습을 촉진시키거나 저해하는 경험에 대해 인식할 수 있도록 돕고 있다.

나는 모든 사람에게 편안한 자리를 찾아서 눈을 감게 한다. 그리고 나서 전등을

끈다. (이때 항상 많은 학생이 떠들고 웃는다. 이 학생들 대부분이 전통적인 강의 방식에 익숙해 있다는 것을 기억하라.) 2~3분 동안 발부터 머리까지 몸의 각 부분에 대해 긴장과 이완을 반복하도록 한다. 학생의 긴장이 풀렸다고 느낄 때, 활동을 시작한다.

Allender는 공상의 방법을 통해 교사를 초등학교 교실로 이끈다. 그들이 4학년생이고 수업이 곧 시작할 것이라고 말해 준다. 교사는 가상적인 4학년 교실에서 10분 정도를 보낸다. Allender는 그들로 하여금 책상 배열, 벽, 교실 분위기 등을 살피도록 한다. 이렇게 10분이 지나면 교사들은 현실로 돌아와 교실의 그림을 그린다. 그들은 자신의 그림과 이야기에 대해 소그룹 안에서 공유한다. 끝으로 전체 학급이 함께 모여 각 그룹에서 무슨 이야기를 나누었는지 공유한다.

Allender의 방법은 그들 자신의 학습 경험, 주로 부정적일 것으로 보이는 경험에 대해 반성하는 것을 촉진시켜 주는 이점이 있다(Hunt, 1987). Rogers(1983, p. 107)가 Allender의 방식에 대해 기록한 것처럼 이런 교사의 경험은 두려움, 실패, 수치, 분노, 억압 등으로 특징지어진다. 그는 이 강좌의 내용, 즉 그들이 학습했어야 할 것이 이들의 마음에 떠오르지 않는다는 점을 강조한다. 교사는 이 점을 명심하는 것이 매우 중요한데, 교사는 어떻게 가르치라고 배운 대로 가르치기보다는 자신이 배웠던 방식대로 가르치기 때문이다(Blume, 1971; Knowles, 1991 참조).

지시적 공상이 활용될 수 있는 또 하나의 방식은 교육에 대해 예비교사가 가지고 있는 자신들의 이상을 표현할 수 있도록 돕는 것이다. 자신이 생각하는 이상적인 교실상황을 시각화해 보면 자신이 꿈꾸는 교육을 자각하는 데 도움이 된다. 이 기법을 활용하는 또 다른 방식은 스스로의 과거 경험에 비추어 가장 이상적인 교사라고 생각하는 옛 선생님을 시각적으로 표현해 볼 수 있도록 하는 것이다. 지시적 공상 기법을 통해 예비교사로 하여금 바로 그 이상적 교사가 되어 보도록 할 수 있는데, 이때 예비교사는 옛 선생님이 되어서 그분이 어떻게 행동하는지, 그분이 어떻게 사물을 받아들이는지, 그분이 어떻게 몸동작을 했는지, 그분이 어떤 소리를 냈는지 등을 상상적으로 체험해 보게 된다. 은유적 그림 훈련에서와 마찬가지로 다양한 '하위 양식', 즉 보고, 듣고, 느끼는 활동을 활용하는 것이 완성된 게슈탈트를 만들어 내는 데 매우 중요하다.

10. 학습 성향

이 장에서는 반성을 촉진시키기 위한 몇 가지 기법과 도구를 소개하였다. 실습록 기록을 위한 구조적 접근에 많은 강조를 두기는 했으나, 그 외에도 더욱 포괄적인, 이른바 총체적 기법도 소개하였다. 그러나 교사교육자가 특정 기법을 활용하여 반성을 촉진시키고자 시도할 때마다 직면하게 되는 기본적인 문제점에 대해 다루지 않고 이 장을 마무리할 수는 없다. 종종 일부 예비교사는 반성적 기법을 실제로 활용하면서 많은 어려움을 겪기도 하고, 또 그런 기법이 도대체 자신들에게 무슨 도움을 줄 수 있는가에 대해 납득하지 못하기도 한다. 이런 문제는 제6장에서 '학습 성향'이라고 부른 것과 관련이 있다. 내향적인 예비교사는 스스로의 경험에 대해 반성하는 것을 통해 배우기를 원하며, 외향적인 예비교사는 교사교육자로부터 직접적인 지도와 안내를 받기 원한다. 외향적 예비교사가 자신들에게 익숙하지 않은 방식으로 학습하도록 강요받으면 그들은 그다지 유용하지 않은 것에 많은 시간을 빼앗기고 있다고 느낄 수 있다.

그렇기 때문에 외향적 학생들이 더욱 내향적인 학습 성향을 갖도록 하기 위해 설계된 세심한 전략이 필요하다. 이런 전략은 점진적으로 이루어지는 것이 매우 중요하다. 반성적 기법을 집중적으로 사용하도록 너무 강하게 압력을 주는 것은 외향적인 예비교사에게 부작용을 낳을 수 있다. 예비교사에게 '구조'와 '안전'을 제공하는 것도 필수적인데, 가령 외향적인 예비교사에게 초기에는 그들이 원하는 지도와 안내를 줄 수도 있는 것이다. 이는 교사의 개념적 영역과 윤리/도덕적 영역에서 인지 구조적 성장을 도모하는 것에 초점을 맞춘 몇몇 연구에서 Reiman(1999, p. 607)이 내린 결론과 일맥상통한다.

일부 인턴은 자세한 지시내용과 높은 수준의 구조를 선호하고 자신이 돌로 조각된 이들인 것처럼 교육과정과 프로그램의 매뉴얼에 따르려 할 것이다. 연구들을 보면, 그런 인턴의 요구에 대한 반응은 적절할 때만 세세한 지시사항과 지침을 제공하는 것이었다. 그러고 나서야 교사교육자는 덜 구조적인 것을 제공하고 더욱 높은 수준의 자기 주도성을 촉진시키려 하였다.

또한 학생과의 토론 시간을 통해 학습 성향과 관련된 현상을 드러내 놓고 다루는 것을 수용할 수 있다. 여러 연구자는 학생으로 하여금 자신의 학습 성향에 대해 반성하도록 자극하는 것이 학습 성향의 변화를 불러일으키는 훌륭한 방법이라고 믿는다(예, Brown, Campione, & Day, 1981). 이 주제는 제6장 6절에서 더 자세히 논의하였다.

반성 기법과 예비교사의 선호를 적절하게 조화시키는 것도 매우 중요하다. 실습록을 기록하여야 할 때 반성하는 것에 거부감을 보이는 학생이 앞 절에서 소개된 더욱 총체적인 기법을 좋아하곤 한다.

예비교사와의 협력을 통해 실습록 기록에 대한 예기치 않은 대안이 고안되곤 한다. 일련의 예비교사들의 경우는 지도교수와의 협의회가 끝나면 예비교사들만의 별도의 협의를 가진 후 그들의 협의 결과를 기록하기로 결정하기도 하였다. 어떤 경우든 예비교사가 정확히 어느 정도의 분량을 실습록에 기록할 것인지에 대해서는 그들 스스로 결정하도록 허용하고자 한다. 그러나 어떤 이유로든 스스로의 관심을 불러일으키는 무언가 특별한 일이 생겼을 때는 평소에 하던 것보다 더 많은 것을 기록하도록 권장한다. 물론 시시때때로 반성하는 것과 실습록을 기록하는 것이 교사로서의 전문성 발달의 견지에서 어떠한지에 대한 메타적 반성을 자극하여야 한다.

후주

1) Gipe & Richards(1992)는 (적어도 그 당시에는) 예비교사의 반성을 수업의 개선과 관련하여 다루는 연구가 없다고 지적했다.
2) 어떤 경우든 어떤 상황에 대해 학생이 반성을 수행할 것인지는 그들 스스로 결정하는 것이 중요하다. 사람은 스스로 간여하고 스스로 관심을 가지고 있는 상황에서 가장 잘 학습한다. 교사로서 자신의 업무로부터 학습하는 것의 가장 중요한 측면은 한 걸음 물러서서 화냄, 인내심 부족, 행복감 등에 대한 자기 자신의 느낌을 객관적으로 바라보면서 그런 것을 진지하게 인식하고 반성을 위한 상황으로 활용하는 능력이다.
3) 교사가 교직진입 초기에 반성의 경향이 감소한다는 사실을 보여 주는 연구 결과를 제6장 5절에서 제시하였다.
4) 이 사례를 제공해 준 Paul Hennissen에게 감사의 마음을 전한다.
5) 이 그림들은 Jan van Tartwijk이 그렸으며, Wubbels(1992a)에 실린 것이다.

요약

이 장은 반성을 촉진시키기 위한 기법과 도구에 대해 다루었다. 실습록 기록 능력의 개발에 대한 점진적 접근 방법은 반성 학습이 대인적 교실 행동의 학습과 통합된다는 견지에서 제시하였다. 바람직한 성장 능력을 촉진함에서의 몇 가지 어려움을 논의하였는데, 예를 들면 외향성, 자기중심성, 해결책에 대한 집중 등이었다. 그런 문제점을 고려한 한 접근 방법의 필수적인 요소는 다음과 같다. 바로 실습수업 이전에 시작되어야 하는 점진성 전략, 표준적 반성 질문의 활용, 메타-반성의 시간, 순환적 과정의 분석에 대한 강조, 교사교육자에 의한 개별적 지도 및 피드백 등이다.

또한 반성의 촉진을 위한 좀 더 총체적인 기법을 소개하였는데, 이런 기법은 교사 행동의 덜 합리적인 근원을 드러내도록 자극할 수 있는 장점이 있다. 무의식적으로 사용되는 은유법, 그림 그리기, 사진, 그림 제시, Kelly의 레퍼토리 격자 만들기, 지시적 공상 등의 정교화에 대한 논의도 이루어졌다.

예비교사의 학습 성향을 고려하고 개별적 선호를 위한 여지를 남겨야 함을 다시 한 번 강조하였다. 학습 성향이라는 주제는 학교에서 학생을 가르칠 때도 중요하기 때문에 이는 예비교사와도 논의 대상이 될 수 있다.

기본 개념

실습록 / 점진성 전략 / 메타-반성 / 순환과정 / 총체적 반성 / 은유적 언어

제 12 장

반성에 관한 포괄적 관점

◆ Fred korthagen

우뇌의 이상적인 역할은 개인의 진정한 경험을 가장 깊은 수준에 접근할 수 있게 하고, 또 답을 모르는 경우에 소설을 지어내는 좌뇌의 경향에 반하여 현실을 검토하도록 하는 것이다.

–Betty Edwards, Tony Schwartz(1995) 재인용

반성과 반성적 교수에 관한 개념화 대부분은 가르치는 동안 일어나는 정보처리의 논리적 분석적 방식에 기반을 두고 이루어진다. 그러나 교실에서 자료를 해석하고 의사를 결정하는 또 다른 방식이 있는데, 이는 '게슈탈트(gestalts)'를 사용하게 하며 우뇌에 위치한 듯하다. 이 합리성과 '무관한(nonrational)'이 과정의 '정신적 반사(mirroring)'를 포함하는 포괄적인 견해를 반성과 반성적 사고에 관한 관점으로 제안한다. 그리고 이런 유형의 반성이 과소평가되는 기술적, 심리적, 철학적 이유를 논의한다.

1. 도 입

반성과 반성적 교수는 1980년대에 교사교육 분야에서 교사교육자와 연구자 사이에 매우 유행하는 개념이 되었다. 이 개념의 발달은 교수와 교사교육의 전문화 요구와 관련이 있다. 교사가 자기 행위를 비판적으로 분석하고 자기 행동에 책임지는 것을 학습할 수 있다는 아이디어는, 특정 행동 능력을 사용하도록 훈련을 전수하는 것이라고 오랫동안 여겨왔던 교사교육에 대한 도전이다. 전문성의 바로 핵심에 놓여 있는 것이 체계적이고 합리적인 의사결정이다(Kinchleoe, 1990; Yinger, 1986). 체계적이고 합리적인 의사결정은 반성의 인기뿐 아니라 다양한 저자들이 이 용어를 사용하여 해석해 온 방식을 설명해 준다. 반성과 반성적 교수의 개념화가 다양했음에도 불구하고(제4장 참조), 교사가 자기의 수업과 수업이 이루어지는 문맥에 대하여 논리적이고 합리적이며 단계적인 분석을 해야 한다는 가정에는 대부분 합의를 하는 듯하다. 말이나 글로 표현된 언어는 이들 분석에서 중심적인 역할을 한다. 그것을 통해 교사는 다른 사람(종종 지도 감독자)이나 자신의 관찰이나 분석을 표현할 수 있다.

제4장에서 설명한 바와 같이, 반성 개념의 이 공통핵심은 이 분야의 여러 저자의 언급대로 Dewey(1933)로 거슬러 올라간다. 실제로 Dewey는 "반성은 아이디어의 단순한 계열뿐 아니라 결과(consequence)—각각이 이에 상응하는 결과로 그 다음을 결정하며, 반대로 각각의 결과는 그 이전 것에 의존하거나 또는 이전 것을 참조로 하는 연속적인 순서화—를 포함한다."(p. 4)라고 하였다. 이 반성의 개념화가 중요하고 또 이 개념화가 교사의 전문성 개발을 증진시키는 데 유용하다는 것은 의심의 여지가 없음에도 불구하고, 이것은 여전히 인간의 마음이 정보를 처리하고 의사결정을 할 수 있게 하는 오직 한 방향만을 설명한다. 이 장에서는 제10장에서 개발된 교사 내면에서 일어나는 정신적인 과정과 교사의 행동 사이의 관계를 대안적인 관점에서 전개해 나갈 것이다. 이 장에서 전문성 개발의 수단으로 반성 개념 확장을 위한 세 수준의 모델을 사용할 것이다. 이 모델

은 제11장 9절에서 소개한 것처럼, 반성을 증진시키는 좀 더 포괄적인 기법과 도구의 이론적 배경을 제공할 것이다.

2. 정보처리의 두 가지 방식

여러 영역의 저자들은 정보처리 유형을 논리적이고 분석적인 유형과 그렇지 않은 유형으로 구분해 왔다. 이 구분은 여러 가지 서로 다른 개념과 용어를 만들어 냈는데, 이 모든 것은 인간 의식의 이중성이라는 주제를 둘러싸고 있는 것으로 보인다. 이 쟁점에 관하여 기록된 모든 것을 논의에 포함시키는 것은 거의 불가능하며, 뇌 연구의 급속한 발전은 지속적으로 새로운 통찰을 낳고 있다. 이것에 대한 일반적인 설명을 후론할 것이다.

Ornstein(1972)은 '분석적'과 '전체적'이라는 용어를 사용하며, '합리적(rational)'과 '합리적이 아닌(a-rational)' 것 사이의 이분법에 대하여 말한다. 이런 이분법은 Levy-Agresti와 Sperry(1968)가 '분석적' '전체적(gestalt)'이라 언급한 것과 유사하다. Polanyi(1961)는 '명시적 지식'과 '암묵적 지식'을 구분하는데, 후자는 '비판적이 아니다(a-critical)'. Bateson과 Jackson(1964)은 '디지털'과 '아날로그'로 구분하며, Milner(Bogen, 1973에서 인용)는 '언어적'과 '지각적'인 것으로 구분하는데, 이는 Spearman의 지능에서 언어요인과 공간요인을 상기시킨다. Bogen(1973)은 이들 구분은 동양의 심리학에서도 발견할 수 있다고 지적한다. 그는 인도 심리학을 연구한 Akhilananda가 '합리적 사고'와 '통합적 사고'로 번역할 수 있는 용어를 사용하였다고 인용하고, 여러 '이분법'을 뇌의 편측화와 관련시킨다. Bogen의 지적대로 연구자들이 좌뇌와 우뇌를 '상징적'인 것과 '시각-공간적'인 것으로 특징짓기 시작한 것은 1960년경이다. Levy-Agresti와 Sperry(1968, p. 1151)는 다음과 같이 제안했다.

> 자료에 따르면, 소리를 내지 않는 열성 반구(minor hemisphere)는 정보입력을

다루는 데 있어 원칙적으로 종합적인 게슈탈트 지각에 세밀하게 영향을 미친다. 반면에 겉으로 드러나는 우성 반구(major hemisphere)는 더욱 논리적이고 분석적이며 컴퓨터처럼 작동한다.

뇌 조직은 후에 더욱 복잡한 것으로 드러났다. 뇌 조직을 반구의 기능적 비대칭(Bryden, 1982)으로 완전히 특징지을 수는 없다. 그러나 개략적으로 말하여, 인간의 양쪽 뇌는 두 가지 다른 방식으로 정보를 처리한다는 것이 일반적으로 합의된 결론이다(B. Milner, 1989).

여기에서 인용된 저자들의 이분법은 정확하게 동일하지는 않지만 공통적인 차이가 있다. 이 장에서는 합리적인(rational) 것과 합리성과 무관한(non-rational) 것 혹은 좌뇌와 우뇌 정보 처리라는 상대적으로 포괄적인 용어를 사용하여 이 차이를 언급할 것이다. 감각인식, 정보해석, 행위나 반응은 개략적으로 뇌의 두 반구에 해당하는 서로 다른 '채널'을 통해 일어날 수 있다고 가정하자(Wubbels, 1992b 참조). 좌뇌에서는 들어오는 정보가 논리적으로 구조화된 인지도식에 따라 중재(전달)되는 반면, 우뇌는 분리된 자극을 통합하는 것을 주 기능으로 하는 게슈탈트를 사용한다(제3장과 제10장 참조). 게슈탈트 심리학에서부터 잘 알려진 예는 시각의 장 처리 본질(field process nature)인데, 이는 시각 구조의 각 부분의 위치와 기능은 전체 구조로 결정된다는 것을 의미한다(Kohler, 1947; Kubovy & Pomerantz, 1981). 이 원리는 삶의 다른 장에서의 인간의 정보 처리를 포함시키는 게슈탈트 치료에서 더욱 확장되어 왔다. 예를 들어, 다른 사람과 관계에 대한 우리의 해석은 다른 중요한 사람과의 가진 이전 경험에서 형성된 게슈탈트로 결정된다. 간단히 말해 우뇌에서는 경험의 통합원리가 논리적 명령의 원리를 지배한다. 좌뇌에서는 이와 반대다.

제10장에서 설명한 대로, 나는 합리성과 무관한 우뇌의 정보 처리가 매일의 수업에서 중심적인 역할을 한다고 믿으며, 이것이 '루틴을 가르치는 것'의 존재에 대한 심리학적인 설명이다(Clark & Yinger, 1979). 달리 말하면, 수업 중 환경으로부터 어떤 단서가 종종 게슈탈트를 활성화하여 즉각적인 해석과 반응을 일

으킨다는 것을 가정하는 것이다. 이런 방식으로 논리적 분석이 우회되고, 교사는 동시에 서로 다른 자극을 다룰 수 있게 된다(Day, 1984; Doyle, 1979).

교수와 교사교육 분야의 다른 연구자는 이 동일한 개념을 다른 단어로 진술한다. 예를 들어, Connelly와 Clandinin(1985)는 교실 상황에서의 교사의 반응 유형(실행 규칙과 원리, 루틴, 습관) 역할을 강조한다. 현장교사의 이야기는 과거 그 사람이 경험한 모든 것이 교실 상황에서 그가 의미 있게 결합하도록 한다는 것을 보여 준다(Connelly & Clandinin, 1984, p. 147; Kelchtermans, 1993). 내가 게슈탈트라 부르는 것을 Connelly와 Clandinin은 '이미지'라 부르며, '경험을 낳은 즉각적 자극에 초점을 둔 것으로서 과거와 미래를 개인적으로 의미 있는 경험의 관계로 이끄는' 지식유형으로 생각한다. 나는 게슈탈트라는 용어를 선호한다. 그 이유는 게슈탈트 치료에서 사용하는 것처럼, 이것은 인지적 그림보다는 어떤 상황에 관한 개인의 경험 전체를 일컫기 때문이다.

교사의 '개인적 지식'에 관하여 이야기할 때, Connelly와 Clandinin(1984, p. 134)은 "지식은 친숙하고 사회적이며 전통적인 경험에서 발생한 의식적 또는 무의식적 신념과 의미의 총체이며, 사람의 행위를 통해 표현된다."라고 하였다. Cole(1988) 역시 개인적 의미는 교실의 즉각적 상황에의 교사행동에 나타난다는 것을 강조하였다. Tom과 Valli(1990)는 현장교사가 교육적이거나 다른 사회적 만남을 통해 구성하는 의미 속에 가치와 사실이 함께 섞여 있다는 사실을 주목하였다.

Zeichner와 Gore(1990, p. 333-334)는 "학생 시절에 개발되어 깊이 뿌리내려 있고 어느 정도는 무의식적인 감정과 기질은 교사 활동에 지속적인 영향을 미친다."라고 말한다. 그들은 인생 경험의 사회화 영향 또는 교생이 교사교육 프로그램과 수업에서 보이는 '자아 구조(architecture of the self)' (Pinar, 1986)를 찾아내는 데 유용한 다양한 생활사 방법론을 개관한다. 그들은 "일대기전적이고 자서전적 생활사 방법론…의 다양성은 교사가 수업에 가져오는 다양한 개인적, 가정적, 종교적, 정치적, 문화적 경험이 교사의 관점에 나타나는 방식에 관한 정보를 제공한다."라고 결론짓는다. Hollingsworth(1989)는 교사의 전문성 개발에

'프로그램 이전 신념'의 영향을 서술하면서 동일한 현상을 지적한다. Crow(1987)와 Knowles(1988)는 타인과의 의미 있는 어린 시절 경험, 교사역할 동일시, 교실활동 사이의 관계를 설명하기 위한 일대기적 변환 모델(Bibliographical Transformation Model)을 제안한다. 교사 행동과 반응에 미치는 인생경험의 영향 역시 사회구조 영향과 같은 방식으로 나타난다(Britzman, 1986; Ginsburg & Clift, 1990). 게슈탈트와 사회적 맥락의 밀접한 관계는 제10장 8절에서 이미 논의한 바 있다.

Yinger 역시 앞에서 제시된 개념 틀과 공통점이 많은 사고를 하는 연구자로, 상호작용 수업 (Yinger & Villar, 1986) 개념을 소개하였다. Carter(1990)는 이 개념을 요약하면서 이것이 즉흥연주 개념 언저리에서 만들어졌다고 하였다. "Yinger는 교사들은 지식의 풍부한 저장고를 가지고 있어서, 즉각적 장면에 의미를 부여하고 이 조건에 적합한 행동을 찾기 위하여 이 장면과 관계가 있는 과거 경험을 가져올 수 있다."(p. 340)라고 주장한다. 이 관점에서 Clark(1986)는 교과서에 보통 나타난 형태의 학문적 지식을 이미지 형태의 사례(Schulman, 1992 참조), 생생한 경험의 형태, 좋은 사례의 형태인 교사의 지식과 구분해야 한다고 주장한다. Yinger(1987, p. 30)는 「실천 언어(language of practice)」라는 논문에서, 교사는 사고와 행동을 위해 일련의 의미와 유형에 의존한다고 주장한다.

> 유형 언어에서 각 유형은 그 환경에서 반복적으로 일어나는 문제를 기술하고, 그러고 나서 그 문제 해결의 핵심을 기술한다. … 각 유형은 문맥, 문제, 해결 사이의 관계를 표현한다.

이는 게슈탈트 개념과 매우 밀접하게 관련되어 있다. 왜냐하면 Yinger는 실천 언어는 일차적으로 말의 문제가 아니라 지향성, 움직임, 조작과 관련된, 의미가 체화된 구조를 포함한다고 강조하기 때문이다. 나는 게슈탈트에서 사람의 필요, 가치, 의미, 느낌, 행동 경향은 나뉠 수 없는 하나의 전체로 모두 통합되어 있다고 생각한다.

3. 전문성 개발 수단인 반성의 일면성

혹자는 교사 역할의 합리성과 무관한 측면이 교사교육 문헌에서 거의 주목을 받지 못하는 이유에 대하여 의아해할지 모른다. 그 주요 이유는 첫째, 합리성과 무관한 이 과정이 쉽게 분석되기도, 영향을 받기도 어려운 반면에, 합리적인 과정은 분석에 적합하고 관리자에게 의사소통될 수 있기 때문인 것으로 보인다. 교사교육자는 개념, 아이디어, 대안적 행동을 명확히 하고 또 교사에게 피드백을 제공하기 위하여 이런 의사소통을 필요로 한다. 나는 이 가정에 대하여 비판적이지는 않지만 감독과정에서 의사소통이 항상 논리적, 합리적, 분석적, 수치적이어야 하는가에 관해 의문을 가지고 있다.

둘째, 철학적 성격을 가지는 것으로서 서양문화에 끼친 플라톤의 영향과 관련이 있다. 플라톤은 '선(the Good)' 의 존재를 확신했으며, 그 본질은 지적인 분석으로 확인될 수 있다고 믿었다(Russell, 1974, p. 133). 그는 그의 이상 국가가 선하다는 것을 '논증' 하는 데도 이 확신을 적용하였다. 플라톤에게 논증은 하나의 연속적인 논리적이고 인과적인 관계였다. 우리는 이 견해가 우리의 세계관, 과학적 전통, 좀 더 구체적으로 우리가 관례상 '좋은 수업' 으로 규정하는 방식에 미친 영향을 과소평가해서는 안 된다. 플라톤 당대에 살았던 소피스트인 트라시마코스(Thrasymachus)의 관점과의 비교가 이 영향을 더 명확히 알 수 있게 한다. 트라시마코스에게 논증이나 반증은 중요하지 않으며, 오로지 플라톤이 그리는 그런 류의 국가를 당신이 좋아하는가 여부가 문제시된다(Russell, 1974, p. 134). 트라시마코스의 관점을 교육에 적용하면, 객관적 분석보다는 주관적이고 심미적 평가에 보다 초점이 맞춰질 것이다. 이런 관점은 Eisner(1985a)가 주장해 왔다. 그는 학교에서 예술보다 수학 교과가 더 중요한 위치에 있다는 점을 논의하면서, 우리 문화에서 플라톤의 영향을 지적한다. 그는 '앎의 심미적 양식' 이 있다고 말하며 합리성으로 획득한 지식의 지상권에 반하는 개념으로 감식안(connoisseurship) 개념을 부각시켰다. 그는 감식안을 '우리가 경험한 것을 의식하고 이해하는 것'이라는 의미에서 감상의 예술로 정의한다(Eisner, 1985b, p. 92).

셋째, 합리성과 무관한 정보 처리가 과소평가되는 이유는, 우리 문화에 깊이 스며 있는 심리적 측면에 기인한다. 우리 자신에게 있는 합리성과 무관한 부분은 종종 '어둡고 지저분하며', 확실히 비합리적(irrational)인 것으로 간주된다. 합리성과 무관한 부분은 우리 본능과 관련되며, 최소한 수업의 과학적 접근에서 이것은 극복되어야한다는 생각이 지배적이다. 이런 측면에서 Freud의 업적은 아직도 큰 영향력을 가진다(Maslow, 1971, p. 310 참조).

전술한 세 가지 이유에 대해 할 이야기가 상당히 많음에도 불구하고, 교사교육에서 합리적인 사고를 강조하는 것은 많은 단점이 있다. 우선 이것은 예비교사에게 수업에 대한 일면만 보게 하여, 좋은 수업은 합리성에 따라 결정된다는 인상을 줄 수 있다. 예비교사는 실제 수업 동안, 종종 수업이 끝난 다음에도 그들의 결정 모두를 반성할 만큼의 충분한 시간이 없음을 발견할 것이며 이것 때문에 역량이 부족하다는 느낌을 받을 것이다. 이런 측면에서, 교사교육에서 합리성과 분석의 강조는 특히 걱정에 사로잡히는 경향이 있는 예비교사에게 불리할 수 있다.

또 다른 결과는 예비교사가 교사교육자의 접근을 이론으로 현장경험을 실제로 간주하며, 후자와 현실을 동일시한다는 점이다. 여기에는 어느 정도 진실이 있는데, 그것은 실제를 다루는 유일한 방법으로 합리적 분석을 제시하는 것은 비현실적이라는 점에서 그렇다. 이것이 바로 이론과 실제 사이의 그 잘 알려진 괴리가 생기는 이유 중 하나다.

더구나 시간 제한 때문에 교사가 자신의 수업을 항상 분석할 수도 없고 분석해서도 안 된다는 것은 아니다. Maslow(1971, p. 63)가 지적한 대로, 합리성은 즉각성 및 창조성과 조화를 이루기 어렵다. Ornstein(1972, p. 33)에 따르면, 우리의 합리적인 의식은 생물학적 생존이라는 일차적 목표를 위해 진화해 왔다. 내가 믿기로는 단지 생존이 아니라 생활과 교육적 목적을 위한 것이다. 즉각성 측면을 정교화할 때, 교사가 자신의 교수방식에 대해 교사의 지나치게 합리적이고 분석적으로 탐구하는 것은 교사와 여기-지금 상황 사이에 간극을 만들 수 있다. 나는 가장 영감어린 창조적인 순간에 춤과 춤을 추는 자는 하나가 된다는 춤에 대한 은유를 이해한다. 가장 아름다운 교육적 실례에서는 교사와 학생, 교수와 학습이 하나가 되는 것으로 보인다. 그때 교사 내면의 과정은 Csikszentmihalyi(1991, p. 4)의 용어로 흐름(flow) 또는 교사의 '생각, 의도, 느낌과 모든 감각이 동일한 목적에 초점을 맞춘' 내적 조화를 이룬 상태로 특징지을 수 있다. 그런 상황에서 교사가 분석을 위해 지적으로 거리를 둔다면, 이것은 불행한 일이 아닐까?

4. 결 과

내가 의도한 것은 교사교육의 한 패러다임에서 다른 패러다임으로의 완전한 이동이 아니다. 나는 교사로서 개인의 행동을 합리적으로 분석하는 것이 전문성 개발을 위해 중요한 도구임을 확신한다. 그러나 교사교육에 접근할 때 어떤 일면만 보는 것에 반대하고자 한다. 합리성과 무관한 과정은 수업에서 중요하며 종종 긍정적인 역할을 할 뿐 아니라, 이것이 일어난 후 이 과정에 관한 반성 역시 중요하다. 이는 교사로 하여금 그것을 의식하게 할 뿐 아니라 우뇌의 정보처리 방식을 스스로 수정할 수 있도록 한다. 이것은 교사교육에서 합리적 분석에 기초한 것과는 다른 접근을 요구한다. 가능한 기법과 도구의 예가 제11장 9절에 제시되어 있다. 이들 도구 중 다수가 연구 목적에도 사용될 수 있다. Weber와 Mitchell(1995)의 저명한 연구는 아이들에게 교사를 그림 그리게 한다. 이들 그림은 '시각 언어'(Weber & Mitchell, 1995, p. 18)를 보여 주는 것으로 나타났다. Swennen, Jörg 그리고 Korthagen(1999)은 교사로서 자신의 시각을 묘사하는 예비교사들의 그림에 관한 연구를 기술하였다. 이 연구는 예비교사가 다른 보다 전통적인 연구 도구를 사용해서는 발견되지 않았던 관심을 드러내는 것으로 나타났다.

그러나 이 이론적 분석을 일련의 고정된 도구의 응용으로 축소시키지 말아야 한다. 가장 중요한 것은 만일 우리가 수업의 실제를 본다면 합리적 의사결정 이상의 것이 관련된다는 사실을 인정하는 것이다. 이것이 흐름이 일어나는 아름다운 수업 사례와 비효율적인 게슈탈트가 교사행동을 이끄는, 문제가 있는 사례를 포함하여, 교수에서 합리성과 무관한 과정의 예를 교사교육자가 인식하도록 도울 수 있다. 교사가 자신의 게슈탈트를 인식하도록 하는 창의적인 방식을 찾으려는 의지가 우리에게 필요하다. 개인적 경험에 따르면, 이 같은 방식으로 수업을 바라보고 교사의 반성에 귀를 기울이자마자 우리는 여러 새로운 가능성을 인식하게 된다. 예를 들면, 게슈탈트를 드러내는 작은 단어는 보다 큰 중요성을 갖게 된다. 내가 가르치는 한 예비교사가 어떤 교실상황이 파도처럼 자신을 휩쓸어 갔다고 말했을 때, 나는 그녀에게 '무슨 생각을 했었는가?' '무엇을 했는가?' 등의 합리적인 질문 대신에 그 파도를 어떤 물건과 색깔로 묘사하라고 하였다. 이것은 그 상황에 대한 그녀의 이미지, 감정, 행위를 혼합한 어떤 것을 드러냈고, 만일 우리가 그 상황에 관한 합리적 분석을 즉각 시작했다면 얻었을 결과와 매우 상이한 합리적 분석의 기회를 제공하였다. 이 것은 교사의 합리성과 무관한 과정에 대한 인식을 증진시키기 위해서는 은유의 정교화와 같은 우뇌 기법이, 보다 합리적이고 분석적인 반성(Olson, 1984 참조)과 함께 사용될 수 있음을 보여 준다. 그러나 우뇌의 과정을 찾아내는 것은 간단한 것이 아니다. 그 상황은 간단한 언어에서 예술의 진수를 표현하려고 하는 문제에 비유될 수 있다. 종종 적절한 언어가 없거나, 우리에게 딱 맞는 의미의 진수에서 그 단어가 어긋나는 것과 같을 수도 있다.

요약하자면, 이 장에 제시한 분석은 반성이라는 용어에 일상적으로 사용되는 그 단어의 본래적 의미로 되돌아가, 즉 그것을 반사하여(예, 열, 이미지 등), 더 넓은 의미를 덧붙인 것이다. 거울 개념은 유용하다. 왜냐하면 서로 다른 거울이 있음을 분명히 알게 하기 때문이다. 즉, 교사교육에서 종종 사용되는 합리적인 거울, 합리성과 무관한 과정을 비추는 데 보다 적합할 수 있는 또 다른 거울, 이 두 가지다. 원래 어떠한 거울도 불완전하다. 왜냐하면 하나의 거울이 내적 과정의 모든 측면을 비출 수 없기 때문이다. 이것이 바로 한 개 이상의 거울이 교사가 자신의 행동과 내적 과정 사이의 관계를 인식하는 것을 도울 수 있는 이유다. 반성에 대한 이 포괄적 관점은 이 책에 사용된 반성의 정의(제4장 5절)와도 일치한다. 이 정의의 핵심은 비언어적 전체적 방식에서도 일어날 수 있는 구조화 또는 재구조화의 정신적 과정이다. 특히 두 가지 유형의 반성(합리성과 무관한 과정의 반사와 합리적 분석)의 통합이 유익할 것이라고 믿는다. 그 이유는 이들이 교사의 의식이 작동하는 두 가지 서로 다른 방식과 직접적으로 관련되어 있기 때문이다. 이 두 가지 방식의 반성의 통합은 Ornstein(1972, p. 84)의 집 짓는 일의 은유로 예시될 수 있다. "처음에는 완성된 집에 대한 게슈탈트로 갑작스러운 영감이 있지만, 이 이미지는 천천히, 선형적 방식과 계획과 계약으로, 그리고 실질적인 건설 행위의 연속으로 완성되어 간다."

반성은 합리적 분석과 그 사람을 이끄는 게슈탈트를 인식해 가는 과정의 통합으로 생각되는데, 이는 Zeichner(1983)가 제안한 반성의 개념보다는 교사의 개별성에 더 초점을 맞춘 것처럼 보인다. Zeichner의 개념은 수업이 이루어지는 맥락과 그 사람의 수업에 영향을 주는 윤리적, 도덕적, 정치적 쟁점에 관한 탐구의 필요성을 강조한다. 한편 내가 제시한 접근과 Zeichner의 접근 사이에 근본적인 차이가 있다고 생각하지 않는다. 수업에 미치는 맥락적 영향에 대해 말하자면, 우뇌의 정보 처리에 관한 반성은 마찬가지로 중요하다. 그것은 교사를 도와 그들이 사회화 과정에서 수용했던 가치를 자신의 직업적 일에 적용하고 있다는 것을 인식하게 하고, 이 게슈탈트가 어디에서 유래했는지를 인식하게 한다. 이 반성은 교사 개개인으로 하여금 개인적이고 창의적이며 혁신적인 방식으로 교육에 공헌하는 역량을 키운다.

요약

뇌는 정보 처리에서 대략적으로 양쪽 뇌 각각에 대응한 두 가지 방식을 사용한다. 합리적 방식과 합리성과 무관한 방식이 그것이다. 합리성과 무관한 방식의 정보 처리는, 실천 언어가 보여 주는 것처럼, 교수에서 핵심적인 역할을 한다. 그러나 Dewey의 연속적 순서화의 아이디어에 바탕을 둔 반성에 관한 잘 알려진 관점은 일면적이며 교사의 보다 덜 의식적인 게슈탈트, '감식안(connoisseurship)'과 '흐름(flow)'의 경우에 주목하지 않는다. 이 일면성은 교육상황에 대한 합리적인 분석이 상식적 언어를 통해 더 잘 소통이 된다는 사실과 문화적 영향에 기인한다.

반성에 대한 포괄적 시각은 '반사(mirroring)' 개념과 그리고 합리적인 거울과 전체적인 거울이라는 다른 종류의 거울이 사용될 수 있다는 관찰로 특징지을 수 있다. 상이한 방식의 반성을 통합하는 것이 가장 생산적이다.

기본 개념

합리적 정보 처리와 합리성과 무관한 방식의 정보 처리 / 우뇌와 좌뇌 / 실천언어 / 감식안 / 흐름 / 반사

제 13 장

현실적 접근을 위한 교사교육자 훈련

◆ Bob Koster & Fred Korthagen

일반적으로 대학, 특히 대학의 교사교육자는 교사에게 대학에서 자신이 성공적으로 사용하지 못한 교수행위를 권장할 권리가 없다.

–T. Russell(1999)

교사교육에 대한 현실적 접근은 교사교육자에게 특별한 자질을 요구한다. 이 장에서 우리는 교사교육자의 전문성 개발이 매우 중요하다는 사실에 초점을 두고자 한다. 또한 예비교사 지도를 위해 필요한 수많은 자질의 개발을 목적으로 하는 교사교육자 훈련 프로그램의 내용과 구조에 대하여 논의할 것이고 이 프로그램의 여러 부분을 실제로 기술할 것이다. 이를 기초로 훈련의 토대가 되는 교육적 원리를 기술함과 동시에 교사교육 전문성 발달을 위한 제언을 덧붙일 것이다.

1. 도 입

이제 교사교육에 대한 현실적 접근은 교사교육자에게 특별한 지식과 기술을 요구한다는 사실이 명료해졌을 것이다. 이것은 바로 교사교육자가 어떻게 이 책에서 제시된 원리를 활용하는 방법을 학습할 수 있는가에 대한 질문을 무시할 수 없는 이유다. 우리는 이제 예비교사가 교수에 대해 학습하는 문제에서 교사교육자가 교사를 가르치는 것을 학습하는 문제로 나아간다. 이는 매우 커다란 발전이다. 왜냐하면 종래의 교사교육 문헌에서는 교사교육자의 전문성 발달의 필요성이 거의 언급되지 않았기 때문이다. 다음 2절에서 우리는 광범위하고 국제적인 시각에서 교사교육자의 전문성 개발이라는 주제를 다룰 것이다. 3절에서는 위트레흐트 대학의 IVLOS 기관의 교사교육 상황에 초점을 두어 논의할 것이다. 우리가 현실적 접근을 시도하기 시작했을 때, IVLOS 교수진 자체의 전문성을 개발할 필요가 있다는 사실에 직면하였다. 우리는 이런 상황에 대하여 기술할 것이고, 우리가 관찰한 결과(협력교사와 교사교육자를 위한 훈련 코스의 필요 등)에 대하여 기술할 것이다. 또한 우리는 다른 기관의 교사교육자에게도 그런 코스를 제공하고자 한다. 4절에서는 이런 훈련 프로그램의 목표, 내용, 구조를 제시할 것이다. 5절에서는 몇 가지 실제 코스의 예를 제시할 것이다. 그리고 이런 코스 개발에 강한 영향을 준 몇 가지 교육적 원리를 강조할 것이다(6절). 마지막으로 코스에 대한 우리의 경험에 대하여 반성할 것이고, 교사교육자의 전문성 개발을 위한 제언을 제시할 것이다(7절).

2. 교사교육자의 전문성 개발

교사교육자의 전문성 개발에 대해서는 거의 논의되지 않아 왔다(Wilson, 1990). 대개의 경우, 이를 위한 특별한 교육 없이 교사교육자가 되는 것이 사실이다. EU

국가들의 교사 선발과 훈련에 대한 연구가 『*European Journal of Teacher Education*』(Wilson, 1990)에 게재되었는데, 교사교육자라는 지위는 장기간에 걸친 성공적인 교수 경험이나 학문적 교육 경험만을 토대로 얻는 것으로 제시하고 있다. 즉, 전문적 교사교육자가 되기 위해서는 어떤 특별한 훈련을 받지 않는다. Korthagen과 Russell(1995)이 지적했듯이, 일반적으로 비형식적 고용 절차 후에 교사교육자에게 예비교사 집단을 책임지는 역할이 주어지고 그리곤 혼자 남겨진다. 즉, 시도와 실패를 통해 교사교육자라는 직업에 대하여 배우게 되는 것이다. 이런 상황은 미국도 유사하다(Ducharme, 1993; Guilfoyle et al., 1995). Wilson(1990)이 지적했듯이, 이는 전문성 개발이 중시되는 다른 직업 세계와 비교하여 매우 특이한 경우다.

광범위한 문헌 연구 결과, 협력교사를 위한 훈련 프로그램을 제공하는 곳은 많아도 제도권 내의 교사교육자에 대한 교육을 대상으로 하는 연구는 거의 없는 것으로 나타났다.

그러나 몇 가지 예외가 있다. 1970년대 중반 위트레흐트 교사교육기관의 프로그램(Korthagen, 1982, pp. 190-195), 오스트리아의 국가적 수준 프로그램(Buchberger에 의한), 이스라엘의 MOFET 기관과 네덜란드 교육기관이 조직한 교사교육을 위한 기초 훈련 코스(학교와 교사교육기관을 지원) 등이다. 일반적으로 교사교육자를 위한 특별과정은 '학교에서의 특별한 요구 규정의 확장'과 관련되어 있다. 1996년 이래로 네덜란드에서는 교사교육자의 자질을 교사교육의 질 향상에 매우 필요한 요건으로 인정하고 교육부와 교사교육자 연합단체가 이런 자질을 개발하기 시작하였다. 이런 자질 개발을 국가적으로 적용하는 구조가 개발되었고(Koster & Dengerink, 2000), 교사교육자의 자격 및 규제 절차와 연관되어 논의되었다. 동시에 미국에서도 이와 유사한 것이 만들어져 교사교육자가 되기 위해 요구되는 능력이 공식화되기 시작하였다(Task Force on the Certification of Teacher Educators, 1996).

3. 현실적 교사교육 프로그램의 교사교육자에 대한 요구

1990년경 IVLOS 교육기관에 있던 우리는 현실적 접근의 원리에 기초한 협력 교사와 교사교육자를 위한 훈련 코스의 개발에 대하여 생각하기 시작하였다. 현실적 교사교육의 실천에는 교사교육자에게 없던 자질의 개발이 더욱 필요하다는 사실이 점차 명확해졌다. 예를 들어 현실적 접근을 실천한다는 것은 예비교사가 이에 대한 관심을 키울 수 있는 능력, 반성에 필요한 안정감을 조성하는 능력, 예비교사 간의 반성적 상호작용을 구조화하는 능력, 예비교사 스스로 자신들을 체계적으로 개발시켜 나갈 수 있는 방법을 가르치는 능력, 인간의 발달을 총체적으로 바라보는 능력 등을 의미한다. 또한 현실적인 방법으로 작업하기를 원하는 교사교육자는 실천에서 이론에 이르기까지 전문가가 되어야만 하는데, 이것은 학교교사 또는 대학 내 다른 학과 고수에게도 유용하며 이전과는 완전히 다른 기술을 요구하는 것이다. 이는 교사교육이 인간의 개발이라는 분야(성인의 발달, 사회심리학 등)의 지식, 기술, 태도 모두를 요구한다는 것을 의미하고, 또한 예비교사라는 인간 내에서 일어나야만 하는 이론과 실천의 통합을 요구하기 때문이다.

무엇보다도 우리는 교사교육자가 ALACT 모형(제3장 7절과 제4장 8절 참조)에 따라 예비교사를 지도하는 데 필요한 기술을 개발하는 것이 중요하다고 생각했다. 결과적으로 예비교사가 이 모형의 단계를 거치도록 돕는 것으로 중요한, 제7장에 기술한 기능은 IVLOS 교육기관에서 개발된 교사교육자를 위한 코스의 핵심을 이룬다.

이 장의 나머지 부분은 이 훈련과정에 초점을 맞추어 기술할 것이다. 교사교육자와 협력 교사들을 위한 과정을 조직하기 시작한 후, 다른 기관의 교사교육자도 곧 이에 대하여 관심을 갖기 시작하였다. 1994년 이래 5명의 IVLOS 훈련자들은 초등과 중등 교사교육기관의 수많은 팀을 훈련해 왔다. 우리의 훈련과정 프로그램은 벨기에, 캐나다, 덴마크, 핀란드, 독일, 스웨덴, 노르웨이의 수많은 교사교육자에게 제공되었다.

4. 교사교육자를 위한 훈련과정

이 절에서 우리는 교사교육자 훈련과정의 목적, 구조 그리고 내용에 대하여 살펴볼 것이다.

훈련과정의 목적과 구조

예비교사를 지도할 때 ALACT 모형의 단계를 거치도록 돕는 것이 중요하다. 그러나 이것은 예비교사가 지도교수의 도움 없이 스스로 반성하도록 학습한다는 것을 의미하지는 않는다. 이를 위해서 예비교사는 자신의 반성 방법에 대하여 정기적으로 반성하는 것이 필요하고 이런 과정에서 반성의 강점과 약점을 정기적으로 반성하는 것이 필요하다. 이는 예비교사의 학습 및 반성 방법과 관련된 새로운 학습으로 이끌 수 있다. 이런 메타반성은 지도교수의 도움 없이 반성하는 것을 학습하는 데 기본적인 요소다. 이런 측면과 관련하여 우리가 개발한 교사교육자 훈련과정은 두 가지 목적을 갖는다. 첫째, 교사교육자로 하여금 반성을 촉진시키는 데 필요한 기술을 개발시킨다. 둘째, 독립적으로 반성하는 것을 학습하도록 촉진시키는 데 필요한 기술을 개발시킨다. 제7장에서 밝힌 것처럼 이런 기술은 대부분 지도(지도를 위한 훈련)와 치료(Brammer, 1973; Carkhuff, 1969a, 1969b; Egan, 1975; Rogers, 1969)에 대한 문헌에서 추출할 수 있다.

우리가 교수를 위한 기술을 선택하는 데 토대가 되는 기본 가정은 우리의 지도가 예비교사의 게슈탈트와 그들이 직접 부딪친 문제에 기초하여 이루어져야 한다는 것이다. 즉, 지도 과정의 출발점은 학생의 경험, 그가 스스로에게 묻는 질문 그리고 그가 당면한 문제가 되어야 한다는 것을 의미한다. 지도교수가 예비교사를 만나기 전에 이 둘 간의 편안하고 안전한 환경이 중요한 전제조건이 된다. 예비교사는 그의 진실한 관심과 감정을 보여야만 한다. 수용과 진실, 공감은 이런 안전감을 느끼는 데 매우 중요한 기술이라고 볼 수 있고(제7장 6절 참조), 이는

ALACT 모형 2단계에서 매우 중요하다. 안전감은 이 모형의 3단계에서도 중요한 역할을 한다. 이 단계에서 때로 예비교사의 사고방식이 실제 행동과 불일치한 경우가 있는데, 지도교수는 학생에게 이 점을 직면하게 해야 한다. 따라서 좋은 지도교수의 요건은 학생에게 직면하게 하는 것과 이들에게 안전감을 제공하는 것을 적절하게 혼합하는 능력이라고 볼 수 있다.

지도교수가 예비교사에게 무엇을 하는 것이 옳고 그른지, 다음에는 어떻게 해야 하는지 말하는 것을 단념하게 된 것은 혁명적인 변화다. 지도교수로서 우리는 단순히 학생의 입장과 관련된 원리를 채택할 수 없고, 안전감을 제공할 수 없으며, 주어진 과제에 대하여 독립적으로 사고하는 것을 도울 수 없다. 이것은 매일의 교육적 실천뿐만 아니라 훈련 상황을 통하여 광범위한 연습과 적용을 요구하는 태도의 변화이자 상이한 기술의 완벽한 습득이어야 한다.

교사교육자를 위한 훈련 과정에 가장 중요한 원리는 이 과정 그 자체가 현실적 접근을 선보여야 한다는 것이다. 우리 견해로는 구체적 경험에 대한 훈련 과정 참여자의 관심, 그리고 구체적 경험에 대한 반성을 동시에 하지 않고서는 학생들의 관심을 키우고 반성을 증진시키기는 어렵다고 본다. 이것이 바로 일치의 원리(congruence principle)(제5장 8절 참조)다. 이는 훈련과정 내에 안전한 환경을 만드는 데 주의를 기울여야 한다는 것을 함의하며, 또한 교사교육자를 위한 전문성 개발 프로그램에서 제공하는 이론은 언제나 참여자의 구체적인 경험과 관련된다는 것(예, 최근 지도교수와의 협의회나 훈련과정 내에서의 지금-여기 경험에서처럼)을 의미한다. 사실 훈련과정의 설계는 제9장 2절에 소개된 다섯 단계 구조에 기초하고, 제시한 이론의 종류는 일반적으로 제2장에서 프로네시스라 불렀던 것이다. 그 결과, 참여자는 훈련자의 행동에 대한 관찰을 통해 더 많은 것을 학습할 수 있는데, 이것은 현실적 접근의 프로그램에서는 교사교육자의 행동을 모델로 한다. 여기서 훈련자는 훈련과정의 내용을 지금-여기에서 일어나는 요구와 경험에 맞추며 매우 융통성이 있어야 한다.

이것은 마치 훈련과정의 토대가 되는 명확한 기본 구조가 없는 것처럼 보이기도 하지만 그렇지 않다. 훈련과정은 ALACT 모형의 단계를 따르는데, 각 단계마다 중요한 기술에 대하여 언제나 적절한 주의를 기울인다. 예비교사를 위한 현실적 접근 프로그램 사례에서 기술한 것처럼, 하나의 표준적 구조가 일종의 구속으로 강요되지 않는 한, 참여자의 요구와 경험에 기초하는 것과 이 구조를 조합하는 것은 가능하다. 더욱이 적합한 경험을 제공하고 적절한 질문을 함으로써 훈련자는 특별한 관심과 요구를 더 드러나게 할 수 있다. 훈련과정을 이수하는 동안 참여자는 안전, 반성을 방해하는 요인, 이를 극복하는 방법, 학습 성향 등과 같은 이슈의 중요성을 인식하는 많은 기회를 갖는다. 이 점과 관련하여 지금-여기의 예는 매우 강력한 힘을 갖는다. 이제 이 훈련 과정 중에 언제나 제기되는 일반적 이슈에 대하여 논의해 보자.

나선형 모형의 단계

훈련과정의 첫째 단계에서는 (그룹이나 소규모 그룹 앞에서 실시되는) 지도 시간의 한두 가지 구체적 예를 기초로 ALACT 모형을 소개한다. 지도교수는 이 모형의 각 단계(2단계: 되돌아보기, 3단계: 인식하기, 4단계: 대안 찾기)를 세 가지 기본 질문으로 변형하여 활용하였다. 이것은 무엇이 일어났는가, 그것에서 무엇이 중요한가, 그것 때문에 어떤 의도를 갖게 되는가 등이다. 지도교수는 학생으로 하여금 자신의 행동을 분석하고, 그것을 토대로 개인적 목표를 세우고, 그 목표를 향해 나아가는 동시에 이런 목표를 달성하는 방법을 자각하면서 자신을 개발하도록 도와주어야 한다. 제3장 9절에서 우리는 이를 학생의 성장 능력의 개발이라 칭하였다. 지도교수가 이런 반성의 단계를 인식하는 것이나 또 학생들이 이런 단계를 체계적으로 통과하도록 돕는 것은 중요하다.

안전감

첫 번째 훈련 수업에서는 반성의 향상을 위한 지도라는 점에서 수용, 공감 그리고 진실한 기술 등에 세심한 주의를 두었다. 학생의 참여를 수용하고, 촉진과정 중에 스스로를 타인의 위치에 놓을 수 있고, 동시에 자신의 감정에 초점을 둠으로써 지도교수는 안전과 신뢰라는 분위기를 창출할 수 있다. 이것은 개방된 관계를 시작할 수 있게 하고 이 안에서 많은 것을 논의할 수 있게 한다. 이것으로 학생들의 반성이 시작될 수 있고 또 반성에 점차 초점을 두게 하는 관계의 기초를 형성한다.

아홉 가지 측면

다음 단계는 2단계의 중요한 기술인 구체화하기에 초점을 두는 것이다. 교수 상황을 검토할 때 네 가지 측면이 중심 역할을 한다는 것이 명료하게 드러났다. 이 네 가지 단계는 원하기, 사고하기, 느끼기 그리고 행동하기(제7장 6절 참조)다. 예비교사의 수업을 다룰 경우 중요한 질문은, 예비교사가 학생에게 이 학습을 통하여 달성했으면 하고 원하는 것은 무엇인가, 예비교사의 느낌은 어떠한가, 예를 들어 소수의 학생이 그에게 등을 돌리고 앉아 있을 때 느낌이 어떠한가, 예비교사가 이런 그들의 행동에 어떻게 반응하는가 등이다.

예비교사에게 이런 질문에 답하도록 함으로써 지도교수는 그들이 자신의 행동을 구체화하고 경험을 만들어 가는 것을 도와줄 수 있다. 광범위하여 모호한 대답은(예, 오늘은 잘되지 않네요.) 질문에 따라 매우 구체화될 수 있다(예, 무엇이 정확하게 안 되는 것인지, 무엇을 했는지, 수업 처음 5분 동안 무엇을 했는지, 잘 진행되기 시작했을 때 기분이 어떠한지 등).

구체화하기 다음에는 예비교사가 다음 네 가지 질문에 대하여 답하도록 돕는 일을 시작한다. 학생이 수업시간 동안 원하는 것은 무엇인지, 수업 시간의 다른 국면마다 무엇을 했는지, 그것을 하는 동안에 그들이 무엇을 느끼고 생각했는지 등이다.

훈련과정 동안 두 번째 단계의 네 가지 기술에 많은 주의를 두고, 다양한 방법으로 연습을 한다. 두 번째 단계는 우리가 이전에 언급하였던 기본적 변화로 나아가는 열쇠를 가지고 있다. 지도교수의 모든 기술은 궁극적으로는 예비교사 스스로 이 모든 일을 하도록 하는 것이지만 그들은 이 결과가 나오도록 노력할 필요가 있다. 이런 것이 점차 일상적 실천이 되는 데는 지도교수의 많은 연습과 이 연습에 대한 반성이 필수적이다. 연습의 예는 5절에서 제시할 것이다.

본질을 향하여

궁극적으로 지도의 목적은 예비교사가 [그림 13-1]의 좌측과 우측 간의 관계를 보도록 하기 위한 것이다. 그들은 자신의 느낌이 자신의 행동에 영향을 주고, 이는 다시 교실에서의 학생의 행동과 느낌에도 영향을 준다는 것을 발견하게 된다. 즉, 주요 목적은 예비교사가 교실 안에서의 상호작용이 자주 순환적인 성격을(제7장 6절과 제11장 5절) 갖는다는 것을 깨닫게 하는 것이다. 이것은 ALACT 모형의 3단계의 목적인 '본질적 양상의 인식'을 달성하는 중요한 방법이다.

불일치

문제의 본질은 예비교사의 느낌과 행동 간의 불일치에서 나타난다. 불일치가 중요하다는 이론은 De Bruin과 Vulker(1984)가 지속적으로 주장하여 왔다. De Bruin에 따르면, 지도교수는 예비교사가 서로 다른 영역에서 일관성이 없는 진술을 하는 것을 보게 된다고 한다. 사고 영역과 감정 영역 사이의 예를 들면, '나는 수업 준비를 잘했다고 생각한다. 그러나 과목 내용에 대해서 잘 모르겠다는 느낌이 든다.' 라고 말한다든가, 말하기와 행동 영역 사이의 예를 들면, '나는 학생들에게 더 이상의 방해는 받아들이지 않겠다고 경고하였다. 그러나 수업이 진행되는 동안 폴을 반에서 쫓아내지 못했다.' 라고 말한다. 분명히 구체화하기의 격자표([그림 13-1] 참조) 상의 서로 상이한 측면 간의 불일치는 그런 일관성이 없는 진술의 중요한 예가 된다.

0. 맥락	
1. 내가 무엇을 원했는가?	1. 학생이 무엇을 원했는가?
2. 내가 무엇을 했는가?	2. 학생이 무엇을 했는가?
3. 내가 무엇을 생각했는가?	3. 학생이 무엇을 생각했는가?
4. 내가 무엇을 느꼈는가?	4. 학생이 무엇을 느꼈는가?

[그림 13-1] 아홉 가지 측면을 토대로 구체화하기

대안 구상하기

지도교수의 도움으로 예비교사가 강점과 본질적 약점을 깨닫고 이 점을 구체적 수준에서 공식화활 수 있게 될 대, 다음 단계인 대안의 브레인스토밍 단계(4단계)로 나아갈 수 있게 된다.

훈련 기간 동안 우리가 자주 보는 것은, 연습 후 지도교수는 2단계나 3단계에서 학생으로 하여금 자신의 수업을 검토하게 한다든가 자신의 약점을 명명하게 하는 등 체계적으로 예비교사가 주도권을 가질 수 있도록 하는 것이다. 그러나 대화의 마지막 단계에서는 그 주도권이 지도교수에게로 넘어 온다. 그리하여 대안을 만들어 내는 단계에서는 다음과 같은 질문이 중요한 사항이 된다. 대안 만들기에 예비교사가 참여하였나? 누가 결론을 맺었나? 이런 것은 훈련과정에서 우리가 활용하는 4단계의 일곱 가지 주목해야 할 사항이다(모든 사항은 제7장 3절 참조).

반성을 통한 독립적 학습

이미 언급한 훈련과정은 교사교육자를 위한 광범위한 기능을 제공하기 위한 것이다. 즉, 감정을 이입하여 반응하는 능력, 구체화하는 것을 도와주는 능력, 대안을 개발하고 직면하도록 하는 능력 등이다. 이런 모든 능력은 학생들이 반성의 단계로 나아가는 것을 돕는다. 이런 기술이 습득되면, 다음 단계는 지도교수로서 학생들이 독립적으로 반성의 과정을 거치고 있는지 알기 위하여 무엇을 해

◆ **학습과정 자체에 대한 반성을 촉진시키기 위한 질문**

1. 나는 어떻게 학습하는가?
2. 내가 학습하는 방법에 어떤 특별한 것이 있다고 느끼는가?(강점/약점)
3. 나 자신의 학습과 관련하여 의도, 대안, 학습의 요구는?

[그림 13-2] 학습과정 자체에 대한 반성

야 하는가다. 무엇보다도 학생들이 지도과정의 토대가 되는 체계를 인식하는 것이 중요하다. 결과적으로 학생들에게 ALACT 모형을 언급하면서 체계, 이 모형의 각 단계 그리고 원리 등을 설명하는 것이 지도교수의 과제다. 그러나 이 모형에 대하여 알려 주는 시기는 실제 지도기간 이전이어야 하고, 교사교육 기간 동안 이를 활용하도록 가르쳐야 한다. 학생은 이제 자신만의 반성 방법(메타반성: 제7장 10절과 제11장 3절 참조)을 생각해 보도록 독려받으며, 자신만의 학습방법과 관련하여 구체적인 학습의 내용으로 나아간다.

[그림 13-2]의 질문은 이 영역에서 도움이 될 것이다. 사실 이것들은 세 가지 기본적인 반성적 질문을 우리의 학습이 행동 단계(ALACT 모형의 1단계)에 있는 상황에 적용시킨 것이다.

반성을 목적으로 하는 교육과정

지금까지는 예비교사가 자신의 교수 경험에 대하여 스스로 반성하는 것을 돕는 데 초점을 맞추어 왔다. 그러나 훈련 과정 동안 교사교육학에 대한 좀 더 일반적인 질문이 제기될 수 있다. 즉, '반성의 원리가 어떻게 교사교육 프로그램의 모든 요소로 구체화될 수 있는가?' 하는 것이다.

훈련 과정은 이런 질문을 두 가지 방법으로 다룬다. 첫째, 참여자가 어떤 성공적인 방식으로 학생들의 반성을 집단의 형태로 혹은 개별적으로 촉진시켜 왔는지 관찰하는 것이다. 둘째, 이것은 수많은 대안을 제시한다.

우리는 반성 및 경험을 통한 학습이 다양한 맥락 안(예, 상이한 주제와 상이한 집단의 크기 등)에서 어떻게 촉진될 수 있는지에 대하여 구체적 답을 발견하는 교육자의 다양한 방법을 알고 있다. 상당수의 관련된 기능과 도구는 전 장에 기술하였다. 우선 우리는 일지와 코스에서의 일지 적용 방법에 대하여 강조하였다(제11장 참조). 또한 우리는 교사교육 프로그램 내에서 ALACT 모형을 체계적으로 활용하는 것의 중요성에 대하여 강조하였다. 대단위 집단에서 반성을 촉진시키기 위해서는 다양한 방법, 예를 들어 벽 쌓기, 열 만들기, 레퍼토리 격자 만들기, 화살표 만들기 기술(제9장 참조) 중에서 선택할 수 있다.

이런 방법적 기술은 상이한 반성 영역을 목적으로 한다. 예를 들어 열 만들기 기법은 실제 교수활동에서 자신의 목적에 대하여 반성하도록 독려하는데, 목적을 잊어버리는 것이 얼마나 쉬운지, 때로 그 목적이 얼마나 비현실적인지, 이것을 어떻게 구체화시킬 수 있는지, 이 목적을 달성하는 데 어떤 전략이 효과적이고 비효과적인지 알게 해 준다. 레퍼토리 격자 만들기는 학생에 대한 교사의 행동을 이끄는 무의식적인 구조를 인식하게 해 준다. 이런 반성을 위한 기술이 집단 속에서 사용된다는 사실은 이 반성의 과정에 한 가지 차원, 즉 '협력적 반성'을 추가한다. 교사교육자를 위한 훈련과정에서 우리는 이런 방법적 기술을 참여자가 스스로 경험할 수 있도록 참여자의 수준에서 활용한다. 예를 들어 벽 쌓기가 사용된다면, 우리는 교사교육이나 지도 과정에 대한 진술이 있는 종이 벽돌을 제공한다.

5. 훈련 활동 및 연습

지금까지 훈련과정의 목적, 구조 그리고 내용을 논의하였다. 즉, 이론과 다양한 기술을 토대로 한 상이한 활동과 연습들을 기술하였다. 이어서 훈련과정 동안 사용된 몇 가지 연습 사례를 제시하면 다음과 같다.

질문 시간

훈련과정에서 첫 번째 질문 중의 하나는, '교사교육자로서 이 훈련과정에 오면서 가진 구체적인 질문은 무엇인가?' 다. 이는 참여자 자신에 대한 반성을 촉진시키기 위한 예다.

이런 질문에 대한 답으로 중등 교사교육 프로그램의 한 교육자 집단은 다음과 같이 기술하였다.

- 너무 빨리 지적하려는 유혹을 벗어나 '거리를 두고' (학생들의 수업을 참관하지 않고) 어떻게 지도할 수 있으며, 어떻게 좀 더 자주 학생이 자신의 문제를 해결할 수 있도록 할 수 있는가?
- 덜 지시적이고 싶고, 침묵을 지키는 방법을 배우고 싶다.
- 나는 직관적으로 학생들을 지도한다. 제대로 지도하고 있는 것인가?
- 실제 지도하는 데 효과적이면서도 시간이 덜 드는 모형에는 어떤 것이 있는가?
- 학생을 반성하도록 돕기 위해 어떤 기술이 필요한가?
- 반성에 체계적인 구조를 어떻게 도입할 수 있는가?

이런 이슈는 활용될 활동의 종류와 구체적 훈련과정의 내용을 결정한다.

구체화하기 기술의 연습

구체화하기 기술을 연습하기 위하여, 우리는 참여자의 일상생활 안에서 일어나는 실제적인 문제 상황, 그리고 예비교사가 교수활동의 경험을 지도교수와 함께 이야기하는 짧은 비디오를 활용한다. 이런 짧은 비디오는 지도교수의 질문에서 시작한다. 예를 들면 다음과 같다.

지도교수: 에디스, 오늘 어땠어요?

에 디 스 : 전혀 잘되지 않았어요. 엉망이었어요. 그 그룹은 수업 내내 소란 그 자체였어요. 그래서 저는 생각했죠. 어떤 방법으로든 해낼 것이라고요. 나는 소리를 점점 더 크게 내어 말하기 시작했어요. 그리고 한순간 나는 이러지 말자고 생각하고 부드럽게 말하기 시작했어요. 그러나 소란은 계속되었어요. 나는 린다에게 밖으로 나가라고 하였어요. 수업 후 린다가 들어온 후, 클레어와 함께 내 바로 앞에 앉아 있었는데, 나는 이 둘 사이에 끼어들 수가 없었어요. 정말 너무 힘들었어요. 저는 수업 내내 큰 소리로 얘기하며 학생의 주의를 끌기 위해 최선을 다했지만, 린다를 다시 내보내야 했어요. 그러고 나서 린다에게 얘기를 했지만 전혀 먹혀들지 않았고, 아이들이 나를 비난하고 있다는 것을 알아챘죠. 정말로 모든 게 엉망이었어요.

참여자가 해야 할 과제는 [그림 13-1]의 아홉 가지 영역을 활용해서 이것을 검토해 보는 것이다(에디스는 어떤 영역에 대해 이야기하고 있는가?). 이어서 이 학생이 아직 언급하지 않은 영역 중의 하나를 선택하여 구체화하는 질문을 만들어 보도록 한다. 이는 감정을 이입하는 반응과 결합된다. 모두가 끝낸 후에 각자의 다양한 반응을 크게 읽고 논의한다(이론과 부합할 수 있는 가능한 반응이 [그림 13-3]에 있다). 이런 활동은 감정이입과 구체화하는 일의 의미에 대해 깊이 통찰하게 한다.

나선형 모형 활용 연습

훈련 자료의 대부분은 참여자의 지도 경험에서 나온 것이다. 다음 대화는 참가자의 질문에서 추출한 것이다. 즉, '지도 기간 동안에 어떤 사항에 직면해 왔으며, 논의하고 싶은 내용이 있습니까?' 라는 질문이 주어졌고, 참여자 A는 그런 문제 상황이 있었다고 말했다. 훈련 지도자는 다른 참가자 B에게 A의 지도교수로서 행동해 보라고 요청하였다. 그들 간의 대화는 다음과 같다.

B: 나에게 그 상황에 대하여 말해 주겠어요?

A: 어제 학교를 방문했는데, 수업 후의 논의 동안 나는 학생에게 수업이 계획한 대로 진행되었는가 물었어요. 그는 모든 것이 잘 진행되었다고 답했어요. 그러나 내가 관찰하는 동안 나는 그가 일부 학생 그룹을 잘 보고 있지 않다는 것을 발견하였습니다. 나는 이 점을 그가 자발적으로 말하도록 할 수 없었고 이것은 매우 불만족스러운 점이었어요. 결국 내가 그 대화를 주도하였고 그는 뒤로 물러섰어요.

B: 정확하게 당신은 뭐라고 말하거나 행동하였나요?

A: 첫째, 나는 그와 함께 수업진행을 살펴 보면서 창문 옆의 학생들이 말하기 시작하는 것을 보았다고 말했어요.

B: 당신이 그 점을 언급했지만 가치 판단을 하지 않았지요?

A: 그는 즉각 방어적으로 나왔어요. 그래서 내가 말했지요. 그것이 그렇게 나쁜 것은 아니다. 단지 나는 지적하고 싶을 뿐이라고 말했지요. 그러나 나는 뭔가 잘되지 않고 있다는 것을 느꼈어요.

B: 자 상황을 봅시다. 그는 …

A: 맞아요. 그는 스스로가 뭔가 잘못했다고 느끼기 시작했어요.

B: 그러니까 당신은 두 가지 일을 한 거네요. 당신은 그와 함께 수업을 세밀히 살펴보았고 관찰한 것에 대하여 언급했어요. 당신은 그가 처음부터 자신이 원하는 주제를 끄집어내도록 했나요?

A: (잠시 생각하다가) 아니요.

B: 나는 무엇이 당신을 꺼림칙하게 하는지 궁금해요? 그것이 정확히 무엇이지요?

A: 꺼림칙한 게 아닙니다. 나는 문제를 좀 더 다르게 다루고 싶어요. 그런데 그것을 할 수가 없어요. 그것이 나의 문제예요.

B: 무엇이 그것을 가능하게 할까요?

A: (침묵) 모르겠어요.

B: 이것을 다른 사람에게 시도해 본 적이 있나요? 잘되었나요?

A: 학생의 태도와 관련되어 있다고 봐요. 아마도 나는 처음부터 좀 더 안전하다

는 느낌을 학생에게 주어야 했다고 봐요.

B: 구체적으로 어떻게 그렇게 할 수 있다고 보나요?

이때 훈련과정 지도자가 대화에 참여하였고 참여자에게 준 과제는 다음과 같다('이론' 에 부합하는 가능한 반응을 [그림 13-3]에서 볼 수 있다.).

1. 이 대화에서 인식될 수 있는 단계는 어떤 단계인가?
2. B의 구체화하기 질문에서는 어떤 영역이 사용되었나?
3. 이 대화에서 B가 잘 활용한 기술은 무엇인가?

불일치

또 다른 비디오는 다음과 같다.

지도교수: 오늘 어땠어요?

에 디 스 : 오늘은 좋았어요. 학생들도 매우 즐거워했다고 생각하고 매우 좋은 수업이었어요. 함께 좋은 시간을 가졌어요. 이 수업은 독해 수업이었기 때문에 나는 그들이 좋아하지 않으리라 생각했었어요. 그러나 잠시 후에 분위기가 약간 상승되었어요. 나는 학급 뒤에 있었는데 누군가 나에게 빗자루를 던졌어요. 무엇을 해야 할지 몰랐죠…. 음, 정말 모르겠더라고요. 나는 학급 앞으로 걸어 나갔고 학생들을 쳐다보았어요. 그러나 … 음, 나는 이건 아니라고 생각했고…. 나 자신도 이들이 더 이상 수업에 집중하여 교과서를 공부하고 싶어 하지 않는다는 것을 잘 알 수 있었어요.

이 일화를 토대로 한 과제는 그 학생이 언급한 불일치를 밝혀내는 것이다. 이어진 논의에서 이런 불일치는 일반적인 구조 내에 있게 된다(이론에 부합하는 가능한 반응은 [그림 13-3] 참조).

'이론' 에 부합하는 가능한 반응

'구체화하기' 연습의 결과에는 다음과 같은 것이 있을 수 있다.
'이 학급은 정말로 자네를 힘들게 하네…. 그들과 어떻게 끝나기를 원하나요?'
이런 반응은 '이론' 에 부합하는 것이다. 왜냐하면 그 예비교사의 감정을 언급하면서 ('자네를 어렵게 한다.' 는 감정이입적인 반응임) 시작하였고, 이 예비교사가 아직 언급하지 않은 것(무엇을 원하는지)을 질문하는 것으로 이어졌다.

'나선형 모형' 연습의 결과로 다음과 같은 것이 있을 수 있다.

1 2단계(행동에 대해 되돌아보기), 3단계(본질적 양상 인식, 짧은 순간에 이루어지는 것이기는 하지만), 4단계(대안 구상하기)
2 맥락('맥락에 대하여 이야기해 줄 수 있으신가요?'), A의 행동('정확하게 당신이 말하거나 행동한 것이 무엇인지'), A의 감정('무엇이 당신을 꺼림칙하게 하는지 모르겠다. 그것이 정확히 무엇인지'), 학생의 감정('자 상황을 봅시다. 그는….')
3 구체화하기, 요약하기: '당신은 정확히 무슨 행동을 하였지요?'(구체화하기), '그러므로 당신은 두 가지 일을 했습니다.'(요약하기)

'불일치' 연습의 결과로 다음과 같은 것이 있을 수 있다.
'당신은 정말로 어떤 것을 하기를 원하지만, 무력감을 느낀다.'
(이는 감정과 원함 간의 불일치에 초점을 둔 예다. 그러나 이런 상황에서는 숨겨진 더 많은 불일치가 있다.)

[그림 13-3] 이론에 부합하는 가능한 반응

반성을 목적으로 하는 구조

훈련 과정 참가자에게 다음과 같은 질문을 자주 던진다. 학생들을 반성하도록 하기 위해 당신이 이미 현재 훈련 과정에서 사용한 방법을 누가 보여 주기를 원하는가? 교육대학의 훈련 시간 중에 훈련 집단으로 하여금 반성을 촉진하기 위한 도구인 일지를 살펴보도록 했다. 다음 훈련 시간에 참여 교사교육자들은 자신의 학생의 일지를 한두 권 가져왔고, 여기에는 그 학생들이 자신이 가르친 첫 수업 시간을 어떻게 경험하였는지 기술되어 있었다. 훈련 시간 중 우리는 예비교사 집단이 일지에 대하여 논의하는 방법에 대해 연습하였는데, 이때 교사교육자는 논의되는 일지를 기술한 예비교사의 역할을 하였으며, 다른 한 사람의 참여자가 그 훈련 시간을 이끌었다.

첫째, 교육자는 구조화된 방법으로 그 집단을 지도하였다. 그녀는 학생들이 어떤 질문을 가지고 있는가를 돌아가면서 묻고 요약하였다. 이 사례 이후 훈련 과정 훈련자는 집단으로 일지를 논의하기 위한 다른 방법을 보여 주기를 원하는 사람이 있는지 물어보았다. 이에 어떤 훈련 과정 참여자는 매우 다른 방법을 보여 주었다. 그녀는 '오늘은 우리가 어떻게 가르치고 있는지 함께 발견하고, 이를 통하여 서로에 대하여 잘 알게 될 뿐 아니라 서로 간의 신뢰를 키우는 것이 목적' 이라고 말하며 시작한다. 그리고 이어서 '돌아가면서 어디서 가르치며 그 과정에서 어떤 특별한 사건이 일어났는지에 대하여 각기 이야기하자.' 고 한다. 그리고 그녀도 그룹 안에 앉아서 대화 동안 조용히 경청하면서 '학생들이' 진정으로 경험을 교환하며 소통하는 것을 관찰하였다.

이런 연습으로 훈련과정에서 반성의 촉진을 위한 두 가지 원리가 각 교사교육자에게 더욱 명료해진다. 교사교육자로서 우리는 안내하고 지원하는 역할을 해야 하며 주도적 역할을 할 필요는 없다. 따라서 우리는 주도권을 학생에게 주고 그들이 스스로 작업하도록 해야 한다. 토론을 구조화하는 것은 교사의 역할이라는 것도 분명하게 되었다.

과 제

대체로 훈련 시간은 매일의 교육 실천과 연관되는 과제를 주는 것으로 끝난다. 첫 번째 시간 마지막에 훈련 과정 참가자는 '첫 번째 수업 시간 동안 무엇이 가장 중요했는지, 다음 주에 활용할 것은 무엇이라고 생각하는지, 필요하다면 이를 자신의 일지에 써 보라.' 는 과제를 받는다(이런 질문은 ALACT 모형의 3단계와 4단계와 관련되는데, 이러한 경우 학습자 자신의 학습과정에 적용된다.).

두 번째 훈련 시간을 시작할 때, 이 과제는 서로 짝을 지어서 하는 연습의 자료로 활용된다. A는 전 시간에 행해진 수업의 의도를 토대로 B를 지도한다. 결과는 어떠했나? 무엇을 시도하였나? 어떻게 진행되었나? 적용을 하는 데 힘든 것은 무엇이었나? 이 때문에 어떤 질문이 새롭게 제기되었나?

두 번째 시간의 마지막에(감정이입하여 반응하기가 초점임), 다음과 같은 질문을 참가자들에게 제시한다. 다음 주 동안 자신이 대화를 했던 세 가지 상황을 제시하고 다른 때보다 감정을 이입하여 신중하게 반응하라. 그리고 반성하기를 시도하라. 자신에게 무엇이 일어났고 다른 사람에게 무엇이 일어났는가? 가능한 한 상세하게 이를 기록하라.

6. 훈련과정에 나타난 교육학의 원리

앞서 기술한 훈련과정의 부분은 이미 다음과 같은 원리를 나타내고 있다.

1. 훈련 자체에서 중요한 원리는 서로 통한다는 느낌이 참가자의 개인적 질문으로 확립된다는 것이다.
2. 제공되는 기술과 이론은 구체적 경험과 연관되어 있고, 참가자들은 이런 기술들을 훈련 기간 동안 연습한다. 이는 실천적 경험의 기여, 이에 대한 반성, 관련된 이론에 연결하기, 그리고 새로운 상황에의 적용을 교대로 한다는 것을 의미한다. 그렇게 하는 가운데 훈련과정의 구조와 내용은 교사교육에서 나선형 모형을 활용하는 사례가 된다.
3. 사람들 자신의 경험에서 시작함으로써 두 가지가 같이 간다. 연습의 내용이 모든 참가자에게 적합한 것이 된다. 왜냐하면 사용되는 문제가 그들의 지도에 관한 질문과 관련이 있고, 연습은 지도교수와 학생의 실제적 반응이 활

용되는 진정한 문제를 다루기 때문이다. 약간의 역할놀이도 필요하다.

④ 안전한 학습 환경이 만들어져서 참가자가 훈련 기간 동안이나 이후에도 다양한 행동으로 여러 가지 실험을 하는 것을 두려워하지 않도록 해야 할 것이다. 그런 점에서 훈련자는 초기 긍정적 피드백을 훈련자 및 참가자 모두가 주도록 함으로써 스스로 하나의 모델로 제 역할을 할 수 있다.

⑤ 지속적이고 자기 주도적인 전문성 개발의 원리는 체계적인 주의를 참여자 자신의 학습 질문에 두게 할 때, 그리고 참여자가 체계적으로 자신의 향상 정도를 기록할 때 실현된다.

⑥ 가장 중요한 것은, 이전의 다섯 가지 원리를 적용함으로써 훈련과정은 현실적 접근의 원리와 일치하며, 훈련자는 역할 모델로서 그 기능을 다할 수 있게 된다.

7. 훈련과정에 대한 반성과 제언

지도 기술에 대한 훈련과정은 반드시 필요하다. 훈련은 다음과 같은 이유로 매우 효과적이다.

① 실천적 성격
② 지도가 구조적 맥락에서 이루어짐
③ 학습되는 많은 기술이 '다음 날 사용될 수 있음'
④ 지도자로서의 자신의 역할에 대하여 스스로 반성함
⑤ 동료와 함께 즐겁게 매일의 문제를 해결해 나감

또한 참가자는 어떻게 반성이 교사교육 과정 프로그램에 구조적으로 포함될 수 있는가하는 질문에 대해 더 나은 통찰력을 발달시키게 되었다고 보고하고 있다. 그러나 주요 초점은 훈련과정의 내용을 참가자의 '일상의 맥락' 에 있는 조직적 구조로 잘 전환시키는 일이다. 훈련과정은 단지 하나의 분절된 활동이어서는 안 된다. 교사교육 프로그램의 모든 과정 안에서 지도와 반성을 연결시키도록 훈련 과정이 구성되어야 한다.

요약하면, 우리는 훈련과정에 대해 몇 가지 변화를 시도하고자 한다. 즉, 지도 과정에 대한 다양한 견해를 개발하는 일, 이런 변화된 견해를 반영한 지도 기술을 제공하는 일, 전체 교사교육 프로그램을 통하여 학생들과 함께 반성을 향상시킬 수 있는 기술과 지식을 개발하는 일 등이다.

우리는 교사교육자가 갖추어야 할 기술을 [그림 7-5]에 제시하였다. 한편, 실제 안에서 예비교사를 지도하고 이들의 반성능력을 향상시키는 것은 교사교육자의 능력 중의 한 가지 영역에 속한다. 따라서 이 장은 교사교육자의 전문성 개발을 위한 프로그램의 일부분을 기술한 것에 불과하다. 사실 우리는 예비교사 그룹이 학교 경험과 이론을 연관시키는(제9장 2절에서 언급한 다섯 단계 구조를 토대로) 교육 과정을 제공하였고, 예비교사 그룹이 독립적인 학습을 향상시키거나 예비교사가 독립적이고 반성적 학습을 준비하는 교육과정 등을 제공하였다. 뿐만 아니라 교사교육자나 우리가 일하는 기관의 관심과 질문에 대해서 맞춤식 과정을 제공하기도 하였다. 또한 현실적 교사교육 접근에서 동료나 협력교사를 훈련하기를 바라는 교사교육자를 위해 훈련자 교육과정도 시도하였다.

교사교육자와 함께한 우리 연구는 광범위하게 받아들여진, 교사교육자에 대한 직업적 이력이 필요하다는 점을 명료히 해 주고 있다. 많은 나라에서 초등 혹은 중등 교사가 되기 위해 직업적 이력을 요구한다는 것은 놀라운 일이다. 그러나 교사교육자에 대해서는 좀처럼 요구되지 않는다. 이것은 정부나 교사교육자 전문 협회가 해야 할 일이다. 교사교육자의 직업적 이력은 필요한 능력으로 구체화되어야 한다. 그러면 이것은 교사교육자를 위한 훈련 프로그램의 개발로 이어질 것이고 이는 전문성 개발로 나아가는 길이 될 것이다(Koster & Dengerink, 2000).

요약

교사교육자의 전문성 개발은 거의 주목을 받아 오지 않았다. 그러나 현실적 교사교육 접근을 적용할 때 이는 매우 중요한 이슈가 된다. 우리는 교사교육 스태프진을 위한 훈련과정의 목적, 내용 등과 이런 과정을 운영했던 경험에 대하여 기술하였다. 우선 지도 기술과 ALACT 모형에 초점을 둔 이 과정은 그 자체로 현실적 접근의 하나의 예가 된다(일치의 원리). 이는 교사교육자 훈련과정은 상호 안전감이라는 풍토하에 참가자의 관심과 요구, 그리고 그들의 실제적 경험을 토대로 만들어진다는 것을 의미한다. 실제적 경험, 반성, 이론 안에서 행동을 교대로 순환하는 과정이 있다. 또한 참가자는 자신의 전문성 향상을 모니터하도록 장려된다. 이 훈련과정은 자체적으로 필요를 충족시키지만, 교사교육자에게 필요한 능력을 기술하는 기본 틀을 토대로 하여 교사교육자를 위한 다른 훈련 과정도 개발되어야 한다.

기본 개념

교사교육자의 전문성 개발 / 교사교육자의 자질 / 일치의 원리

제 14 장

현실적 접근: 원칙과 철학적 배경 그리고 그 미래

◆ Fred korthagen

이론적인 성취만을 일반적으로 다루는 교육과 더불어 우리는, 다양한 교육 제도 내에서 공부하는 젊은 세대들의 마음 안에 타인에 대한 배려와 책임감, 이타주의 등을 더욱 발달시킬 필요가 있다. 이는 종교와 관련되지 않아도 가능한 일이다. 사실 그것은 친절함, 동정심, 진실성, 정직함 등과 같은 인간의 기본적인 성향으로 이루어지는 것이어서, 우리는 이를 '세속적 윤리'라 부를 수도 있다.

– 달라이 라마: 새천년의 메시지

이 마지막 장에서는 현실적(realistic) 접근에 대한 요약이 이루어지며, 이런 접근이 얼마만큼 새로운 것인가 하는 질문에 대한 분석으로 이어진다. 현실적 교사교육은 과거에 개발되었던 가치 있는 이론과 그 실제를 종합해서 이루어진 것으로 보인다. 그 정당성은 전문적인 학습에 대한 심리학적인 고찰에서만 찾을 수 있는 것이 아니라, 학교에서의 현실적 교육의 발달과 교사와 학생들의 자기 이해 및 상호 관련성에 대한 감각의 발달을 통해 보다 나은 세상을 만들고자 하는 교육철학에서도 찾을 수 있다. 마지막으로는 고사교육의 미래를 살펴봄으로써 이 책을 통해 개발하였던 아이디어의 실행을 지원하기 위하여 현실적인 연구(realistic research)가 필요함을 지적한다.

1. 도 입

앞의 제13장에서, 교사교육에 대한 현실적 접근을 설명하였다. 실제적인 예를 들었으며 이론적인 토대가 정교화되었다. 이 장에서는 앞의 내용을 다시 살펴보고 미래를 조망할 것이다. 현실적 교사교육의 본질적인 특징들을 요약하고 그것이 미래의 교사교육에 영향을 줄 수 있는 방법을 살펴볼 것이다.

그러나 나는 한 걸음 더 멀리 나아가기를 원한다. 현실적 접근이 어떤 점에서 새로운 것인지에 관한 문제를 논의할 것인데, 이는 그 접근 방식의 이론적인 토대를 재고하게 할 것이다. 또한 이 책에서 도입된 전체적인 틀의 기저에 있는 교육철학에도 관심을 기울일 것이다. 그렇게 함으로써 나는 단순한 교사교육 이상의, 사회 전반에 관한 깊은 관심에 뿌리를 두고 있는 교육사회학적 관점을 명확히 하고자 한다. 내가 처음 가르치기 시작했을 때 내 수업이 갖고 있던 문제는 25년이 지난 후 내가 이 장에서 개괄할 사회에서의 교육의 역할에 대한 관점으로 발전했다. 사실 이 장에서 내가 제안하는 아이디어 중 많은 것은 현실적 접근의 중요한 정당화이거나 교사교육과 연구에서의 내 작업을 지원하는 추진력이다.

2절에서 나는 교사교육에서의 현실적 접근 방식과 거기에 포함된 다섯 가지의 기본적인 주장을 간단하게 요약할 것이다. 3절에서는 그 접근 방식이 어떠한 점에서 새로운 것인가에 집중하여 현실적 접근을 재론한다. 현실적 접근은 앞선 이론적 접근 방식에 기반하면서도 새로운 종합을 이루어 내었다는 것을 볼 것이다. 4절은 이 접근 방식을 뒷받침하는 교육철학의 논의에 할애된다. 나는 최근에 교육이 당면한 큰 문제점을 분석하고 그 해법을 찾기 위한 가능한 방향을 제시할 것이다. 이것은 '현실적 교육(realistic education)'이라는 용어를 좀 더 심도 있게 이해하는 데 도움이 될 것이다. 끝으로 5절에서는 교사교육의 미래, 특히 현실적 교사교육의 전망에 대해 논의한다. 이 절에서는 실제와 관련된 연구의 필요성을 강조하고 '현실적 연구(realistic research)'라는 용어를 제안할 것이다.

2. 현실적 교사교육: 요약

현실적 접근은 오랜 기간 교사교육을 지배해 왔던 문제인 이론과 실제 사이의 간극에 다리를 놓고자 하는 바람에 뿌리를 두고 있다. 우리는 이론과 실제 사이의 간극이, 전문적인 지식(심리학, 사회학, 교육학 연구의 결과들)을 교사에게 가르쳐서 교사들이 이런 전문 지식을 실제에 활용할 수 있게 하는 것에 교사교육의 목표를 두는 관점(기술적-합리성 접근)의 결과라는 것을 보았다. 이런 관점은 교사교육자들이 교사들에게 전달되어야 하는 이론에 관하여 선험적인 선택을 하도록 이끈다. 연구 결과, 이런 접근 방식은 실제에 대해서는 극히 제한된 효과만을 갖고 있었다. 이론을 실제로 변환시키는 데 실패하는 주된 이유는 학교 상황에서 사회화의 영향, 학습과 교수에 대한 교사의 선입견, 피드포워드(feed-forward) 효과(이론은 항상 너무 빨리 나타나거나 너무 늦게 나타남), 실제에 적합한 이론의 성격 등에 기인한다. 그중 마지막의 문제는 에피스테메(큰 이론; Theory)와 프로네시스(작은 이론; theory)를 구분함으로써 명확히 할 수 있다. 에피스테메는 폭넓은 경험적 기초를 바탕으로 하는 과학적 지식으로 일반화된다. 실제 상황에서 교사가 사용하는 것은 프로네시스인데, 이는 특정한 상황에 작용하는 맥락 의존적인 원리로 교사가 실제적인 문제를 해결하는 결정에 신속하게 도달할 수 있도록 해 주는 역할을 한다. 이런 종류의 이론은 개념적이라기보다는 지각적이다. 중요한 것은 그것이 실제적인 상황에서 교사로 하여금 무엇이 상황에 적합한 것인지를 빨리 지각하고 그 지각을 바탕으로 행동할 수 있게 해 준다는 점이다.

우리는 또한 과학적 지식을 강조하는 것이 교사교육에서 사용되는 접근법에서 어떤 편향성을 가져올 수 있음을 보았다. 그 경우는 합리적, 논리적, 분석적인 사고에 주로 초점을 맞추려는 경향을 갖게 되는데, 실제에서의 행동은 필요, 관심, 가치, 의미, 선호, 감정, 행동 경향 등의 개인적 집합체인 게슈탈트를 토대로 하기 마련이다. 이런 게슈탈트를 교사교육에서 진지하게 받아들이기 위해, 현실적 접근은 구체적인 경험과 이런 상황에서 촉발되는 사건과 게슈탈트를 기반으로 한다. 현실적 접근은 반성을 통한 학습과정이 진행되도록 하는 것을 목표로 하므로, 여기에서 반성(reflection)은 경험이나 문제 또는 존재하는 지식이나 통찰을 (재)구성하려고 시도하는 정신적인 과정으로 정의된다.

이상적인 반성의 과정은 ALACT 모델로 설명될 수 있는데, 이는 다음과 같은 다섯 단계로 이루어진다.

1 행동(Action)
2 행동을 되돌아보기(Looking back on the action)
3 본질적 양상의 인식(Awareness of essential aspects)
4 대안적 행동 방법 구상(Creating alternative methods of action)
5 시도(Trial, 이는 그 자체로 새로운 행동으로서 새로운 순환의 출발이 된다.)

교사는 반성하도록 자극만 받는 것이 아니라, 대부분은 어떻게 반성해야 하는지 학습해야 한다. 그들은 스스로 그리고 동료의 도움을 받는 학습에 의해 ALACT 모델의 각 단계를 통과하는 능력을 발달시켜야 하고, 따라서 '성장 능력(growth competence)'을 획득해야 한다.

현실적 교사교육 프로그램은 교사가 학습 필요성을 깨닫고 유용한 경험을 찾아내며 그런 경험에 대해 반성하는 것을 도와주어야 한다. 이는 안정과 도전 사이의 균형, 개별적인 장기 학습 과정과 프로그램 라인의 세심한 조정, 교사교육기관과 학교 사이의 긴밀한 공조, 교사교육과 관련된 이론과 실제의 통합 및 다양한 분야의 통합, 교사교육자와 협력교사의 전문적인 육성에 대한 체계적인 관심 등을 필요로 하는 것이다. 교사교육에 책임이 있는 이들을 전문적으로 육성하기 위해서 교사 개개인의 반성을 돕고 그들의 성장 능력을 개발하는 데 필요한 기술을 설명하는 틀을 제시하였다. 또한 조별 반성적 학습을 촉진시키는 방법과 테크닉들을 살펴보았는데, 그 한 예로 이론과 실제의 융합을 이끄는 5단계가 [그림 9-1]에 요약되어 있다.

현실적 접근의 인지심리학적 트대와 관련해서는 제10장이 이 책의 핵심을 이루는데, 그것은 제10장에서 게슈탈트 형성, 도식화(schematization), 이론 수립이라는 3단계로 설명되는 교수에 관한 학습과정을 설명하고 있기 때문이다. 이 모델 이면의 근본적인 아이디어는, 많은 소위 즉각적인 행동이 무의식적이고 의도하지 않은 방식으로 일어나지만 전문적인 학습은 게슈탈트의 역할에 대한 반성을 함의한다는 것이다. 3단계 모델은 교사의 행동과 교사교육에 관한 여러 개념들을 하나의 일관된 틀로 연결해 주며, 교사교육자의 작업을 위한 실질적인 결론에 이르게 한다. 그 모델은 한편으로는 즉각적인 교수 행동의 원인과 다른 한편으로는 이론 사이에 있는 불일치를 명확하게 하기 때문에, 교사교육에서의 전통적인 기술적-합리성 접근 방식이 왜 성공적이지 못하였는지를 설명해 준다. 또한 그 모델은 학습의 출발점으로서 적절한 경험을 만들어 내야 할 필요에 기반한 교사교육의 대안적인 교육학을 개발하는 것에 도움을 준다.

제11장부터 제13장까지는, 반성을 촉진하는 수단이나 테크닉과 같은, 현실적 접근의 실행과 관련된 몇몇 실제적인 이슈가 정교화되었다. 반성에 대한 좀 더 전체론적인 관점으로부터, 이론적인 뒷받침도 이루어졌다. 교사교육자를 위한 전문적인 개발 프로그램의 필요성을 논의하였고, 지도 기술에 대한 과정도 설명하였다. '일치의 원리(congruence principle)' 를 강조하였는데, 이는 교사교육자가 현실적 방식으로 작업할 수 있도록 돕기 위한 훈련과정이 성공적이기 위해서는 그 훈련과정 자체가 현실적 접근의 원리에 따라 조직되어야 한다는 것이다.

현실적 교사교육은 다음 다섯 가지의 기본적인 주장으로 압축될 수 있다.

- 현실적 교사교육은 구체적인 실제의 문제와 (예비)교사가 실제 상황에서 경험하는 사건에서 출발한다.
- 현실적 교사교육의 목적은 (예비)교사가 자신과 학생들의 요구, 감정, 사고, 행동에 대한, 상황의 역할에 대한, 그리고 이런 측면 사이의 관계에 대한 체계적인 반성을 하도록 촉진하는 데 있다.
- 현실적 교사교육은 교사교육자와 (예비)교사 사이의 개인적인 상호작용, 그리고 (예비)교사 사이의 상호작용 위에서 이루어진다.

- 현실적 교사교육은 제공되는 이론의 종류(에피스테메 대 프로네시스)에 대한 3단계 모델의 결과뿐 아니라 전문적 학습의 세 수준(게슈탈트, 스키마, 이론)도 고려하는 것이다.
- 현실적 교사교육은 강력하게 통합된 특성을 갖는다. 여기에는 이론과 실제의 통합 및 여러 분야의 통합이라는 두 가지 유형의 통합이 포함되어 있다.

3. 무엇이 새로운가?

지금까지 이 책을 읽어 오면서, 독자들은 현실적 접근의 어떤 측면이 실제로 새로운 것인지 궁금해했을 것이다. 현실적 접근의 많은 특성이 이전의 기초 위에 세워진 것처럼 보이기 때문에 그런 의문이 들 수도 있다.

예를 들어, 실천에 의한 학습(learning by doing)의 대체적인 아이디어는 사실 오래된 것이며, 게슈탈트의 개념 또한 그 아이디어는 초기 게슈탈트 심리학(예, Köhler, 1947)으로 거슬러 올라간다. 이런 게슈탈트가 삶의 초기 경험과 연결되어 있음을 강조했던 대목에서, 누군가는 심리분석학적 관점의 영향을 감지했을 수도 있을 것이다. 현실적 접근도 교사의 개인적인 발달과 수반된 개인적 요소들에 대한 전체론적인 관점을 매우 강조한다. 이런 전체론적인 관점은 인본주의 심리학(Maslow, 1971; Rogers, 1969)이나 그 교육적 분파인 통합교육(G. I. Brown, 1971)에 대한 기억을 상기시킨다. 인본주의 심리학자들은 자아의 발달을 교사교육의 핵심 측면으로 포함시키는데(예, Combs et al., 1974), 현실적 접근은 교사를 "다른 사람의 교육에서 자신과 사회의 목적을 성취하기 위해 효과적이고 효율적으로 자신을 활용하도록 배운 독특한 사람" (Combs, 1965, p. 9)으로 간주하는 그들의 관점과 동일 선상에 있는 것이다. 심지어 장점에 대한 보상이나 기술 훈련의 중요성이 강조되는 지점에서는 행동주의적인 관점도 드러난다. 마지막으로, 정신적 구조의 역할이나 이 구조가 그것이 발달하는 사회적 맥락에 기반을 두는 방식 등을 주목하는 것과 같은, 최근에 발달한 학습심리학도 중요한 역할을 한다

(Cobb & Bowers, 1999).

아마도 다른 많은 중요한 이론적 틀에 그 뿌리를 두고 있다는 사실이 현실적 접근의 가장 인상적인 특징일 것이다. 현실적 교사교육과 관련하여 새로운 것은, 다양한 이론적 틀에서 교사교육의 실제에 도움이 될 것 같은 요소를 종합하여 제시한다는 점이다. 현실적 측면의 한 가지 중요한 측면은, 제10장에서 설명한 전문성 학습의 3단계 모델이다. 처음 접했을 때는 생소하겠으나 이 틀도 다른 것의 종합, 즉 좀 더 잘 알려져 있는 학습에 대한 관점의 종합으로 간주될 수 있다.

3단계 모델에서 기본적인 것은, 교사 행동의 대부분이 무의식적이거나 부분적으로만 의식적인 게슈탈트에 의해 좌우된다는 것과, 전문성 학습은 이런 게슈탈트에 대한 의식과 변화를 개발하는 것이 포함된다는 것이다. 이런 아이디어는 분명 완전히 새로운 것은 아니지만, 교사가 가진 이미지, 암묵적인 이론과 지식 등에 관한 연구를 기반으로 하여 이루어진 것이다. 이는 또한 지식을 '상황적인(situated)' 것으로 보는 관점과도 긴밀하게 연관되어 있다(J. S. Brown et al., 1989; Lave & Wenger, 1991). 이 관점은, 전문성 학습이란 일반적으로 학습과 교수에 대한 이론을 습득하는 것과 이런 이론을 실제 상황에 잘 적용하는 능력을 발달시키는 것을 의미한다고 보는 주류 인지심리학의 전통적인 관점에서 벗어난 것으로 보인다. 그러나 제10장에서 기술된 3단계 모델에서는 학습에 대한 보다 전통적인 관점 또한 자신의 자리를 찾는다. 전문적인 학습과정 동안, 교사는 자신의 게슈탈트를 반성하고 상황에 따른 의식적인 스키마 또는 논리적으로 일관된 이론까지도 발달시킬 수 있을 것이다.

지식을 '상황적인' 것으로 보는 게슈탈트적인 관점과 지식에 대한 고전적인 인지심리학적 관점 사이의 연결이, 의식적인 스키마와 이론이 무의식적인 게슈탈트로부터 반성을 통해 발달될 수 있다는 생각에서만 발견될 수 있는 것은 아니다. 제10장 7절에서는, 스키마나 이론도 좀 더 무의식적인 방식으로 교사의 행동을 이끄는 게슈탈트로 발달할 수 있다는 수준 환원의 원리(principle of level reduction)를 논의하였다. 따라서 수준 모델은, 지식을 상황 속에 뿌리내리고 있는 것으로 보는 상황적 학습의 관점과(Cobb & Bowers, 1999), 지식의 발달을 구체적인 상황으로부터의 추상화 과정으로 보는 고전적인 인지심리학의 종합으로 간주될 수 있다. 3단계 모델에서 정교화된 나의 관점은, 두 관점 모두 타당하지만, 어느 관점이 교수에 관한 학습과정이나 이 과정에 포함된 지식의 종류를 더 잘 설명해 주는가 하는 것은 교사가 속한 단계에 의존한다는 것이다.

이 책의 결론 부분에서는, 교사교육의 접근 방법과 그 심리학적 기초 모두에서, 전통적인 접근법과 그렇게 많이 다르지는 않지만 과거에 발달했던 많은 유용한 이론과 실제의 새로운 종합이라고 할 수 있는 관점을 제시하고 있다. 그러나 이런 식으로 결론을 시작한다면 교사교육자를 위한 현실적 접근의 실제적인 결과는 어느 정도 숨겨지게 된다. 다양한 기관에서 교사교육을 담당했던 나의 경험에 비추어 볼 때, 현실적 방식으로 작업할 수 있기 위해 교사교육자는 집중적인 변화의 과정을 통과해야 할 때가 많다. 대부분의 교사교육자는 교사의 발달에 대하여 행동주의적 관점이나 인지심리학적 관점 또는 다른 어떤 관점 중 하나의 특정한 관점에 익숙함과 편안함을 느낀다. 수년 동안 그들은 자신의 작업 방식을 발달시켜 왔고, 그 방식을 편안해하는 것이다. 예를 들면, 제13장에서 기술한 교사교육자를 위한 훈련과정에서 수업 실습을 담당하는 사람이, 일반적으로 가장 친절한 말투로 예비교사에게 다음 수업에서 개선해야 할 점이 무엇인지를 가능한 한 빨리 이야기해 주는 것을 종종 볼 수 있다. 교사교육자가 예비교사에게 설명에 지나치게 의존하지 말라고 설명하는 것은 드문 일이 아니다. Russell(1999)은 다음과 같이 지적한다.

> '말로 가르치는 것' 의 이미지는 교사로서 우리가 행하는 모든 움직임 안에 침투해 있으며, 그 침투의 정도는 으리가 다른 사람에게나 우리 스스로에게 용인할 수 있는 것보다 훨씬 더 깊은 수준이다.

또한 우리는 교사교육에서 자신들의 강의가 단기적인 성과를 내지 못하더라도 자신들이 제공하는 이론이 장기적으로는 정말로 실제 상황에도 영향을 미칠 것이라고 계속해서 믿는 강사를 만나게 된다. 그럴 때 그런 교육자에게는, 예비교사가 지각한 것에 귀를 기울이는 것과 같은 기본적인 원리부터 작업하는 것, 예비교사의 필요와 관심사를 진정으로 관련시키는 것, 안심할 수 있는 분위기 속에서 반성이 이루어지도록 자극하는 것, 작은 이론(theory)을 같이 찾아내는 것 등이 아주 큰 발걸음을 내딛는 일이 될 수 있다. 우리는 바로 이런 원리를 교사교육자의 지도에 적용하기 때문에, 현실적 접근의 실행에 필요한 전문성 개발 과정은 많은 시간이 걸리기 마련이다. 근본적인 태도의 변화를 위해서는 지름길이 있을 수 없다고 나는 믿는다.

마지막으로 언급할 문제는, 교사교육자가 변화하기 시작하고 현실적 접근을 채택하려 하면, 때로 극복하기 어려운 제도적인 장애물을 곧바로 만난다는 것이다. 이것이 우리가 다른 기관에 있는 각각의 교사교육자를 위한 훈련과정을 제공하지 않고, 교사교육 분야의 모든 스태프(종종 학장이나 프로그램 진행자들까지 포함하는)를 그 과정에 포함시키려 하는 이유다.

4. 현실적 접근의 도덕적 토대

지금까지 현실적 접근의 정당화를 위해 제시한 것은 주로 실제 상황에서 학습이 갖는 특성, 예비교사의 인식과 행동 사이의 관계에 대한 분석, 예비교사들의 학습 성과라는 점에서 볼 때 어떤 테크닉과 도구가 갖는 유효성 등과 같은 심리학적인 고찰에 그 기반을 두고 있다. 그러나 반성의 촉진을 강조하고 성장 능력의 발달에 초점을 맞추는 것을 선택하는 것은 심리학적 고찰만을 토대로 하는 것은 아니다. 현실적 접근은 지금 내가 논의하려 하는 교육의 목적에 대한 관점에도 그 뿌리를 두고 있다. 이 논의는 유럽에서 교육학(페다고지, pedagogy)이라고 불리는 분야로 우리를 이끄는데, 이것은 말 그대로 아동을 지도하는 것을 다루는 분야를 의미한다. 이 분야에서 중요한 이슈 중 하나는, 아동이 장차 사회에서 담당할 위치에 대한 책임을 질 수 있도록 준비하게 한다는 목표와 관련된다. 유럽의 많은 교육 전문가가 이와 관련한, 그리고 교육의 중요성, 특히 교사의 역할이 갖는 중요성과 관련한 저작을 출판하였다. 이 절에서 나는 이런 유럽의 전통에 많이 의존할 것이다. 북미에서는 페다고지라는 용어가 다른 의미를 갖는다. 이 상황에서는 소사이오페다고지(sociopedagogy)라는 용어를 사용하거나 그렇지 않으면 현실적 접근에 대한 나의 교육철학이나 도덕적 토대에 관하여 설명하겠다고 하는 편이 더 나을 것이다.

사회와 교육

영국의 교육학자 Michael Barber는 우리 사회가 현재 위기에 빠져 있음을 강조하는 많은 사람 중 하나다. Barber(1997, pp. 15-17)는 세계적으로 사람들이 직면한 문제가 매우 심각하다고 말한다. 그는 대부분의 대도시에서 볼 수 있는 경제적으로 성공한 사치스러운 사람과 상점의 문간에서 잠을 자는 노숙자 사이의 극명한 대비, 많은 나라의 전쟁 난민과 경제적 난민의 심각한 문제, 세계 극빈 지역의 급속한 인구 증가, 지구상에서 가장 가난한 몇몇 사회가 그동안 인류가 고안할 수 있었던 가장 효과적인 파괴 도구를 쌓아 두고 있다는 사실, 정보 기술의 당황스러운 변화, 오존층의 구멍, 열대 다우림의 파괴와 같은 환경 문제 등을 언급한다. Barber는 다음과 같이 말한다(p. 17).

> 총체적으로 보면 이런 문제는 인류 역사에서 가장 심각한 도전이다…. 이 세대와 다음 세대는 책임을 전가할 수 없다. 필적할 수 없는 힘과 끔찍한 책임이라는 독특한 조합을 물려받은 것은 운명이다.
>
> 잘 균형 잡힌, 사려 깊은 사회라면 분명히, 젊은 세대가 이 두려운 운명에 대해 잘 준비되도록 하는 것에 생각할 수 있는 최고의 우선권을 부여할 것이다. 젊은이들에게 제공되는 양육과 교육을 점검하고, 과제에 합당한 준비가 이루어지고 있는지 물을 것이다.
>
> 이 점에 대해서는 숫자가 인상적인 이야기를 할 수 있다.

1988년에 캘리포니아에서 태어난 흑인 남자 아이가 살해당할 가능성은 그가 캘리포니아 대학에 입학하게 될 가능성의 세 배다(Zeichner, 1993, p. 213).

Barber는 또한 총체적인 도전과 교육에서의 진보 사이의 불일치, 그리고 도덕적 상태로 야기되는 교육의 위기를 논한다. 나는 이 두 가지 이슈를 모두 고려할 것이다.

총체적 도전

첫 번째 이슈인 총체적인 도전과 교육에서의 진보 사이의 불일치는 내용과 형식 모두의 문제다. 나는 학교에서 가르치는 내용 중 많은 것이 현대 사회의 실제 문제의 현실에서 멀리 떨어져 있다는 Barber의 의견에 동의한다. 게다가 학교 안에는 이 내용들을 전통적인 방식으로 가르치려는 강한 경향도 여전히 존재한다.

사회의 이익을 위해 지식을 사용할 책임감을 아동이 갖도록 하는 것은, 그들이 반성적으로 생각하고 실제 상황에서 교과를 이용할 수 있으며 그들의 행동이 영향력이 있다는 확신을 가질 수 있도록 도와주는 것을 의미한다. 이것은 현실적 교육이 의미하는 것이다. 제1장 7절에서 나는 현실적 수학교육의 예를 들어 교사교육에서의 현실적 접근에 관한 논의를 시작했다. 나는 프로이덴탈(Freudenthal) 연구소가 개발한 것 같은 현실적 수학교육을, 교육에서의 인상적인 약진이라고 생각한다. 현실적 수학교육은 고립된 개념의 획득 대신 실제 상황에서 수학을 사용하는 능력을 강조한다. 또 상황을 스스로 구조화하고 실제의 맥락에서 생겨나는 현실적인 문제를 해결하는 스스로의 전략을 개발하는 아동의 능력에 초점을 둔다. 이와 같이 현실적 수학교육은 이론과 실제를 연결시킨다. 그것은 내용(즉, 관련된 것으로 간주되는 종류의 교과)과 형식(즉, 교과는 이미 만들어진 교과에서 만들어져야 할 교과로 전환해 감) 모두에서의 전환을 함의한다. 이는 교사의 역할에 대해서도 근본적인 변화를 가져오는데, 교사는 공동 탐색 과정에서 더욱더 안내자가 되는 것이다. 가장 중요한 것은 이것이 과학적 지식의 역할에 대한 학생들의 생각을 완전히 변화시킬 수 있다는 점이다. 학생들은 과학이 우리의 문제에 대해 고정된 해답을 제공하지 않으며, 우리가 부딪히는 새로운 도전들은 모두 반성과 창조의 과정을 요구한다는 것을 배우거나 또는 더 나아가 경험하게 된다. 또한 학생들은 탐색 과정에서 사람들 사이의 아이디어와 접근 방법을 교환하는 것이, 실재하지 않는 이상적인 해답에 대한 받아들일 만한 근사치에 최종적으로 도달하기 위해 필수적인 것임을 경험할 수 있다.

현실적 수학교육은 학교의 다른 교과를 위한 모델로 고려될 수 있으며, 과학과 같은 교과만을 위한 것은 분명 아니다. 나는 앞의 단락에서 언급한 것과 똑같은 원리가 지리, 역사, 사회과학, 심지어는 모국어와 외국어 등과 같은 교과에도 마찬가지로 중요하다고 믿는다. 우리는 환경 문제에서 의사소통의 문제에 이르기까지, 폭력에 직면하는 것에서 완전히 다른 배경의 사람들과 접촉하는 것에 이르기까지, 널리 퍼진 많은 도전을 다루는 것을 아동이 배워야 하는, 이전 어느 때보다 긴박한 세계에 살고 있다. 나의 관점에서 보자면, 아동은 우리가 직면하고 있는 거대한 도전에 대하여 책임감을 가질 수 있도록 도움을 받아야 하며, 이런 도전에 대처하는 자신들의 역할을 완수하는 것에 대해 자부심을 가질 수 있도록 지원받아야 한다. 이것은 학교의 모든 교과에 영향을 끼쳐야 한다. 우리에게 현실적 과학교육, 현실적 지리교육, 현실적 의사소통 교육 등은 필요하지 않은가?

이런 일련의 사고는 교사교육에 대해서도 강력한 함의를 갖는다. 오랜 격언에도 있듯이, "교사는 그들이 가르치라고 배운 대로 가르치는 것이 아니라, 그들이 배운 방식대로 가르친다."(Blume, 1971) 학교에서의 교육이 현실적인 것이 되고, 학생들은 자신이 살아가는 세상에 대해 더 많은 책임감을 가질 만큼 스스로를 신뢰하게 되기를 바란다면, 교사교육자는 이런 예비교사와 함께 작업하는 방식에서 역할 모델이 되어야만 한다. 다른 어느 곳에서 예비교사가 교육을 다르게 보는 것을 배울 것이며, 현실적 접근이 갖는 힘과 문제점 모두를 경험하겠는가? 고정된 해답이 없다는 것을 알고 있는 문제해결 과정과 스스로 씨름해 보았을 때만, 예비교사는 아동이 무미건조한 대답을 듣기만 하는 것이 아니라 스스로 문제를 해결해 나가야 할 때 느끼는 불안감에 대하여 공감하는 태도를 개발할 수 있다. 교사교육자는 미래의 교사에게 어떻게 학생들의 현재 발달 상태를 토대로 가르치는지, 어떻게 안전성을 만드는지, 어떻게 반성을 촉진시키는지, 어떻게 동료 사이의 상호작용을 자극하는지, 특히 어떻게 학생을 있는 그대로 받아들이는지 보여 줄 수 있다.

T. Russell(1999, p. 234)은 학교와 대학에서의 변화에 대한 도전을 논의하면서 이를 다음과 같이 도발적으로 언급한다.

> 진정한 변화가 학교에서 일어나야 한다면, 그 변화는 교사교육에서 '가장 먼저' 일어나야 할 것이다. 교사교육자가 그 자신들의 실제에서 이루어 보지 못했던 변화를 주장하는 것은 분명 문제가 있다.

내가 교사교육에서 현실적 접근을 주장하는 주된 이유 중의 하나는, 그것이 학교의 교육을 변화시키는 데 도움이 될 것으로 보이기 때문이다. 이는 '일치의 원리'에 대한 하나의 예다. 교사교육은 예비교사에게서 발달시키고자 목표하는 교육에 대한 관점과 일치되어야 하는 것이다(Northfield & Gunstone, 1997, pp. 49, 54). T. Russell(1997)은 자신이 교사를 가르치는 방식에 비추어서 다음과 같이 표현한다. "'내가 가르치는 방식'이 메시지다." 일치의 원리는 교사교육 프로그램의 교과 요소와 관련해서도 중요하다. Tom(1997, p. 97)은 다음과 같이 말한다.

> 교과를 고안하는 많은 가능한 방법 중에서, 교사교육 기관은 자신들의 관점이 분명히 드러나도록 해야 하고 전문적인 지도에서 그 관점이 스며들도록 해야 한다.

미래의 교사에게 학교교육의 좀 더 현실적인 형태를 준비시키고자 한다면, 우리는 그들에게 현실적인 방식으로 교과를 가르쳐야 한다. 그것은 대단한 도전이다. 왜냐하면 많은 기관에서 교사교육에 책임이 있는 사람들에게 교사를 준비하는 교과 요소에 대한 책임이 없기 때문이다. 이것은 내가 속한 대학의 문제이기도 하다. 게다가 대학에서 교과를 가르치는 방식에 영향을 주려는 시도는 흔히 실패하기 마련인데, 그것은 대학 내에 교사교육 분야로 나가려는 이들과 다른 이들에 대한 프로그램이 분리되어 있지 않기 때문이다. 일반적으로 학문적인 분야를 공부하는 학생들은 그들의 공부가 끝날 때까지 자신들이 교사교육의 길로 들어서기를 원하는지조차 알지 못한다.

교사교육의 전문적인 요소와 교과 요소의 진정한 통합은, 교과의 지도가 교사교육자들의 책임 아래로 들어가 있는 기관에서만 성공할 가능성이 높은 것으로 보인다. 예를 들어 제6장 5절에서 설명하였던 SOL 프로그램이 그런 경우다. 그 절에서 나는 교사를 위한 전문성 교육과 교과의 교육 모두를 이끄는 교사교육에 대한 통합된 관점이 존재한다는 것을 설명했다. 그러나 교사를 위한 전문적인 준비가 교과 요소와 분리되어 있는 기관에서는, 교사교육을 받는 학생들에게 자신의 교과 과정을 다시 점검해 보도록 자극하는 것이 중요하다. 그들은 그 교과 과정을 어떻게 학습했는지, 그 과정을 거치면서 무엇이 도움이 되었고 무엇이 방해가 되었는지, 학교에서 가르치게 될 것과 관련하여 이 과정의 내용이 어떤 중요성을 갖는지 등에 대하여 반성할 수 있을 것이다. 교과 요소에서의 교육적 접근 방식과 전문적 요소에서의 교육적 접근 방식 사이의 차이에 대한 반성은, 현실적 접근의 본질을 명확히 하는 데 중요한 것이 될 수 있다. 그런 반성이 없이는 일치의 원리가 학생들에게 주는 영향이 제한될 수 있다는 것이 나의 경험이다. 나의 관점에서 보면, 교사교육자는 학생으로 하여금 자신들이 참여하는 교사교육 프로그램을 이끄는 교육학적 원리를 깨닫게 함으로써, 현실적 접근을 일관되게 적용하여 얻는 열매를 조심스럽게 거두어들여야 할 것이다.

교육의 도덕적 기반: 자기 이해와 상호 관련성

이제 나는 Barber가 제기한 두 번째 문제, 즉 교육의 도덕적 상태에 초점을 맞추려 한다. 저소득 지역 학교의 문제, 학생의 동기 부족, 학생에게서 나타나는 가치와 규준의 변화, 무엇보다도 최근의 치명적인 학교 폭력 사례 등과 같은 문제에 부딪히는 많은 사람은 교육의 도덕적 기반에 더 많은 관심을 기울여야 한다고 지적한다.

서구 사회에서는 전통적인 (예, 가족, 교회 등) 결속이 무너지고 급속히 변화하는 복잡한 사회에 대부분의 사람이 살고 있는 것이 분명하다. 사람들이 단순히 그런 사회에서 살아남기만을 원하는 것이 아니라 세상에 공헌한다는 측면에서 의미 있는 삶을 만들어 내기를 원한다면, 자신의 개인적인 '정체성' 을 잃어서는 안 된다. 나는 사람들이 자신의 고유한 잠재력을 개발하고, 그 잠재력을 깨닫는 사람들이 다른 사람과 관계를 맺을 수 있도록 하는 기반으로서, '자기 이해' (Heschel, 1965)의 감각을 획득하는 것이 무엇보다도 중요하다고 믿는다. 예를 들어, 현대의 기술은 몇 초 만에 인터넷에서 정보를 찾는 것을 손쉽게 만들어 준다. 아동에게는 이런 정보에 어떻게 접근하고 문제해결에 필요한 기술을 어떻게 발달시키는지 배우는 것이 중요하다. 그러나 가장 중요한 것은, 어떤 목적을 위해 이 정보를 모아야 하는지, 특히 자신의 존재 및 세상에서의 행동과 관련되어 있는 정보는 무엇인지에 대한 질문을 항상 유지하는 능력이다.

나에게 이것은 교육의 도덕적 기반에 대한 탐색이 학생들의 정체감을 발달시키도록 도와주는 것에서 출발해야 함을 의미한다. Buber(1983)가 조언한 것처럼 개인의 정체성은 다른 사람을 만나는 과정에서 형성되고 경험된다. 게다가 다른 사람을 만나는 것은, 우리가 단순한 개인이 아니라 우리의 삶이 타인과 연결되어 있고 사실상 다른 사람 없이는 살아갈 수 없다는 것을 깨닫도록 해 준다. 달리 말하면, '나-너 '의 관계를 통해서 다른 사람과의 '상호 관련성' 을 깨닫는 것뿐만 아니라 '자기 이해' 도 가능해진다는 것이다. 나의 교육철학은 자기 이해와 상호 관련성에 대한 감각의 발달이라는 이런 삶의 본질적인 측면에서 아동을 지도하는 것이 교사의 일이라는 생각을 포함한다.

이는 매우 일찍부터, 예를 들면 유치원부터 시작할 수 있다. 같은 장난감을 가지고 싸우는 두 아동은, 그 장난감을 가지고 놀고 싶다는 그들의 요구와 다른 아동도 같은 요구를 갖고 있다는 사실을 더 잘 알게 되기 위해 공감대가 형성된 교사의 도움을 받을 수 있는 것이다. 그 나이에도 아동은 둘 모두에게 만족스러운 해결책을 찾도록 자극받을 수 있다. 많은 유치원 교실에서 교사의 중재가 아동 스스로 만들어 낸 그런 해결책에 성공적으로 도달하도록 이끄는 멋진 사례를 흔히 볼 수 있다. 여기에서 교사의 역할은 결정적이며, 단순히 중재의 테크닉만으로는 일반적으로 충분하지 않다. 아동은 교사가 개인적으로 연루되어 있다는 것과, 사람들은 다른 사람을 보살피며 살아가도록 노력할 필요가 있다는 확신을 교사의 표현에서 느껴야 한다. 또한 결정적으로 중요한 것은 교사의 공감대가 형성된 이해인데, 이는 갈등의 상황에 직면했을 때 아동의 내부에서 진행되는 과정을 충분히 알고 있을 때만 제공할 수 있는 것이다.

이런 교육학적 접근은 단순히 가치나 규준을 가르치는 것에 비해 교사에게 훨씬 더 많은 것을 요구한다. 건강한 사회를 위해서는, '가치의 전달' 이라는 기술적-합리성 모델만으로는 충분하지 않다고 나는 믿는다. 나는 Kohnstamm(1929)의 의견을 따르는데, 그는 많은 영속성이 있는 학습 경험이 교사와 학생 사이의 '나-너' 관계, 양쪽 모두가 지금-여기에서 서로의 내면과 접촉하는 진정한 개인적 만남에 그 뿌리를 두고 있다고 말한다. 앞의 사례는 Kohnstamm이 의미하는 것을 보여 주고 있으며, 이런 관점이 비교적 단순한 상황에서도 구현될 수 있음을 보여 준다. Bullough & Gitlin(1994, p. 72)는 다음과 같이 말한다.

> 가르친다는 것은 다른 사람과 함께하고 그들과 관계를 이루는 방법, 즉 '관계'며, 단순히 전달하는 일련의 기술을 숙달하였다는 것을 나타내는 것이 아니다.

이런 관점은 교사에게 용기, 열정, (학생과 그들의 가치에 대한) 참여, 그 밖에도 정중한 의사소통 방식까지 요구한다.[1] 이런 요구는 붐비는 교실에서나 서로 다른 문화적 배경을 가진 학생 속에서는 실현되기 어렵다. 현실적으로 교사와 학생의 만남에서는 그들의 인격과 상황의 조건에 원천적으로 기인하는 제약에도 부딪히게 될 것이다. 예를 들면 앞에 제시하였던 유치원의 상황에서, 각각의 아동과 교사 모두에게 납득할 만한 해결책에 도달하는 것이 항상 가능하지는 않을 것이다. 그렇지만 이후 사람들 사이의 즐거운 경험뿐만 아니라 갈등까지도 일정하게 반성된다면, 그런 경험을 통해서 가치와 규준에 대한 인식이 증진되며 자기 이해 및 모든 사람의 개성에 대한 존중감이 서서히 자라게 될 것이다. 이는 아동의 도덕적인 의식을 발달시키는 데 반성의 역할이 기본적인 것임을 지적한다.

개인적인 만남은 교사와 학생에게 한계, 가치, 규준을 가져다줄 뿐만 아니라, 모든 참여자에게 수용되는 협동의 새로운 가능성을 모색해야 할 필요를 만들어 낸다. 이는 내가 창조적인 과정(물론 학교 상황과 일반 사회의 한계 내에서)에 관하여 이야기하고 있음을 의미한다. Biesta(1990)는 그런 만남에서는 연대적 행동에 도달해야 한다는 압박으로 (유치원의 예와 비교하라) 참여자의 개별적이고 특이한 세계가 변환된다는 것을 강조한다. 이런 측면에서 Biesta는 사회화를 연속적인 경험의 재구성이라는 점에서 영속적인 과정이라고 본 Dewey의 연구를 따르고 있다.

앞 단락에서 개괄한 교육의 목적에 대한 관점은, 교사의 반성이 겨냥해야 하는 문제는 그들의 정체성과 학생 개개인의 정체성이 교육적인 만남에서 어느 정도까지 역할을 담당하도록 허용되어야 하는가와, 이것이 양쪽 모두에게 가져다주는 것은 무엇인가 하는 것이어야 함을 의미한다. 예를 들어 유치원의 사례와 같은 상황에 직면한 예비교사는 그가 아동에게 자신의 개인적인 규준과 가치를 기꺼이 보여 줄 것인지, 그리고 아동이 자신의 규준과 가치를 발달시킬 수 있도록 어떻게 도와줄 수 있을지 등의 질문에 대해 반성하도록 자극받을 수 있다. 이는 학생의 자기 이해를 발달시키는 것뿐만 아니라 교사 자신의 자기 이해를 발달시키는 것도 교사가 하는 반성의 중요한 목표가 되어야 함을 의미한다. 교사의 전문성 발달에서의 이런 부분은 문헌에서 거의 주목받지 못하였다. Gore와 Zeichner(1991, p. 120)는 다음과 같이 지적한다.

> 몇몇 극단적인 경우에서 교사가 무엇인가에 대해서 어떤 방식으로 반성을 하는 한, 단지 반성을 했다는 이유로 그들이 하기로 결정한 것이 무엇이든 받아들여진

다는 것은 인상적이다.

제시되는 관점은 예비교사가 무엇에 관해 반성하기를 우리가 바라야 하는가에 대한 강력한 함의를 가지고 있다.

이 모든 것을 할 수 있게 되기 위해 예비교사는 자신에 대해 많은 것을 배울 수 있다. 그들은 자신의 개인적 특성, 행동, 정체성에 대해 반성하는 것을 배워야 한다. 어떤 사람이 교사라는 것은 그가 매우 '상호작용적인' 직업에 종사하고 있음을 의미한다. 많은 예비교사가 교사교육을 자기 이해에 매우 극적으로 영향을 미치는 사회적이고 정서적인 과정으로 경험한다. 교사교육자는 자기 분석을 자극하고 교육학적 감수성의 선행 조건으로서의 전문적인 정체성을 교사가 발달시키는 것을 도와야 할 임무를 가지고 있다. 이는 교수-학습 상황과 상호작용 문제의 교육학적 측면에 대한 인식이며 반성하는 능력이다(Korthagen, Klaassen, & T. Russell, 2000, p. 251).

Bullough(1997, p. 21)는 다음과 같이 말한다.

초임교사가 교수와 학습에 관하여, 그리고 교사로서의 자신에 관하여 믿고 있는 것(교사의 정체성)은 교사교육에서 매우 중요하게 고려되어야 한다. 그것은 의미를 만들어 내고 결정을 내리게 하는 토대다…. 그때 교사교육은 가르치고 있는 자신을 탐구하는 것에서 출발해야 한다.

이는 예비교사가 자신의 인생 여정과 지나온 삶이 그들의 신념과 교사로서의 스스로를 보는 관점을 형성해 온 방식을 반성하도록 해야 하는 필요성을 지적하고 있다(Kelchtermans, 1993 비교). Bullough(1997, p. 23)는 그가 가르쳤던 예비교사에게 부과한 과제에 대하여 설명한다.

'교육과 관련된' 자신의 삶에 관한 이야기를 써 보아라. 그 이야기에서는, 당신이 교사가 되겠다는 현재의 결정에 어떻게 이르게 되었는지를 설명하여라. 특히 당신의 결정, 교육의 목표, 교사의 올바른 역할, 교사로서의 자신에 관한 생각에 주된 영향을 끼친 중요한 사람이나 '결정적인 사건'을 밝혀라. 당신의 '학교에 관한 경험', 학교가 어떻게 느껴지는지, 가장 잘 배운 것은 어떻게 배운 것이었는지, 자신이 학교와 관련해서 가장 가치 있고 관련되어 있으며 편안하다고 느끼는 것은 언제인지, 아니면 가치 없고 관련되어 있지 않으며 불화를 겪고 있다고 느끼는 것은 언제인지 등을 생각해 보아라.

이런 자기 분석 하나만으로는 충분하지 않으며, 교사는 자신의 개인적인 정체성을 가르칠 때 이용할 수 있어야 한다. 이론과 실제를 모두 중요하게 생각하는 이 책에서, 우리가 이런 아이디어를 위트레흐트(Utrecht) 대학의 대학원 1년 과정인 교사교육 프로그램에서 실제로 적용한 구체적인 예를 보여 주고자 한다.

이 프로그램이 끝나갈 무렵에 우리는 한 무리의 예비교사와 함께 "당신은 당신의 학생들이나 당신 자신과 만났습니까?"라는 제목이 붙은 자발적인 워크숍을 진행하였다. 나는 한 명의 동료와 함께했다.[2] 우리는 이 워크숍을 예고하면서 실제로 가르치는 기간 동안 개인적인 어려움을 겪었다고 느끼는 예비교사와 함께 하고 싶다고 설명했다. 그 개인적인 어려움은 교과와 관련한 문제부터 교직에 대한 자신의 동기부여 문제, 또는 다른 문제까지 다양할 수 있다. 우리가 이 워크숍에서 실시한 첫 번째 과제 중의 하나는 다음과 같다.

우리는 교사들에게, 실제로 가르쳤던 실습 기간의 경험 중 긍정적인 상황과 부정적인 상황을 하나씩 고르라고 했다. 그들이 '그래, 이것이 내가 원하던 방식이야!' 라는 생각을 하며 좋다고 느꼈던 상황의 예와, 그들에게 좋지 않았던 상황을 선택하라는 것이었다. 우리는 뒤에 제시되는 틀 안에서, 그 두 가지 대조적인 경험 사이의 차이점을 2명씩 짝을 지어 분석하도록 지시했다. 또한 그런 상황을 다른 사람과 공유해야 할 필요는 없으며, 각자 자신의 것으로만 간직할 수 있음도 분명히 했다. (그것이 그런 상황을 공유함으로써 과제의 목표로부터 주위를 흩트리게 되는 것보다 오히려 더 나을 수 있다는 것도 밝혔다.) 예비교사의 앞에서, 우리는 각 조가 따라야 하는 절차의 모델을 보였다. 나의 동료는 교사교육자로서의 최근 경험 중 두 가지 상황을 골랐고, 나는 수용, 구체화, 공감, 요약 등과 같은 개입을 통해서(제7장 6절 참조) 그 두 가지 상황의 차이점에 대해 그녀가 반성하도록 도왔다. 이런 개입은 실제 교수 실습 기간 동안 서로를 돕는다는 맥락으로 예비교사가 프로그램이 진행되는 동안 훈련받은 것이었다. 우리는 우리 대화의 결과가 상황을 명시적으로 만들지 않으면서, 자신에게 두 경험 사이의 차이가 무엇이었는지 그녀가 공식화할 수 있었다는 것을 설명했다. 이 차이는 집단 속에서 그녀가 자기 자신일 수 있다고 느끼느냐 그렇지 못하느냐의 문제와 관계가 있는 것으로 보였다. 다음 단계는 그녀가 다음 문장 중 하나 또는 그 이상을 마무리할 수 있도록 내가 도와주는 것이었다.

나는 (　　　　　)이 중요하다는 것을 발견하는 사람이다.
나는 (　　　　　)을 필요로 하는 사람이다.
나는 (　　　　　)을 갈망하는 사람이다.

이런 절차의 목적은 교사로서 일하는 데 중요한 개인적인 가치나 목적을 공식화하는 것이다.

짝을 지어서 수행한 이 과제가 끝난 뒤, 우리는 각각의 조에게 결과로 나온 가치 진술이 'Bateson의 논리적 수준 모델'([그림 14-1] 참조)의 어느 수준에 해당하는지 결정하도록 했다.[3)]

위로 올라감에 따라 (그리고 동시에 인격의 좀 더 내적인 층위로 다가감에 따라) 질문은 다음과 같다.

- 나는 무엇과 맞닥뜨리는가? (환경)
- 나는 무엇을 하는가? (행동)

- 나는 무엇을 할 수 있는가? (능력)
- 나는 무엇을 믿는가? (확신/신념)
- 나는 누구인가? (정체성)
- 무엇을 위해 나는 존재하는가? 나는 무엇의 일부인가? (영적인 수준, 개인을 초월한 수준, 내적 관련성의 수준)

영성(spirituality)
정체성(identity)
확신(conviction) / 신념(belief)
능력(competencies)
행동(behavior)

↕

환경(environment)

[그림 14-1] Bateson의 모델

우리는 모든 사람이 자신의 직업에서 어려움을 가지고 있다는 것과, 그 어려움이 일어나는 수준을 깨닫게 하는 데 위의 모델이 도움이 된다는 것을 설명했다. 처음의 과제로부터 그 결과로 얻은 문장(자신의 가치 진술)을 이 수준과 관련짓는 것은 이를 명확히 하도록 도와준다. 그것은 또한 수준이 어떻게 서로에게 영향을 미치는지 보여 준다. 예를 들어 한 예비교사의 신념('경찰관처럼 행동하지 않고도 가르치는 것이 가능해야 해.')은 이 예비교사가 발달시키고 싶어 하는 능력을 결정하는 것처럼 보인다. 이는 다시 그의 행동을 결정하고 그의 환경(그의 수업)을 결정한다. 반대 방향으로 동기부여가 되지 않은 학급과 마주하는 것은 예비교사로 하여금 그가 보여 주고자 하는 종류의 교수 행동을 사용할 수 있는 능력이 부족하다는 사실을 깨닫게 하여, 그런 능력을 발달시키기를 원하도록 이끈다. 이는 또한 그의 신념에도 변화를 일으킬 수 있다. 이어서 그것은, 가르치는 것에 있어서 어느 정도까지 자기 자신일 수 있는지, '자아' 의 의미는 무엇인지 등에 대한 질문을 던지도록 자극할 수 있다. 궁극적으로 환경과 대면하는 것에서 시작하는 그 과정은, 전문적인 소명이나 심지어 인생의 목적에 대한 질문을 불러일으키는 가장 높은 수준으로까지 진행될 수 있다. 달리 말하면 전문적인 성장의 기회가 잠복하는 것은 바로 환경에서 부딪히는 어려움 속이라는 것이다.

> 이는 처음의 과제로부터 나온 가치 진술을 예비교사가 조를 이루어 분석하고, 이어서 전체 토의를 가졌을 때 분명해졌다. 예비교사는 이 훈련이 자신들의 발달 과정을 더 잘 이해하게 하는 데 도움이 되었다고 보고했다. 그들은 사실 이런 과정이 결코 끝나지 않는 것이며 그런 어려움과 딜레마는 계속 그들에게 나타날 것임을 깨닫고 놀라워했다.

나는 이런 훈련이 전문성 성장의 근본적인 원천이라고 믿는다. 그런 개인의 전문적 반성 과정을 통해, 예비교사는 자신의 교실 행동과 학습 목표 둘 다에서 자기 이해와 함께 그들의 선택을 위한 굳은 토대를 발달시킨다. 게다가 그들 자신의 어려움에 대한 인식을 성장시키는 것과 또 그 결과로 얻어지는 학습과정을 통해, 그들은 아동이 학교에서 경험하는 어려움에 대한 더욱 깊은 통찰을 발달시킬 수 있다.[4] 우리가 지적하는 아마도 가장 중요한 것은, 교사가 그들의 문제를 성장의 기회로 만들기 시작했다는 점이다.[5]

예비교사 중 한 사람은 다음과 같이 말한다.

> 나는 우리가 시행착오를 통해 교사가 되는 것을 배우며 그런 실수는 중요한 과정이라고 생각한다. 처음부터 모든 것이 원만하게 진행될 수는 없다. 우리가 잘 해내지 못했다고 해서 곧바로 어떤 정체성의 위기 속으로 빠져들 필요는 없다.

나의 개인적 경험에 기반한다면, 문제를 잘 견디어 내는 것은 교사의 교육적인 임무를 잘 준비하는 근본적인 요소라고 생각한다. 교사는 자기 이해의 발달을 통해 학생들의 자기 이해를 발달시키는 과정을 안내하는 토대를 만들어 간다.

우리가 아동이 성인기로 건강하게 발달하는 것을 북돋우기를 원하고, 다양한 문화적 배경을 지닌 사람 사이에서 폭력이 줄어들고 이해가 넓어지는 세상에 기여하며, 환경에 대한 책임감을 기꺼이 짊어지는 아동이 되기를 원한다면 이는 필수적인 것이다. 이 절에서 논의된 아이디어는 '현실적 (교사)교육' 이라는 용어를 개인적 확신, 신념, 감정, 요구, 가치, 독특한 정체성 등을 갖는 현실적인 인간에 대한 교육과 관련되는 의미로 또한 이해하는 데 도움이 될 것이다. 또한 현실적 교육은 우리가 살고 있는 세계의 현실적인 모습을 고려하려 한다.

5. 전 망

마지막으로 나는 교사교육의 미래를 조망해 보려 한다. 현실적 접근에서 기대할 수 있는 것은 무엇인가? 그것은 조만간 교사교육에 영향을 미칠 것인가? 이런 질문에 답하기 위해 먼저 교사교육의 실제를 살펴보고, 그 다음으로 연구의 역할에 대해 논의할 것이다.

교사교육의 실제

나는 네덜란드의 SOL 교사교육 프로그램에서 연구했던 1970년대 나 자신의 경험을 돌이켜보지 않을 수 없는데, 당시 스태프는 반성을 촉진시키는 것에 관한 강력한 아이디어를 개발하였으며 이런 아이디어를 교육과정 속으로 심어 넣는 데 성공을 거두었다. 나는 제6장에서 요약했던 평가 연구에 기반을 두었던 이 연구에 관해 많은 문헌을 출판하였으나, 교사교육자가 전문적인 문헌을 많이 읽지 않는다는 사실만을 뒤에 알게 되었다. 이는 Ducharme(1993)도 보고하였다. Zeichner(1999, p. 12)는 다음과 같이 말한다.

교사교육을 개혁하는 과정이, 자신의 학식과 연구에 자부심을 갖고 있다는 기관에서조차 얼마나 비학문적으로 흔히 이루어지는가 하는 것은 아이러니다…. 교사교육 프로그램에서 일하는 사람 중에서 상대적으로 아주 소수의 사람만이 그들 자신의 교사교육 프로그램과 관련하여 연구 문헌을 읽고 그것에 관해서 생각할 뿐이다.

물론 주된 문제는, 대부분의 교사교육자에게는 자신의 분야에서 출판되는 방대한 양의 문헌을 따라잡을 시간이 없다는 것이다. Ducharme(1993)도 보고한 것처럼 그들은 제한된 시간을 그들의 학생인 예비교사를 돌보는 데 투자하는 것을 선호하며, 그 선택은 나도 전적으로 지지한다.

그러나 1980년대 말과 1990년대 초 반성적 교사라는 개념이 갑자기 유명해졌고, 사람들은 반성을 촉진시키는 것과 관련한 우리의 경험에 관심을 갖기 시작했다. 나는 그때조차 그런 문헌을 읽는 교사교육자는 거의 없음을 발견했다. 그들에게 영향을 끼친 것은 위트레흐트 대학교의 IVLOS라는 교육연구소에서 우리가 개설하기 시작했던 과정이었다. 이 과정은 많은 교사교육자의 주의를 끌었다. 점차적으로 우리가 개설한 기관을 토대로 한 훈련과정이 강조되었다. 이 일을 통해 현실적 접근에 대한 우리의 경험과 원리가 네덜란드 안에서, 그리고 다른 곳의 다른 기관에 잘 알려지게 되었다. 나는 이 모든 것이 우리 연구의 질에 기인한 것이라기보다는 우리의 아이디어가 유행의 추세에 들어맞았기 때문이라고 믿는다. 교육에서의 다른 많은 발달에 대해서도 같은 이야기가 가능할 것이다. 교육적 발달의 차이를 만들어 내는 것은 개척자와 연구자의 연구의 질만이 아니라 피할 수 없는 유행과 과장된 선전일 수도 있다는 것이 유감이다.

따라서 현실적 접근이 미래의 교사교육에 정말로 영향을 미칠 것인가 하는 문제는 주로 교사교육자 사이에 이론과 실제를 통합하는 아이디어에 대한 좀 더 일반적인 관심이 어느 정도인가에 달려 있다. 많은 나라에서 학교에 더 많은 기반을 둔 프로그램을 지향하는 압력은 교사뿐만 아니라 학부모와 정치인까지도 교사교육에 대한 전통적인 접근 방식에 만족하고 있지 못하다는 것을 나타낸다(Ashton, 1996; Barone et al., 1996, pp. 1108-1109). 예를 들어 영국에서는 이제 직전 교사교육의 주된 부분이 학교의 책임이 되어 교사교육이 (상당 정도) 직업

훈련의 형태를 가지게 되었다. 실제에 관한 이런 논의는 전통적인 교사교육 프로그램이 교실의 실제 상황을 위해 예비교사를 준비시키는 데 실패했음을 지적한다(Goodlad, 1990).

많은 교사교육자는 전문적인 교사는 교실 상황을 다루는 단지 실용적인 도구 이상의 것을 획득해야 하며, 자신들의 일은 교육에 대한 더욱 넓은 관점과 함께 심리학, 사회학 등의 적절한 기초를 교사에게 제공하는 것이라고 생각한다. 이것은 Clandinin(1995)이 '신성한 이론-실제 이야기'(제1장 2절 참조)라고 부른 것으로, 교사교육을 '좋은 수업에 관한 이론을 실제로 번역하는 것'이라 여기는 것이다. 그 결과로 나오는 유형의 논의가 위험한 것은 이론과 실제를 교사 안에서 어떻게 통합할 것인가에 초점을 맞추는 대신, 교사교육이 이론에서 시작되어야 하는가 또는 실제에서 시작되어야 하는가에 초점을 맞추기 때문이다. 우리가 이와 같이 좀 더 근본적인 질문을 다루지 않으면, 교사교육 기관이 미래에도 살아남을 수 있을지 불확실하다.

다른 한편으로, 우리는 교사교육에서의 더욱 현실적인 접근이 개개의 교사교육자와 제도적 구조에 많은 것을 요구한다는 사실에 눈감아서는 안 된다. 현실적 접근은, 교사교육에 책임이 있는 사람들이 변화가 중심 개념인 사회에서 전통적인 교사교육이 그 정당성을 상실했음을 기꺼이 받아들일 수 있을 때만 그 기반을 획득할 수 있는 것이라 생각한다. 필요한 것은, 교육이 막대한 책임에 직면했다고 하는 Barber의 관점에 동참하는 것이다. 이는 교수진의 개발 프로그램과 밀접히 관련하여 교사교육의 교육과정을 개발하는 데 기꺼이 투자하는 것으로 이어질 것이다. 이는 현재의 상태를 비판하고 있는 정치가에게서도 기대할 수 있어야 한다. 프로그램의 위원장은, 교사를 위한 그런 조건이 존재하지 않는다면 교사는 생산적인 학습을 위한 상황을 만들어 내지도 유지하지도 못한다는 Sarason(1996)의 관점을 마음속에 새기고, 교사교육자를 발달시키는 데 필요한 분위기를 조성해야 한다. 교사교육에서 교수진의 개발에 도움을 줄 수 있는 조건들을 만들 때 중요한 몇몇 원리는 제13장 6절에 요약되어 있다.

교사교육을 위한 기관 내에 건전한 발전 과정을 위한 모든 요구가 만족되었다

하더라도, 이런 과정이 빠르게 진행되기를 바라서는 안 된다. 그런 요구 중의 하나는 새로운 조정과 중재를 시도하기 위한 공간을 제공하는 것, 결과를 반성하는 것, 조정과 중재를 조금씩 변화시키는 것 등이다. 그런 발전의 과정은, 자신들의 아이디어에 대해 정기적으로 토론하고 학교의 교사나 관리자와 계속해서 접촉하는 교사교육자의 긴밀한 협조로 이루어지는 노력이어야 한다. 나는 우리 대학에서 현실적 프로그램을 위한 그런 발달이 10년 넘게 걸렸음을 강조하고 싶다. T. Russell(1999)은 다음과 같이 경고한다.

> 개혁에 확실한 기회를 주지 못하는 이른 변화를 제안하는 것은 너무도 쉬운 일이다.

연구의 역할

앞서 나는 발달의 기반을 제공할 수 있는 연구 보고서의 영향력이 부족하다는 것에 대해 약간의 실망을 표현했었다. 그러나 이는 내가 연구를 중요하지 않다고 생각한다는 뜻은 아니다. 적어도 세 가지 측면에서 연구가 중요한 것은 분명하다. 첫째, 교사교육자가 마침내 새로운 접근 방식에 흥미를 갖기 시작했다면, 그들은 그 접근 방식의 가치를 어떻게 증명할 수 있는지 의문을 제기할 것이다. 우리는 그들에게 그런 증명을 제공할 준비가 되어 있어야 한다. 둘째, 교사교육에 관한 나와 동료의 연구의 부수적인 효과 중 가장 중요한 것은 각자의 틀에 구멍이 어느 곳에 존재하는지, 새로운 접근법을 실행할 때 어디에서 문제가 생기는지 등을 더 잘 이해하기 시작했다는 것이다. 마지막으로 연구의 가장 중요한 기여는, 현실보다는 신념에 더 근거한 관점에 머무르는 것에서 벗어나도록 해 준다는 점이다.

나는 또한 이것이 실제와 밀접하게 연관되어 있으며 '내부자의 관점'에서 수행되는 연구 유형을 요구한다는 것을 배웠다(G. L. Anderson & Herr, 1999 비교). 우리의 교사교육 프로그램에 대한 정당성을 확보하기 위해 우리 대학에서의 연구는 대개 연구자와 교사교육자가 함께 속한 팀이나 양쪽 분야 모두에 경험이 있는 사람들이 수행하였다. 둘 또는 그 이상의 변수들 사이의 관계가 양적인 방식으로 평가되는 전통적인 형태의 연구와는 달리, 우리 연구의 대부분은 교사의 학습과정과 우리 프로그램 내의 교육적인 조정이 갖는 어떤 특성이 그 과정에 미치는 영향을 파악하기 위해 노력한다. 자신의 연구가 갖는 실제적인 적절성에 대한 안목이 있는 다른 많은 교사교육자가 경험한 것처럼 처음에는 이런 종류의 연구를 발표하는 것이 쉽지 않았다.

> 교사교육자는 그들의 실제에서 신성한 이론-실제 이야기를 극복하고, 지식은 상황에 더욱 많이 좌우되는 개인적이고 역동적인 것이라는 관점을 발달시킴으로써 패러다임의 전환을 종종 경험한다. 그러나 그들의 연구에서는 자신들이 지식의 성장에 관한 전통적인 관점을 믿고 있음을 보여 주어야 했다. 이런 이중 인격적 증후군과 같이 살아가는 것에 실패하면 학계에서 추방되는 대가를 치렀으며 이는 지금도 그러하다. 종신 재직권은 보통 일반적으로 오래된 연구 패러다임을 지지하는 그 분야의 전통적인 저널에 충분한 저작을 실은 교수에게만 열려 있다. 게다가 학계는 그들의 지배적인 패러다임을 보호하는 다른 수단을 갖고 있어서, 주류에서 벗어난 것으로 간주되는 저술은 교사교육의 베테랑이 잘 인용하지 않는 것이다(Korthagen & T. Russell, 1995, pp. 188-189).

1993년에 열린 미국 교육 연구회(American Educational Research Association; AERA)의 연례 회의에서, 적지 않은 교사교육자가 자신들의 교사교육에 관해 반성적인 평가와 언급을 함으로써 새로운 돌파의 첫 번째 징후가 눈에 띄었다. 발표자 중에서도 이런 발달을 두드러지게 한 것은 몇몇 저명한 교사교육자와 연구자였다. 교사교육에 대한 자신들의 실제에 대한 반성과 그 실제로의 행동 연구에 관심을 가진 사람으로 구성된, 새로운 전문적 관심을 가진 모임이 발견된 것도 AERA에서였다. '교사교육의 실제에 대한 자기 연구(S-STEP)' 라고 불린 그 모임은 1994년 AERA 회의에서 활동하기 시작하여 급속도로 성장한 끝에 세계적으로 200명이 넘는 회원을 보유하고 있다. 지금은 이 모임이 AERA에서 가장 큰 모임 중의 하나다. 이 모임은 2년마다 영국에서 회의를 개최하며[6] 저명 학술지에 게재되는 그들의 연구 결과도 계속 늘어나고 있다. Zeichner(1999, p. 11)는 다음과 같이 결론을 내린다.

> 광범한 교육 연구 공동체 내의 교사교육자의 저술에 대하여 흔히 갖는 이미지는 피상적이고 이론화가 부족하며 자기 고무적이고 비합리적이라는 것인데, 이와는 대조적으로 이 연구의 대부분은 교사교육의 실제와 구조에 대하여 심도 있고 비판적인 시각을 제공한다. 이 연구는 그것을 수행하는 교사교육자의 실제에 대한 정보를 주는 동시에 학자와 교육자로 구성된 더 넓은 공동체의 교사교육에 대한 지식과 이해에도 기여한다.

'현실적 연구(realistic research)' 라는 용어가 이제 도입될 수 있을 것이다. 이 용어는 그 자체의 특정한 목표와 방법론적인 토대를 좀 더 명시적으로 공식화하는 것이 도움이 될 수 있다. 교사교육에 대한 현실적 연구는 실제로 관련된 사람(학생, 교사교육자)을 고려하면서 가르치는 교사의 실제에 기반을 두는 연구다. 제6장 6절에서 지적한 것처럼 교사교육 커뮤니티는 전 세계의 교사교육 프로그램에서 실제로 일어나는 일을 기술하는 연구에서 도움을 받을 수 있다. 그런 연구들은 학교 실습과목의 상황적인 영향에 특별한 관심을 가지면서 교사교육자나 협력 교사들의 행동, 그리고 그것이 교육을 받는 교사에게 미치는 영향에 대하여 면밀하게 분석하는 것을 프로그램의 목표와 연결시켜야 한다. 제9장 4절에서 설명한 열(Column) 만들기 기법은 교사교육자가 하는 일의 수준에 적용된다면 그런 연구들을 설계하는 데 도움이 되는 틀이 될 수 있다([그림 9-3] 참조). 프로그램의 목적은 무엇인가? 이런 것은 어떻게 특정 프로그램의 구성 요소로 번역되는가? 그 구성 요소에서 교사교육자나 협력 교사의 구체적인 생각, 감정, 행동은 무엇인가? 교육을 받는 교사의 수준에서는 무엇이 일어나는가? 즉, 그들의 생각, 감정, 요구, 행동에 미치는 영향은 무엇인가? 연구에 대한 이런 접근은 이전에는 전혀 고려되지 않았지만 교사교육의 개선을 위해서는 근본적인 이슈를 드러낼 수 있다는 것이 나의 경험이다. 이는 또한 교사교육 기관에서 프로그램의 목표를 설정하거나 미래의 발전을 설계하는 것을 더욱 현실적으로 만들 수 있다.

이론과 실제 사이의 진정한 통합은 연구에서도 가능하며, 우리는 기초 이론 연구와 실천 연구를 분리할 필요가 없다. 나는 다음과 같은 Schoenfeld(1999, p. 14)의 말에 동의한다.

> 교육에서의 연구와 적용은, 스펙트럼의 반대쪽에 있는 양 끝점이나 '연구가 적용으로 이어진다.' 는 식의 모델에 있는 불연속적인 국면으로 생각하기보다 상호 의존적으로 결합하여 상승 작용을 하는 것으로 생각할 수 있으며 바람직한 일이다. 우리는 실제로 문제가 되는 상황 안에서 이론적인 이슈를 탐구할 수 있으며, 중요한 문제에 관해 연구할 때는 근본적인 이슈에서 진전을 이루도록 틀을 만들어 볼 수 있다.

분명한 것은, 교사교육자가 자신의 실제에 관해 서술한 모든 것이 실제적인 관점이나 학문적인 관점 양쪽 모두에서 다른 사람에게 같은 가치를 지니는 것은 아니라는 점이다. 모든 교육을 개선하는 수단으로서 교사교육에 대한 현실적 접근을 더욱 발달시키기 원한다면, 우리는 교사교육자의 실제적인 작업을 개선하기 위해서 더 많은 노력을 쏟는 것뿐만 아니라, 교사교육에 대한 우리 연구의 질에도 투자를 해야 할 것이다. 그리고 최종적으로 우리는 교육적 발달을 위한 이 두 기둥을 연결해야 한다. 이런 점에서 나는 이 책이 가치 있고 어떤 영감을 주는 방향을 제시했기를 바란다.

후주

1) 나는 '정중하다' 는 것이 핵심적인 것이라고 믿는다. 자신의 정체성과 요구에 대해서와 마찬가지로, 타인에 대한, 그리고 타인의 요구에 대한 존중은 건강한 사회의 토대

이며 학습과 발달을 지원하는 학교와 교실의 환경에서 필수적인 조건이다. 존중의 개념은 사람들 사이의 만남에 존재하는 것을 다루는 사려 깊고 포용력 있는 방식과 관련되며, 타인을 변화시키고자 하는 마음과는 대조적으로, 자기 자신의 편견을 기꺼이 비판적으로 검토하며 조정할 수 있는 자세와 관련된다.

2) 이는 Hildelien Verkuyl이며, 그는 이 장에서 기술된 아이디어의 많은 부분에 기여하였다.

3) 특히 신경언어학 프로그래밍(NLP)의 문헌에서는 이 모델이 Bateson의 모델로 알려져 있는데(예, Dilts, 1990), Gregory Bateson(1904~1980)은 이 모델을 이런 방식으로 공식화하지 않았으며, 자주 인용되는 Bateson의 저술에서도 이는 마찬가지다.

4) 이는 Jung의 '상처 입은 치료자'의 원리를 떠올리게 한다(Read, Fordham, & Adler, 1966, para. 239; Sharp, 1998, pp. 104-107).

5) 이 상황에서 나는 그들에게 'crisis'를 표현하는 중국인의 두 문자, '危機'를 설명했다. 하나(危)의 의미는 '위험'이고 다른 하나(機)의 의미는 '기회'다(Rosen, 1996).

6) 이 회의에서 발표되는 논문은 Hamilton(1998)을 보라.

요약

이 마지막 장은 책을 요약하는 것으로 시작하였다. 다음은 현실적 접근의 기본적인 주장이다.

1. 현실적 교사교육은 구체적인 실제 문제와 실제 상황에서 예비교사가 경험하는 것에서 출발한다.
2. 이 목표는 예비교사 자신과 학생의 요구, 감정, 사고, 행동에 대한, 상황의 역할에 대한, 그 측면 사이의 관계에 대한 예비교사의 체계적인 반성을 촉진시키는 데 있다.
3. 이것은 교사교육자와 예비교사 사이의 개인적 상호작용, 예비교사 사이의 상호작용을 바탕으로 하여 이루어진다.
4. 이것은 제공되는 이론의 종류(에피스테메 대 프로네시스)에 대한 3단계 모델의 결과뿐만 아니라 전문성 학습의 3단계(게슈탈트, 스키마, 이론)도 고려한다.

5 이것은 강력히 통합된 특성을 갖는다. 여기에는 이론과 실제의 통합 그리고 다른 분야의 통합이라는 두 종류의 통합이 포함되어 있다.

현실적 접근은 예전부터 잘 알려진 기초와 접근 방법 위에서 이루어진 것이지만, 교사교육의 통상적인 실제와는 일치하지 않는 새로운 종합을 제공한다. 또한 교사교육에 대한 현실적 접근은 우리 세계의 거대한 문제와 도전과 타협해야 할 필요, 그리고 학교에서의 교육을 좀 더 현실적으로 만들려는 소망을 강조하는 철학에 그 뿌리를 두고 있다. 또한 '현실적'이라는 용어는 (실제적인) 각 개인의 고유한 정체성을 고려하는 것을 목표로 한다는 의미에서 이해될 수도 있다. 교육에 대한 근본적인 관점이 되는 부분은, 아동이 그들의 자기 이해와 상호 관련성의 감각을 발달시킬 수 있도록 도울 필요성이다. 결론적으로, 이런 측면은 예비교사 내에서 개발되어 학교에서 학생의 도덕적 의식과 개인적 성장을 자극하기 위한 개인적 만남과 나-너 관계를 이용할 수 있도록 지원할 필요가 있다.

마지막으로 과거와 미래에 대한 고찰은, 교육에 대한 막대한 책임감과 교사교육에서 이론과 실제를 관련시키려는 목표에 대한 보편적 참여가 있을 때만 현실적 접근이 그 토대를 획득할 수 있음을 분명히 해 주었다. 교사교육에서 교사교육자들의 개발은 기본적인 전제 조건이다. 내부자의 관점에서 이루어지는, 교사교육자의 실제와 예비교사에게 미치는 장기적인 효과에 대한 현실적 연구는 이런 개발을 촉진하는 데 도움이 될 수 있다.

기본 개념

총체적 도전 / 학교에서의 현실적 교육 / (교사의) 정체성/자기 이해 / 상호 관련성 / 나-너 관계 / 도덕적 의식 / 현실적 연구

참고문헌

Abdal-Haqq, I. (1997). *Professional development schools: weighing the evidence.* Washington, DC: American Association of Colleges for Teacher Education.

Admiraal, W. F., Lockhorst, D., Wubbels, T., Korthagen, F. A. J., & Veen, W. (1998). Computer-mediated communication environments in teacher education: Computer conferencing and the supervision of student teachers. *Learning Environments Research, 1,* 59-74.

Allender, J. A. (1982). Fourth grade fantasy. *Journal of Humanistic Education, 6,* 37-38.

Anderson, G. L., & Herr, K. (1999). The new paradigm wars: Is there room for rigorous practitioner knowledge in schools and universities? *Educational Researcher, 28*(5), 12-21, 40.

Anderson, J. R. (1980). *Cognitive psychology and its implications.* San Francisco: Freeman.

Argyris, C., & Schön, D. A. (1974). *Theory in practice: Increasing professional effectiveness.* New York: Jossey-Bass.

Ashton, P. (1996). Improving the preparation of teachers. *Educational Researcher, 25*(9), 21-22, 35.

Ashton, P., Comas, J., & Ross, D. (1989, March). *Examining the relationship between perceptions of efficacy and reflection.* Paper presented at the annual meeting of the American Educational Research Association, San

Francisco.

Bain, J. D., Ballantyne, R., Packer, J., & Mills, C. (1999). Using journal writing to enhance student teachers' reflectivity during field experience placements. *Teachers and Teaching: Theory and Practice, 5*(1), 51–73.

Bandura, A. (1978). *Social learning theory.* Englewood Cliffs, NJ: Prentice Hall.

Bandura, A. (1982). Self-efficacy mechanism in human agency. *American Psychologist, 33,* 344–358.

Barber, M. (1997). *The learning game: Arguments for an educational revolution.* London: Indigo/Cassell.

Barlow, H. (1990). What does the brain see? How does it understand? In H. Barlow, C. Blakemore, & M. Weston-Smith (Eds.), *Images and understanding* (pp. 5–25). Cambridge, England: Cambridge University Press.

Barone, T., Berliner, D. C., Blanchard, J., Casanova, U., & McGowan, T. (1996). A future for teacher education. In J. Siluka (Ed.), *Handbook of research on* teacher education (2nd ed., pp. 1108–1149). New York: Macmillan.

Bateson, G., & Jackson, D. D. (1964). Some varieties of pathogenic organization. *Research Publications of the Association for Research in Nervous and Mental Disease, 42,* 270–283.

Beckman, D. R. (1957). Student teachers learn by doing action research. *Journal of Teacher Education, 8*(4), 369–375.

Bell, B., & Gilbert, J. (1996). *Teacher development: A model from science education.* London: Falmer Press.

Bennett, N., & Carré, C. (1993). *Learning to teach.* London: Routledge.

Ben-Peretz, M. (1995). Curriculum of teacher education programs. In L. W. Anderson (Ed.), *International encyclopedia of teaching and teacher education* (pp. 543–547). Oxford: Elsevier-Science/Pergamon.

Berlak, H., & Berlak, A. (1981). *Dilemmas of schooling.* London: Methuen.

Berliner, D. C. (1986). In pursuit of the expert pedagogue. *Educational Researcher, 15*(7), 5–13.

Berliner, D. C. (1987). Ways of thinking about students and classrooms by more and less experienced teachers. In J. Calderhead (Ed.), *Exploring teachers' thinking* (pp. 60–83). London: Cassell.

Berry, D. C., & Dienes, Z. (1993). *Implicit learning, theoretical and empirical issues.* Hillsdale, NJ: Lawrence Erlbaum Associates.

Biesta, G. (1995). Pragmatism as a pedagogy of communicative action. *Studies in Philosophy and Education, 13,* 273–290.

Blume, R. (1971). Humanizing teacher education. *Phi Delta Kappan, 53,* 411–415.

Bogen, J. E. (1969). The other side of the brain: II. An appositional mind. *Bulletin of the Los Angeles Neurological Society, 34,* 135–162.

Bogen, J. E. (1973). The other side of the brain: An appositional mind. In R. E. Ornstein (Ed.), *The nature of human consciousness* (pp. 101–125). San Francisco: Freeman.

Bonarius, H., Holland, R., & Rosenberg, S. (Eds.). (1981). *Personal construct psychology: recent advances in theory and practice.* London: Macmillan.

Borko, H., & Putnam, R. T. (1996). Learning to teach. In D. C. Berliner & R. C. Calfee (Eds.), *Handbook of educational psychology* (pp. 673–708). New York: Macmillan.

Borrowman, M. L. (1965). Liberal education and the professional education of teachers. In M. L. Borrowman (Ed.), *Teacher education in America: A documentary history* (pp. 1–53). New York: Teacher's College Press.

Boud, D., Keogh, R., & Walker, D. (Eds.). (1985). *Reflection: Turning experience into learning.* London: Kogan Page.

Brammer, L. M. (1973). *The helping relationship: Process and skills.* Englewood Cliffs, NJ: Prentice-Hall.

Brekelmans, J. M. G. (1989). *Interpersoonlijk gedrag van docenten in de klas* [Interpersonal teacher behavior in the classroom]. Utrecht: WCC.

Britzman, D. (1986). Cultural myths in the making of a teacher: Biography and social structure in teacher education. *Harvard Educational Review, 56*(4), 442–456.

Brouwer, C. N. (1989). *Geïntegreerde lerarenopleiding, principes en effecten* [Integrative teacher education, principles and effects]. Amsterdam: Brouwer.

Brown, A. L., Campione, J. C., & Day, J. D. (1981). Learning to learn: On training students to learn from texts. *Educational Researcher, 10*(2), 14–21.

Brown, G. I. (1971). *Human teaching for human learning: An introduction to confluent education.* New York: Viking.

Brown, J. S., Collins, A., & Duguid, P. (1989). Situated cognition and the culture of learning. *Educational Researcher, 18*(1), 32–42.

Bruner, J. S. (1960). *The process of education.* Cambridge, MA: Harvard University Press.

Bruner, J. S. (1964). The course of cognitive growth. *American Psychologist, 19,* 1–5.

Bryden, M. P. (1982). *Laterality: Functional asymmetry in the intact brain.* New York: Academic Press.

Buber, M. (1983). *Ich und Du* [I and you]. Heidelberg: Schneider.

Bullough, R. V. (1997). Practicing theory and theorizing practice in teacher education. In J. Loughran & T. Russell (Eds.), *Purpose, passion and pedagogy in teacher education* (pp. 13–31). London: Falmer press.

Bullough, R. V., & Gitlin, A. D. (1994). Challenging teacher education as training: Four propositions. *Journal of Education for Teaching, 20*(1), 67–81.

Bullough, R. V., Hobbs, S. F., Kauchak, D. P., Crow, N. A., & Stokes, D. (1997). Long-term PDS development in research universities and the clinicalization of teacher education. *Teaching and Teacher Education, 7*(5–6), 531–535.

Bullough, R. V., & Kauchak, D. (1997). Partnerships between higher education and secondary schools: Some problems. *Journal of Education for Teaching, 23*(3), 215–233.

Bullough, R. V. J. (1989). *First year teacher: A case study.* New York: Teacher's College Press.

Bullough, R. V. J., Knowles, J. G., & Crow, N. A. (1991). *Emerging as a teacher.* London: Routledge.

Burden, P. (1990). Teacher development. In W. R. Houston (Ed.), *Handbook of research on teacher education* (pp. 311–328). New York: Macmillan.

Calderhead, J. (1988). Introduction. In J. Calderhead (Ed.), *Teachers' professional learning* (pp. 1–11). Philadelphia: Falmer Press.

Calderhead, J. (1989). Reflective teaching and teacher education. *Teaching and Teacher Education, 5*, 43–51.

Calderhead, J. (1991). The nature and growth of knowledge in student teaching. *Teaching and Teacher Education, 7*(5–6), 531–535.

Calderhead, J., & Gates, P. (1993). *Conceptualizing reflection in teacher development.* London: Falmer Press.

Calderhead, J., & Robson, M. (1991). Images of teaching: Student teachers' early conceptions of classroom practice. *Teaching and Teacher Education, 7*(1), 1–8.

Cantor, N. (1972). *Dynamics of learning.* Mannheim: Agathon Press.

Carkhuff, R. R. (1969a). *Helping & human relations* (Vol. 1). New York: Holt, Rinehart & Winston.

Carkhuff, R. R. (1969b). *Helping & human relations* (Vol. 2). New York: Holt, Rinehart & Winston.

Carlson, H. L. (1999). From practice to theory: A social constructivist approach to teacher education. *Teachers and Teaching: Theory and Practice, 5*(2), 203–218.

Carr, W., & Kemmis, S. (1986). *Becoming critical: Education, knowledge and action research.* London: Falmer Press.

Carter, K. (1990). Teachers' knowledge and learning to teach. In W. R. Houston (Ed.), *Handbook of research on teacher education* (pp. 291–310). New York: Macmillan.

Carter, K., Cushing, K., Sabers, D., Stein, P., & Berliner, D. (1988). Expert–novice differences in perceiving and processing visual classroom information. *Journal of Teacher Education, 39*(3), 25–31.

Carter, K., & Doyle, W. (1996). Narrative and life history in learning to teach. In J. Sikula (Ed.), *Handbook of research on teacher education* (2nd ed., pp. 120–142). New York: Macmillan.

Castle, J. B. (1997). Toward understanding professional development: Exploring views across a professional development school. *Teachers and Teaching: Theory and Practice, 3*(2), 221–242.

Chadbourne, R. (1997). Teacher education in Australia: What difference does a new government make? *Journal of Education for Teaching, 23*(1), 7-27.

Clandinin, D. J. (1985). Personal practical knowledge: A study of teachers' classroom images. *Curriculum Inquiry, 15*(4), 361-385.

Clandinin, D. J. (1995). Still learning to teach. In T. Russell & F. Korthagen (Eds.), *Teachers who teach teachers* (pp. 25-31). London: Falmer Press.

Clark, C. M. (1986). Ten years of conceptual development in research on teacher thinking. In M. Ben-Peretz, R. Bromme, & R. Halkes (Eds.), *Advances of research on teacher thinking* (pp. 7-20). Lisse: Swets & Zeitlinger.

Clark, C. M., & Lampert, M. (1985, April). *What knowledge is of most worth to teachers? Insights from studies of teacher thinking.* Paper presented at the annual meeting of the American Educational Research Association, Chicago.

Clark, C. M., & Yinger, R. J. (1979). Teachers' thinking. In P. L. Peterson & H. J. Walberg (Eds.), *Research on teaching: Concepts, findings and implications* (pp. 231-263). Berkeley, CA: McCutchan.

Cloetta, B., & Hedinger, U. K. (1981). *Die Berufssituation junger Lehrer* [The professional situation of beginning teachers]. Bern: Haupt.

Cobb, P. & Bowers, J. (1999). Cognitive and situated learning perspectives in theory and practice. *Educational Researcher, 28*(2), 4-15.

Cogan, M. L. (1973). *Clinical supervision*, Boston: Houghton Mifflin.

Cole, A. L. (1988, April). *Personal knowing in spontaneous teaching practice.* Paper presented at the annual meeting of the American Educational Research Association, New Orleans.

Cole, A. L. (1997). Impediments to reflective practice. *Teachers and Teaching: Theory and Practice, 3*(1), 7-27.

Cole, A. L., & Knowles, J. G. (1993). Teacher development partnership research: A focus on methods and issues. *American Educational Research Journal, 30*(3), 473-495.

Combs, A. W. (1965). *The professional education of teachers: A perceptual view of teacher preparation.* Boston: Allyn & Bacon.

Combs, A. W., Blume, R. A., Newman, A. J., & Wass, H. L. (1974). *The professional education of teachers: A humanistic approach to teacher preparation*. Boston: Allyn & Bacon.

Connelly, F. M., & Clandinin, D. J. (1984). Personal practical knowledge at Bay Street School: Ritual, personal philosophy and image. In R. Halkes & J. H. Olson (Eds.), *Teachers thinking: A new perspective on persisting problems in education* (pp. 134–148). Lisse: Swets & Zeitlinger.

Connelly, F. M., & Clandinin, D. J. (1985). Personal practical knowledge and the modes of knowing: Relevance for teaching and learning. In E. Eisner (Ed.), *Learning and teaching the ways of knowing, 84th yearbook of the National Society for the Study of Education, part II* (pp. 174–198). Chicago: University of Chicago Press.

Copeland, W. D., Birmingham, C., DeMeulle, L., D'Emidio–Caston, M., & Natal, D. (1994). Making meaning in classrooms: An investigation of cognitive processes in aspiring teachers, experienced teachers, and their peers. *American Educational Research Journal, 31*(1), 166–196.

Corcoran, E. (1981). Transition shock: The beginning teacher's paradox. *Journal of Teacher Education, 32*(3), 19–23.

Corey, S. (1953). *Action research to improve school practices*. New York: Teacher's College Press.

Cornbleth, C., & Ellsworth, J. (1994). Teachers in teacher education: Clinical faculty roles and relationships. *American Educational Research Journal, 31*(1), 49–70.

Corporaal, B. (1988). *Bouwstenen voor een opleidingsdidactiek* [Building blocks for a pedagogy of teacher education]. De Lier: Academisch Boeken Centrum.

Créton, H. A., & Wubbels, T. (1984). *Ordeproblemen bij beginnende leraren* [Discipline problems of beginning teachers]. Utrecht: WCC.

Créton, H. A., Wubbels, T., & Hooymayers, H. P. (1989). Escalated disorderly situations in the classroom and the improvement of these situations. *Teaching and Teacher Education, 5*(3), 205–215.

Crow, N. (1987, April). *Preservice teacher's biography: A case study*. Paper presented at the annual meeting of the American Educational Research Association, New Orleans.

Cruickshank, D. R., Holton, J., Fay, D., Williams, J., Kennedy, J., Myers, B., & Hough, J. (1981). *Reflective teaching*. Bloomington, IN: Phi Delta Kappa.

Csikszentmikalyi, M. (1991). *Flow: The psychology of optimal experience*. New York: Harper Perennial.

Damasio, A. R. (1994), *Descartes' error: Emotion, reason and the human brain*. New York: Grosset Putman.

Dann, H. D., Cloetta, B., Müller-Fohrbrodt, G., & Helmreich, R. (1978). *Umweltbedingungen innovativer Kompetenz* [Contextual conditions of innovation competence]. Stuttgart: Klett-Cotta.

Dann, H. D., Müller-Forhbrodt, G., & Cloetta, B. (1981). Sozialization junger Lehrer im Beruf. Praxisschock drei Jahre später [Professional socialization of young teachers. The transition shock three years later]. *Zeitschrift für Entwicklungspsychologie und Pädagogische Psychologie, 13*, 251-262.

Darling-Hammond, L. (1994). *Professional development schools: Schools for developing a profession*. New York: Teacher's College Press.

Day, C. (1948). Teachers' thinking-intentions and practice: An action research perspective. In R. Halkes & J. K. Olson (Eds.), *Teacher thinking, a new perspective on persisting problems in education* (pp. 134-148). Lisse: Swets & Zeitlinger.

Day, C. (1999). *Developing teachers: The challenges of lifelong learning*., London: Falmer Press.

De Bruin, B., & Vulker, N. (1984). *Counselingstraining: Theorie en methodiek voor hulpverlening en begeleiding* [Counseling training: Theory and methods for helping and supervision]. Baarn: Nelissen.

De Jong, J., Korthagen, F., & Wubbels, T. (1998). Learning from practice in teacher education. *Teachers and Teaching: Theory and Practice, 4*(1), 47-64.

Denis, M. (1991). *Image & cognition*. Herefordshire: Harvester Wheatsheaf.

Dennett, D. C. (1991). *Consciousness explained*. Boston: Little, Brown.

Desforges, C. (1995). How does experience affect theoretical knowledge for teaching? *Learning and Instruction, 5*, 385-400.

Desforges, C., & McNamara, D. (1979). Theory and practice: Methodological procedures for the objectification of craft knowledge. *British Journal of Teacher Education, 5*(2), 139–152.

Dewey, J. (1910). *How we think*. Boston: Heath.

Dewey, J. (1933). *How we think: A restatement of the relation of reflective thinking to the educative process*. Boston: Heath.

Dilts, R. (1990). *Changing belief systems with NLP*. Cupertino: Meta Publications.

Dirkx, J. M. (1989, March). *Self-reflection in the clinical experience: Using group processes to improve practitioner-client relationships*. Paper presented at the annual meeting of the American Educational Research Association, San Francisco.

Dolk, M. (1997). *Onmiddellijk onderwijsgedrag: Over denken en handelen van leraren in onmiddellijke onderwijssituaties* [Immediate teaching behavior: On teacher knowledge and behavior in immediate teaching situations]. Utrecht: WCC.

Dolk, M., Korthagen, F. A. J., & Wubbels, T. (1995, August). *What makes teachers teach the way they teach? Instruments to investigate aspects of teachers' gestalts*. Paper presented at the 6th European Conference for Research on Learning and Instruction (EARLI), Nijmegen.

Donaldson, G. A., & Marnik, G. F. (1995). *Becoming better leaders: The challenge of improving student learning*. Thousand Oaks, CA: Corwin Press.

Doyle, W. (1979). Making managerial decisions in classrooms. In D. L. Duke (Ed.), *Classroom management* (pp. 42–74). Chicago: University of Chicago Press.

Doyle, W. (1990). Themes in teacher education research. In W. R. Houston (Ed.), *Handbook of research on teacher education* (pp. 392–431). New York: Macmillan.

Ducharme, E. R. (1993). *The lives of teacher educators*. New York: Teacher's College Press.

Duffy, T. M., & Jonassen, D. H. (Eds.). (1992). *Constructivism and the technology of instruction: A conversation*. Hillsdale, NJ: Lawrence Erlbaum Associates.

Eccles, J. (1985). Self-perceptions, task perceptions, socializing influences, and the decision to enroll in mathematics. In S. F. Chipman, L. R. Brush, & D.

M. Wilson (Eds.), *Women and mathematics: Balancing the equation* (pp. 95–121). Hillsdale, NJ: Lawrence Erlbaum Associates.

Edelman, G. M. (1987). *Neural Darwinism: The theory of neuronal group selection*. New York: Basic Books.

Egan, G. (1975). *The skilled helper: A model for systematic helping and interpersonal relating*. Pacific Grove, CA: Brooks/Cole.

Eisner, E. (1985a). Aesthetic modes of knowing. In E. Eisner (Ed.), *Learning and teaching the ways of knowing* (pp. 23–36). Chicago: University of Chicago Press.

Eisner, E. (1985b). *The art of educational evaluation*. London: Falmer Press.

Eisner, E. W. (1979). *The educational imagination*. New York: Macmillan.

Elbaz, F. (1983). *Teacher thinking: A study of practical knowledge*. New York: Nichols.

Elbaz, F. (1991). Research on teachers' knowledge: The evolution of a discourse. *Journal of Curriculum Studies, 23*(1), 1–19.

Elliot, J. (1978). What is action research in schools? *Journal of Curriculum Studies, 10*(4), 355–357.

Elliot, J. (1991). *Action research for educational change*. Buckingham: Open University Press.

Ellis, W. D. (1950). *A source book of gestalt psychology*. New York: Humanities Press.

Epstein, S. (1994). Integration of the cognitive and the psychodynamic unconscious. *American Psychologist, 49*(8), 709–724.

Eraut, M. (1994). *Developing professional knowledge and competence*. London: Falmer Press.

Eraut, M. (1995). Schön shock: A case for reframing reflection-in-action? *Teachers and Teaching: Theory and Practice, 1*(1), 9–22.

Erkamp, A. (1981). *Ervaringsleren* [Experiential learning]. Amersfoort: De Horstink.

Feiman, S. (1979). Technique and inquiry in teacher education: A curricular case study. *Curriculum Inquiry, 9*, 63–79.

Feiman-Nemser, S. (1983). Learning to teach. In L. Shulman & G. Sykes (Eds.),

Handbook of teaching and policy (pp. 150–170). New York: Longman.

Feiman-Nemser, S., & Buchman, M. (1986). Pitfalls of experience in teacher preparation. In J. D. Raths & L. G. Katz (Eds.), *Advances in teacher education* (Vol. 2, pp. 61–67) Norwood, NJ: Ablex.

Feiman-Nemser, S., & Floden, R. (1986). The cultures of teaching. In M. Wittrock (Ed.), *Handbook of research on teaching* (pp. 505–526). New York: Macmillan.

Fenstermacher, G. D. (1994). The knower and the known: The nature of knowledge in research on teaching. *Review of Research in Education, 20,* 3–56.

Fischer, K. W., & Bullock, D. (1984). Cognitive development in school-aged children: Conclusions and directions. In W. A. Collins (Ed.), *Development during middle childhood: The years from six to twelve* (pp. 70–146). Washington, DC: National Academy Press.

Fiske, S. T., & Taylor, S. E. (1984) *Social cognition.* New York: Random House.

Flaherty, J. F., & Dusek, J. B. (1980). An investigation of the relationship between psychological androgyny and components of self-concept. *Journal of Personality and Social Psychology, 39,* 921–929.

Fosnot, C. T. (1996). *Constructivism: Theory, perspectives, and practice.* New York: Teacher's College Press.

Freudenthal, H. (1978). *Weeding and sowing: Preface to a science of mathematical education.* Dordrecht: Reidel.

Freudenthal, H. (1991). *Revisiting mathematics education.* Dordrecht: Kluwer.

Fullan, M. (1991). *The new meaning of educational change.* London: Cassell.

Fullan, M. (1998). The meaning of educational change: A quarter of a century of learning. In A. Hargreaves, A. Lieberman, M. Fullan, & D. Hopkins (Eds.), *International handbook of educational change* (pp. 242–260). Dordrecht: Kluwer.

Fullan, M., & Hargreaves, A. (1992). *Teacher development and educational change.* London: Falmer

Fuller, F. (1969). Concerns of teachers: A developmental conceptualization. *American Educational Research Journal, 6*(2), 207–226.

Fuller, F. F., & Bown, O. H. (1975). Becoming a teacher. In K. Ryan (Ed.), *Teacher education, the 74th yearbook of the National Society for the Study of Education* (pp. 25–52). Chicago: University of Chicago Press.

Furlong, J., Whitty, G., Whiting, C., Miles, S., Barton, L., & Barrett, E. (1996). Re-defining partnership: Revolution or reform in initial teacher education? *Journal of Education for Teaching, 22*(1), 39–55.

Gazzaniga, M. S. (1970). *The bisected brain.* New York: Appleton–Century–Crofts.

Gazzaniga, M. S. (1999). *The mind's past.* Los Angeles: University of California Press.

Gibbons, M., & Philips, G. (1979). Teaching for self–evaluation: Promising new professional role. *Journal of Teacher Education, 30*(5), 26–28.

Gibbs, G. (1983). Changing students approached to study through classroom exercises. In R. M. Smith (Ed.), *Helping adults how to learn* (pp. 83–96). San Francisco: Jossey Bass.

Giddens, A. (1984). *The constitution of society.* Cambridge, England: Polity Press.

Gilroy, P., Price, C., Stones, E., & Thornton, M. (1994). Teacher education in Britain: AJET symposium with politicians. *Journal of Education for Teaching, 20*(3), 261–300.

Ginsburg, M. (1988). *Contradictions in teacher education and society: A critical analysis.* New York: Falmer Press.

Ginsburg, M. B., & Clift, R. T. (1990). The hidden curriculum of preservice teacher education. In W. R. Houston (Ed.), *Handbook of research on teacher education* (pp. 450–465). New York: Macmillan.

Gipe, J. P., Richards, J. C. (1992). Reflective thinking and growth in novices' teaching abilities. *Journal of Educational Research, 86*(1), 52–57.

Goodlad, J. I. (1990). *Places where teachers are taught.* San Francisco: Jossey–Bass.

Goodman, J. (1985, April). *Making early field experience meaningful: An alternative approach.* Paper presented at the American Educational Research Association, Chicago, IL.

Gore, J. M. (1987). Reflecting on reflective teaching. *Journal of Teacher*

Education, 38(2), 33-39.

Gore, J. M., & Zeichner, K. M. (1991). Action research and reflective teaching in preservice teacher education: A case study from the United States. *Teaching and Teacher Education, 7*(2), 119-136.

Graber, K. C. (1996). Influencing students beliefs: The design of a "high impact" teacher education program. *Teaching and Teacher Education, 12*(5), 451-466.

Grimmett, P. P. (1988). The nature of reflection and Schön's conception in perspective. In P. P. Grimmett & G. L. Erickson (Eds.), *Reflection in teacher education* (pp. 5-15). Vancouver: Pacific Educational Press/ Teacher's College Press.

Groeben, N. (1981). Die Handlungsperspective als Theorierahmen für Forschung im pädagogogischen Feld [The action perspective as a theoretical framework for research in the pedagogical domain]. In M. Hofer (Ed.), *Informationsverarbeitung und Entscheidungsverhalten von Lehrern* [Information processing and decision behavior] (pp. 17-49). Mänchen: Urban und Schwartzenberg.

Groeben, N., & Scheele, B. (1977). *Argumente für eine Psychologie des reflexiven Subjekts* [Arguments for a psychology of the reflective subject]. Darmstadt: Steinkopff.

Grundy, S. (1987). *Curriculum: Product of praxis?* London: Falmer Press.

Guilfoyle, K., Hamilton, M. L., Finnegar, S., & Placier, M. (1995). Becoming teachers of teachers: The paths of four beginners. In T. Russell & F. Korthagen (Eds.), *Teachers who teach teachers, reflections on teacher education* (pp. 35-55). London: Falmer Press.

Haan, P. H. (1975). Supervisie als leermiddel in de scholing van supervisoren [Supervision as a learning aid in the education of supervisors]. In F. M. J. Siegers, P. M. Haan, & A. M. P. Knoers (Eds.), *Supervisie 1, Theorie en begrippen* [Supervision 1: Theory and concepts] (pp. 249-275). Alphen a/d Rijn, The Netherlands: Samsom.

Habermas, J. (1973). *Knowledge and human interests.* London: Heinemann.

Halkes, R., & Olson, J. K. (1984). Introduction. In R. Halkes & J. K. Olson (Eds.),

Teacher thinking: A new perspective on persisting problems in education (pp. 1–6). Lisse: Swets & Zeitlinger.

Hamilton, M. L. (Ed.). (1998). *Reconceptualizing teaching practice: Self-study in teacher education*. London: Falmer Press.

Hargreaves, A. (1994). *Changing teachers, changing times: Teachers' work and culture in the postmodern age*. Toronto: OISE Press.

Hargreaves, A. (1998a). The emotional practice of teaching. *Teaching and Teacher Education, 14*(8), 835–854.

Hargreaves, A. (1998b). The emotions of teaching and educational change. In A. Hargreaves, A. Lieberman, M. Fullan, & D. Hopkins (Eds.), *International handbook of educational change* (pp. 558–575). Dordrecht: Kluwer.

Harrington, H. L., Quin-Leering, K., & Hodson, L. (1996). Written case analyses and critical reflection. *Teaching and Teacher Education, 12*(1), 25–37.

Harvard, G. R. (1994). An integrated model of how student teachers learn how to teach, and its implications for mentors. In G. Harvard & P. Hodkinson, *Action and reflection in teacher education* (pp. 125–157). Norwood, NJ: Ablex.

Hatton, N., & Smith, D. (1995). Reflection in teacher education: Towards definition and implementation. *Teaching and Teacher Education, 11*(1), 33–49.

Hawkey, K. (1995). Learning from peers: The experience of student teachers in school-based teacher education. *Journal of Teacher Education, 46*(3), 175–183.

Hermans, J. J., Créton, H. A., & Korthagen, F. A. J. (1993). Reducing the gap between theory and practice in teacher education. In J. T. Voorbach (Ed.), *Teacher Education 9, Research and developments on teacher education in the Netherlands* (pp. 111–120). De Lier: Academisch Boeken Centrum.

Heschel, A. J. (1965). *Who is man?* Stanford, CA: Stanford University Press.

Hewson, P. W., & Hewson, M. G. (1989). Analysis and use of a task for identifying conceptions of teaching science. *Journal of Education for Teaching, 15*, 191–209.

Hewson, P. W., Zeichner, K. M., Tabachnick, B. R., Blomker, K. B., & Toolin, R.

(1992, April). *A conceptual change approach to science teacher education at the University of Wisconsin-Madison.* Paper presented at the annual meeting of the American Education Research Association, San Francisco.

Hilgard, E. R., Atkinson, R. C., & Atkinson, R. L. (1975). *Introduction to psychology.* New York: Harcourt Brace.

Hinsch, R. (1979). *Einstellungswandel und Praxisschock bei jungen Lehrern, eine empirsche Längsschnittuntersuchung* [Attitudinal change and transition shock in beginning teachers, an empirical longitudinal study]. Weinheim: Beltz.

Hollingworth, S. (1989). Prior beliefs and cognitive change in learning to teach. *American Educational Research Journal, 26,* 160-169.

Holmes, M. (1998). Change and tradition in education: The loss of community. In A. Hargreaves, A. Lieberman, M. Fulland, & D. Hopkins (Eds.), *International handbook of educational change* (pp. 558-575). Dordrecht: Kluwer.

Hoy, W., & Rees, R. (1977). The bureaucratic socialization of student teachers. *Journal of Teacher Education, 28*(1), 23-26.

Hoy, W. H., & Woolfolk, A. E. (1989). Supervising student teachers. In A. E. Woolfolk (Ed.), *Research perspectives on the graduate preparation of teachers* (pp. 108-131). Englewood Cliffs, NJ: Prentice-Hall.

Hoyle, E. (1980). Professionalization and deprofessionalization in education. In E. Hoyle & J. Megarry (Eds.), *World yearbook of education 1980: Professional development of teachers* (pp.42-56). London: Kogan Page.

Hoyle, E., & John, P. D. (1995). *Professional knowledge and professional practice.* London: Cassell.

Huibregtse, I., Korthagen, F., & Wubbels, T. (1994). Physics teachers' conceptions of learning, teaching and professional development. *International Journal of Science Education, 16*(5), 539-561.

Hunt, D. E. (1987). *Beginning with ourselves: Practice, theory and human affairs.* Toronto: OISE Press.

Imig, D. G., & Switzer, T. J. (1996). Changing teacher education programs. In J. Sikula (Ed.), *Handbook of research on teacher education* (2nd ed., pp.

213–226). New York: Macmillan.

Irwin, T. (1995). *Plato's ethics.* New York: Oxford University Press.

Jamieson, I. (1994). Experimental learning in the context of teacher education. In G. Harvard & P. Hodkinson, *Action and reflection in teacher education* (pp. 35–54). Norwood, NJ: Ablex.

Johnson, M. (1987). *The body in the mind.* Chicago: University of Chicago Press.

Jonsen, A. R., & Toulmin, S. (1988). *The abuse of casuistry: A history of moral reasoning.* Berkeley, CA: University of California Press.

Joyce, B. R. (1975). Conceptions of man and their implications for teacher education. In K. Ryan (Ed.), *Teacher education, 74th yearbook of the National Society for the Study of Education* (pp. 111–145). Chicago: University of Chicago Press.

Katz, L. G. (1972). Developmental stage of preschool teachers. *Elementary School Journal, 73*(1), 50–54.

Kaufmann, G. (1985). A theory of symbolic representation in problem solving. *Journal of Mental Imagery, 9,* 51–69.

Kelchtermans, G. (1993). Getting the story and understanding the lives: From career stories to teachers' professional development. *Teaching and Teacher Education, 9,* 443–456.

Kelly, G. A. (1955). *The psychology of personal constructs, vols. 1 & 2.* New York: Norton.

Kemmis, S., & McTaggart, R. (1981). *The action research planner.* Victoria: Deakin University.

Kennedy, M. M. (1990). Choosing a goal for professional education. In W. R. Houston (Ed.), *Handbook of research on teacher education* (pp. 813–857). New York: Macmillan.

Kilgore, K., Zbikowski, J., & Ross, D. (1989, March). *Changes in teachers' perspectives about teaching: From preservice to inservice.* Paper presented at the annual meeting of the American Educational Research Association, San Francisco.

Kinchleoe, J. L. (1990). *Teachers as researchers: Qualitative inquiry as a path to empowerment.* London: Falmer Press.

Kjersdam, F., & Enemark, S. (1994). *The Aalborg experiment: Project innovation in university education.* Aalborg, Denmark: Aalborg University Press.

Knowles, J. G. (1988, April). *Models for understanding preservice and beginning teachers' biographies: illustrations from case studies.* Paper presented at the annual meeting of the American Educational Research Association, New Orleans.

Knowles, J. G. (1991). Shaping pedagogies through personal histories in preservice teacher education. *Teachers College Record, 93*(1), 87–113.

Knowles, M. (1975). *Self-directed learning: A guide for learners and teachers.* Englewood Cliffs, NJ: Prentice-Hall.

Koetsier, C. P., & Wubbels, T. (1995). Bridging the gap between teacher training and teacher induction. *Journal of Education for Teaching, 21*(3), 333–345.

Koetsier, C. P., Wubbels, T., & Korthagen, F. A. J. (1997). Learning from practice: The case of a Dutch post-graduate teacher education programme. In M. I. Fuller & A. J. Rosie (Eds.), *Teacher education and school partnerships* (pp. 113–132). New York: Edwin Mellen Press.

Koetsier, C. P., Wubbels, T., & Van Driel, C. (1992). An investigation into careful supervision of student teaching. In J. H. C. Vonk, J. H. G. I. Giesbers, J. J. Peters, & T. Wubbels (Eds.), *New prospects for teacher education in Europe II* (pp. 245–254). Amsterdam/Utrecht: Vrije Universiteit/WCC.

Köhler, W. (1947). *Gestalt psychology.* New York: Liveright.

Kohnstamm, P. A. (1929). *De psychiater als opvoeder* [The psychiatrist as a pedagogue]. Mededeelingen van het Nutsseminarium voor Paedagogiek aan de Universiteit van Amsterdam, 6 [Booklet].

Kolb, D. A., & Fry, R. (1975). Towards an applied theory of experiential learning. In C. L. Cooper (Ed.), *Theories of group processes* (pp. 33–58). New York: Wiley.

Korb, M. P., Gorrell, J., & Van de Riet, V. (1989). *Gestalt therapy, practice and theory* (2nd ed.). New York: Pergamon Press.

Korthagen, F. A. J. (1982). *Leren reflecteren als basis van de lerarenopleiding* [Learning how to reflect as a basis for teacher education]. 's-Gravenhage: Stichting voor Onderzoek van het Onderwijs.

Korthagen, F. A. J. (1985). Reflective teaching and preservice teacher education in the Netherlands. *Journal of Teacher Education, 9*(3), 317–326.

Korthagen, F. A. J. (1988). The influence of learning orientations on the development of reflective teaching. In J. Calderhead (Ed.), *Teachers' professional learning* (pp. 35–50). London: Falmer Press.

Korthagen, F. A. J. (1992). Techniques for stimulating reflection in teacher education seminars. *Teaching and Teacher Education, 8*(3), 265–274.

Korthagen, F. A. J. (1993a). Measuring the reflective attitude of prospective mathematics teachers in the Netherlands. *European Journal of Teacher Education, 16*(3), 225–236.

Korthagen, F. A. J. (1993b). The role of reflection in teachers' professional development. In L. Kremer-Hayon, H. C. Vonk, & R. Fessler (Eds.), *Teacher professional development: A multiple perspective approach* (pp. 133–145). Lisse: Swets & Zeitlinger.

Korthagen, F. A. J. (1993c). Two modes of reflection. *Teaching and Teacher Education, 9*(3), 317–326.

Korthagen, F. A. J., & Kessels, J. P. A. M. (1999). Linking theory and practice: Changing the pedagogy of teacher education. *Educational Researcher, 28*(4), 4–17.

Korthagen, F. A. J., Klaassen, C., & Russell, T. (2000). New learning in teacher education. In R. J. Simons, J. van der Linden, & T. Duffy (Eds.), *New learning* (pp. 243–259). Dordrecht: Kluwers Academic.

Korthagen, F. A. J., & Russell, T. (1995). Teacher who teach teachers: Some final considerations. In T. Russell & F. Korthagen (Eds.), *Teachers who teach teachers* (pp. 187–192). London: Falmer Press.

Korthagen, F. A. J., & Verkuyl, H. S. (1987, April). *Supply and demand: towards differentiation in teacher education, based on differences in learning orientations.* Paper presented at the annual meeting of the American Educational Research Association, Washington, DC.

Korthagen, F. A. J., & Wubbels, T. (1995). Characteristics of reflective practitioners: Towards an operationalization of the concept of reflection. *Teachers and Teaching: Theory and Practice, 1*(1), 51–72.

Koskela, R. (1985). *A search for reflective thought in the student teaching seminar: A case study.* Madison, WI: University of Wisconsin Press.

Kosslyn, S. A., Van Kleeck, M. H., & Kirby, K. N. (1990). A neurological plausible model of individual difference in visual mental imagery. In P. J. Hampson, D. F. Marks, & J. T. E. Richardson (Eds.), *Imagery: Current development* (pp. 39–77). London: Routledge.

Koster, B., & Dengerink, J. (2000, February). *Towards a professional standard for Dutch teacher educators.* Paper presented at the ATE conference, Orlando, FL.

Koster, B., Korthagen, F. A. J., & Schrijnemakers, H. G. M. (1995). Between entry and exit: How student teachers change their educational values under the influence of teacher education. In F. Buffet & J. A. Tschoumy(Eds.), *Choc dém ocratique et formation des enseignants en Europe* [Democratic shock and the education of students in Europe] (pp. 156–168). Lyon: Presses Universitaires de Lyon.

Kremer-Hayon, L., & Zuzovsky, R. (1995). Themes, processes and trends in the professional development of teacher educators. In T. Russell & F. Korthagen (Eds.), *Teachers who teach teachers: Reflections on teacher education* (pp. 155–171). London: Falmer Press.

Krogh, S., & Crews, R. (1989, March). *Do guidelines help students demonstrate reflective ability?* Paper presented at the annual meeting of the American Educational Research Association, San Francisco.

Kubler LaBoskey, V. (1997). Teaching to teach with purpose and passion: Pedagogy for reflective practice. In J. Loughran & T. Russell (Eds.), *Purpose, passion and pedagogy in teacher education* (pp. 150–163). London: Falmer Press.

Kubovy, M., & Pomerantz, J. R. (Eds.). (1981). *Perceptual organization.* Hillsdale, NJ: Lawrence Erlbaum Associates.

Kuhn, T. S. (1977). *The essential tension: Selected studies in scientific tradition and change.* Chicago: University of Chicago Press.

LaBoskey, V. K. (1990, April). *Reflectivity in preservice teachers: Alert novices vs. commonsense thinkers.* Paper presented at the annual meeting of the

American Educational Research Association, Boston.

Lacey, C. (1977). *The socialization of teachers.* London: Methuen.

Lacey, C. (1985). Professional socialization of teachers. In T. Husén & T. N. Postlethwaite (Eds.), *The international encyclopedia of education* (pp. 6122–6127). Oxford, England: Pergamon.

Lakoff, G., & Johnson, M. (1980). *Metaphors we live by.* Chicago: University of Chicago Press.

Lasley, T. J. (1980). Preservice teacher beliefs about teaching. *Journal of Teacher Education, 31,* 38–41.

Lauriala, A. (1998). Reformative in-service education for teachers (RINSET) as a collaborative action and learning enterprise: Experiences from a Finnish context. *Teaching and Teacher Education, 14*(1). 53–66.

Lave, J., Wenger, E. (1991). *Situated learning: Legitimate peripheral participation.* Cambridge, England: Cambridge University Press.

Lawson, D. I., & Lawson, A. E. (1993). Neural principles of memory and a neural theory of analogical insight. *Journal of Research in Science Teaching, 30,* 1327–1348.

Levine, M., & Trachtman, R. (1997). *Making professional development schools work: Politics, practices, and policy.* New York: Teacher's College Press.

Levy-Agresti, J., & Sperry, R. W. (1968). Differential perceptual capacities in major and minor hemispheres. *Proceedings of the National Academy of Sciences of the U. S. of America, 61,* 11–51.

Lewin, K. (1947a). Group decision and social change. In T. Newcomb & E. Hartley (Eds.), *Readings in social psychology* (pp. 330–344). New York: Henry Holt.

Lewin, K. (1947b). Frontiers in group dynamics: II. Channels of group life: Social planning and action research. *Human Relations, 2,* 142–153.

Lieberman, A. (1998). The growth of educational change as a field of study: Understanding its roots and branches. In A. Hargreaves, A. Lieberman, M. Fullan, & D. Hopkins (Eds.), *International handbook of educational change* (pp. 13–20). Dordrecht: Kluwer.

Liston, D. P., & Zeichner, K. M. (1989, March). *Action research and reflective teaching in preservice teacher education.* Paper presented at the annual meeting of the American Educational Research Association, San Francisco.

Little, J. W. (1982). Norms of collegiality and experimentation: Conditions of school success. *American Educational Research Journal, 19*(3), 325–346.

Lortie, S. (1975). *Schoolteacher: A sociological study.* Chicago: University of Chicago Press.

Loska, R. (1995). *Lehren ohne Belehrung: Leonard Nelsons neosokratische Methode der Gesprächsfürung* [Learning without indoctrination: Leonard Nelson's neo-socratic conversation method]. Bad Heilbronn: Klinkhardt.

Louden, W. (1991). *Understanding teaching: Continuity and change in teachers' knowledge.* New York: Teacher's College Press.

Loughran, J. (1997). An introduction to purpose, passion and pedagogy. In J. Loughran & T. Russell (Eds.), *Purpose, passion and pedagogy in teacher education* (pp. 3–9). London: Falmer Press.

Lucas, P. (1996). Coming to terms with reflection. *Teachers and Teaching: Theory and Practice, 2*(1), 23–40.

Luijten, M. C. G., Marinus, J. E., & Bal, J. M. (1995). *Wie gaat er in het onderwijs werken?* [Who is going to work in education?] Leiden, The Netherlands: Research voor Beleid.

Maccoby, E. E., & Jacklin, C. N. (1975). *The psychology of sex differences.* London: Oxford University Press.

Magoon, A. J. (1977). Constructivist approaches in educational research. *Review of Educational Research, 47,* 651–693.

Mandl, H., & Huber, G. L. (1983). Subjektive Theorien von Lehrern [Teachers' subjective theories]. *Psychologie in Erziehung und Unterricht, 30,* 98–112.

Marshall, H. H. (1988). Work or learning, implications of classroom metaphors. *Educational Researcher, 17*(11), 9–16.

Marton, F., & Booth, S. (1997). *Learning and awareness.* Mahwah, NJ: Lawrence Erlbaum Associates.

Marton, F., Dahlgren, L. O., Svensson, L., & Saljö, R. (1977). *Inlärning och omvärldsuppfattning* [Learning and conceptions of reality]. Stockholm: Almqvist & Wiksell.

Maslow, A. H. (1968). *Towards a psychology of being* (2nd ed.). New York: Harper & Row.

Maslow, A. H. (1971). *The further reaches of human nature.* New York: Pinguin.

Mayer, R. E. (1981). *The promise of cognitive psychology.* San Francisco: Freeman.

McCombs, B. L. (1988). Motivation skills training: Combining metacognitive, cognitive and affective learning strategies. In C. E. Weinstein, E. T. Goets, & P. A. Alexander (Eds.), *Learning and study strategies, issues in assessment, instruction and evaluation* (pp. 141–169). San Diego: Academic Press.

McCullough, R. C. (1987). Professional development. In R. L. Craig (Ed.), *Training & development handbook* (pp. 35–65). New York: McGraw-Hill.

McEvoy, B. (1986, April). *She is still with me: Influences of former teachers on teacher practice.* Paper presented at the annual meeting of the American Educational Research Association, San Francisco.

McIntyre, D. (1995). Initial teacher education as practical theorizing: A response to Paul Hirst. *British Journal of Educational Studies, 43*(4), 365–383.

McInyre, D., & Hagger, H. (1992). Professional development through the Oxford Internship Model. *British Journal of Educational Studies, 40*(3), 264–283.

McKernan, J. (1991). *Curriculum action research: A handbook of methods and resources for the reflective practitioner.* London: Kogan Page.

McLaughlin, M. (1998). Listening and learning from the field: Tales of policy implementation and situated practice. In A. Hargreaves, A. Lieberman, M. Fullan, & D. Hopkins (Eds.), *International handbook of educational change* (pp. 70–84). Dordrecht: Kluwer.

Miller, G. A., Galanter, E., & Pribram, K. H. (1960). *Plans and the structure of behaviour.* New York: Holt, Rinehart & Winston.

Miller, J. B. (1976). *Toward a new psychology of women.* Boston, MA: Beacon Press.

Milner, B. (Ed.). (1989). Memory: Dedicated in memoriam to professor O. L. Zangwill (1913–1987). Theme issue of *Neuropsychologia, 27*(1).

Müller-Fohrbrodt, G., Cloetta, B., & Dann, H. D. (1978). *Der Praxisschock bei jungen Lehrern* [The transition shock in beginning teachers]. Stuttgart: Klett.

Munby, H. (1984). A qualitative approach to the study of a teacher's beliefs.

Journal of Research in Science Teaching, 21(1), 27–38.

Munby, H., & Russell, T. (1989, March). *Metaphor in the study of teachers' professional knowledge.* Paper presented at the annual meeting of the American Educational Research Association, San Francisco.

Munby, H., Russell, T., & Martin, A. K. (in press). Teachers' knowledge and how it develops. In V. Richardson (Ed.), *Handbook of research on teaching, 4th ed.*

Nelson, L. (1973). Die Unmöglichkeit der Erkenntnistheorie [The impossibility of the theory of knowledge]. In L. Nelson (Ed.), *Gesammelte Schriften* [Collected writings] (Vol. 2, pp. 459–483). Hamburg: Felix Meiner Verlag.

Nias, J. (1996). Thinking about feeling: The emotions in teaching. *Cambridge Journal of Education, 26*(3), 293–306.

Noffke, S., & Brennan, M. (1991). Action research and reflective student teaching at the University of Winconsin–Madison: Issues and examples. In B. R. Tabachnick & K. Zeichner (Eds.), *Issues and practices in inquiry-oriented teacher education* (pp. 186–201). London: Falmer Press.

Northfield, J., & Gunstone, R. (1997). Teacher education as a process of developing teacher knowledge. In J. Loughran & T. Russell (Eds.), *Purpose, passion and pedagogy in teacher education* (pp. 48–56). London: Falmer Press.

Nussbaum, M. C. (1986). *The fragility of goodness: Luck and ethics in Greek tragedy and philosophy.* Cambridge, MA: Cambridge University Press.

Ochanine, D. (1978). Le role des images operatives dans la regulation des activites de travail [The role of operative images in the regulation of working activities]. *Psychologie et Education, 2*(2), 63–72.

O'Hanlon, C. (Ed.) (1996). *Professional development through action research in educational settings.* London: Falmer Press.

Oldfather, P., Bonds, S., & Bray, T. (1994). Stalking the "fuzzy sunshine seeds": Constructivist processes for teaching about constructivism in teacher education. *Teacher Education Quarterly, 21*(5), 5–14.

Olson, J. (1982). Constructivism and education: A productive alliance. *Interchange, 13*(4), 70–75.

Olson, J. (1984). What makes teachers tick? Considering the routes of teaching.

In R. Halkes & J. K. Olson (Eds.), *Teacher thinking* (pp. 35-42). Lisse: Swets & Zeitlinger.

Ornstein, R. E. (1972). *The psychology of human consciousness.* San Francisco: Freeman.

Paterson, B. L. (1995). Developing and maintaining reflection in clinical journals. *Nurse Education Today, 15,* 211-220.

Perrodin, A. (1959). Student teachers try action research. *Journal of Teacher Education, 10*(4), 471-474.

Peterson, P., & Comeaux, M. (1989). Assessing the teacher as a reflective professional: New perspectives on teacher evaluation. In A. Woolfolk (Ed.), *Research perspectives on the graduate preparation of teachers* (pp. 132-152). Englewood Cliffs NJ: Prentice-Hall.

Piaget, J. (1970). Piaget's theory. In P. H. Mussen (Ed.), *Carmichael's manual of child-psychology* (pp. 703-732). New York: Wiley.

Piaget, J. (1977). *Recherches sur l'abstraction rélechissante 1: L'abstraction des relations logico-aritmétiques* [Research on the reflective abstraction 1: The abstraction of logical-mathematical relationships]. Paris: Presses Universitaires de France.

Pinar, W. (1986). *Autobiography and the architecture of self.* Paper presented at the annual meeting of the American Educational Research Association, Washington, DC.

Pinnegar, S. (1995). (Re)experiencing student teaching. In T. Russell & F. Korthagen (Eds.), *Teachers who teach teachers; reflections on teacher education* (pp. 56-67). London: Falmer Press.

Pintrich, P. R. (1990). Implications of psychological research on student learning and college teaching for teacher education. In W. R. Houston (Ed.), *Handbook for research on teacher education* (pp. 826-857). New York: Macmillan.

Polanyi, M. (1961). *The study of man.* Chicago: University of Chicago Press.

Polanyi, M. (1967). The tacit dimension. New York: Doubleday.

Polanyi, M. (1978). *Personal knowledge:* Towards a post-critical philosophy. London: Routledge & Kegan Paul.

Pollard, A., & Tann, S. (1995). *Reflective teaching in the primary school: A handbook for the classroom* (2nd ed.). London: Cassell.

Posner, G. J., Strike, K. A., Hewson, P. W., & Gertzog, W. A. (1982). Accommodation of a scientific conception: towards a theory of conceptual change. *Science Education, 66*, 211-227.

Putnam, R. T., & Borko, H. (1997). Teacher learning: Implications of new views of cognition. In B. J. Biddle, T. L. Good, & I. F. Goodson (Eds.), *International handbook of teachers and teaching* (Vol. 2, pp. 1223-1296). Dordrecht: Kluwer Academic.

Read, H. Fordham, M., & Adler, G. (Eds.). (1966). *The collected works of C. G. Jung* (Vol. 16). London: Routledge.

Reiman, A. J. (1999). The evolution of the social roletaking and guided reflection framework in teacher education: Recent theory and quantitative synthesis of research. *Teaching and Teacher Education, 15*, 597-612.

Resnik, L. B. (1983). Mathematics and science learning: A new conception. *Science, 220*, 477-478.

Reynolds, A. (1992). What is competent beginning teaching? A review of the literature. *Review of Educational Research, 62*(1), 1-35.

Rickers-Ovsiankina, M. (1928). Die Wiederaufname von unterbrochenen Handlungen [The resumption of interrupted actions]. *Psycholigische Forschung, 2*, 302-389.

Roberts, T., & Nolen-Hoeksema, S. (1989). Sex differences in reactions to evaluative feedback. *Sex Roles, 21*(11/12), 725-747.

Rogers, C. R. (1969). *Freedom to learn.* Columbus, OH: Merrill.

Rogers, C. R. (1983). *Freedom to learn for the 80's.* Columbus, OH: Merrill.

Rosen, D. (1996). *The tao of Jung.* New York: Viking Penguin.

Ross, D. D. (1987, April). *Teaching teacher effectiveness research to students: First steps in developing a reflective approach to teaching.* Paper presented at the annual meeting of the American Educational Research Association, Washington, DC.

Ross, J. A. (1995). Professional development schools: Prospects for institutionalization. *Teaching and Teacher Education, 11*(2), 195-201.

Rumelhart, D. E., & Norman, D. A. (1981). Accretion, tuning, and restructuring: Three modes of learning. In J. W. Cotton & R. Klatzky (Eds.), *Semantic factors in cognition* (pp. 37–60). Hillsdale NJ: Lawrence Erlbaum Associates.

Russell, B. (1912). *Problems of philosophy*. London: Oxford University Press.

Russell, B. (1974). *History of western philosophy*. London: Allen & Unwin.

Russell, T. (1997). How I teach IS the message. In J. Loughran & T. Russell (Eds.), *Purpose, passion and pedagogy in teacher education* (pp. 32–47). London: Falmer Press.

Russell, T. (1999). The challenge of change in teaching and teacher education. In J. R. Baird (Ed.), *Reflecting, teaching, learning: Perspectives on educational improvement* (pp. 219–238). Cheltenham, Victoria: Hawker Brownlow Education.

Russell, T., Korthagen, F. (Eds.). (1995). *Teachers who teach teachers*. London: Falmer Press.

Russell, T., Munby, H., Stafford, C., & Johnston, P. (1988). Learning the professional knowledge of teaching: Metaphors, puzzles and the theory–practice relationship. In P. P. Grimmett & G. L. Erikson (Eds.), *Reflection in teacher education* (pp. 67–89). Vancouver/New York: Pacific Educational Press/Teacher's College Press.

Samson, L., & Luijten, R. (1996). *Wie gaat er in het onderwijs werken?* [Who is going to work in education?]. *Part of the research dealing with the teacher education program at Utrecht University*. Leiden, The Netherlands: Research voor Beleid.

Sandlin, R. A., Young, B. L., & Karge, B. D. (1992). Regularly and alternatively credentialed beginning teachers: Comparison and contrast of their development. *Action in Teacher Education, 14*(4), 16–23.

Sarason, S. B. (1996). *Revisiting "The culture of the school and the problem of change."* New York: Teacher's College Press.

Schoenfeld, A. H. (1987). *Cognitive science and mathematics education*. Hillsdale, NJ: Lawrence Erlbaum Associates.

Schoenfeld, A. H. (1999). Looking towards the 21st century: Challenges of educational theory and practice. *Educational Researcher, 28*(7), 4–14.

Schön, D. A. (1995). The new scholarship requires a new epistemology. *Change: The Magazine of higher learning, 27*(6), 27–34.

Schön, D. A. (1983). *The reflective practitioner, how professionals think in action.* New York: Basic Books.

Schön, D. A. (1987). *Educating the reflective practitioner.* San Francisco: Jossey–Bass.

Schwartz, T. (1995). *What really matters, searching for wisdom in America.* New York: Bantam Books.

Scott, A. (1995). *A stairway to the mind: The controversial new science of consciousness.* New York: Copernicus/Springer–Verlag.

Sharp, D. (1998). *Jungian psychology unplugged: My life is an elephant.* Toronto: Inner City Books.

Shavelson, R. J., Webb, N. M., & Burstein, L. (1986). Measurement of teaching. In M. C. Wittrock (Ed.), *Research on teaching* (3rd ed., pp. 50–91). New York: Macmillan.

Shulman, J. H. (Ed.). (1992). *Case methods in teacher education.* New York: Teacher's College Press.

Sigel, I., Cocking, R. (1977). *Cognitive development from birth to adolescence: A constructivist perspective.* New York: Holt, Rinehart & Winston.

Silcock, P. (1994). The process of reflective teaching. *British Journal of Educational studies, 42*(3), 273–285.

Skemp, R. R. (1979). *Intelligence, learning and action.* Chichester, England: Wiley.

Sprinthall, N. A., Reiman, A. J., & Thies–Sprinthall, L. (1996). Teacher professional development. In J. Sikula (Ed.), *Handbook of research on teacher education* (2nd ed., pp. 666–703). New York: Macmillan.

Stenhouse, L. (1975). *An introduction to curriculum research and development.* London: Heineman.

Sternberg, R. J., & Caruso, D. R. (1985). Practical modes of knowing. In E. Eisner (Ed.), *Learning and teaching the ways of knowing* (pp. 133–158). Chicago: University of Chicago Press.

Stofflett, R., & Stoddart, T. (1994). The ability to understand and use conceptual change pedagogy as a function of prior content learning experience. *Journal of Research in Science Teaching, 31*(1), 31-51.

Swennen, A., Jörg, T., & Korthagen, F. (1999, April). *Assessing the development of concerns of student teacher in pre-service teacher education.* Paper presented at the annual meeting of the American Educational Research Association, Montreal.

Task force on the certification of teacher educators (1996). *Certification of master teacher educators (final report).* Reston, VA: Association of Teacher Educators.

Tigchelaar, A., & Melief, K. (2000). Peer supported learning for students on paid practice: Student teachers learn to supervise one another. In G. M. Willems, J. H. J. Stakenborg, & W. Veugelers (Eds.), *Trends in Dutch teacher education* (pp. 185-195). Leuven (Belgium)/Apeldoorn (The Netherlands): Garant/VELON.

Tobin, K., Kahle, J. B., & Fraser, B. J. (1990). *Windows into science classrooms: Problems associated with higher-level cognitive learning.* London: Falmer Press.

Tom, A. (1985). Inquiring into inquiry-orientated teacher education. *Journal of Teacher Education, 36*(5), 35-44.

Tom, A. (1997). *Redesigning teacher education.* Albany, NY: State University of New York.

Tom, A. R., & Valli, L. (1990). Professional knowledge for teachers. In W. R. Houston (Ed.), *Handbook of research on teacher education* (pp. 373-392). New York: Macmillan.

Toulmin, S. (1990). *Comopolis: The hidden agenda of modernity.* Chicago: University of Chicago Press.

Treffers, A. (1987). *Three dimensions: A model of goals and theory description in mathematics instruction-The Wiskobas Project.* Dordrecht: Reidel.

Turk, D. C., & Speers, M. A. (1983). Cognitive schemata and cognitive processes in cognitive-behavioral interventions: Going beyond the information given. In P. Kendall (Ed.), *Advances in cognitive-behavioral research and therapy* (pp. 1–31). New York: Academic Press.

Unwin, D., & McAleese, R. (Eds.). (1978). *Encyclopaedia of educational media, communication and technology.* London: Macmillan.

Valli, L. (1990). Moral approaches to reflective practice. In R. T. Clift, W. R. Houston, & M. C. Pugach (Eds.), *Encouraging reflective practice in education* (pp. 39–56). New York: Teacher's College Press.

Van der Meulen, M. (1987). *Self-concept, self-esteem and language: Sex-differences in childhood and adolescence.* Providence, RI: Floris Publications.

Van der Valk, T., Somers, T., Wubbels, T., & Korthagen, F. (1996, April). *Commuting between practice and theory in an immersion teacher program.* Paper presented at the annual meeting of the American Educational Research Association, New York.

Van Hiele, P. M. (1973). *Begrip en inzicht* [Understanding and insight]. Purmerend, The Netherlands: Muusses.

Van Hiele, P. M. (1986). *Structure and insight, a theory of mathematics education.* Orlando, FL: Academic Press.

Van Manen, M. (1977). Linking ways of knowing with ways of being practical. *Curriculum Inquiry, 6,* 205–228.

Van Manen, M. (1990). *Researching lived experience: Human science for an action sensitive pedagogy.* Albany, NY: State University of New York Press.

Vedder, J. (1984). *Oriëntatie op het beroep van leraar* [Orientation toward the teaching profession]. Lisse: Swets & Zeitlinger.

Vedder, J., & Bannink, P. (1987, August). *The development of practical skills and reflection at the beginning of teacher training.* Paper presented at the conference of the Association of Teacher Education in Europe (ATEE), Berlin.

Veenman, S. (1984). Perceived problems of beginning teachers. *Review of Educational Research, 54*(2), 143–178.

Von Glasersfeld, E. (1990). Constructivism: Some like it radical. In R. Davis, C. Maher, & N. Noddings (Eds.), *Constructivist views on the teaching and learning of mathmatics, Journal of Research in Mathematics Education monograph 4, vol. 4* (pp. 19–29). Reston, VA: National Council of Teachers of Mathematics.

Vosniadou, S., & Brewer, F. (1987). Theories of knowledge restructuring in development. *Review of Educational Research, 57*(1), 51–67.

Vygotsky, L. (1978). *Mind in society: The development of higher psychological processes.* Cambridge, MA: Harvard University Press.

Vygotsky, L. (1986). *Thought and language.* Cambridge, MA: MIT Press.

Wade, R. C., & Yarbrough, D. B. (1996). Portfolios: A tool for reflective thinking in teacher education. *Teaching and Teacher Education, 12*, 63–79.

Wahl, D., Weinert, F. E. & Huber, G. L. (1984). Psychologie für die Schulpraxis [Psychology for school practice]. München: Kösel Verlag.

Watzlawick, P. (1978). *The language of change.* New York: Basic Books.

Watzlawick, P., Beavin, J. H., & Jackson, D. D. (1967). *Pragmatics of human communication.* New York: Norton.

Watzlawick, P., Weakland, J. H., & Fisch, R. (1974). *Change: Principles of problem formation and problem resolution.* New York: Norton.

Weade, R., & Ernst, G. (1989, March). *Though the camera's lens: Pictures of classroom life and the search for metaphors to frame them.* Paper presented at the annual meeting of the American Educational Research Association, San Francisco.

Weber, S., & Mitchell, C. (1995). "*That's funny, you don't look like a teacher!*" London: Falmer Press.

Weinstein, C. S. (1989). Teacher education students' preconception of teaching. *Journal of Teacher Education, 39*, 53–60.

Wideen, M., Mayer-Smith, J., & Moon, B. (1998). A critical analysis of the research on learning to teach: Making the case for an ecological perspective on inquiry. *Review of Educational Research, 68*(2), 130–178.

Wideen, M. F., Mayer-Smith, J. A., & Moon, B. J. (1993, April). *The research on learning to teach: Prospects and problems.* Paper presented at the annual meeting of the American Educational Research Association, Atlanta.

Wildman, T. M., & Niles, J. A. (1987). Essentials of professional growth. *Educational Leadership, 44*(5), 4–10.

Wilson, J. D. (1990). The selection and professional development of trainers for initial teacher training. *European Journal of Teacher Education, 13*(1/2), 7-24.

Wubbels, T. (1992a). *Leraren tellen* [Teachers count] (Inaugural lecture). Utrecht: Universiteit Utrecht.

Wubbels, T. (1992b). Taking account of student teachers' preconceptions. *Teaching and Teacher Education, 8*(2), 137-149.

Wubbels, T., Créton, H. A., & Holvast, A. J. C. D. (1988). Undesirable classroom situations. *Interchange, 19*(2), 25-40.

Wubbels, T., & Korthagen, F. A. J. (1990). The effects of a pre-service teacher education program for the preparation of reflective teachers. *Journal of Education for Teaching, 16*(1), 29-43.

Wubbels, T., Korthagen, F. A. J. & Brekelmans, M. (1997). Developing theory from practice in teacher education. *Teacher Education Quarterly, 24*(3), 75-90.

Wubbels, T., Korthagen, F., & Broekman, H. (1997). Preparing teachers for realistic mathematics education. *Educational Studies in Mathematics, 32*, 1-28.

Wubbels, T., Korthagen, F., & Dolk, M. (1992, April). *Conceptual change approaches in teacher education: Cognition and action.* Paper presented at the annual meeting of the American Educational Research Association, San Francisco.

Wubbels, T., Korthagen, F., & Tigchelaar, A. (1999). Aansluiten bij dio's: Op zoek naar de plek waar de energie zit [Linking up with student teachers: in search of where the energy is lacated]. *VELON-Tijdschrift voor lerarenopleiders, 20*(3), 12-18.

Wubbels, T., & Levy, J. (1993). *Do you know what you look like?* London: Falmer Press.

Yinger, R. J. (1986). Examining thought in action: A theoretical and methodological critique of research on interactive teaching. *Teaching and Teacher Education, 2*(3), 263-282.

Yinger, R. J. (1987). Learning the language of practice. *Curriculum Inquiry, 17*(3), 293-318.

Yinger, R. J., & Villar, R. M. (1986, June). *Studies of teachers' thought-in-action: A progress report.* Paper presented at the conference of the International Study Association on Teacher Thinking (ISATT), Leuven, Belgium.

Yorke, D. M. (1985). *Constructing classrooms and curricula: A framework for research.* Paper presented at the conference of the International Study Association for Teacher Thinking(ISATT), Tilburg, The Netherlands.

Zeichner, K. (1987). Preparing reflective teachers: An overview of instructional strategies in preservice teacher education. *International Journal of Educational Research, 11*(5), 565–575.

Zeichner, K. (1993). Action research: Personal renewal and social reconstruction. *Educational Action Research, 1*(2), 199–220.

Zeichner, K. (1995). Reflections of a teacher educator working for social change. In T. Russell & F. Korthagen (Eds.), *Teachers who teach teachers: Reflections on teacher education* (pp. 11–24). London: Falmer Press.

Zeichner, K. (1999). The new scholarship in teacher education. *Educational Researcher, 28*(9), 4–15.

Zeichner, K., & Liston, D. (1985). Varieties of discourse in supervisory conferences. *Teaching and Teacher Education, 1,* 155–174.

Zeichner, K. M. (1983). Alternative paradigms of teacher education. *Journal of Teacher Education, 34*(3), 3–9.

Zeichner, K. M., & Gore, J. M. (1990). Teacher socialization. In W. R. Houston (Ed.), *Handbook of research on teacher education* (pp. 329–348). New York: Macmillan.

Zeichner, K. M., & Liston, D. P. (1987). Teaching student teachers to reflect. *Harvard Educational Review, 57*(1), 23–48.

Zeichner, K., & Tabachnick, B. R. (1981). Are the effects of university teacher education washed out by school experiences? *Journal of Teacher Education, 32,* 7–11.

Zeichner, K., & Tabachnick, B. R. (1982). The belief systems of university supervisors in an elementary student teaching program. *Journal of Education for Teaching, 8,* 34–54.

Zeichner, K., Tabachnick, B., & Densmore, K. (1987). Individual, institutional and cultural influences on the development of teacher's craft knowledge. In J. Calderhead (Ed.), *Exploring teachers' thinking* (pp. 21-59). London: Cassell.

Zeigarnik, B. (1927). Das Behalten erledigter und unerledigter Handlungen [The conservation of finished and unfinished actions]. *Psychologische Forschung, 9*, 1-85.

찾아보기

인명

Ashton, P. 249

Bain, J. D. 117
Ballantyne, R. 117
Barber, M. 431
Bateson, G. 386
Bell, B. 259
Boud, D. 209
Brammer, L. M. 94, 206, 210, 211
Brouwer, C. N. 34, 169
Buber, M. 436
Bullough, R. V. 33, 437, 439

Calderhead, J. 111, 112, 330
Cantor, N. 196
Carkhuff, R. R. 198, 206
Carlson, H. L. 31
Carr, W. 129
Clandinin, D. J. 388
Clark, C. M. 387
Clift, R. T. 389
Combs, B. L. 196, 199

De Bruin, B. 406
Densmore, K. 94
Dewey, J. 110, 113, 118
Dolk M. 302
Doyle, W. 47, 388

Egan, G. 206
Elliot, J. 35, 127
Eraut, M. 102, 303

Feiman-Nemse, S. 292
Floden, R. 292
Freudentha, H. 149
Fry, R. 95
Furlong, J. 46

Galanter, E. 120
Giddens, A. 329
Ginsburg, M. 389
Gitlin, A. D. 437
Gore, J. M. 388
Gunstone, R. 259

Hagger, H. 275, 291

Hargreaves, A. 300
Hatton, N. 112, 116, 117
Holmes, M. 36
Hoyle, E. 30
Huber, G. L. 327

Jackson, D. D. 386
John, P. D. 30

Kelchtermans, G. 388
Kelly, G. A. 281
Kemmis, S. 129
Keogh, R. 209
Knowles, J. G 101, 389
Kohnstamm, P. A. 437
Kolb, D. A. 95
Korthagen, F. A. J. 89, 91, 96, 103, 392
Koskela, R. 172
Koster, B. 91, 92
Kuhn, T. S. 324

Liston, D. P. 115, 129
Louden, W. 338

Maslow, A. H. 206
McEvoy, B. 94
McLaughlin, M. 38
Miller, G. A. 120
Mills, C. 117
Milner, B. 386

Norman, D. A. 326
Northfield, J. 259

Olson, J. H. 393
Ornstein, R. E. 386, 391, 394

Packer, J. 117
Polanyi, M. 386

Robson, M. 330
Rogers, C. R. 100, 196, 206, 209
Ross, D. 93, 173
Rumelhart, D. E. 326
Russell, T. 299, 434

Schoenfeld, A. H. 450
Schön, D. A. 32, 113, 114, 242, 340, 342
Schrijnemakers, H. G. M. 91
Skemp, R. R. 119, 122
Smith, R. M. 112, 116, 117
Stenhouse, L. 127
Stoddart, T. 89
Stofflett, R. 89
Swennen, A. 392

Tabachnick, B. R. 94

Van Hiele, P. M. 300, 310, 322, 342
Van Manen, M. 114, 115, 329
Vulker, N. 406
Vygotsky, L. 123, 217, 329

Walker, D. 209
Wideen, M. 95
Wilson, D. M. 41
Wubbels, T. 89, 104

Yinger, R. J. 385, 387, 389

Zeichner, K. M. 33, 43, 94, 111, 115, 117, 118, 129, 130, 131, 167, 251, 388, 394, 438, 444, 449

내 용

3인조 교생실습 84
3인조교생실습기간 81, 83

ALACT 모델 425
ALACT 모형 96, 98, 105, 124, 126, 161, 195, 197, 198, 201, 260, 271, 276, 291, 292, 350, 353, 359, 402, 403, 404, 408
IEO 검사 183
IEO 테스트 237, 249, 250, 252
IFTP 80, 148, 149, 155
IVLOS 교육연구소 52
IVLOS 기관 399
IVLOS 프로그램 148, 153, 156, 168, 169, 358
SOL 교사교육 프로그램 444
SOL 프로그램 232, 233
TOTE 모델 119

가르치는 기술 29
감각인식 387
감성 언어 98
감식안 390
감정 388
감정이입 206, 209, 275
같은 것을 반복하는 원리 98, 217
개념 390
개념적 변화 301, 340
개념화 385
개별성 394
개인적 지식 388
게슈탈트 90, 91, 105, 143, 262, 273, 275, 277, 288, 303, 329, 330, 338, 340, 345, 369, 370, 387, 402
게슈탈트 수준 345
게슈탈트 형성 304
경험 학습 53, 77, 81, 95
과정-결과연구 30
과정중심 수학교육관 175
관계망 322
관심 301, 316
관심 중심의 교사교육 접근 87
교사교육 301
교사교육 목적 111
교사교육자 355
교사상호작용질문지 241
교수방식 391
구성주의 259, 299, 328
구인 개념 281, 288
구조적 접근 349
구체성 212
구체화하기 405
국지적 구조화 327
급격히 소멸되는 진보적 태도 90
기능 102
기능적 비대 387
기능중심 교사교육 30
기술적 반성 116
기술적 작문 116
기술적 합리성 모델 79
기술적 합리주의 모형 32
기질 388

나선형 과정 122
나선형 모형 404, 411
나선형 순환 123
내면성 311, 321
내적 지향성 350
내향적 103
네 가지 방법적 기술 260, 277
논리적 분석 388
논리적 분석적 방식 383
능력 102

다섯 단계의 절차 261

단계적 점증 교육 273
대안적 행동 390
대화적 반성 116
덜 합리적인 정보처리과정 90, 94
델타-1 120, 211, 217
델타-2 121, 208, 211, 217
도식 304, 340
도식 수준 318, 345
도식화 304, 307
동료지원집단 84
동료지원학습 148, 257, 274, 291, 292, 358
디지털 386

레퍼토리 격자 만들기 281, 284, 288

맥락 394
맥락적 영향 394
메타-인지적 활동 358
메타-커뮤니케이션 361
메타적 반성 353
명료화 돕기 217
무력하게 소멸되는 301
무반성적 학습 95
문제해결적 태도 101

반성 46, 47, 48, 81, 96, 301, 385, 390
반성개념 111, 385
반성능력 242
반성의 개념화 112
반성인 250
반성적 교사가 지닌 네 가지 핵심적 특성 255
반성적 교수 385
반성적 교수지표 115, 172
반성적 능력 355
반성적 사고 능력 351
반성적 사고능력과 관련된 일곱 가지 부차적 특징 255
반성적 실천인 253
반성적 질문 358
반성학습 366, 359, 360
반응 387
벽 쌓기 278, 279, 284, 285
변용 29
변화에 대한 저항감 142
변화의 역설 138, 139
분석적 386, 390
불일치 406, 413
비계설정 100
비판적 반성 116
비합리적 391

사회적 맥락 389
상징적 386
상호 관련성 435
생존 275
생존에의 염려 138, 144, 355
생존하기 208
선입견 88, 89
성장 206
성장능력 101, 102, 105, 195, 197, 404
소멸 91
소사이오페다고지 431
수용 275
수준 환원 323, 345
수준 환원의 원칙 341
수치적 390
시각-공간적 386
신경생리학 이론 345
실습록 349, 352, 366
실천 언어 88, 389
실천적 지혜 325
쓸모 없이 되어 버리는 현상 33

아날로그 386
아이디어 390
안전 100
안전감 142, 143, 146
안정 206
알맞은 경험 340
암묵적 지식 386
암묵적 학습 345

언어적 386
에피스테메 53, 62, 99, 145, 197, 263, 325
여기-지금 상황 391
역할놀이 266, 272, 273
연구-개발-확산 36
열 만들기 279, 284, 286, 409
열성 반구 386
옥스퍼드 인턴십 158, 159
왕래 260
외적학습성향 179
우뇌 387
우성 반구 387
원격지도 85
위트레흐트 대학 399
은유 345, 392
이론 수립 304, 311
이론 수준 321, 345
이론과 실제의 괴리 27
이론에서 실제로의 논리 30
이론적 수준의 지식 325
이론적 지식 345
이미지 91, 299, 330, 345
이분법 386
이행 34
이행충격 79, 105, 253
인성주의적 교사교육 112
인정 206, 207
인지심리학 330
인지적 과정 302
일대기적 변환 모델 389
일대일 프로그램 143, 144, 145
일면성 390
일반화 216
일치의 원리 157, 403

자극된 회상 341
자기 435
자기성장 능력 349
자기주도적 학습 101
자기주도적 학습자 105
자기효능감 249
작은 이론 105, 273
장학적 언사 170
재구조화 301, 340
저항 275
전문성 30, 385
전문성 개발 77, 99, 151, 291, 385, 388
전문성 학습 139, 140, 141, 291, 340, 344
전문적 준비 168
전수 277
전체적 386
전통적 기예 112
전통적 접근 100
점진적 몰입 147
점진적 전략 197
점층 전략 103
정교화 391
정보해석 387
정신적 구조 321, 328
정신적 반사 383
좋은 가르침 170
좌뇌 387
주관적 이론 326, 327, 340
즉각성 391
즉각적 교사의 행동 303
즉각적 교수 상황 302, 345
즉각적 교수활동 329
즉각적 장면 389
지각적 386
지금-여기 276
지금-여기 상황 305
직무만족도 242
직전교육 프로그램 340
직접 대면 214
진실성 206, 211

창의적인 방식 393
창조성 391
총체적인 반성 369
최종독립 교생실습 80, 81, 85
최종독립 교생실습 과정 84
출발능력 85, 101, 102, 105

큰 이론 88, 274

탐구지향적인 교사교육 112
통합적 사고 386

패러다임 112, 392
포괄적인 기법 386
포트폴리오 156
프로네시스 53, 65, 99, 125, 145, 197, 263, 274, 325

학습 312
학습성향 378
학습성향 검사 181
합리성 383
합리성과 무관한 387
합리적 386, 387, 390
합리적 의사결정 385
합리적이 아닌 386
행동 중 330, 345
행동 중의 앎 301
행동 후 345
행동주의적 교사교육 111
행위 387
행위 중 반성 113
행위 후 반성 113
행위-이론 패러다임 328
현실 충격 79, 80
현실적 교사교육 98, 424, 426
현실적 연구 55, 449
현실적 접근 29, 77, 87, 143, 152, 158, 257
현장개선연구 53
현장실천연구 110, 127
형태심리학 329
화살표 만들기 282, 284, 289
흐름 392

저자 소개

Fred A. J. Korthagen

현재　네덜란드 암스테르담 소재 Utrecht University와 Vrije University의 교사교육방법론 전공 교수

연구경력　교사의 전문성 신장, 교육에 있어서의 반성적 사고의 역할, 교사교육에서의 이론과 실제의 관련성 등에 관한 100여 편의 논문 발표. 최근에는 '다차원 학습(multi-level learning)' 이라는 새로운 학습이론에 근거하여 수업의 전문적 측면과 개인적 측면을 통합하는 '중핵적 반성 기법(core reflection approach)' 에 대해 연구하고 있음. 2001년과 2006년에 미국교육학회(AERA)의 교사교육 분과에서 수여하는 우수연구자상(Exemplary Research Award) 수상

■ 협력 저자　Jos Kessels, Bob Koster, Bram Lagerwerf, Theo Wubbels

역자 소개

조덕주(趙德珠)

현재　건국대학교 교육대학원 교육학과 부교수
학력　이화여자대학교 교육과정 전공 박사
관심영역　교육과정, 통합교육, 교사교육
chodj@konkuk.ac.kr

곽덕주(郭德珠)

현재　건국대학교 사범대학 교직과 조교수
학력　미국 컬럼비아 대학교 교육철학 박사
관심영역　포스트모던 교육이론, 도덕교육, 심미교육, 시민교육, 교사교육
djkwak@konkuk.ac.kr

이지현(李知炫)

현재　건국대학교 사범대학 교직과 교수
학력　미국 보스턴 대학교 유아교육학 박사
관심영역　유아수학교육, 유아언어교육, 교사교육
hlk@konkuk.ac.kr

장경윤(張瓊允)

현재 건국대학교 사범대학 수학교육과 교수
학력 미국 보스턴 대학교 수학교육학 박사
관심영역 IT활용 수학교육, 기하추론, 교사교육
kchang@konkuk.ac.kr

진석언(陣錫彦)

현재 건국대학교 교육대학원 교육학과 조교수
학력 미국 퍼듀 대학교 영재교육 박사
관심영역 영재교육, 교사교육
jins@konkuk.ac.kr

최은식(崔恩植)

현재 건국대학교 사범대학 음악교육과 교수
학력 미국 미시건 대학교 음악교육 박사
관심영역 교과교육, 교육과정, IT활용 교육, 교사교육
eshchoi@konkuk.ac.kr

최의창(崔義昌)

현재 건국대학교 사범대학 체육교육과 교수
학력 미국 조지아 대학교 체육교육학 박사
관심영역 인문적 체육교육, 하나로 수업모형, 직전 및 현직 교육
ecchoi@konkuk.ac.kr

홍진곤(洪鎭坤)

현재 건국대학교 사범대학 수학교육과 부교수
학력 서울대학교 수학교육학 박사
관심영역 수학교육철학, 수학교육과정, 교사교육
dion@konkuk.ac.kr

반성적 교사교육 실제와 이론
Linking Practice and Theory: The Pedagogy of Realistic Teacher Education

2007년 3월 26일 1판 1쇄 인쇄
2007년 3월 31일 1판 1쇄 발행

지은이 • Fred A. J. Korthagen 외 공저
옮긴이 • 조덕주 · 곽덕주 · 이지현 · 장경운
진석언 · 최은식 · 최의창 · 홍진곤
펴낸이 • 김 진 환
펴낸곳 • 학지사
121-837 서울시 마포구 서교동 352-29 마인드월드빌딩 5층
대표전화 02)326-1500 팩스 02)324-2345
http://www.hakjisa.co.kr
등록 1992년 2월 19일 제2-1329호

ISBN 978-89-5891-457-0 93370

정가 17,000원

잘못 만들어진 책은 구입처에서 바꾸어 드립니다.